キッシンジャー

1923―1968　理想主義者　1

ニーアル・ファーガソン
村井章子　訳

日経BP社

KISSINGER

1923–1968
THE IDEALIST 1

Niall Ferguson
Translation by Akiko Murai

ジェラルド・ハリス（一九二五～二〇一四年）
カール・レイザー（一九二〇～一九九二年）
アンガス・マッキンタイア（一九三五～一九九四年）を追悼して

KISSINGER
VOLUME 1 1923–1968: The Idealist

キッシンジャー

1923—1968

理想主義者　1

はじめに

人物伝を書くときには、主な出来事を順序立てて書いていく中に、主人公となる人物が個人的に書き語り考えたことを織り交ぜていく手法にまさるものはないと信じる。こうすれば、主人公が人生を歩む姿を読者は目の当たりにし、主人公とともに「それぞれの場面をふたたび生きる」ことができる……本書の主人公は、これまで実在したどの人物より生き生きと感じられるにちがいない、と自負している。読者にはきっとその人となりが思い浮かぶはずだ。なぜなら私が描いたのは、よいことばかりではなくありのままの生涯だからである……どんな絵画にも光だけでなく影があるように。

――ジェームズ・ボズウェル『サミュエル・ジョンソン伝』[1]

ジェームズ・ボズウェルが理解していたように、評伝作家の務めは、その人物のありのままの姿を読者に伝えることである。そのためには、その人物の人となりをよく知らなければならない。となれば当人が記した文章はもちろんのこと、本人について書かれたものすべてに目を通す必要がある。存命であれば、単に取材するだけでなく親しくなることだ。語り合い、夕食をともにし、ときには一緒に旅もする――ちょうどボズウェルがジョンソンと親しくなったように。ただし、影響を受けすぎてはいけない。さもないと、ありのままの生涯を描いたと言っても読者に信じてもらえないだろう。ジョンソンを敬愛するようになったボズウェルは、二つの方法でこの離れわざをやってのけた。ジョンソンのだらしない身なりや粗野なふるまいを包み隠さず描くとともに、作家ホルヘ・ルイス・ボルヘスが指摘したことだが、自分自身を笑い者に仕立てたのである。機知に富むジョンソンの引き立て役として、情に乏しいイギリス人とは対照的な激しやすいスコットランド人として、自らを対置した。[2] だが私の手法はボズウェルとはちがう。

私の場合には、謝辞に挙げた方々に助けられたほか、先人にまさる特筆すべき利点があった。キッシンジャーが公務に就いていた時期の公文書（議会図書館所蔵）のほか、二〇一一年にイエール大学に寄贈された私文書も利用でき、その中には一九四〇年代の書類、書簡、日記など約一〇〇箱も含まれていたのである。本書の主人公であるキッシンジャーに対しても、長時間のインタビューを何度も行うことができた。だから本書は、キッシンジャーの協力を得て書いたと言える。そもそも執筆したのも、彼の提案が発端だった。

このため、私がキッシンジャーに影響されているとか、彼を実物以上に見せようとしているといった敵意ある批判は当然なされるだろう。だが、それは的外れだ。大量の資料の利用を認めてもらい、家族や元同僚への取材の実現に協力してもらったとはいえ、「入手可能な文書や他の証拠類を綿密に分析し、生涯を〝ありのままに〟記録するために最善を尽くす」というのが、私が約束した唯一のことである。この点は二〇〇四年に二人が交わした契約に明記されており、最終条項は次のようになっている。

「作品の信頼性は、譲渡人［キッシンジャー］の協力によって高まり……著者の独立性という事実によってさらに高まるものである。よって、作品の最終稿に関する編集は全面的に著者が行うものとし、譲渡人には完成原稿の点検、編集、修正、または出版差し止めの権利はいっさいないものとする」

唯一の例外として、キッシンジャーから要請された場合、重要な個人情報を含む私文書からの引用は控えるものとされた。幸いにも彼がこの権利を行使した機会は数えるほどしかなく、純粋に個人的で身内に関連した場合に限られている。

本書の完成には一〇年以上を要した。この長期にわたる取り組みを通して、私はキッシンジャーの人生を「ありのままに」、ランケの有名な言葉を借りれば、「実際にあったとおりに」描こうとした。ランケの考える歴史家の使命とは、資料から歴史の真実を浮き彫りにすることである。だが本書の場合の資料とは、一ダースかそこらではない（よく読まれているキッシンジャーの評伝に掲げられた資料の数はその程度だ）。何千点にものぼる。私と助手のジェイソン・ロケットが本書の執筆のために目を通した資料は、とうてい数えられない。数えたのはわれわれのデジタルデータベースに含める価値があると考えたものだけで、その数は現時点で八三八〇点、合計三万七六四五ページにおよぶ。ここにはキッシンジャー所有の私文書や公文書だけでなく、主な大統領図書館やほとんど知られていない個人コレクションなど、世界中の一一の文書館から入手した資料も含まれている（執筆のために参照した資料はすべて注に掲載した）。非公開の文書館やいまだに機密扱いの文書もあったが、一九七〇年代は他の多くの時期に比べ、一次資料が際立って豊富である。これは、複写機やテープレコーダーの全盛期だったためだ。複写機のおかげで政府機関は重要な文書を複製できるようになり、そのうちの一部が未来の歴史家の手に届く可能性が高まった。またニクソンとキッシンジャーはテープレコーダーを愛用していた。多くの会話が録音され、ウォーターゲート事件後の情報公開の拡大とあいまって、いまや誰もが読めるようになっている。そうでなかったら、会話が歴史記録として残ることはなかっただろう。

私はできる限り広く資料を漁り、深く掘り下げようとしたが、その理由はごく単純である。キッシンジャーの生涯を、彼自身の視点からだけでなく複数の視点から、アメリカ人の視点からだけでなく敵・味方・中立者の視点からも眺めたかった。キッシンジャーは、権力の絶頂期には、まさしく世界を操っていたと言ってよかろう。そんな人物の生涯を描くのであれば、グローバルな視点に立つ必要がある。

本書は最初から上下二巻（今回のKISSINGER: *The Idealist* と続刊のKISSINGER: *The Realist*）にするつもりだった。問題は、どこで区切るかである。考えた末、KISSINGER: *The Idealist*（邦訳は二巻）は国家安全保障問題担当大統領補佐官に指名されたところまでとし、ホワイトハウスで実際に仕事を始めてからのことは続刊のKISSINGER: *The Realist* に含めた。この判断には二つの理由がある。第一に、キッシンジャーは指名された一九六八年末には四五歳だった。本書の執筆時点では九一歳だから、ここで区切れば上巻はほぼ前半生に相当することになる。第二に、思想家としてのキッシンジャーと行動する人としてのキッシンジャーを区別したかった。言うまでもなく一九六九年以前も、キッシンジャーはただの研究者ではなかった。六〇年代を通して大統領や大統領候補の助言者として外交政策の策定に関わっていたし、遅くとも六七年にはベトナム戦争終結をめざして、北ベトナム政府との和平交渉を模索する外交努力に積極的に参加していた。とはいえ政府での経験はなく、本格的な助言を行うというよりは相談に乗っていた程度で、まして意思決定者ではなかった。元大統領ドワイト・D・アイゼンハワーがキッシンジャーの指名に反対したのもそのためだ。ニクソンの選択を聞かされたときは、「しかしキッシンジャーは大学教授だ」と声を上げたという。「教授に任せられるのは研究だけで、それ以外のことは任せられない。ディック（ニクソン）にそう伝えよう」[3]。このように、キッシンジャーが実務家になる前は教授だったことはまちがいない。したがって私が線を引いた一九六九年以前については、国内有数の外交政策の理論家とみなすことが理にかなっている。仮にキッシンジャーが公職に就かなかったとしても、前半生について書く意味はあると信じる。思うにジョン・メイナード・ケインズがケンブリッジ大学を離れて財務省に移らなかったとしても、ロバート・スキデルスキーはきっとケインズの傑出した生涯を描いたことだろう。

ボズウェルがサミュエル・ジョンソンに初めて会ったのは、ロンドンの書店だった。私がキッシンジャーに初めて会ったのもロンドンで、コンラッド・ブラック主催のパーティーでのことである。当時私はオックスフォード大学の特別研究員で、ジャーナリズム研究に手を出していた。パーティーの席上、この長老格の政治家から第一次世界大戦についての著作をほめられたときには、有頂天になったものである（ファッションモデルのエル・マクファーソンが入ってきた瞬間、そちらに駆け寄ったスピードには驚いた）。とはいえ数カ月後に、自分の評伝を書いてみないかとキッシンジャーから誘われたときには、よろこびよりも不安が強かった。イギリス人の歴史家が同じように誘われ、引き受けておきながら怖気づいたのを知っていたからだ。あとがまに座るのは得策ではないと周囲からも反対された。その頃、私は別の評伝を含む複数の執筆契約を結んでいたうえ、アメリカの戦後外交政策の専門家でもなかった。キッシンジャーの評伝を書くには、膨大な資料を読まなければならないだろう。クリストファー・ヒッチンスなど、すでに彼の評伝を発表した人たちからも批判されるにちがいない。キッシンジャーと何度か会い、電話や手紙でもやり取りしたのちの二〇〇四年三月上旬、私は断りを入れた。このとき私はまさに、キッシンジャーの外交術を初体験したのである。

「ほんとうに残念だ。じつはなくなったと思っていたファイルがみつかり、そのことを伝えようと君の電話番号を探していたところに、断りの手紙が届いた。ファイルは全部で一四五箱、コネチカット州の倉庫に保管されていた。所有者はすでに亡くなっている。ファイルには、遅くとも一九五五年、おそらくは五〇年頃までに私が書いたものや手紙、日記の断片などが含まれている。そのほかにも、公職に就いていた時期の私信が二〇箱ほどある……。

それはともかく、君と何度か話すうちに、君が明確な評価、必ずしも肯定的ではないにしてもきちんとした評価をしてくれるとの確信を私は抱くようになった。

だから残念でならないが、君には感謝している」[4]

数週間後、結局私はコネチカット州ケントで資料に目を走らせていた。

私の背中を押したのは、キッシンジャー自身というよりは資料だった。このときに読んだもののいくつかは鮮明に覚えている。たとえば一九四八年七月二八日付の両親に宛てた手紙――「私にとってものごとは善と悪にきっぱり分かれるのではなく、広いグレーゾーンがある……人生における本当の悲劇は、善か悪かを選ぶことではない。悪と知りつつ悪を選ぶのは、よほど冷酷な人間だけだ」。一九五六年二月一七日付のマクジョージ・バンディからの手紙――「思うにハーバードは、息子たち、つまり卒業生に、愛するもので自己形成を図る機会を与えている。卒業生である君もそうしてきた。一方、教員に対しては、憎むもので自己形成を図るという危険で破滅的な機会を用意している」。五七年二月一二日付のフリッツ・クレーマーからの手紙――「これまでは、さして苦労がなかった。抵抗しなければならないのは、野心に伴う強欲のようなごくふつうの誘惑と、それから陰謀に満ちた学者の世界だけだった。だがいまとなっては、罠は君自身の性格にある。君は、君自身の原理原則に……誘惑されるだろう」。一九六四年の共和党全国大会当日のキッシンジャーの日記――「部屋を出るとき、ゴールドウォーターの支持者がリストの名前と照合した。私の名前はなかったが、彼は私の顔を知っていて、こう言った。キッシンジャー、お前の名前を俺たちが忘れるとは思うなよ、と」。そして、ベトナム訪問について記した一九六五年秋の日記――「[クラーク・]クリフォードから、大統領の見解をどう思うかと聞かれた。大統領が直面している困難には大いに同情するが、いま問題なのはアメリカが世界の未来をどう考えるかだと、私は答えた……ベトナム人は救う価値があるかとクリフォードは質問したが、それはもはや問題ではないと答えた」。これらの資料を読めば読むほど、自分には選択肢がないことがわかった。どうしてもこれを本にまとめなくては。これほど興奮したのは、一〇年以上前にロンドンのロスチャイルド・アーカイブを初めて訪ねたとき以来だった。

こうしたわけで、本書は一〇年におよぶ地道な文書研究の成果である。執筆にあたっては、偉大な歴史哲学者ロビン・ジョージ・コリングウッドの三原則を忠実に守った。

「一　すべての歴史は思想の歴史である。

二　歴史として知るとは、歴史家がその歴史を調べようとする当の思想を自ら再び考え、たどることである。

三　過去の思想は、過去にとっての現在から生まれたものであって、現在の思想に包含されてはいても、現在を構成するものからは切り離されている。歴史として知るとは、そのような過去の思想を自ら再び考えることである。」[5]

キッシンジャーや同時代の人々がかつて考えたことを再構成するときは、後年の会見や取材での発言よりも、ほぼ一貫して当時の文書や録音を優先した。文書が書き手の考えの正確な記録であるとは限らないが、記憶は書いたものよりさらに当てにならないからだ。

とはいえ、いかに批判的な目で資料を読み込もうとしても、従来の歴史家の手法には限界がある。調査対象となる人物の特徴の一つが秘密主義であれば（あるいはそう言われていれば）なおのことだ。この点をもう少し具体的に説明しよう。本書の第20章を書き終わって数週間後、私はキッシンジャーと夕食をともにした。この章では、キッシンジャーが北ベトナム代表マイ・バン・ボーとパリで接触するも、結局は交渉にいたらなかった経緯を扱っている。第20章は本書の中でいちばん苦労した箇所だったが、ジョンソン政権がコードネーム「ペンシルベニア」と呼んだ秘密裏の和平工作を、他の評伝作家よりうまく描けたとうぬぼれていた。外交官としては未熟だったキッシンジャーが（学者としての批判とは裏腹に）自身の交渉に固執して弁解の余地のないほど長引かせ、ハノイの罠に落ちてしまったことを的確に書けた気になっていたのである。北ベトナム政府は、主要都市へのアメリカの空爆を止められないまでも減らすべく、言質を与えることを避けながら交渉を匂わせていただけだった。

驚いたことにその夕食の席に、来ないはずだったキッシンジャー夫人が姿を見せた。どうやら私に聞きたいことがあるらしい。すこしためらってから、こう言うではないか。「ヘンリーのパリ行きが全部工作のためだったと、どうしてあなたは決め込んだのかしら」

キッシンジャーが一九六七年にパリに赴いた最大の理由はナンシー・マギネスがソルボンヌ大学に留学していたからだということを、私は完全に見落としていたのである。そんなことはどの資料にも記されていなかった。

キッシンジャーの二度目の妻との関係をめぐる行くたては、あらゆる評伝作家にとって教訓となるにちがいないが、もちろん、誰よりもキッシンジャーの評伝作家にとって戒めとなる。ウォルター・アイザックソンは、キッシンジャーがマギネスに初めて出会ったのは、一九六四年にサンフランシスコで開かれた共和党大会だったことを確認している。[6]だがニクソン政権で国家安全保障問題担当大統領補佐官を務めた時期にさんざん浮き名を流していたため、マギネスは「本命」ではないと考えた。アイザックソンによる評伝の第15章「名士」には、キッシンジャーが七〇年代前半につき合っていた女性が一〇人以上も挙げられている。[7]

他のジャーナリストはマギネスとの関係を見誤った、というアイザックソンの指摘は正しい。ニューヨーク・タイムズ紙がマギネスに初めて言及したのは一九七三年五月二八日で、二人が出会ってからじつに九年後である。その日の記事は、「キッシンジャー博士に頻繁に同行している」マギネスが、彼の五〇歳の誕生パーティーをコロニー・クラブで開いたと伝えている。[8] 四カ月後に国連外交団のための夕食会がメトロポリタン美術館で開かれ、キッシンジャーのゲストとしてマギネスが出席したときには、国務省の報道官が「彼女は主催者側ではなくただの出席者の一人」だとメディアに説明した。[9] 七三年一二月二一日に別の報道官は、キッシンジャーとマギネスが結婚する可能性を「にべもなく否定した」。[10] 翌年一月三日には、キッシンジャー自身が「私事についてのコメント」を拒んでいる。[11] 翌日、ワシントン・ポスト紙の社主と食事をする二人の姿が目撃された。同紙は、結婚の意思を否定するキッシンジャーの発言をすかさず報道。[12] その後も、アイスホッケーの試合やフォード副大統領が出席したカクテルパーティーで二人の姿が目撃されたにもかかわらず、三月三〇日の結婚式はメディアにとって青天の霹靂だった。なにしろキッシンジャーは何くわぬ顔で記者会見を終えると、式場に直行したのである。[13] 結婚が発表されたのは、夫妻が新婚旅行先のアカプルコに飛び立ってから一時間半後のことだった。ワシントン・ポスト紙は憤懣やる方ない調子で次のように報じている。

「夫妻がプライバシーを重んじたため、二人が国務省を出るのを見かけた記者は警備員に制止され、近づけなかった。記者は通行証を取り上げられ、氏名や所属先などを記録された。キッシンジャーの側近は、夫妻が地下駐車場から追跡されないよう、専用車をゲートのところに停めてしまった」[14]

これは、ワシントン・ポスト紙が、ウォーターゲート事件でのニクソン大統領の共謀というはるかに大きな秘密を暴こうとしていたさなかの出来事である。

「育ちのいい女性が世間の好奇の目に晒されるのをいやがった」というだけでは、二度目の結婚をこれほど秘密にした理由は説明できない。[15] 現にキッシンジャー自身が、二人の関係を一〇年近く公にしようとしなかった。その理由を知るためには、評伝作家は必ずしも資料にあらわれない知識を必要とする。息子として、兄として、恋人として、夫として、父親として、離婚経験者としての内面、ほとんど記されていない心のうちを知らなければならない。さらに、キッシンジャーがどうやってこれほど長い間二人の関係を隠しおおせたのかを理解するためには、当時はまだメディアと政界のエリートが持ちつ持たれつの関係にあったという知識も必要になる。種明かしをすれば、メディアの大物もワシントンの記者も、キッシンジャーとマギネスの関係をよく知っていたし、二人がほぼ二週間に一回はニューヨークかワシントンで週末をともにしていることも承知していた。知っていながら、活字にはしないという暗黙の了解があったにすぎない。

どんな評伝作家も、すべてをあきらかにすることはできない。なぜなら主人公自身もすべてをわかっているわけではないからだ。まちがいなく私は重要な出来事を見落としたり、重要な関係を誤解あるいは過小評価したり、重要な考えを書き洩らしたりしているだろう。だがそれは、けっして努力が足りなかったせいではない。果たして私は、ある意味でキッシンジャーのボズウェルになれたのか、そして、ボズウェルになってしまうことを避けられたのか——その判断は読者に委ねたい。

マサチューセッツ州ケンブリッジ

二〇一五年四月

KISSINGER 1923—1968 The Idealist 1 目次

第二部　BOOK II

KISSINGER

1923—1968 The Idealist 2

目次

第五部 BOOK V

序章

INTRODUCTION

結局のところ、私に起こったことは偶然としか言いようがなかろう。私はただの無名の大学教授だった。「これから世の中を動かし、世界的に有名になる」などと言えるはずもない。もし言ったら、大馬鹿者だ……起こるべくして起こったのだと言う人もいるだろう。この言葉は、必ずことが起きてから言われる。起きなかったことについては言わない。起きなかったことの歴史は、いまだかつて書かれたことはないのだ。

――オリアーナ・ファラーチのインタビューに答えて　一九七二年一一月四日[1]

1

近代の政治家の中で、ヘンリー・キッシンジャーほど毀誉褒貶の甚だしい人物はいない。すくなくともアメリカの歴代国務長官の中で、これほど評価が相半ばした人物はいまだかつていない。一九七二年一一月にオリアーナ・ファラーチのインタビューを受けたときには、まだ名声の頂点に達してはいなかった。ファラーチは数年後にこの出会いを振り返り、当時の雑誌の表紙をもじって皮肉たっぷりにこう語っている。

「人呼んでスーパーマン、スーパースター、スーパードイツ野郎。あまりにも有名で、あまりにも重要で、あまりにも幸運なこの男は、あり得ない同盟関係を実現し、不可能な合意をとりつけ、世界は固唾を呑んで見守るしかない。そう、まるで教授の授業を聴く学生のように。この不可解で鼻持ちならない人物は、会いたいときに毛沢東に会い、行きたいときにクレムリンを訪れ、必要と判断すればアメリカ大統領の寝室に押しかけて叩き起こす。この桁外れの人物の前では、ジェームズ・ボンドでさえ凡庸に見える。べっこう縁の眼鏡をかけたこの男は、ボンドのように銃も撃たなければ、鉄拳も振るわず、疾走する車から飛び降りたりもしない。しかし戦争について助言し、戦争を終わらせ、世界の運命を変えられるかのようにふるまい、実際に変えてみせるのである[2]」

実際にもキッシンジャーは、一九七四年六月のニューズウィーク誌の表紙にスーパーマンの衣装を着た「スーパーK」として登場している。その後も同誌は、「ホワイトハウスの地下室の男」、「ニクソンの密偵」、リリパット国の小人が群がるアメリカのガリバーなどの姿に描いた。どうやらリリパット国は苦悩する世界を表しているらしい。タイム誌も負けてはいない。キッシンジャーが在任中に表紙を飾った回数は一五回を超える。同誌の人物紹介によれば、彼は「世界に必要不可欠な男」だった。[3]

これらすべてに揶揄が込められていたのは言うまでもない。「キッシンジャーが死んだらどうなるか考えてみろ。リチャード・ニクソンがアメリカ大統領になるだろう」というジョークは一九七二年後半にはすでに広まっていたし[4]、大統領と対等なコンビであることを示唆する造語「ニクシンジャー」

が流行した時期もある。七二年に出版されたチャールズ・アッシュマンの『キッシンジャー』（新庄哲夫訳、角川書店）の表紙では、われらがスーパーヒーローは頬にキスマークを付けられ、だらしなく胸をはだけている。

それでもキッシンジャー人気は本物だった。七二年のギャラップの調査では、「最も尊敬する人物」の四位に選ばれ、七三年には一位になる。七三年五月には、アメリカ人の七八％がキッシンジャーを知っていた。これほどの知名度を誇るのは、ほかには大統領と大統領候補、世界的なスポーツ選手、映画スターだけである。[5]ハリス世論調査によれば、七四年半ばの支持率はなんと八五％に達したという。

国務長官は誰でも遅かれ早かれチャーリー・ローズのインタビューを受けるが、チャーリー・ローズ・ショーに四〇回近くも出演したのはキッシンジャーだけだ（メロドラマ「ダイナスティ」[6]や政治風刺番組「コルベア・リポート」にもゲスト出演したことは触れないでおこう）。そして国務長官ともなれば新聞で風刺されることは避けられないが、アニメキャラクターになったのはキッシンジャーだけである（「フリーカゾイド」[7]、「ザ・シンプソンズ」[8]、「ファミリー・ガイ」[9]）。

だがキッシンジャー自身が一九七二年に早くも気づいていたとおり、この種の知名度はかんたんに悪評に転じる。「自分のやったことに対する世間の評価はまったく気にならない」と、キッシンジャーはファラーチに断言している。

「私は人気を求めていないし、人気者になりたいとも思わない。人気などどうでもよいと本心から思っている。評判を失うことも怖くない。私は考えたとおりのことを話すようにしている……世間の反応を気にし、あれこれ勘案して行動するなら、何も成し遂げられまい……これがいつまでも続くとは思っていない。手にしたときと同じように、あっという間に消えてしまうかもしれない」[10]

そのとおりだった。

名声は両刃の剣だ。有名になることは、揶揄の対象になることでもある。一九七一年にはウディ・アレンが、キッシンジャーをドキュメンタリー風に描いた『危機の男　ハービー・ウォリンガー物語』を制作。七二年二月に公共放送サービス（PBS）で放映される予定になっていたが、中止されている。これは、政治的理由からにちがいない[11]（PBSは、他の候補者についても同様の作品を制作しない限り、大統領選挙の年に放映することはできないと主張した。内実は、とくにファーストレディのパット・ニクソンに対する強烈な皮肉を抑えるようアレンを説得できず、政府から予算をもらう立場としてホワイトハウスの逆鱗に触れるのを恐れたのである）[12]。『危機の男』では、アレン演じるウォリンガーが電話で次のように要求する。「ニューヨーク・タイムズの発行を差し止めろ。ニューヨークのユダヤ人と共産主義者向けの左翼新聞のことだ……」。別の場面では、「われわれは［ベトナムでの］戦争を終結させ、平和を勝ち取らなければならない」とのニクソン大統領の（本物の）声明に対してコメントを求められたウォリンガーが、ぼそぼそと答える。「大統領が言いたかったのは、あ〜、戦争に勝って平和を実現するのが大事だということでしょう。すくなくとも、戦争に負ければ平和も実現しないという意味でしょう。え〜、それとも平和《ピース》の一部または平和を二つ勝ち取るか……平和をいくつか失っても一個《ピース》の戦争に勝つことかもしれない。いや、一個の戦争に勝つ、さもなくば一個のニクソンを失うことでしょう」。

インタビュアー：ワシントン界隈では、あなたが非常に精力的な社交生活を送っているという噂が広がっていますが。

ウォリンガー：それは大袈裟ですよ。そりゃあ私は……魅力的な女性は大好きですし、セックスも大好きです。でも、あ〜、セックスはアメリカ流でなければ。アメリカ流でないセックスはお断りですね。

インタビュアー：アメリカ流のセックスというのは、どういうものですか。

ウォリンガー：恥ずかしいと感じるなら、アメリカ流です。わかりますよね、え〜、そこが肝心なのです。罪悪感を覚え、恥ずかしいと感じること。罪悪感のないセックスは外道ですよ、快楽だけを求めるわけですから[13]。

この作品は悪趣味だというPBS上層部の批判に対して、アレンは「この政権について、悪趣味でない言葉で語るのはむずかしい」と応酬した[14]。

大統領の失脚のかなり前から、ニクソン政権をネタにするのはマンハッタンのコメディアンの定番だった。大統領に次ぐ地位にいたキッシンジャーは、当然ながらどのメディアからも二番目の標的になっている。トム・レーラーの風刺ソングはいまではほとんど忘れられているが、「キッシンジャーのノーベル平和賞受賞で、政治風刺は全部時代遅れになった」[15]という発言は忘れられてはいない。その前にも、フランスのシンガーソングライター、アンリ・サルバドールが「キッシンジャー、レ・ドク・ト」という歌を作曲し、和平交渉がいっこうに進展しないことを冷やかしている。キッシンジャーの風刺画の中で、おそらく最も品性下劣な作品を残したのは、漫画家のデービッド・リーバインだろう。彼が描いた一〇枚以上のうち二枚は、左寄りのリベラルな文芸誌ニューヨーク・レビュー・オブ・ブックスでさえ、あまりに俗悪だと掲載を却下した。一枚では、キッシンジャーの裸の背中にミサイルや骸骨の不気味な刺青が施されている。もう一枚では、星条旗のベッドカバーの下でキッシンジャーが全裸の女性（頭はばかでかい地球儀）にむしゃぶりついている（ビクター・ナバスキーはスタッフの反対を押し切って、自身が発行するザ・ネーション誌に後者を掲載した）[16]。

ヘンリー・キッシンジャーという人物、いや名前そのものが、あの頃の人々の神経に障ったのかもしれない。一九七九年に発表されたジョーゼフ・ヘラーの小説『輝けゴールド』（飛田茂雄訳、ハヤカワ・ノベルズ）では、主人公である中年の英文学教授ブルース・ゴールドが、ほかならぬキッシンジャーについての本を執筆している。

「キッシンジャー。

摩擦音が耳障りなこの名前を、ゴールドはどれほど愛し、同時に憎んでいることか。膨れ上がる羨望とは別に、ゴールドはヘンリー・キッシンジャーが公人として登場した瞬間から彼を憎んでいたし、いまなお憎んでいるのだった」[17]

イギリスのコメディグループ、モンティ・パイソンのためにエリック・アイドルが作った歌は、じつにばかばかしいが、キッシンジャーを毛嫌いする人が大西洋の向こうにもいた証拠ではある。

「ヘンリー・キッシンジャー、

君が恋しい

君は私の心の博士、

縮れ毛に

冷たい眼差し

マキャベリ流の思想[18]」

最後に、当時の風潮をよく表す出来事を紹介しておこう。マディソン・スクエア・ガーデンでモハメド・アリの試合を観戦後、アイドルはエレベーターにキッシンジャーと乗り合わせた。するとキッシンジャーの真後ろにローリング・ストーンズのロニー・ウッドが立っていて、アイドルにしきりに「変顔」をして見せたという。必死で笑いをこらえていた二人は、キッシンジャーがエレベーターを降りるや「床を転げ回って爆笑した[19]」。

2

嘲笑する者がいる一方で、震えあがる者もいた。「つかまえようのない冷たいウナギ」と表現したのはファラーチだ。「氷のような男」とも述べている。

「インタビューの間中、キッシンジャーは無表情だった。険しい顔つきを崩さず、鈍い一本調子で淡々と話し続けた。テープレコーダーの針は抑揚に反応するものだが、キッシンジャーのインタビューでは針が振れなかったため、機械がちゃんと動いているかどうか何度もたしかめなくてはならなかった。えんえんと屋根に打ちつける雨音――彼の話し声はまさにそれだった。基本的には、考え方も」

キッシンジャーに関する報道は、このようにかなり感情的なものが多い。「彼はバートランド・ラッセルの言う愚かな権力者の典型だった。この手の権力者に死ねと言われたら死ななくてはならず、生きよと言われたら生きなければならない」とファラーチは続ける。キッシンジャーの「行動は、秘密主義と絶対主義、自分たちの権利に気づいていない大衆の無知」に基づいているというのである。[20]

感情的を通り越して支離滅裂になり、キッシンジャーに対して見当違いの主張をする輩もいた。ある種のウェブサイトは、ビルダーバーグ会議、外交問題評議会、日米欧三極委員会の邪悪な行動を暴くと称し、これらの組織は秘密結社「イルミナティ」が「世界政府」樹立の陰謀を実現するために設立したのだと主張した。[21]こうした主張は、おおざっぱに四つに分けられる。イギリス嫌い、偏執的反共主義、狂信的夢想、極左ポピュリズムである。

イギリス嫌いは、ジョージタウン大学歴史学教授キャロル・キグリーの研究に由来する。彼は、アメリカに対するイギリスの陰謀をセシル・ローズやアルフレッド・ミルナーの時代まで遡り、JPモルガン、外交問題評議会、ザ・ニュー・リパブリック誌が元凶だと述べた。[22]元トロツキー主義者のリンドン・ララッチは、ヘンリー・キッシンジャー「卿」はもともとイギリスの工作員だという（名誉爵位を与えられたことと一九八二年に王立国際問題研究所で演説したことが何よりの証拠だそうだ）。[23]ララッチらに言わせれば、ハーバード大学でキッシンジャーを指導したウィリアム・ヤンデル・エリオットも「旧南部連合国支持者の一員で、文化的手段などを通じて対米戦争を続け……アメリカと同盟国の廃墟の上に、新たな中世暗黒時代を築く」ことを狙っているという。この連中は、円卓会議や王立国際問題研究所やキッシンジャーが主宰するハーバード国際セミナーを、クー・クラックス・クランや騎士団の類と同列に扱った。[24]

偏執的反共主義者は、キッシンジャーがソ連のスパイだったと主張した。さきほどより重大な告発だが、やはり根拠がない。ゲイリー・アレン（極右政治団体ジョン・バーチ協会の一員で、人種差別主義者ジョージ・ウォレスのスピーチライター）によれば、キッシンジャーは「アメリカ政界で最強の権力、財力、影響力を持つロックフェラー家の手先」であると同時に、「ボル」というコードネームを持つKGBの工作員で、共産主義者だという。ホワイトハウスに潜入したキッシンジャーの「任務」は、「ベトナム戦争を長引かせて、極秘かつ一方的にアメリカの戦略的武装解除を実現する」ことらしい。[25] 似たような主張は、冗長な大著『長椅子のキッシンジャー』（一九七五年）にも見られる（著者は反フェミニズムを掲げる超保守派フィリス・シュラフリーと退役海軍提督チェスター・ウォード）。同書によれば、キッシンジャーは「アメリカ国民全員をクレムリンの人質にした」という。[26] ソ連が戦後ドイツでキッシンジャーを諜報員に採用したという突拍子もない主張は、極右のアメリカン・オピニオン誌に掲載されたアラン・スタングの一九七六年の記事が元凶だ。この記事には、キッシンジャーが「ODRA」というコードネームでソ連の防諜活動に加わっていたという、ポーランドからの亡命者マイケル・ゴレニコフスキの証言が引用されている。彼の証言はある程度まで真実であり、西側情報機関に潜入したすくなくとも六人のソ連スパイ（うち一人はイギリスの二重スパイ、ジョージ・ブレイク）の摘発につながったが、キッシンジャーがスパイだったという申し立ては立証されていない。その後ゴレニコフスキが自分は最後のロシア皇帝ニコライ二世の息子だと言い出したため、誰も相手にしなくなった。

狂信的な夢想家は、証拠などなくとも堂々と主張する。テキサスのジャーナリスト、ジム・マースのベストセラー『秘密主義による支配』では、キッシンジャーは外交問題評議会、日米欧三極委員会、フリーメイソンを巻き込んだ陰謀に加担したというが、この陰謀は完全に架空のものだ。[27] またウェズマン・トッド・ショーは、キッシンジャーは「新世界秩序の設計者であり……現在生きている中では、いや故人を含めても、世界で最も邪悪な人物の一人」だという。[28] レナード・ホロウィッツは、HIV－AIDSウイルスをばらまく製薬企業の世界的陰謀にキッシンジャーが加担していると主張する。さらにアラン・ワットによれば、キッシンジャーの名前を「数秘術で読み解くと666になる」からだという。[29] キッシンジャーが「AIDSプロジェクト」に取り組んだのは人口過剰問題を解消するためであり、イスラム原理主義の台頭も彼のせいだという。[30] またある女性は「ブライス・テイラー」という筆名で告発本を書き、子供の頃キッシンジャーから「マインドコントロールを受け、奴隷にさせられた」と主張した。アルファベット型のシリアルを名前と逆順に何度も食べさせられたとか。[31] それ以上に常軌を逸しているのは、イギリスの陰謀論者デービッド・アイクだ。彼が作成した「主な悪魔崇拝者リスト」には、キッシンジャーのほかアスター、ブッシュ、クリントン、デュポン、ハプスブルク、ケネディ、ロックフェラー、ロスチャイルドの一族とイギリス王室が挙げられている。もちろんトニー・ブレア、ウィンストン・チャーチル、アドルフ・ヒトラー、ミハイル・ゴルバチョフ、ヨシフ・スターリンも。アイクによれば、キッシンジャーは「秘密結社イルミナティの最高位の黒幕」で「悪魔主義者、洗脳者、幼児虐待者、大量殺戮戦争の提唱者」であり、「爬虫類人」の血を引く「妖怪変化」でもあるという。「悪魔主義者はもちろん人間をいけにえにする」[32] とアイクはごていねいに説明している。

まともな人間なら、こんなナンセンスを真に受けはしない。だが極左ポピュリストとなると影響力はるかに大きく、笑い話では済まなくなる。ハワード・ジンは『民衆のアメリカ史』（富田虎男他訳、明石書店）の中で、キッシンジャーのチリ政策にはITT（国際電話電信会社）に経済的利益をもたらす狙いもあったと主張した。[33] この手合いは、証拠がないことを糊塗するように不当な侮辱を投げつけるのがつねで、キッシンジャーは「戦争と破壊の悪魔によろこんで身を捧げた」という。[34]『オリバー・ストーンが語る　もうひとつのアメリカ史』（熊谷玲美ほか訳、早川書房）では、映画監督オリバー・ストーンと歴史家ピーター・カズニックがキッシンジャーを「サイコパス」と呼ぶ。[35] キワモノ報道を得意とするハンター・トンプソンは、キッシンジャーを「権力構造の頂点から鋭い目で弱点を見ぬく一流詐欺師」と呼んだうえ、「変質者」[36]とつけ加えている。ある中道左派のウェブサイトは最近になって、キッシンジャーが二〇〇一年九月の炭疽菌事件に関与していたと糾弾した。炭疽菌入りの封筒が大手メディアや上院議員に送りつけられ、五人が死亡した事件である。[37] 学者の端くれとして言わせてもらえば、陰謀論者の歴史研究への貢献度は、アニメシリーズ『ザ・ベンチャー・ブラザーズ』程度のものだ。このアニメには、「黒い衣装に身を包み、〈魔法の殺人バッグ〉を手にした謎の超能力者ドクター・ヘンリー・キリンジャー」が登場する。

3

キッシンジャーに対するこうした辛辣な批判は、一見する限りでは理解しがたい。キッシンジャーは、一九六九年一月二〇日～七五年一一月三日にまずニクソン政権、次にジェラルド・フォード政権で国家安全保障問題担当大統領補佐官を、一九七三年九月二二日～七七年一月二〇日には国務長官を務めている。政権では大統領、副大統領に次ぐ地位であり、外国生まれのアメリカ人が就任するのは初めてのことだった。しかもこれ以外の期間にも、外交政策に影響力をおよぼし続けている。六九年以前にはジョン・F・ケネディやリンドン・B・ジョンソンの顧問や非公式使節として重要な役割を果たし、ロナルド・レーガン政権では八三～八五年に開催された中米問題超党派委員会で座長を務めた。さらに八四～九〇年には大統領対外情報活動諮問会議、八六～八八年には長期統合戦略委員会、そして二〇〇一年から現在にいたるまで国防政策委員会の委員を務めている。七三年には、パリ和平協定締結の功績により、ベトナムのレ・ドク・トとともにノーベル平和賞を受賞した。七七年には文民に贈られる最高位の勲章である大統領自由勲章を、八六年には戦時の功績を讃える自由勲章を、九五年にはイギリスから名誉聖マイケル・聖ジョージ勲章を授与された。

これらの地位や栄誉に値する業績はなかったなどと言うことはできない。主なものだけでも、第一次戦略兵器制限条約（SALTⅠ）、弾道弾迎撃ミサイル制限条約の対ソ交渉があり、在任中にアメリカが批准した国際条約には核拡散防止条約、生物兵器を禁じる国際協定、ヨーロッパ安全保障会議（CSCE）最終合意文書「ヘルシンキ宣言」がある（もっともキッシンジャーはこの宣言に消極的だったが）。ヘルシンキ宣言では、「人種、性、言語、宗教の区別なくすべての人の人権、および思想、良心、信教の自由などの基本的自由を尊重する」条文（第七条）に鉄のカーテンの両側の国が署名したことが意義深い。米中国交正常化に向けて周恩来と外交交渉を開始し、冷戦にたしかな転換点の一つをもたらしたのも、第四次中東戦争の終結に尽力し、シャトル外交によってキャンプ・デービッド合意の道筋をつけたのも、キッシンジャーだった。

それなのになぜ、キッシンジャーの名前はこれほどむきだしの敵意をもって語られるのか。イギリスのジャーナリスト、クリストファー・ヒッチンスは『アメリカの陰謀とヘンリー・キッシンジャー』（井上泰浩訳、集英社）の中で、キッシンジャーは「民間人の殺戮、邪魔な政治家の暗殺、反抗する兵士、ジャーナリスト、官僚の誘拐と抹殺を命じた」として「インドシナ、チリ、アルゼンチン、キプロス、東チモールなどにおける戦争犯罪と人道に対する罪」で告発した（ただし、同書の中で具体的に論証されているのはバングラデシュのみである）[38]。

ヒッチンスは論客としては優秀でも、歴史家としての能力は疑わしい。とはいえ、彼が挙げた例のどれについても、そこまで大袈裟ではないが、まずまず同じような見地からの詳細な研究が存在するのである。カンボジアについてはウィリアム・ショークロス[39]、バングラデシュについてはゲリー・バス[40]、東チモールについてはジョゼ・ラモス＝ホルタ[41]、チリについてはジョナサン・ハスラムとピーター・コーンブルー、[42] 七〇～七一年の中東についてはノーム・チョムスキーの研究がある。[43] しかも二〇〇一、二年にはアルゼンチン、チリ、フランス、スペインの判事や弁護士が、コンドル作戦への関与をあきらかにすべくキッシンジャーからの事情聴取を要請したため、犯罪疑惑は俄然信憑性を帯びることになった（申し立ては却下された）。コンドル作戦では、南米六カ国の軍政指導者が協力して反体制派を弾圧し、多数の「行方不明者」を出している。このようなことが起きれば、キッシンジャーの名前が挙がるたびに多くのジャーナリストが良心の呵責なく「大量殺戮者」、「殺人者」、「モンスター」といった言葉を無造作に使うようになったのも、驚くにはあたらない。

評伝の上巻（*KISSINGER: The Idealist*、邦訳は上・下二巻）ではキッシンジャーの前半生を取り上げ、ニクソン政権の安全保障問題担当大統領補佐官に指名された一九六九年までを対象とする。だから、いま挙げた犯罪疑惑は上巻では扱わない。しかしニクソンの前任者四人の外交政策は取り上げるので、どの政権も戦争犯罪や人道に対する罪で糾弾できることがわかるだろう。一つだけ例を挙げるなら、アイゼンハワー政権下の一九五四年に、中央情報局（CIA）はグアテマラのハコボ・アルベンス・グスマン政権打倒に直接手を貸し、その後の反政府分子の弾圧にも積極的な役割を果たした。弾圧による死者数はおよそ二〇万に達し、一九七三年以降のチリの「行方不明者」（二二七九人）の一〇〇倍近い。だが、当時の国務長官ジョン・フォスター・ダレスについて『アメリカの陰謀とジョン・フォスター・ダレス』が書かれることはなかった。またブルッキングス研究所によれば、ケネディ政権下での軍事行動（またはその脅し）の頻度は、キッシンジャーが国務長官だった時期の三倍に達するという。[44] 失敗に終わったキューバ侵攻から南ベトナムでの流血のクーデターまでさまざまな介入が行われたが、こちらの場合にも、まともな人間が時の国務長官ディーン・ラスクを戦犯として告発したという話は聞かない。

フォード政権よりあとの政権についても同じことが言えよう。一九七九年に『キッシンジャーの犯罪』（鎌田光登訳、パシフィカ）を書いたウィリアム・ショークロスは、二五年後には掌を返すように「9・11後のアメリカには、サダム・フセインを倒す以外の選択肢はなかった。フセインは長年にわたり世界を挑発し、しかもあの冷酷なテロを称えた唯一の国家首脳だった」と述べている。[45] またキッシンジャーの友人ピーター・ロッドマンと連名で「イラクでアメリカが負けたら、イスラム世界の過激派を勇気づけ、穏健派の友好国を動揺させ、中東のあらゆる紛争を激化させることになる。イラクでの戦争遂行は、アメリカの信認を試すものだ」とニューヨーク・タイムズ紙に寄稿している。[46] だが「イラク」を「ベトナム」に、「イスラム」を「共産主義」に置き換えれば、キッシンジャーが一九六九年に南ベトナムを見捨てることに反対したときの論拠とまさに重なる。さきほどのヒッチンスも、世界にはアメリカの力より悪いものがあると気づいたのか、「有志連合のバグダッド到着以降、アブグレイブ刑務所の環境は劇的に改善された」と二〇〇五年に記している。[47]

どうしてこのようなダブルスタンダードが出てきたのか。すぐに思いつく答の一つは、嫉妬である。キッシンジャーがいかに自虐的ユーモアを連発しても、妬み嫉みは防げなかった。ワシントンで開かれたとある晩餐会の席で、誰かが「キッシンジャー博士、世界を救ってくださってありがとうございます」と話しかけると、キッシンジャーは間髪を入れず「どういたしまして」と応じた。[48] 国務長官の就任宣誓を終えたキッシンジャーに、これからはどう呼べばいいかとジャーナリストが尋ねると「私は規則にうるさい人間ではない。閣下と呼びたければどうぞ」[49]。キッシンジャーの名言集はいくつもあるが、そのどれにも必ず含まれるジョークをいくつか紹介しよう。

「三時間話し続けてはいけない討論会に興味があると言うと、みんなが驚く」

「公職を退いて時間が経つほど、自分が欠点のない人間に見えてくる」

「有名人になる利点は、相手を退屈させても、相手は自分のせいだと思ってくれることだ」

「危機が来週起きるはずはない。私のスケジュールはすでに一杯だから」

どのジョークにも、レトリックとして背理法が使われている。たとえば傲慢だと言われると、ばかばかしいほど傲慢な発言をして批判者の敵意を和らげようとした。もっとも、一九六〇年代、七〇年代のカウンターカルチャー世代にはこの手のユーモアは通じなかったが。「違法行為はすぐにできるが、違憲行為はもうすこし時間がかかる」という言葉はよく引用される。しかしこれがジョークであり、「情報公開法が施行される前には、私は会議でよくこう言ったものだ」という発言が続くことや、公式記録ではそのあとに「笑」と記されていることは、ほとんど知られていない。情報公開法以降にほんとうに「この手の発言を躊躇する」ような人間だったら、そもそもこんなことは言わなかっただろう[50]。

たいていの引用辞典で、キッシンジャーの項目は大方のプロのコメディアンより多い。「九割の政治家が残り一割に悪評を背負わせる」、「製品の二割で売り上げの八割を上げるなら、その二割だけを売ればいい」等々。ウディ・アレン顔負けの発言もある。「男女対決に勝てる者はいない。敵と親しすぎるからだ」。傾聴に値する極上の警句としては「あることを一〇〇%確信するには、それを熟知しているか完全に無知か、どちらかだ」、「成功は、次の難題への入場券をくれるだけだ」があり、おそらく最もよく知られているのは「権力は究極の媚薬である」という言葉だろう。もっともキッシンジャーのウィットの鋭さは、人気と反比例しているようにも見える。「権力は媚薬」発言はそもそも自虐的に語られたのだし、セックス自慢は誤って伝えられたのだろう。現につき合った女たちについて、こう言ったことがある。「彼女たちは……私の権力に惹かれていただけだ。もし権力を失ったらどうなる？　女たちが私とチェスでもすると思うかね[51]」。ドンファンならこんなことは言うまい。ファラーチのインタビューでも、彼はひどく率直だった。

「私の人生で女性はどれほど重要か、最大関心事なのかという問題だが、全然重要ではない。私にとって女性は気晴らしであり、趣味にすぎない。誰だって、趣味にはそれほど多くの時間を費やさないものだ[52]」

　それはほんとうだった。キッシンジャーは再婚前の数年間、魅力的な女たちとおおっぴらに食事を共にしたが、デザートが済むと彼はさっさとホワイトハウスか国務省に戻るのだった。どの女性とも友人以上の関係ではなく、愛していたのはナンシー・マギネスだけである。プライバシーを守る代償として、マギネスはゴシップ欄の虚報を我慢した。だが売り出し中の若手女優が宣伝のためにキッシンジャーのまわりに侍っていれば、人々の嫉妬は強まる一方である。トークショーを主宰するバーバラ・ハワーが女性解放運動家グロリア・スタイネムのために開いたパーティーで、キッシンジャーはまたしてもジョークを飛ばしたい欲望を抑えきれなかった。「私は隠れ遊び人《スウィンガー》でね」（スウィンガーには夫婦交換やフリーセックスをする人という意味がある[53]）。そんなことは周知の事実だった。一九七二年一月のライフ誌の見開きでは、スタイネムとハワーのほか、大勢の新進映画スターやピンナップガールがキッシンジャーと一緒に写真に収まっている。[54] とはいえお相手は二流の女優ばかりではなく、オスカー賞候補になったノルウェーの女優リヴ・ウルマンもいた。国務長官に指名された瞬間にオスロから電話をかけてきたため、テレビを見ていたキッシンジャーは大統領の発表を聞き逃したという。当時人気急上昇中のキャンディス・バーゲンもお相手の一人だった。彼女は「自分にだけ秘密を打ち明けてくれた」と思っていたようだが、たぶん反戦派女優にはみなそう思わせていたのだろう。メディアにとっては格好のネタであり、ハーバード大学の野暮な教授が「ドイツ訛りのケーリー・グラント」としてハリウッドで生まれ変わった、などと書き立てた。[55] 実際、マーロン・ブランドが映画『ゴッドファーザー』のニューヨーク試写会を欠席したときには、製作責任者のロバート・エバンスはすぐさまキッシンジャーを呼んでいる。その日は暴風雨のうえ、翌日は早朝の統合参謀本部との会議（ハイフォン港の地雷敷設について話し合うことになっていた）から始まり、最後はモスクワの極秘訪問で終わるというタイトなスケジュールだったにもかかわらず、キッシンジャーは律儀にやって来た。

「リポーター：キッシンジャー博士、どうしてここに？
キッシンジャー：来てくれと言われたのでね。
リポーター：誰にですか？
キッシンジャー：ボビー［エバンス］さ。
リポーター：あなたでも断れないような頼みを、彼が？
キッシンジャー：そういうことだ」[56]

かくしてエバンスは、片腕をキッシンジャー、もう片腕をアリ・マッグローに貸して人混みの中を進んでいった。

キッシンジャーに対する敵意は、試写会に華々しく登場したことではなく、ハイフォン港への地雷敷設のような行動が原因だと反論することは十分に可能だ。だが、もっと不穏な動機からの敵意もあったことは、否定できない。コラムニストのジョゼフ・クラフトは一九七一年一月に、キッシンジャーに会いに来た「親しい友人と同僚たち」が、彼を「知識人の背信を象徴する疑わしい人物」とみなすにいたったと書いている。理由は、「主な国際問題に関して大統領の好戦的な本能を強化し正当化するために」働いたからだという。[57] この報道は、具体的には、前年五月にハーバード時代の同僚一三名（フランシス・バーター、ウィリアム・カプロン、ポール・ドウティー、ジョージ・キスチャコフスキー、リチャード・ニュースタット、トーマス・シェリング、アダム・ヤーモリンスキーなど）がキッシンジャーに会うためにワシントンを訪れたことを指している。キッシンジャーは昔の同僚たちのために個人的な昼食会を催すつもりだったが、事情通によれば、シェリングが切口上で、自分たちが誰か説明する必要があると言い出したという。キッシンジャーは困惑した。

「君たちが誰かはよくわかっているよ。みんな、ハーバード時代からのよき友人だからね」

「いいや、ちがう」とシェリングは答えた。「われわれは、ホワイトハウスの外交能力に完全に失望した者の集まりだ。今日はそれを伝えるために来た。われわれが君の求めに応じて個人的な助言をするとは、もう思わないでくれ」。そして一人ひとりが延々五分ずつキッシンジャーを批判した。[58]

決別の表向きの理由はカンボジア侵攻である（代表者のシェリングによれば、「二つの可能性がある。第一は、他国を侵略していると大統領が理解していなかった可能性、第二は理解していた可能性だ。どちらが悪いかはわからない」という）[59]。なるほどシェリングらにはニクソンの決断を批判するもっともな理由があったが、しかし彼らの行動はどこか芝居じみており、額面通りには受け取れない。そもそも、どの人物も政府で働いていたことがあり、地位も高かった。たとえばバーターは、ニクソンの前任のジョンソン大統領の下で国家安全保障問題担当大統領副補佐官を務めていたのだから、北ベトナムに対する空爆激化を傍観していたことになる。現に大学の日刊紙ハーバード・クリムゾンに「ハーバードの教員の中には、長年政府部内にいた者もいる」と告白している。ニュースタットも「二、三〇年の間、行政府が私の居場所だった……ワシントンに来て、自腹でホテル代を払うのは久しぶりだ」と認めている。

彼らにとって、キッシンジャーと公に決別すること（なにしろ事前に新聞記者に知らせてあった）は、過激派学生の攻撃をかわすためとまでは言わないにせよ、ある種の自己弁護にほかならなかった。ニュースタットは、「われわれは恐れていると言ってもいい」とクリムゾン紙に語ったものの、何を恐れているのかあきらかにしていない。他の者はもっと率直で、「カンボジア侵攻が継続しようものなら、大惨事だ。私のオフィスが燃やされるだけでは済まない。政権にとっても、だ」とシェリングは述べた。歴史学者のアーネスト・メイは、学生たちの要求をめぐる緊急教授会から駆けつけ、キッシンジャーに「あなたは国を引き裂こうとしている」と言った。もちろんこの「国」はカンボジアではない。キッシンジャーとの会見を終えると、ニュースタットら三人は過去の過ちを悔い改めるとでもいうように、ハーバードの学生と教官による「平和行動ストライキ」に加わっている。そんなことではキャンパスの過激派の怒りは収まらず、同じ日にバーターとシェリングのオフィスがある国際問題研究所が襲撃されて「めちゃめちゃに」なった[60]。

4

批判者は、ありとあらゆる政策に反対したわけではないが、キッシンジャーのやり方をずっと不快に感じていた。「過剰な野心」に駆り立てられ、「ほぼ全世界に広がる人脈を巧みに築き上げ[61]」、「メディアの大のお友達[62]」というわけだ。「ある敏腕記者は、キッシンジャーと話をするたびに自分の感覚が麻痺し、取り戻すのに三日かかるが、その間も記事を書かなければならないのだから最悪だ、とこぼした」そうだ[63]。キッシンジャーは邪悪なニクソンに劣らぬ秘密主義者で、ニクソンに魂を売り渡したとされる（すくなくともハーバードではそう見なされた[64]）。モートン・ハルペリンを始め自身のスタッフでさえ盗聴し[65]、ごますりで、ニクソンの醜悪な反ユダヤ主義すら我慢した[66]。そのじつひどく不安定で、首席補佐官のH・R・ハルデマンに「ほとんど毎日、最低でも週に一度は、大統領が本当にキッシンジャーを大切にし、高く評価し、彼なしではやっていけない[67]」と請け合ってもらっていたという。キッシンジャーの激越な批判者の一人であるニューヨーク・タイムズ紙のアンソニー・ルイスは、「あの男はどうしてあんなことに関わったのか……面目を失墜するような……盗聴などに手を染めたのか」と問いかけ、自ら答えた。「疑問の余地はない。権力を手にし、手放さず、かつ秘密裏に行使するために、すべきことをしたのだ[68]」。これらの証言から浮かび上がるキッシンジャーの姿は、さしずめアンソニー・パウエルの代表作『時の流れにあわせて踊る』のアンチヒーロー、ケネス・ウィドマープールと言えようか（イギリスの情報機関にいた実在の人物がモデルとされる）。誰にも止められない野心満々の男である。

もっとも、キッシンジャーに対する批判の多くが個人的な恨みに端を発している可能性も捨てきれない。たとえば元国務次官のジョージ・ボールは、キッシンジャーを「自己中心的で陰謀好き」だと批判したが、これは国務長官ウィリアム・ロジャーズが軽視されたことに腹を立てた国務省官僚の意見を代弁したものだ[69]。同じく国務省にいたレイモンド・ガーソフも、SALTをめぐる対ソ交渉でキッシンジャーの「裏ルート」を知らされなかったことで恨んでいた[70]。ハンス・モーゲンソーはキッシンジャーをオデュッセウスにたとえ、「いくつもの顔を持つ」と語ったことがある。

「だからこそ友も敵も、部内者も部外者も、キッシンジャーの魅力に惹きつけられるのだ。ここに彼の成功の秘密がある。今日はハムレット役を、明日はシーザー役を演じるのではなく、今日はハムレット、明日はシーザーになりきる名優、それがキッシンジャーだ[71]」

イスラエルのメディアはのちにこの発言を取り上げ、「二枚舌外交」と非難した[72]。しかしモーゲンソーはほんとうにキッシンジャーを批判する気がなかったのだろうか。キッシンジャーより一〇歳ほど年上で、キッシンジャーと同じくドイツ系ユダヤ人のモーゲンソーは、今日にいたるまでアメリカの現実主義外交の祖とみなされている。だがジョンソン政権下で国防総省顧問だった彼のワシントンでのキャリアは、ベトナム戦争に反対したときに終わっていた。キッシンジャーが現実主義者と称えられるのを聞いて不快になるのは、誰よりもモーゲンソーだったはずだ。

批判者は、キッシンジャーは民主主義に根本的に敵意を抱いている、すくなくとも無関心だと言いたがる。「不安定化の原因を共産主義に求め、安定化を謳う政治公約は……反共主義の名のもとに国民の不満表出を抑圧するための現実解釈から導き出されたものだ……本質的に不安定な世界では、政治の究極の目的として安定を掲げる政策の最終手段は、必ず独裁になる」とモーゲンソーは述べている。[73] 似たような意見を持つ識者は多く、たとえば政治学者のリチャード・フォークは、キッシンジャーの有能さは「国内政治のお粗末さに対する批判の矛先をかわす能力」すなわち世界中の独裁者が大好きな「マキャベリ的権謀術数」に由来するとした。[74] 第三帝国から逃れアメリカで成功を手にした男が民主主義を嫌うべき理由は、にわかには納得しがたい。しかしどの書き手も、キッシンジャーは「ワイマール共和国で生まれ育った」のだから、「革命と無政府状態、すなわち権威の崩壊の亡霊」につきまとわれていたのだとして、この矛盾を解決した気になっていた。[75] ジャーナリストのジェレミー・スリは、「こうした出来事を目の当たりにしたために、破壊的な敵と戦うには民主主義は非力で役に立たないと考えるようになった……統治においては、先見性を備えたカリスマ的指導者が非民主的に意思決定を行う余地を与えるべきだと考えたのだ」と書いている。[76] だからキッシンジャーは「危険とみなした国内世論はたびたび無視して行動した。そうしないと、一九三〇年代の潔癖すぎた民主主義者の過ちを繰り返し、大衆政治の弱点と過剰……ひいては路上の抗議運動家に屈することになると考えたからだ」。[77] 後述するが、この主張には難がある。ワイマール共和国が解体されたとき、キッシンジャーはまだ一〇歳にもなっていなかったのだから、かなり早熟だとしても確たる政治的意見を持つとは考えにくい。政治に関する彼の最初の記憶は、そのあとの体制のものだった。ではヒトラー政権下で育ったせいで、民主主義を嫌うようになったのだろうか。歴史学者ブルース・マズリッシュの精神分析的解釈によれば、キッシンジャーは「侵略者との同一化」によって「ナチス体験と折り合いをつけようとした」という。[78] だが後段で論じるように、もっと単純に考えてもいいのではないか。

これと関連するが、キッシンジャーのやり口を批判する人の多くが微妙な反ユダヤ主義感情を持つことは、奇妙な皮肉と言わざるを得ない。じつはキッシンジャーについての本を読めば読むほど、どうしても二〇年前に読んだロスチャイルド家関連の数々の醜悪な本のことを思い出してしまう（同家の歴史をまとめるためにそんな本を読まざるを得なかったのだ）。一九世紀に他の銀行が保守的な政体や戦争中の国に融資をしても、みな見て見ぬふりをしていた。ところがロスチャイルド家が同じことをした途端、轟々たる非難の声が巻き起こる。ヴィクトリア時代の陰謀論者が書きたてたロスチャイルド告発本を全部並べようとしたら大量の書棚がいるだろう。となれば、キッシンジャーに浴びせられた批判のすさまじさは、ロスチャイルド家の場合と同じく、彼がユダヤ人であることと関係しているのではあるまいか。

と言っても、キッシンジャーの批判者はみな反ユダヤ主義者だ、などと言うつもりはない。最も激しくロスチャイルド批判を行った人の一部はユダヤ人だったし、キッシンジャーの場合もそうだ。『輝けゴールド』の主人公ブルース・ゴールドは、「ヘンリー・キッシンジャーはユダヤ人ではなかったという驚くべき仮説」を持ち出す。

「ゴールドの保守的な意見では、キッシンジャーはビスマルクやメッテルニヒやカースルレイ子爵のように歴史に名を残すことはない。喜々として戦争を仕掛け、ユダヤ人の伝統的美徳とされる弱者への同情を出し惜しみした『愚か者』として記憶されるだろう。哀れなニクソンとともに跪いてヤハウェに祈るなど、まともなユダヤ人のやることではない。チリの自由民に残酷な仕打ちをする者が信頼できる友であるはずもない」[79]

アメリカのユダヤ人が、桁外れに有名になった同胞に相反する感情を抱いていたと言ったら、控えめにすぎるだろう。マズリッシュやスリのようにキッシンジャーに同情的な評伝作家でさえ、ニクソンとの関係を表現する際には、「臣下のユダヤ人」といったあやしげな表現を使っている。[80]

5

とはいえいちばん肝心なのは、キッシンジャーの外交政策を理論と実践の両面でどう評価するかということである。大方の論者にとって、理論面ははっきりしていた。キッシンジャーは現実主義者であり、著名なジャーナリスト、アンソニー・ルイスによる「キッシンジャー・ドクトリン」の乱暴な定義では、「人道を犠牲にした秩序と権力への執着」[81]ということになる。『キッシンジャーの道』（高田正純訳、徳間書店）の著者カルブ兄弟は、ニクソンとキッシンジャーは「倫理よりプラグマティズムを優先するリアルポリティークを全世界で推進した」と述べている。[82]一九六〇年代にはキッシンジャーの友人であり崇拝者でもあり、ニクソンからの指名を祝福していたスタンリー・ホフマンは、七〇年代に入ると批判者の仲間入りをする。ホフマンによれば、キッシンジャーは「悪魔的な直感の持ち主で、他者の心の内を察知し、何に誘惑され何を恐れるかを見抜く」という。さらに「自分の力を巧みに操り、相手の弱点につけこみ、強みをとことん利用した」。それだけではない。「地政学的ゲーム以上のビジョンがあったのなら、勢力均衡を実現し、問題国家を抑え込むための信賞必罰が理想の世界秩序をめざしていたというなら、われわれはその理想が何だったかを推測してもよかろう……彼が理想とするのは、力だけの世界だ。勢力均衡は秩序の前提でも正義の条件でもない。勢力均衡こそが秩序であり、最終的には正義でもある」[83]

ホフマンは、ろくに調査しない書き手のつねとして、ニクソンとキッシンジャーは（前者は「本能的に」、後者は「知的に」）「ともにマキャベリばりの策士であり、国家の維持のためには内外の敵を犠牲にする冷酷さと欺瞞が必要だと考えていた」と結論づけている。[84] この種の批判は枚挙にいとまがない。ウォルター・アイザックソンは「権力志向のリアルポリティークと秘密主義外交……が、「キッシンジャーの」政策の基本だった」と書き、[85] ジョン・ギャディスは、ニクソンとキッシンジャーのコンビはつねに国益を最優先するとして、「イデオロギーに対する地政学の勝利」と表現した。[86] スリによれば、キッシンジャーは「武力を持つこと、および武力を行使できるようにすることの現実的重要性を無視した理想主義的な主張には冷ややか」[87] で、「良心より国家の必要性」を優先したという。[88]

キッシンジャーを倫理観に欠けた現実主義者とする見方は根深い。たとえば「アメリカの国益を微塵も損なうまいとするリアルポリティークの冷酷な達人」という具合である。圧倒的多数の論者が、彼はメッテルニヒとビスマルクを崇拝し、手本にしていると決めつけた。[89] たしかにキッシンジャーは、一九五〇年代と六〇年代にそれぞれに関する論文を書いている。だが、彼が七〇年代にメッテルニヒやビスマルク流を外交政策に再現しようとしたなどと考えるのは、論文を読んでいない（または意図的に誤読した）人間だけだろう。キッシンジャーを冷酷な陰謀家呼ばわりする論文の奇妙な共通点の一つは、彼の一九五七年の著作『核兵器と外交政策』（森田隆光訳、駿河台出版社）をほとんど踏まえていないことだ。核兵器の段階的使用を支持する同書の冷徹な計算尽くの主張を読んでいたら、スタンリー・キューブリック監督作品『博士の異常な愛情』の主人公ストレンジラブ博士はキッシンジャーがモデルだとかんたんに主張できたはずである。どうやらキッシンジャーの批判者は、二度の世界大戦の主戦場となり、限定核戦争でも甚大な被害を被る中欧はどうでもよかったらしい。

6

冷戦は、研究者として、また政策決定者としてのキッシンジャーの二つのキャリアにとって決定的な出来事である。ただし冷戦と一言で言っても、さまざまな形で展開された。核軍備競争は一度ならず破滅的な水爆戦争になりかけた。また冷戦は、ある面では二つの超大国による力の張り合いでもあったから、米ソ両国は直接対決こそめったにしなかったものの、世界各地に部隊を送り込んだ。さらに冷戦は、資本主義経済と社会主義経済という二つの経済体制の競争でもあった。このことを象徴するのが、一九五九年にモスクワで行われたニクソンとフルシチョフの「キッチン討論」である。そして諜報機関同士の命がけの戦いでもあった。こちらはイアン・フレミングの小説で美化され、ジョン・ル・カレの小説ではより正確に描かれている。冷戦は文化抗争でもあり、饒舌な大学教授たち、親善訪問するジャズバンド、亡命するバレエダンサーらがそれぞれに役割を演じた。とはいえ冷戦の根底にあったのは、イデオロギー抗争である。アメリカ合衆国憲法に包含された啓蒙思想と、ソ連の歴代指導者が強調するマルクス・レーニン主義思想の対決だった。二つの思想のうち片方だけが基本原理として闘争を前提とし、また二つの国のうち片方だけが完全には法の支配に縛られていなかった。

冷戦の大量殺戮者がいたのはワシントンではないし、ましてアメリカと同盟関係にある西欧諸国の首都でもない。ステファヌ・クルトワらの『共産主義黒書』（外川継男訳、筑摩書房）によれば、二〇世紀における「共産主義の犠牲者は合計八五〇〇万人〜一億人」にのぼる。[90] フランク・ディケーターによれば、毛沢東の犠牲者だけでも数千万人に達するという。一九四九〜五一年には二〇〇万人、五〇年代末までにさらに三〇〇〇万人、「大躍進」として知られる人為的飢饉では四五〇〇万人にのぼり、文化大革命の暴力ではもっと大勢が死んでいる。[91] 最も控えめな推定でも、スターリンの政策で直接的に命を落としたソ連市民は二〇〇〇万人以上で、うち四分の一は第二次世界大戦後だという。[92] そこまで残虐でない東欧圏の国々ですら、市民の殺害や投獄を衝撃的な規模で行なっていた。[93] スターリンが死んだとき、ソ連では二七五万人が強制収容所にいた。この数はその後大幅に減ったものの、ソ連が完全に崩壊するまで、恣意的で腐敗した専制政治から自分を守ってくれるのは狡猾な知恵だけだと市民はわきまえていた。ウィリアム・A・ウィリアムズをはじめとする歴史修正主義者たちは、冷戦期の米ソの倫理観はどっちもどっちだったと主張するが、疑問の余地のないこうした事実からすれば、彼らの主張はお笑いぐさである。[94]

あらゆる共産主義体制は、「階級の敵」を冷酷に扱った。金一族の北朝鮮、ホー・チ・ミンの北ベトナムから、メンギスツ・ハイレ・マリアムのエチオピア、アゴスティニョ・ネトのアンゴラにいたるまで、例外はない。最悪はポル・ポトのカンボジアだとしても、カストロのキューバでさえ労働者のパラダイスではなかった。共産主義政権は攻撃的でもあり、冷戦期には他国を公然と侵略した。ソ連軍がブダペストで市民のデモを鎮圧した一九五六年に、アメリカの戦車は外国のどの都市も蹂躙していない。ソ連軍がプラハに侵攻した一九六八年には、アメリカの戦車はサイゴンとフエにいたけれども、それは北ベトナムの大規模攻撃から両都市を防衛するためだった。すくなくとも司令官はそう信じていた。朝鮮半島では南が北に侵攻したのではないし、ベトナムでは南が北を侵攻したのではない。さらに現在では、ワシリー・ミトロヒンが西側にもたらした極秘文書によって、KGBの対外課報活動や破壊活動のおぞましい実態があきらかになっている。[95]

ヨーロッパの衰退と不可分な関係にある冷戦では、ソ連がほとんどつねに先手を打ち、アメリカは可能な場合に報復するという形だった。[96] 報復が醜悪だったのはまちがいない。グレアム・グリーンはそれをわかっており、『おとなしいアメリカ人』（田中西二郎訳、早川書房）の中で、「第三勢力」について熱く語るアメリカ青年を揶揄している。アメリカ人が第三勢力の誕生に手を貸すなど、帝国主義としか聞こえないからだ。それでも経済成長と政治的自由に関する限り、大方の人とその子供たちにとっては、アメリカが勝つほうがつねにましだった。よって、不介入政策をとっていればよりよい結果につながったことの立証責任は、アメリカの政策を批判する側にある。ここで言う不介入政策とは、ソ連、ナチスドイツ、ファシスト・イタリアがスペイン内戦に参戦したときや、ナチスドイツがズデーテン地方割譲（結局はチェコスロバキア解体につながった）を要求したときに西欧がとったような政策のことである。キッシンジャーがファラーチに指摘したように、実際に起きた出来事の歴史に何らかの評価を下す前に、「起こらなかった出来事」の歴史を検討すべきだ。つまり、冷戦期にアメリカ政府がやったことの結果だけでなく、採用された可能性がある（が採用されなかった）外交政策の結果がどうなっていたかも考慮しなければならない。

アメリカが終戦直後からジョージ・ケナンの封じ込め政策を採用せず、再び孤立主義を選んでいたらどうだろうか。あるいは逆に、核戦争勃発の危険を冒してでも、攻撃的な「巻き返し」戦略をとっていたら。当時はどちらの政策にも支持者がいた――キッシンジャーの在任中に、強硬策・穏健策どちらにも賛同者がいたように。あの状況ではこうすべきだった、この状況ではこうすべきだったと意思決定者を批判する人は、自分が推奨する政策を選んでいたらアメリカ人も外国人も犠牲はもっとすくなく、他国に副次的影響が広がるおそれもなかったと立証できなければならない。とりわけ、戦略的に重要でない国（たいへん失礼で申し訳ないが、アルゼンチン、バングラデシュ、カンボジア、チリ、キプロス、東チモールはこう形容せざるを得ない）で失われた人命をことさら問題にする場合がそうだ。そのような問題提起をするときは、別の政策をとっていたら、戦略的に重要な国（ソ連、中国、西欧の主要国など）とアメリカとの関係にどう影響したかを検討しなければならない。キッシンジャー自身がかつて述べたとおり、裁判官は一件ごとに是々非々を判断するが、政治家は裁判官ではない。冷戦における総合戦略を構築する人間は、大規模な軍備を持つ敵対的な競争相手との長期にわたる抗争という状況において、起こりうるあらゆる可能性を同時に考慮する必要があった。

こうして考えてみると、冷戦でアメリカが勝利を得るまでになぜこれほど時間がかかったのか、じつにふしぎである。アメリカはどのものさしで測ってもソ連よりゆたかで（手元の最も信頼できる推定では、冷戦時代のソ連の経済規模はおしなべてアメリカの五分の二以下とされている）、科学技術ではほぼ全面的に先行し、政治制度も大衆文化もはるかに魅力的だ。キッシンジャーが国家安全保障問題担当大統領補佐官に指名される直前の時点で、アメリカはすでに巨大な帝国だったと言える。ただし、支配する帝国ではなく、「招かれた帝国」[97]だった。アメリカの武官は六四カ国に駐在し、[98]うち四八カ国とアメリカは同盟関係にあった。[99]アメリカ軍の武器・装備は他のどの国より高水準で、アメリカは敢然とそれを行使した。現に一九四六〜六五年に、アメリカ軍は海外で推定一六八回の武力介入を行っている。[100]また日独を含む主要国に常時駐留していた。にもかかわらず、冷戦はその後二〇年続く。しかもこの時期に国外で自国の意志を押し付けることに苦労したのは、おおむねソ連よりもアメリカのほうだった。ある評価によれば、アメリカが冷戦期に行った七回の介入のうち、安定した民主体制の確立に成功したのは、第二次世界大戦後のドイツと日本、八〇年代のグレナダとパナマの四回だけだという。朝鮮半島での成功を加えるとしても、ベトナムでの大失敗がアメリカの成績表に暗い影を落としている。[101]

一九四七年夏、ジョージ・ケナンは「ソビエトの行動の源泉」と題する論文を「X」という匿名でフォーリン・アフェアーズ誌に発表した（近藤晋一ほか訳、『アメリカ外交50年』岩波書店に収録）。これが、ソ連「封じ込め」戦略の理論的根拠となった論考である。この論文でケナンはソ連の見かけの力を論じるにあたり、トーマス・マンが『ブッデンブローク家の人々』の中で使った、大商人一族の見かけの力に関する比喩を想起している。

「人間の制度は、その内部崩壊が現実にぎりぎりまで進んだとき、しばしば最もすばらしい外面的輝きをみせることがあるのを観察して、マンは最も魅惑的な時代のブッデンブローク家を、現実にはずっと前に消滅してしまっているのに、この世では最も明るく輝いてみえる星の一つにたとえたのである。かくて西の世界の不満な民衆にクレムリンが投げかけている強い光は、現実には衰滅しつつある星座の強い残光ではないと、確信を持って言える者があるだろうか……しかしソビエトの権力は……その内部に自分を滅ぼす種を含んでおり、この種の発芽がかなり進行している可能性が存在する」[102]

　これを記したとき、ケナンは四三歳だった。ソ連がついに崩壊した一九九一年一二月には、八七歳になっていた。

　なぜそうなったのか。なぜ冷戦はあれほど長引き、あれほど解決不能だったのか。キッシンジャーが、唯物史観と経済決定論の両方をキャリアの早い時期に退けたことで、この問いに説得力のある答を出せたことは興味深い。冷戦は経済をめぐる戦いではなく、核兵器や在来兵器の保有量を競う戦いでもなかった。冷戦は、第一義的には理想をめぐる戦いだったのである。

7

キッシンジャーは、大方の批判者が考えたように、ほんとうに現実主義者だったのか。この問いの答は重要な意味を持つ。何となれば、キッシンジャーが現代版メッテルニヒやビスマルクでないなら、政策決定者としての彼の行動は、「手段の如何を問わずアメリカの利益に最大限寄与したか」という標準的な現実主義の基準で判断すべきではないからだ。ロバート・カプランは、「現実主義は、外交政策における究極の道徳的野望について言う言葉である。その野望とは、力の均衡によって戦争を回避することだ……キッシンジャーはヨーロッパ・スタイルの現実主義者であり、大方の自称モラリストよりは徳や倫理について考えていた」と書いている。[103] キッシンジャーの「高い道徳的目的」[104] へのマズリッシュの懐疑的な言及同様、陰謀論者が大好きな道徳批判に比べればよほどましではあるものの、やはり的外れと言わざるを得ない。

一九七六年に政治家としての自身の功績を評価するよう求められたキッシンジャーは、こう答えている。「歴史家がどの成功で判断するとしても、私自身はすべてに優先する基準を持とうと努めてきた」。後段で述べるように、キッシンジャーが一九六九年にそうした基準を持ってホワイトハウス入りしたことはあきらかだ。実際彼はそれまでの二〇年間の大半を、基準の確立に費やしてきた。[105]「高い地位は意思決定をすることは教えるが、決定の本質は教えない。意思決定は知的資本を消費するだけで、生み出さない。だからほとんどの高官は、来たときに持っていた見識と知見のままで職務を離れる。彼らはどう決定するかを学ぶが、何を決定すべきかは学ばない」とキッシンジャーが述べたのはよく知られている。[106] 今日の学者の規範とやかましく言われるものから判断すると、その規範を自らに当てはめ、発表された著作物の斜め読み以上のことをしてキッシンジャーを批判した者は驚くほど少ない。キッシンジャーは一九六九年までに四冊の分厚い本を発表し、フォーリン・アフェアーズ誌などの雑誌に一〇本以上の本格的な論文を発表し、新聞などに多くの寄稿をしていた。学者の生涯について書こうとする評伝作家は、たとえその人物がのちに政府高官になったとしても、著作物を読む必要があるのは言うまでもない。読めば、キッシンジャーの知的資本には二つの土台があることがわかる。一つは歴史の研究、もう一つは理想主義の哲学である。

第二次世界大戦中にキッシンジャーのメンター役を務めたフリッツ・クレーマーは、こう語ったことがある。「歴史と音楽的に波長が合っている。これは、どんなに頭がよくても学べることではない。天賦の才能だ」。[107] ハーバード時代の友人ジョン・ストウシンガーは、二人が大学院一年生だったときの思い出を語る。「キッシンジャーは歴史の重要性を強調した。トゥキディデスを引用し、現在は過去の正確な繰り返しではないとしても、必ず過去に近くなると断言した。となれば、未来もそうにちがいない……国や個人が成功し失敗する原因を理解するためには、歴史を学ぶことがかつてないほど重要だ、と」。[108] キッシンジャーは生涯この信念を持ち続けた。国際関係を専門とする同世代の学者とのちがいは、理論より歴史を重んじていたことだ。いやむしろ、彼の外交政策理論の特徴は、国家や政治家はそれぞれの歴史観に基づいて行動するのであり、他の方法では理解できないという見方にあると言うべきだろう。

ただしキッシンジャーは、歴史研究者である前に歴史哲学者だった。彼に関する根本的な誤解の多くは、ここから生じている。ファラーチは大方のキッシンジャー研究者同様、キッシンジャーはマキャベリに「強く影響された」からこそメッテルニヒに心酔するようになったのだと思い込んでいた。キッシンジャーの率直な答えは示唆に富む。

「現代社会では、マキャベリが受け入れられ、重用される余地はほとんどない。マキャベリに関して唯一興味深いのは、君主の意向を考慮する彼のやり方だ。もっとも、興味深いというだけで、影響を受けるほどではない。誰から最も影響を受けたかと言えば、二人の哲学者を挙げたい。スピノザとカントだ。私をマキャベリと結びつけるとはおもしろい。どちらかと言えばメッテルニヒを挙げる人のほうが多いが、これも幼稚な連想だ。メッテルニヒについては、一冊だけ本を書いている。書いたと言っても、シリーズものの第一巻にすぎない。一九世紀、正確には第一次世界大戦までの国際秩序の構築と崩壊をテーマとするシリーズだ。それ以外に私とメッテルニヒを結びつけるものは何もない」[109]

私の知る限り、この率直な答の重要性を完全に理解していた研究者は、過去には歴史家のピーター・ディクソン一人しかいない。[*] キッシンジャーはマキャベリ流の現実主義者どころか、そのキャリアの出発点からして理想主義者、あるいは観念論者だった。大学院時代には、イマヌエル・カントに傾倒していた。一九七八年に早くもディクソンが指摘したように、キッシンジャーは自分自身を「カント以上にカント的」[110]だと考えていた。未刊行の卒業論文「歴史の意味」はひどく野心的ながら、カントの歴史哲学を誠実に論評している。この論文を書いてから四半世紀が経っても、キッシンジャーは外交政策における「二つの道徳的義務の衝突」を説明するのにカントを引用した。この二つの義務とは、自由を守る義務と敵との共存の必要性である。[111]キッシンジャーは現実主義者に分類されるのが通例だが、実際にはハンス・モーゲンソーなどより理想主義者だったとディクソンは主張する。[112]私も同意見だ。現にキッシンジャーが九一歳で発表した『国際秩序』（伏見威蕃訳、日本経済新聞出版社）ではカントが長々と引用されている。[113]私のみるところ、多くの研究者はキッシンジャーの理想主義を見誤ったせいで、彼に対する歴史的評価において、致命的とは言わないが重大な過ちを犯すことになった。

アメリカの外交には「力」を超国家的法規や国際機関に従わせようとする伝統があり、これを表現するために「理想主義的」という言葉をよく使う。お断りしておくが、私は若い頃のキッシンジャーがこの意味での理想主義者だったと言うつもりはない。[114]私は「理想主義」あるいは「観念論」（どちらも英語はidealismとなる）という言葉を哲学上の意味で、より正確にはギリシャのアナクサゴラスやプラトンを源流とする西洋哲学上の意味で使っている。カントの記述を借りるなら、西洋哲学における観念論とは「外的経験だと憶測されているものが単なる想像でないとはけっして確信できない」とする

＊ これは、キッシンジャー自身がこの話題を避けようとしたためでもある。二〇〇四年に歴史家のジェレミー・スリが「あなたの根幹にある倫理規範、けっして破りたくない規範は何か」と訊ねると、キッシンジャーは「いまはその問いに答える用意がない」と答えている。

考え方である。なぜなら、「外界の事象の実在性は厳密な立証を拒む」からだ。言うまでもなく、観念論者がみなカントのように考えたわけではない。プラトンは、物質は知覚とは無関係に実在すると考えたし、ジョージ・バークリーは物質の実在性を否定し、存在するとは知覚されることであり経験は幻想だと主張した。これに対してカントの超越論的観念論では、「物質的世界」は「認識主体であるわれわれ自身の感覚の中の現象」にすぎないが、現象の根元には「純粋理性」ではなく思惟が経験に基づいて形成した「物自体」が存在するとした。後述するように、カントを学んだことはキッシンジャーの思想に消えることのない強い影響を与えた。カントを読んで、資本主義の優越性を謳う物質主義的な理論に懐疑的になったのだから、なおのことだ（アメリカの社会科学者たちは、マルクス・レーニン主義への対抗手段としてそうした理論を練り上げていた）。ヘーゲルの包括的な歴史哲学としての観念論（テーゼとアンチテーゼの弁証法的融合により、つまり理性により世界は前進する）の類にはまったく関心を持たなかった。キッシンジャーにとって差し迫った疑問は、カントの人間観（たとえば、個人は絶えず重大な道徳的ジレンマに直面する）と、世界が最終的には「永遠平和」を運命付けられているとする洞察とは調和するのか、ということだった。一九七三年九月二四日、国務長官として正式承認されてわずか二日後の国連総会演説でカントに言及したのは、けっして安直な引用だったのではない。

「二世紀前に哲学者のカントは、人間の道徳的願望の成果として、あるいは自然の摂理の結果として、世界にはいつか永遠の平和が訪れると予言した。そのときは非現実的に見えたことも、明日には現実になり、選択の余地はなくなるのかもしれない。私たちに選べるのは、国連憲章の描く世界が私たちの先見性の結果として実現するのか、先見性のなさが招く破滅の結果として訪れるのか、ということだけだ[115]」

ご存知のとおり、冷戦は破滅には終わらなかった。冷戦終結後の世界は、永遠平和にはほど遠いものの、あきらかにより平和になっている。中東と北アフリカを除けば、世界のどの地域でも組織的暴力は大幅に減った[116]。キッシンジャーの先見性は、この状況にどれほど貢献したのだろうか。この問いには、控えめに言っても、これまでのところ適切な答は得られていない。現時点では、武力衝突の合計死者数として計測した全世界の暴力は、一九六〇年代に危険なほど増えたが、七一〜七六年に急減したと言えば十分だろう。

ピーター・ディクソンは、冷戦がほぼ無血でアメリカの勝利に終わった場合（実際そうなった）のキッシンジャーの苦境を予想していた。

「キッシンジャーの不一致こそが協力につながるという考え方や、自主規制の概念や、重要度の優先順位としての外交政策という見方はすべて……アメリカの政治文化全体に目的意識を吹き込むことを考えて練り上げられたものだ。それは、アメリカ人が世界で自分たちの国が果たすべき役割を真剣に問い始めたときに、歴史の意味を回復させる狙いがあった。キッシンジャーの政治哲学は、アメリカを救世主や自由と民主主義の擁護者とみなす戦後の政策原理とははっきり一線を画している……いつか将来にアメリカが救世主の役割を果たすことに成功するようなら、キッシンジャーは、民主主義の理想と原理の魅力や正統性を過小評価した敗北主義的指導者、歴史悲観論者とみなされるだろう[117]」

キッシンジャーに対する最も辛辣な告発が、ソ連の脅威が魔法のように消えたあとで行われたのは、けっして偶然ではない。

8

私は過去二〇年のかなりの時間を、力の源泉や戦争と平和の原因を理解するために費やしてきた。まずワイマール共和国と大英帝国に注目し、次におそらくは必然的な流れで、大西洋の向こうの奇妙な帝国アメリカへと関心が移った。私の論評はすくなくとも特定の党派には属さない。二〇〇一年には、ビル・クリントンの外交政策を「能力発揮不足（understretch）」の一例と総括した。クリントン政権は、国内のスキャンダルに振り回され、犠牲者を出すことを恐れすぎて、アメリカの膨大な能力を適切に活用できなかったからだ。[118]その三年後のブッシュ政権のイラク占領初期には、アメリカの窮状に関する論考を発表し、アメリカはイギリスの自由帝国主義の後継者として、自由貿易と代議制の利点を確信しながらも、三つの赤字におそらくは宿命的に縛られている、と述べた。この三つの赤字とは、財政赤字（社会保障給付と政府債務拡大の悪循環により、国家安全保障のための予算を縮小せざるを得ない）、人的資源の赤字（著く貧しい国の長期的問題解決への支出を多くの国民は望んでいない）、関心の赤字（大規模な対外介入をすれば、大統領の任期である四年間で人気を落としかねない）である。[119]私は、ブッシュの後継者がとることになる方針（先制攻撃と単独行動主義の原則を直ちに後退させる）を、誰が後継者になるか決まる前から予見していたし、アメリカの後退がもたらす影響もある程度予想していた。[120]

しかしキッシンジャーの生涯と彼が生きた時代を調査してみて、自分のアプローチが緻密さに欠けると気づかされた。とくに私は、歴史の赤字というアメリカの外交政策が抱える重要な問題を見落としていた。これは、主な意思決定者が、他国の過去はおろか自国の過去もほとんど知らないという事実を意味する。しかも彼らは往々にして、自分たちの無知の何が問題なのかわかっていない。最悪なのは、歴史を理解するにはいたらないのに、生半可に歴史を知っていて自信は持っていることだった。ある高官は、サダム・フセイン後のイラクは共産主義後のポーランドのようになると二〇〇三年初めに断言したが、このようにアメリカの高官のあまりにも多くが、歴史的類推の価値はもちろん、危険性も認識していない。

本書は一人の知識人の評伝であるが、それ以上のものだと自負している。というのも、キッシンジャーの思想の進化には研究と実践がわかちがたく結びついているため、評伝の上巻 *KISSINGER: The Idealist* はドイツで自己形成の物語《ビルドゥングス・ロマン》と呼ばれるもの、すなわち思想・感情両面の成長の物語とみなせるからだ。物語は五部に分かれている。第一部は、第一次世界大戦後のドイツでのキッシンジャーの幼年時代から始まり、アメリカへの移住、アメリカ軍の一員として第二次世界大戦に従軍し、再びドイツですごす日々を描く。第二部は、ハーバード大学の学部・博士課程の学生、准教授時代である。この時期にキッシンジャーは外交問題評議会のために核戦略研究を行い、知識人として認められるようになった。第三部は、大統領候補だったネルソン・ロックフェラー、次いでジョン・F・ケネディ大統領の顧問時代、第四部は、ベトナムに関与するにいたる紆余曲折を描く。ここでキッシンジャーは、この戦争にアメリカは勝てないと気づく。最後の第五部は、ニクソン大統領の国家安全保障問題担当補佐官に思いがけず指名されるまでの出来事をつぶさに記述する。

キッシンジャーは貪欲な読書家であり、カントからハーマン・カーンにいたる膨大な読書からも多くを学んでいる。とはいえ多くの意味で最大の影響を受けたのは、書物ではなくメンターからだった。最初の師はフリッツ・クレーマーで、キッシンジャーをファウストに見立てれば、メフィストフェレスに当たる人物である。キッシンジャーが学んだ重要な教訓は、自らの経験から得たものとメンターからの教えが相半ばしている。一九六九年一月に政権入りしたとき、キッシンジャーに備わっていた知的資本の中でとくに重要なのは次の四つだと私は考える。第一に、ほとんどの戦略的選択は、大きい悪か、小さい悪かを選ぶことだと認識していた。第二に、他のプレーヤーの自己認識を類推と洞察によって解明する重要な手段として、歴史を重視していた。第三は、いかなる決定も本質的には推定に基づいていること、ある行動をとったときの政治的見返りは、何もしないか報復したときの見返りより小さいとしても、結局は後者のほうが高くつくことがあると気づいていた。第四に、ビスマルクが体現した外交政策における現実主義は危険だと気づいていた。最大の危険は、大衆を疎外しかねないこと、政治指導者が権力それ自体を最終目的とみなすようになることである。

高遠な目標をめざした若きキッシンジャーは、真の意味での理想主義者だったと私は信じる。

KISSINGER

The Idealist

第一部

BOOK I

CHAPTER 1
Heimat

第一章　生まれ故郷

フュルトには何の関心もない。

――ヘンリー・キッシンジャー　二〇〇四年[1]

1

子供時代はその後の人生に何の影響もおよぼしていないと主人公が断言する場合、評伝作家はいったいどこから書き始めるべきなのだろう。

一九三〇年代のドイツで生まれ育ったことが、「思春期にまで深い傷を残した」との指摘はすくなくない。「いつ暴力に見舞われるかもしれない不安が心の奥底にあったのはまちがいない。そのことが、核戦争についての考え方を含め、後年のものの見方に影響を与えている」[2]という指摘のほか、「ワイマール共和国の暴力、混沌、崩壊の再来を恐れていた」との推測もある。ベトナム戦争とウォーターゲート事件に対するキッシンジャーの姿勢は、ドイツ時代の経験を踏まえなければ理解できないとの主張もある。それどころか、キッシンジャーの哲学や政治観全体がドイツに深く根差しているとも言われる。「ワイマール共和国崩壊の経験から……民主主義には負の面があると確信するにいたった」。この経験によって、キッシンジャーは生涯にわたって文化悲観論者になったとも言われている。[3]

本人はといえば、こうした見方を歯牙にもかけない。一九五八年に生まれ故郷を訪れたときには、「フュルト時代には心に残るような出来事はなかったと思う。おもしろいことも愉快なことも思い出せない」と述べた。[4]七四年三月にはニューヨーク・ポスト紙の取材に応じ、少年時代を送ったナチスドイツでは「町の中で追いかけられ、殴られたこともたびたびあった」と率直に認めながらも、すかさずこう付け加えている。「幼い頃の経験がその後の私を解き明かすカギになるとは思わない。自分が不幸だとは思っていなかったし、実際のところ、何が起きているかもわかっていなかった。子供なんてそんなものだ。近頃ではなんでも精神分析的に説明するのが流行りのようだが、子供の頃に迫害されたことは、その後の人生を左右してはいない」[5]

公職に就いてからの回顧録でも、ドイツでの少年時代に言及したのは一ヵ所だけだ。[6] 二〇〇四年には、故郷は自分にとってほとんど何も意味しないと述べている。[7] となれば、キッシンジャーの成功のカギをドイツ系ユダヤ人という出自に求めるのは時間の無駄ということになる。

「私はナチズムの衝撃を経験した。それはじつにいやな経験だった。それでも同年代のユダヤ人の友達とはなかよくしていたし、思い出すのがつらいわけでもない……子供の頃の経験から正義より秩序を重んじるようになったとか、国際関係についての見方が形成されたといった精神分析的説明には賛同できない。子供の頃に大事だったのは国際社会じゃない。町のサッカークラブの成績だった」[8]

キッシンジャーはのちにフュルトを訪ね、子供時代がトラウマになっていないという思いを新たにする。一九五八年一二月にハーバード大学国際問題研究所副所長として訪独時に立ち寄ったときには、地方紙に小さな記事が載った。[9] 一七年後、アメリカ国務長官として名誉市民賞授賞式に出席するため妻、両親、弟とともに再訪したときには、メディアの注目度ははるかに高かった。[10] キッシンジャーの言葉を借りれば、式典は「両国の友好関係のすばらしい再開」を祝うために注意深く演出されていたという。キッシンジャーとドイツ外相ハンス＝ディートリヒ・ゲンシャーは、バイエルン地方の名士を前に、現在なら陳腐な決まり文句に聞こえかねないような言葉を交わした。

「核の脅威が暗い影を落とす中で……歴史的悲劇は不可避だと考えて屈してはならない……われわれがともに果たすべき使命は、堅固な国際関係の構築である。それこそが、大陸の安定と人々の安全を保障し、共通の利益を通じて世界の人々を一つにし、国際問題における抑制と節度を求めるシステムだと信じる。われわれの目標は平和であり、そのために大国も小国も努力しなければならない。われわれがめざすのは、もっと言えば、恒久的な平和である。強い国も弱い国も、すべての国が平和を守りたいと願っているのだから[11]」

この演説以上に印象的だったのは、ドイツを離れてから初めて故郷を訪れた父親ルーイによる飛び入りの演説である。一九三八年に祖国から「追放された」と述べはしたが、ルーイは心広くも、当時のフュルトには宗教的寛容が根づいていたと話した。「何世紀もの間、ドイツの多くの都市には偏見と不寛容がはびこっていましたが、フュルトではさまざまな信仰が共存していました」。そしてルーイは、息子が故郷で称えられるのは単に出世したからではなく、平和に貢献したからだと語る。

「彼は、世界の平和を推進し維持することに時間と労力を捧げることが自分の生涯の仕事だと考えました。現在アメリカ大統領とともに働く息子は、国同士が理解し合い、平和のために協力する時代を実現しようとしています……キッシンジャーの名が世界のあちこちで平和と結び付けられ、平和の代名詞のように使われているのは、親としてうれしいことです[12]」

この演説が行われたのは、一九七五年一二月である。アンゴラは、ポルトガルの植民地支配が終わってから一カ月も経たずに内戦に突入した。キッシンジャーのフュルト訪問の数日前には、ベトナムとソ連の支援を受けたパテト・ラオ（ラオス愛国戦線の軍事部門）が王政を倒し、インドネシアは独立したばかりの東チモールに軍事侵攻して占領した。フェルトでの式典からわずか八日後には、CIA支局長がアテネで射殺された。この月には、ロンドンでアイルランド共和軍（IRA）が、ウィーンでパレスチナ解放機構（PLO）が、オランダで南マルク共和国分離主義者が相次いでテロを行っている。ニューヨークのラガーディア空港では爆破事件による犠牲者も出ていた。ドイツ社会民主党の若い党員の一部は、この時期にアメリカ国務長官を称えるのは不適切だと考えたようだ。[13]「人々が力ではなく融和を誇りとする世界、信念が不寛容や憎しみではなく強い道徳心を支える時代」を希求するキッシンジャーの呼びかけを真に理解したのは、出席者の中では年配のドイツ人だけだろう。[14]これはけっして空疎な言葉ではなかった。キッシンジャー一家がこの「帰郷」で「何より感動した」のは、かつて追われた国がいまは盛大に迎えてくれることだったのである。[15]

ヘンリー・キッシンジャー、ドイツ名ハインツ・アルフレート・キッシンガーは、一九二三年五月にフェルトで生まれた。この年も世界は混沌としていた。一月にはフロリダ州ローズウッドで人種暴動が起き、六人の死者を出した。六月にはブルガリアでクーデターがあり、アレクサンドル・スタンボリスキ首相が失脚（その後、殺害された）。九月にはスペインでミゲル・プリモ・デ・リベラが軍事政権を樹立、日本では関東大震災が起きている。一〇月にはムスタファ・ケマルがオスマン帝国に代わるトルコ共和国の設立を宣言した。世界の政情は、この年になってもまだ第一次世界大戦の余波を受けて不安定だった。アイルランドやロシアなど多くの国では、流血の内戦あるいは革命がようやく終わろうとしていた。ロシア革命は人道の悲劇であり、数百万人の命を奪ったとされる。革命の指導者レーニンも革命進行中の一九一八年に銃撃され、結局はこのときの負傷がもとで二四年に亡くなっている。

とはいえ、一九二三年に他のどの国よりも激動のさなかにあったのはドイツだった。フランスとベルギーは、ドイツがヴェルサイユ条約に定められた賠償を履行していないとして、一月に軍を進駐させ炭鉱地帯のルールを占領した。ドイツ政府は炭鉱労働者に生産停止を呼びかける。この危機は、すでに大幅に価値の下がっていたドイツマルクにとってとどめの一撃となり、インフレ率は天文学的な数字に達する。しかも国内は政治的に分裂寸前だった。軍部、政治指導者、銀行家が協力でもしない限り、この危機を乗り切れる見込みはなかった。ラインラント地方、バイエルン州、ザクセン州では分離主義運動が活発化し、共産主義が勢力を伸長していたハンブルクでさえ、そうだった。一一月八日には、アドルフ・ヒトラーが仲間を率いてミュンヘンのビアホールで決起するというミュンヘン一揆が起きている（失敗し、ヒトラーは逮捕・投獄された）。民衆を扇動して権力を握ろうとしたのはヒトラーだけではない。ベニート・ムッソリーニはちょうど一〇年前にローマ進軍を成功させファシスト政権を樹立していた。

このように世情が騒然とする中、キッシンジャーはバイエルン州北西部ミッテルフランケンの都市フュルトで誕生したのである。

「緑がほとんどないこの町は、狭く陰鬱で息苦しい。煙突が立ち並び、煤だらけで、絶えず機械やハンマーの金属音がする。酒屋ばかりが目につき、商売でも手工業でも陰気な強欲が剝き出しにされる。みすぼらしい人々は貧困のうちに愛もなくごたごたと暮らす。町の周りにあるものと言えば、荒地、砂原、汚ならしい工場の列、澱んだ川、まっすぐな人工運河、痩せた森、さびれた村落、気味の悪い石切り場、そして埃、粘土、エニシダだけだ[16]」

フュルトは魅力のない町だった。一八七三年にこの地で生まれた作家のヤーコプ・ヴァッサーマンは、故郷を「奇妙な混沌、ある種の不毛と無味乾燥」と表現している。[17]お隣のニュルンベルクとは大違いである。ニュルンベルクは神聖ローマ帝国の三大都市の一つで、「古代の住居、中庭、街路、大聖堂、橋、噴水、壁[18]」でできていた。二つの都市は約八キロしか離れていないというのに、ヴァッサーマンの言葉を借りれば、「古さと新しさ、芸術と産業、騎士道物語と工場、計画と無計画、秩序と無秩序」という著しい対照をなしていた。[19]薄汚れた工業の町フュルトとのちがいがニュルンベルク以上に際立っていたのは、フュルトの南西にあるアンスバッハ周辺の美しい丘陵地帯である。そこには「花園や果樹園、池、無人の城館、伝説の遺跡、定期市、素朴な人々の住む村」のある風景が広がってい

2

た。[20]

フュルトが歴史に初めて登場するのは一一世紀である。以後この町は、中世および近代ドイツを通じて、繁栄と統治の分裂を交互に味わうことになる。しばらくはバンベルクの司教とアンスバッハ辺境伯が統治権を共有していたが、このような無責任な体制では、一七世紀にドイツを破壊した三〇年戦争の災禍から町を守ることはできない。しかし一八〇六年以降はバイエルンに帰属したおかげで、一九世紀に同時進行したヨーロッパ大陸の産業化とドイツ統合の恩恵に与ることになる。一八三五年に敷設されたドイツ最初の鉄道がニュルンベルクとフュルトを結んだのも偶然ではなかった。[21] レドニッツ川沿いの小さな町フュルトは、やがて南ドイツにおける製造業の拠点の一つになり、鏡や眼鏡、光学機器の生産地として有名になる。銅製品、木製家具、金箔工芸、玩具、ペンなども作られ、アメリカにも輸出された。このほかビール醸造も南ドイツではよく知られていた。製造業のほとんどが小規模で、二〇世紀に入っても八四%が従業員五人以下だったし、技術的にも立ち遅れ、とくに水銀を使う鏡工場の労働条件は劣悪だった。それでもフュルトは発展し続け、一八一九〜一九一〇年に人口は一万二七六九人から六万六五五三人へと五倍に増えている。

バイエルンの美しい景観を求めてやってくる旅人は、フュルトから目をそむける。一九〇〇年代初めに妻と列車でニュルンベルクに向かったイギリスの画家アーサー・ジョージ・ベルは、フュルトに近づいたときの景色の変化に驚いている。

「牧草地や葡萄畑やホップの農園では、農夫たちが元気よく働いている。草刈り鎌などを手に一家総出で仕事に精出す光景は、よそではとうに忘れられたものだ。牛がゆっくりと犂を引き、農夫がその隣を眠そうに歩く……ところがフュルトに近づくと、この光景はがらりと変わる。そこでは黒い煙が垂れ込め、みすぼらしい家が並んでいた[22]」

フュルトは、つまるところ、労働者を搾取する工場が集まったスモッグ漂う町で、絵のように美しい世界に唐突にあらわれる醜悪な異物だったのである。

それでも中世の面影は残っていた。毎年九月末には、一二日間にわたって聖ミカエル祭が開かれる。一一〇〇年頃に聖ミカエル教会が建設されたときからの伝統である。聖史劇の伝統もあった。聖ゲオルギオス伝説に由来し、ウドーという勇敢な農夫がこの地に住む龍から王女を救う物語である[23]。古い風習は残されていたものの、実際にはフュルトはフランケン地方の大半と同じく忠実なプロテスタントの町であり、住民の三分の二以上がルター派だった。一九世紀の欧米にあったプロテスタント系の町はどこもそうだが、フュルトの人々も隣人や同好の士とのつきあいを大切にし、二〇世紀に入る頃には、コーラスグループや切手収集クラブなど約二八〇もの団体があった[24]。一九〇二年には、個人からの寄付三八二件だけで建設された劇場がオープンしている。歌手も雇い、お披露目にベートーベンの歌劇『フィデリオ』が上演された[25]。もっとも、フュルトの人々はオペラよりサッカーのほうがずっと好きだ。一九〇六年にはグロイター・フュルトが創設され、たった八年で全国制覇を果たしている。一九二〇年の決勝では宿敵ニュルンベルクと対戦して敗れた。その四年後のナショナルチームはフュルトとニュルンベルクの選手だけで編成されたが、両クラブの対抗意識は強く、列車で移動中は別々の車両に乗ったという。

サッカーは昔もいまも労働者階級のスポーツである。一九〇〇年代の初めからフュルトでサッカーが人気だったことは、工業がこの町を変えたことを雄弁に物語っている。同じことは政治についても言える。ヨーロッパ各地で進行しウィーン体制を崩壊させた一八四八年革命の頃、フュルトはすでに「民主主義者の巣窟」と言われていた（当時この言葉は暗に急進主義を意味した）。バイエルン進歩党の結成にも積極的で、この党は一八六三年に発足している。その五年後にフュルト出身の社会主義者ガブリエル・レーヴェンシュタインが労働者団体「未来」を結成し、すぐに全国規模のドイツ社会民主党（SPD）に吸収される。SPDは、一八七〇年代には左派リベラルのドイツ人民党と組まないとエアランゲン・フュルト選挙区で勝てなかったが[26]、一八九〇年代には議会選挙（二回投票制）の第一回投票で相対多数をとれるようになる。しかし決選投票では保守系政党が団結してSPDの候補者を負かしたため、フュルトがSPDの議員を議会に送り込んだのは一九一二年になってからだった[27]。

フュルトが左傾していると言われるようになった理由は二つある。最大の理由はこの町の製造業で働く熟練工の多くが組合に参加していたことだが、もう一つは、人口に占めるユダヤ人の割合が高かったことにある。フュルトのユダヤ人がみな左派だったわけではないが、社会主義やユダヤ教の排除を要求する右派煽動者の言いがかりがもっともらしく聞こえる程度には左に寄っていた。

3

フュルトには、一五二八年からユダヤ人コミュニティが存在する。それより三〇年も前にニュルンベルクはヨーロッパの多くの国や都市に倣ってユダヤ人を追放したが、フュルトは手を差し伸べ、一六世紀後半にはユダヤ人の定住を奨励するようになる。そこには、ニュルンベルクから商売を横取りする狙いがあった。[28] 一六〇〇年代初めにはすでに町のラビがいて、タルムード（モーセの律法）を教える学校があった。一六一六～一七年には、プラハのピンカス・シナゴーグをモデルにした最初のシナゴーグも建設されている。一六二八～三二年にフュルトで暮らしたラビのシャバタイ・シェフテル・ホロヴィッツは、「聖なる共同体フュルトは小さな町だが、私にはアンティオキアのように偉大な場所に感じられた。この町の勤勉な人々は、日々学びのために集まる」と称えている。[29] ドイツで暮らすユダヤ人にとって三十年戦争中は危険な時期だったが、フュルトでは、クロアチア騎兵隊が厩として使っていたシナゴーグが損害を受けた程度だった。[30] 一六九〇年代には新たに二つのシナゴーグが建てられ、一九世紀初頭にはフュルトのシナゴーグは七つになる。うち四つは中心部のシュルホフ周辺に集まっていた。当時、ユダヤ人は町の人口の五分の一近くを占めていたという（町の発展に伴いその割合は次第に減少し、一九一〇年にはわずか四％となる）。一八八〇年のピーク時にはユダヤ人の数は三三〇〇人に達し、バイエルン地方ではミュンヘン、ニュルンベルクに次いで三番目、ドイツ全体では一一番目だった。[31]

フュルトのユダヤ人は、いろいろな意味で密集していた。たとえば一九二〇年代には、ユダヤ人の三分の二以上が六五ある選挙区のうち一五区に住んでいた。ユダヤ人の住居は扉にメズーザー（門柱）が取り付けられているので、すぐにそれとわかる。装飾を施された細長い金属製の小函で、表にシャッダイ（全能者）の頭文字 ש（シーン）が刻印され、中にはヘブライ語の銘刻文を記した羊皮紙が入っている。ユダヤ人は、中に入るときに必ずそこに手を当てて祈る。ユダヤ人の圧倒的多数が実業家、専門職、公務員など中流階級で、経済的には周囲の異教徒社会に溶け込んでいたものの、社会・文化面は別で、健康保険組合や社交クラブなど独自のネットワークが存在していた。[32] 一九世紀の諷刺家モーリッツ・ゴットリープ・サフィールがフュルトを「バイエルンのエルサレム」と呼んだのも無理はない。

それでもフュルトのユダヤ人社会は、ある重要な点で分裂していた。改革派と正統派である。後者のほうが多数を占めていた。改革派の支持者で、一八三一年にユダヤ教最高指導者になったアイザック・ローイは、ユダヤ教の礼拝をキリスト教の形式に近づけるべきだと考える。その結果、主なシナゴーグは教会に倣って設計され、一八七三年には立ち机に代わってベンチが設けられ、オルガンが導入された。信徒はタリート（肩掛け）を着用しなくなった。[33] こうした変化は、ドイツ系ユダヤ人の間で起きた同化傾向の一部である。彼らはキリスト教徒との外面的なちがいを拭い去ることで法の下の平等を完全に実現したいと考え、中にはキリスト教に改宗したユダヤ人や、左派の過激な無神論を受け入れたユダヤ人もいる。だがフュルトのユダヤ人の大多数は改革運動に反発した。いちばん重要なシナゴーグは改革派の根城になったが、シュルホフ周辺にある小さなシナゴーグは正統派の集う場になっている。分裂は教育にもおよび、改革派の子供たちがキリスト教徒の子供たちと一緒に公立のギムナジウムや女子のリツェウムに通ったのに対し、正統派の子供は土曜日の授業がないユダヤ教の高校に通った。[34]

忘れられがちなことだが、一九一四年以前のドイツではユダヤ人の同化が成功していた。たしかに公式にはいくつか制限が残っており、たとえば一八一三年にバイエルンで出されたユダヤ人勅令は、ユダヤ人にバイエルン州の市民権を認めたが、一カ所の定住数は制限している。フュルトのユダヤ人の数が一九世紀半ばから伸び悩み、一八八〇年以降に絶対数が減ったのはこのためである。一八四八年革命後に一時的に制限は緩和されたものの、勅令は一九二〇年まで有効だった。[35]それでも遅くも一九〇〇年には、フュルトのユダヤ人は二流市民の扱いは受けなくなる。地方、州、国政選挙の投票権を持ち、下級裁判所判事にもなれた。彼らは地域の法律、医療、教育の専門家として主導的な役割を果たしている。フュルト出身のあるユダヤ人によれば、「初のユダヤ人弁護士、バイエルン州議会初のユダヤ人議員、バイエルン初のユダヤ人判事、初のユダヤ人校長」を輩出したのはフュルトだという。[36]フュルト出身の著名人には一八二六年生まれのレオポルト・ウルシュタインがおり、一八九九年に亡くなるまでドイツ有数の新聞社の社主を務めた。また一九〇六年には、鉛筆製造で知られる実業家のハインリヒ・ベロルツハイマーが「大衆教育の場」としてベロルツハイマー記念館を町に遺贈した。大きな公共図書館と講堂を併設したこの記念館は、南ドイツでユダヤ人の同化が最も進んだ時期の象徴となっている。

とはいえ、同化に対する疑惑はつねに存在した。一八七三年に冴えない商人の子としてフュルトに生まれた小説家のヴァッサーマンは、一九二一年に発表した回想録の中で不幸な子供時代を振り返っている。一九世紀半ばのユダヤ人に対する「定住数、移動の自由、職業の制限は……宗教的過激主義、ゲットー（ユダヤ人強制居住区）への警戒や恐怖を助長する一方だった」[37]という。こうした制限は彼が青年期に達する頃には廃止されていたから、父親なら「寛容の時代が来た」と満足したにちがいない。「衣類、言語、生活習慣に関する限り、何の問題もなく適応できていた。私は公立高校に通い、キリスト教徒の間で暮らし、つきあいもした。父を含む進歩的ユダヤ人は、ユダヤ人固有の社会が存在するのは宗教儀式や伝統の中だけだと感じていた。その宗教儀式は俗世からの避難所となり、次第に浮世離れした狂信的な信徒ばかりが集まるようになったし、伝統は伝えられるだけになり、ついにはただの言葉に成り下がり、抜け殻になった」[38]

ヴァッサーマンの回想を読むときには注意が必要である。彼は父親の習慣的な戒律遵守を軽蔑する無神論者のうえドイツ文学愛好者だという二重の意味でのアウトサイダーで、人種差別のかすかな兆候すら侮辱と感じるタイプだった。にもかかわらず、フュルトのユダヤ人の宗教や社会に関する記述はむやみにくわしい。「宗教は勉強、それも楽しくない勉強だった。覇気のない老人が投げやりに教えていた……彼は私たちに儀式の定型句を教え込んだ。ふるくさいヘブライの祈りの言葉だ。とうの昔に廃れたまったく価値のないことばかりだった」

「礼拝はもっとひどかった。事務的で騒々しく神聖さなどかけらもない儀式が習慣的に行われ、教練のようだった……保守的な正統派ユダヤ人はシナゴーグで礼拝を行う。だいたいは人目につかない路地に立つ小さな礼拝堂だ。そこには、いまだにレンブラントの絵に登場するような姿形の人々がやって来る。迫害の記憶をいつまでも忘れない狂信的な顔つきや禁欲的な目をした人たちだ[39]」

若いヴァッサーマンがスピノザの著作に関心を示すと、「そのような本を読めば正気を失うと、陰気な口調で」警告されたという[40]。

ヴァッサーマンがうわべだけの同化を見抜いたのは正しい。ある夜、キリスト教徒の女中が彼を抱いて「坊ちゃんはよきキリスト教徒になれますよ。立派な心をお持ちですから」と言ったとき、少年はぞっとする。「あの言葉にはユダヤ人に対する暗黙の非難が込められていた[41]」。彼は、友達の家族にも同じような二面性を感じていた。「子供の頃、私たち兄弟姉妹は隣近所と毎日のように遊んでいた。だいたいは中流労働者階級に属すキリスト教徒だったが、なかよしになったし、頼りにもなった。それでも、警戒心や違和感は消えなかった。私はただのお客さんだった[42]」

フュルトでユダヤ人として生きることは、ヴァッサーマンが耐え難いと感じたことに慣れていくことだった。「路上で嘲笑され、睨まれ、軽蔑の目で見られ、侮辱されるのは日常茶飯事だった[43]」。しかもこれはフュルトに限ったことではなかった。徴兵でバイエルン王国軍に入ったときにも、同じ経験をしている。

「軍隊には、言葉には出されないが頑固で陰険な無言の敵意が浸透していた。〝反ユダヤ主義〟という言葉ではとうてい足りない……その敵意には、迷信、偏見、狂信的な恐怖……無知と怨恨、悪徳、欺瞞、自己防衛、悪意、宗教的頑迷が含まれていた。さらにそこに強欲と好奇心、残忍……空疎な自尊心が加わる。これらの要素や背景を踏まえれば、これはとくにドイツ的な現象、ドイツ人特有の敵意だと言わねばならない[44]」

ヴァッサーマンは外国人から「ドイツ人がユダヤ人を毛嫌いするのはなぜか。ドイツ人は何をしたがっているのか」と質問されたことがある。これに対する彼の答は印象深い。

「憎しみからだと、答えるべきだった。

ドイツ人はスケープゴートを求めていると、答えるべきだった。

だが私はこう言った。ドイツ人でなければ、ドイツ系ユダヤ人が置かれた悲惨な立場を想像することはできまい。ドイツ人であることとユダヤ人であることの両方に等しく重みを与え、長い進化の過程の産物として、彼らを理解する必要がある。ドイツ系ユダヤ人は、両方に対する愛と両者のせめぎ合いに苦しみ、絶望の淵に追いやられる。ドイツ人であってユダヤ人であることについて、あるとき私は寓意的な夢を見た……夢の中で私は、二つの鏡を向かい合わせに置いた。そのとき私は、二つの鏡に閉じ込められた人間の像が、どちらも斃れるまで戦う運命にあると感じたのだった[45]」

この文章が発表されたのは一九二一年、キッシンジャーが生まれる二年前のことである。一風変わったヴァッサーマンのことを「自己嫌悪」に陥ったユダヤ人の代表例とみなす人もいるだろう。だがドイツ系ユダヤ人の葛藤に関する彼の緻密な分析は、暗い予言だったのである[46]。

4

キッシンジャー一族の祖先は、クライナイプシュタット出身のユダヤ人教師マイヤー・レーブ（一七六七年～一八三八年）である。一八一三年のバイエルン勅令でユダヤ人も姓を名乗ることになったため、一八一七年に第二の故郷バート・キッシンゲンにちなみ、「キッシンガー」と名乗ることにした。[47] 最初の妻との間にはイサクとレーブの二人の息子が生まれたが、妻は二人目を産んでまもなく亡くなる。マイヤー・レーブは妻の妹シェーンラインと再婚し、夫妻は一〇人の子供に恵まれたが、成長したのはアブラハム（一八一八年～九九年）だけだった。イサクとレーブの子孫は仕立屋に、アブラハムの子孫は教師や聖職者になった。[48] アブラハム自身は織物商人として成功した。彼が妻ファニー・シュテルンとの間にもうけた九人の子供のうち、四人の息子、ヨーゼフ、マイアー、ジーモン、ダーヴィト（一八六〇年～一九四七年）は全員ラビになった。ダーヴィトは、バイエルンとチューリンゲンに接するエルマースハウゼンでユダヤ人に教義を教え、一八八四年八月三日にカロリーネ（リーナ）・ツァイルベルガー（一八六三年～一九〇六年）と結婚する。父は裕福な農夫で、娘に結婚持参金一万マルクを与えた。[49] 二人の間にはイェニー（一九〇一年に六歳で死亡）、ルーイ（一八八七年二月二日生まれ）、イーダ（一八八八年生まれ）、ファニー（一八九二年生まれ）、カール（一八九八年生まれ）、アルノ（一九〇一年生まれ）、ゼルマ、ジーモンの八人の子供が生まれた。[50]

ルーイの青年時代は、頭がよくて勤勉なユダヤ人少年が帝政ドイツで何を成し遂げられるかを示す手本だったと言えるだろう。大学どころか高校も出ていないのに、一八歳で教師の道を歩み始めたルーイは、最初はフュルトの私立学校で、主にユダヤ人少年を相手にドイツ語、算数、理科を一日四時間教えた。報酬は年間一〇〇〇マルク。医療保険と年金は雇い主が負担する。ルーイは一四年間、この仕事を続けた。[51] 一九一七年には正式にフュルトの市民になったが、[52] バイエルン北部か上部シュレジエンの教職を申請していたようだ。申請は認められたが、結局は断り、三〇歳のときに遅ればせながらフュルト・レアルギムナジウム（高等学校の一種）の卒業試験を受ける。卒業証書を手にしたおかげでエアランゲン大学に通えるようになり、またフュルトの公立女子高等学校、現在ではエレーネ・ランゲ・ギムナジウムとして知られる一流校の教職にも応募資格ができた。一九二一年にこの学校の主任教員に任命され、ルーイは実質的に上級公務員になる。主任になっても算数や理科を教え、ときにはフュルトの実業学校でも教鞭を執ったようだが、[53] 好きなのはドイツ文学だった。女生徒から「キスス」とあだ名をつけられたところを見ると、怖い先生ではなかったらしい。ゲーテやハイネの詩を教えることは彼にとってよろこびだった。一八四八年革命のときに書かれたハイネの詩は、故郷ドイツで死刑の判決を受けたらどこへ行けばいいのかと歌う。ルーイは、生まれ故郷に抱くハイネの想いがよくわかったにちがいない。ハイネと同じくルーイも、自分はユダヤ人であると同時にドイツ人だと感じていた。

ルーイがドイツに愛国心を抱いていたことは疑いない。「ユダヤ教を信じるドイツ市民」を代表するために設立された全国組織のメンバーだった。[54] 同世代のドイツ人男性の大半とはちがい第一次世界大戦には従軍していないが、これは健康上の理由によるものだ。[55] キッシンジャー一族の男たちはバイエルン軍に所属していたことがわかっている。ヴァッサーマンの経験とは裏腹に、こちらのほうがプロイセン王国軍よりもユダヤ人に寛容だった。ルーイの弟カールは戦地に送られ、のちの義弟も召集され、従兄弟二人は戦死している。[56] 当時のドイツ系ユダヤ人にとって、こうした犠牲は国家への忠誠心を示す最高の証であり、前線にユダヤ兵士は少なく犠牲も少ないという声には、愛国団体（ルーイが所属していたのもその一つである）が憤慨して反論したものだ。しかし同世代の一部とは異なり、ルーイは愛国心の証としてユダヤ教信仰を控えめにすべきだとは考えなかった。彼は忠実な正統派ユダヤ教徒で、正統派のラビが主宰するノイシュール・シナゴーグに通った。パレスチナでの国家建設を提唱するシオニズム運動は、とくにバイエルンのユダヤ人の関心を集めたが、ルーイは弟のカールとはちがい、この運動に不安を感じたらしい。[57] ルーイの妻パウラはのちに次のように語っている。「夫は運動のことも、リーダーのテオドール・ヘルツルのこともよく知っていました。けれどもけっして納得していなかった……夫は信心深い人で、子供のように信じていました……シオニズムについて学びはしましたが、受け入れることはできませんでした。自分はドイツ人だと感じていたからです[58]」

パウラは、フュルトから五〇キロほど離れたロイタースハウゼン村で一九〇一年二月二四日に生まれた。父親のファルク・シュテルンは農業と家畜取引で財をなし、地元のユダヤ人社会の名士となり、一五年間村議会議長も務めた人物である。娘が生まれて三年後に弟のダーヴィトと共同で購入した立派な家は、現在も残っている。パウラは正統派ユダヤ教徒の家庭で育ち、ヘブライ語を学び、コーシャ（ユダヤ教の食べ物の定め）に従うため、いつも自宅で食事をとっていた。フェルト同様、この村でも信仰のちがいによる差別はなく、パウラは子供の頃、プロテスタントの家庭の娘となかよしだった。「ヒトラーが来るまで、反ユダヤ主義など見たことも感じたこともありません」とパウラは回想している。[59] パウラが一二歳のときに母親が亡くなったが、頭のよかった彼女はフェルトの女学校に通うことになり、叔母のベルタ・フライシュマンの家に下宿する。ベルタの夫はユダヤ教徒用の肉屋を営んでいた。

パウラの父は四〇代半ばだった一九一五年六月に徴兵され、一一カ月後の除隊までベルギーで歩兵隊に所属した。父親が前線から戻ると、パウラは父親と叔父の世話をするためロイタースハウゼンに呼び戻される。「私は一八歳でした。ちいさな村で、とても孤独でした。知的な刺激はなく……夢中になれるものもなかった。本を借りるにも、隣町の図書館まで行かなくてはなりませんでした」。はやくも外国に憧れていたのに、現実には台所に閉じ込められていた。「叔母からは……料理を教わりました。でも私は料理が嫌いでした。本を読みたかったのです。叔母が来ても、知らん顔で座って本を読んでいました」。[60] 一九一八年四月に父親がファニー・ヴァルターと再婚すると、彼女はようやく料理から解放される。その後まもなく、北ドイツのハルバーシュタットで家事手伝いの仕事をみつけ、冶金業を営む富裕なユダヤ人一家の四人の子供の面倒をみることになった。憧れの外国ではないが、ハルツ山地にある一家の夏の別荘は、ロイタースハウゼンの台所よりずっとましだった。そしてたまたまフェルトの親戚を訪ねたときに、母校に新しく赴任した教師を紹介される。ルーイはパウラより一四歳年上だったが、二人は恋に落ちる。一九二一年一二月に婚約し、八カ月後の二二年七月二八日に結婚した。

二人が結婚したとき、ドイツは一八四八年革命に劣らず暴力的な革命運動に翻弄されていた。正式に休戦協定が成立して第一次世界大戦が終わる前から、各地で兵士や労働者が蜂起し、ドイツ革命が勃発する。発端は、一九一八年一一月三日のキール軍港の反乱だった。一一月九日には皇帝が国外に亡命して帝政が倒れ、共和国が誕生する。このときフュルトも一時的に労兵評議会（レーテ）の支配下に置かれ、赤旗が公会堂の上に翻った。翌年四月にはバイエルンで革命が起き、革命派はソビエトをモデルにしたミュンヘンの「革命中央評議会」との連携を模索するが、ドイツの他の都市同様、フュルトでも社会民主党が革命派を退け、四日もしないうちに市当局が実権を取り戻している。[61] それでも革命運動は終わらない。一九一九〜二三年のどの年にも、新しいワイマール共和国（この名称は憲法が制定されたチューリンゲン州の都市にちなむ）の打倒を目論む試みが、少なくとも一つはあった。政治的暴力は例外なく経済の不安定化を伴う。ヴェルサイユ条約で課された巨額の賠償金支払いが持続不能であることを示す狙いから、政府は意図的に赤字財政と紙幣増発を推進した。この政策は短期的には投資、雇用、輸出を後押ししたものの、長期的には破壊的なハイパーインフレを引き起こし、共和国の金融システム、社会秩序、政治的正統性に取り返しのつかない打撃を与えることになる。第一次世界大戦前は、金本位制の下でドイツマルクの為替レートは一ドル＝四・二〇マルクに固定されていた。しかしルーイとパウラの間に長男ハインツが誕生した一九二三年五月二七日には、なんと一ドル＝五万九〇〇〇マルクまで下落している。[62] 年間インフレ率は一万％に近づき、年末には一八二〇億％に達した。マルクの価値は、戦前の一兆分の一になってしまったのである。

もちろん、生まれたばかりの赤ん坊はそんなことを知る由もない。だが、影響は受けた。ルーイのような上級公務員は、インフレの影響を他のどの社会集団より強く受けたからである。労働者であれば、賃上げを要求してストライキをし、激しい物価上昇からすこしは身を守ることもできた。だが高潔な教師にはそんなことはできない。第一次世界大戦後の未熟練労働者の賃金水準は、最終的には一九二二〜二三年のマルク大暴落で約三〇％下がったものの、当初は実質ベースで維持された。これに対して公務員の給与水準は、インフレ調整後で六〇〜七〇％下がっている。キッシンジャー家のような中流階級の貯えは尽きてしまった。ハイパーインフレに伴う所得平準化の最大の敗者は、ルーイのような人たちだった。一家が、手狭になったアパートから近所に引っ越すことができたのは、ようやく一九二五年一月になってからのことである。そこで次男のワルターが生まれた。

5

ヒトラーがいなければ「ニュルンベルクで研究者としてひっそり」暮らしていたかもしれないと、キッシンジャーは冗談交じりに漏らしたことがある。だが子供の頃は、学問好きな父親と同じ道を歩むとはまったく思えなかったらしい。母親は幼稚園時代の息子たちをこう回想している。「とにかく幼稚園が大嫌いで……腕白で手に負えませんでした。すぐに脱走してしまい、探すのに苦労したものです[63]」。

その後、兄弟は父親が以前教えていた私立学校に通うようになる。一九三一年に撮影された写真には、ハインツとメルツ先生、八人の生徒（五人はユダヤ人だとわかる）が写っている。[64] ハインツの学力について、当時の同級生の記憶は一致しない。親友だったメナヘム（旧名ハインツ）・レオンは、「作文がすごく上手だった……形式も文章も着想もとびぬけていて、授業中に読まれることが多かった」と話す。[65] だが他の生徒たちは、ハインツを「ごくふつう」の生徒だったという。[66] 高校時代に英語とフランス語を教えたジーモン・エルダードは、「優秀だが、ずば抜けていたわけではない……才気煥発ではあったが、それ以上に特別なものは感じなかった。英語は並の出来で、いまもその点は変わらないようだ」と語った。[67]

キッシンジャー家はかなり厳格な正統派ユダヤ教に従って子供たちを育てていたようだ。レオンによれば、「毎朝、学校に行く前に、兄弟は一緒にシナゴーグに通っていた。土曜日には、私の父が兄弟に律法を教えた。彼らは正統派の青年クラブ『エズラ』のメンバーだった」。[68] ツィポーラ・ヨホスベルガーも同じことを言っている。[69] ハインツが七歳のときに一家と一緒に暮らすようになった従兄弟のヨハン・ハイマンは、のちにこう語っている。

「ある土曜日、僕たちは一緒に、ユダヤ人居住区を取り囲む暗黙の境界線（エルプと呼ばれる）の外を散歩していた。正統派ユダヤ教徒は、エルプの外では、何かを手に持ってもポケットに入れてもいけないという決まりがある……だから境界線を越えたとき、ハインツは立ち止まり、その決まりを思い出させた。僕たちはポケットからハンカチを取り出して手首に巻いた」[70]

しかし成長するにつれ、ハインツは次第に両親の暮らし方に反発するようになった。両親にとって娯楽といえば、フェルトの劇場で「フィデリオ」を観ることぐらいである。そのほかにルーイは、フリードリヒ・シラーやテオドール・モムゼンを読むこと、地元の歴史を調べて書くことを楽しんでいた。だがハインツが大好きだったのは、サッカーである。[71]

グロイター・フュルトは、当時は注目に値するチームだった。一九二六年と二九年にはヘルタ・ベルリンを下してリーグ優勝を果たし、一九二三年と三一年にはベスト4になり、同時期に南ドイツカップも四度制している。ハインツ少年はすぐに地元チームの熱心なファンになった。のちに次のように語っている。

「フュルトとサッカーの関係は、アメリカで言えば、グリーンベイとアメリカンフットボールのようなものだった。フュルトは小さな町だが、一〇年間で三度も全国優勝を成し遂げている……私は六歳の頃にサッカーを始めた。祖父がフュルト近郊のロイタースハウゼンに農場を経営しており、広い空き地もあったから、いつもそこで仲間を集めて試合をしていた。一時期ゴールキーパーをしていて、腕の骨を折ったことがある。その後は右のインサイドハーフ、ミッドフィールダーをやった。サッカーは一五歳までやっていた。それほどうまくはなかったが、試合では真剣だった」

選手としては平凡だったとしても、ハインツ少年はすでにいっぱしの戦術家で、チームのためのシステムを練り上げていた。それは「イタリアサッカーのシステムで、守備に人数を割いてゴール前を固め、相手にボールは回させても点は入れさせない」というものである。[72]サッカーに熱中しすぎて、両親からフュルトの試合観戦を禁じられたほどだった。

両親との間で摩擦が生じたのは、サッカーだけではない。少年期の友人の一人は次のように振り返っている。

「ハインツは、私の家で過ごすことが多かった。家が近かったので、しょっちゅう自転車で来ていた。うちにいるほうがくつろぐらしい。どうも父親とうまくいっていないようだった。たぶん父親が怖かったのだろう。なにしろ、ひどくうるさかったから……ハインツの宿題をいつも点検し、行動を監視していた。父親とは気軽に話せない、女の子のことなんてとても言い出せない、とよくこぼしていた」

レオンはのちに「ハインツが一度だけ芳しくない成績表を持ち帰ったのは、女の子に関心を持ち始めたときだった。いや、女の子が彼に関心を持ち始めたときだ。そのときはまだ一二歳だったが、女の子に追いかけられていた。彼のほうは誰にも関心を示さなかった。初恋の相手はかわいいブロンドの女の子だった」と語っている。レオンとハインツは毎週金曜日の夜に女の子と地元の公園を散歩したという。ある日、遅くなってから帰宅したレオンは、ハインツから悪影響を受けていると両親に叱られ、一週間交友を禁じられたという。その後、六週間のサマーキャンプに送り込まれたこともある。「女の子と遊びまわっていると評判の悪い友達から息子を隔離するため」だった。[73] 記憶は当てにならないし、このエピソードはおそらく三〇年のうちにだいぶ脚色されたにちがいない。それでもキッシンジャーの母親でさえ、長男が「すべてを内に秘め、本心をけっして明かさなかった」と認めている。[74] 当時はほとんどの家庭がそうだったように、キッシンジャー家も体罰と無縁ではなかったから、[75] 子供たちは都合の悪いことを黙っていたのだろう。

6

サッカー、自転車、ガールフレンド、祖父の家での夏休み[76]——こう書き出してみると、ハインツ少年の子供時代は、外面的にはアメリカの少年と変わらないようにみえる。だが恐慌のどん底に叩き落とされたドイツが独裁制へと急速に傾斜する中、反抗的で頭のいい少年が周囲の劇的な変化に気づかないはずがなかった。国を襲った不運のスケープゴートとして、自分の属す宗教的少数派が標的になっていたのだから、なおのことである。

一九一四年までは成功しているようにみえたドイツ系ユダヤ人の同化が、その後劇的に逆転し、ついには絶滅を求めるようになったのはなぜか。これは、歴史において答えるのがきわめてむずかしい問いの一つだ。答の一つはヴァッサーマンによるもので、同化はけっして完全ではなく、ドイツ文化はつねに過激な反ユダヤ主義との緊張をはらんでいたという。もう一つの答は、同化の反動として反ユダヤ主義政策が支持されるようになり、経済危機がこれに拍車をかけた、というものだ。一九二二～二三年のハイパーインフレと一九二九～三二年の大恐慌の直後に反ユダヤ主義政党の支持率が高まったのは偶然ではない。ドイツに存在する民族集団のうち、相対的に最も成功しているのはユダヤ人だった。人口に占める比率は一％足らずなのに、保有資産は一％を大幅に超えていたのである。そのうえ、ドイツ東部領土の主権の変更により大量に流入した東方ユダヤ人が同化しなかったため、非難の声が高まるという経緯もあった。[77] 一九二三年四月（ハインツが生まれる前月）に、ニュルンベルクでは反ユダヤ主義を掲げた週刊新聞シュテルマーが創刊されている。毎号、一面の題字のところに「ユダヤ人はわれわれの禍である」という文字が並ぶ。ナチス、正確には国家社会主義ドイツ労働者党（NSDAP）が権力を握る前から、バイエルンではユダヤ人の権利を制限する動きが始まっていた。一九二九年に州議会が、ユダヤ人精肉業者に儀式に則った食肉処理を禁止したのはその代表例である。[78]

フュルトのユダヤ人にとってせめてもの救いは、異教徒の隣人がナチスに反感を持っていることだった。一九二三年九月一日と二日にはニュルンベルクで極右組織が「ドイツ人の日」を開催したが、フュルトから参加しようとする者は冷たい目で見られ、鉤十字を外すよう要求されたり、はぎとられそうになったりした。ミュンヘンから来た褐色シャツの一団、すなわちナチスの突撃隊（SA）の隊員たちは、フュルト駅に着くや「反動主義を倒せ！」「彼らを殺せ！」「ヒトラーを倒せ！」と叫ぶ一〇〇人ほどの群衆に取り囲まれた。SA隊員たちがナチスの闘争歌を歌い始めると、群衆は「インターナショナル」で対抗し、「モスクワ万歳！」と叫んだ。[79]「ドイツ人の日」の直後にナチ党支部がフュルトに設立されたが、参加者はわずか一七〇名だったし、[80] 一九二四年二月三日にフュルトで開かれたナチスの集会は、共産主義者の野次で大混乱に陥る体たらくだった。翌年九月にナチスがフュルトで決起集会を開いたときには、ヒトラー自身を始め、シュテルマー紙の発行人ユリウス・シュトライヒャーなどの大物が乗り込んできた。会場として、一万五〇〇〇人を収容できるフュルトで最も大きいホールが用意されたが、三分の一も埋まらない。支部長のアルベルト・フォルスターは、ヒトラーを「ユダヤ人の要塞」に迎える羽目になった。ヒトラーは演説の中で、ドイツ人が「ユダヤ民族の奴隷」に成り果てたと嘆いている。[81] 一九二七年にはフュルトのナチ党員は二〇〇名まで減り、二八年三月のヒトラー、翌年のシュトライヒャーの来訪の甲斐もなく、一九二八年五月の選挙におけるフュルトでのナチスの得票率は六・六％まで下がった。

結局ヒトラーの運動を救ったのは、フュルトでも他の都市でも、大恐慌だった。フュルトの経済は輸出に大きく依存していたため、一九一四年から三三年まで大打撃を受ける。二四〜二八年のいくらかましな時期でさえ失業率は高く、二七年初めの時点でフュルトでは六〇〇〇人以上が失業していた。二七年半ばには醸造業と建設業がやや上向いたものの、事態は再び悪化。二九年六月末時点の失業給付受給者は三二八六人だったが、三〇年二月には八〇〇〇人を超え、三二年一月末には過去最高の一万四五五八人に達している。実際、フュルトの労働者の半数が失業していた。かつて繁栄していた鏡産業では約五〇〇〇人いた労働者が一〇〇〇人に減ったし、玩具の輸出も激減した。[82] 労働者だけでなく自営業者も影響を受け、三二年一〇月には職人一八五人が生活保護を受けている。とはいえ給付は微々たるもので、物乞いをする者や犯罪に手を染める者も少なくなかった。[83]

大恐慌の原因については、現在も熱心な議論が続いている。当時のアメリカの政策がまちがっていたとする意見も多い。連邦準備制度理事会（ＦＲＢ）は、最初はゆきすぎた金融緩和を続けて株式市場のバブル形成を誘発し、次に引き締めのゆきすぎで銀行システムを破綻させた、という見方である。しかも議会は、すでに高かった保護関税の一段の引き上げを決めている。政府が危機対策としていくらか景気刺激策らしきものを実行したのは、ようやく一九三三年になってからだ。そのうえ当時は、国際的な政策協調などかけらもなかった。第一次世界大戦中からの巨額の政府債務は合理的に再編できたはずだが、債務再編は行われず、緊縮政策の失敗後は返済停止や債務不履行が横行する。さらにドイツは自ら事態を悪化させていた。社会福祉制度の資金手当はできないまま、労働組合の実質賃上げ要求は容認し、組合の強い産業における反競争的な慣行も放置した。だが何よりも大きな要因は、政策当局にはコントロールできないものだった。一つは、戦争があったにもかかわらず若い男が余っていたこと。もう一つは、戦争のせいで、農業、鉄鋼、造船業が設備過剰になっていたことである。

フュルトの失業者や貧しい住人は、こうした事態をまったく理解していなかった。さまざまな政党が危機対策を打ち出す中、彼らが最終的にヒトラーを支持した理由を説明するのはむずかしい。ナチスにとって突破口となったのは、一九三〇年九月一四日の国政選挙である。全国得票率は二・六％から一八・三％に上昇し、フュルトでは二三・六％と二年前の四倍となる。これがナチスの躍進の始まりだった。一九三二年の大統領選挙の第一回投票では、ヒトラーはフュルトで三四％の得票率を記録している（全国では次点に終わった）。バイエルン州議会選挙ではナチスの得票率が三七・七％に達し、初めて社会民主党（ＳＰＤ）を上回る。三二年七月三一日の国政選挙では得票率三八・七％で第一党となり、三二年一一月六日の選挙では議席数を減らしたものの第一党の座を確保。三三年三月五日の選挙では圧勝し、フュルトでも四四・八％を獲得した。このときの選挙では、フュルトの有権者二万二〇〇〇人以上がナチスに投票している（表参照）。

全国レベルと同じくフュルトでも、古いブルジョワ系の政党（国家人民党、人民党、民主党）から大量の票がナチスに流れている。社会民主党、共産党、カトリック中央党から流れた票ははるかに少なか

ナチ党のフュルトにおける国政選挙での得票数と得票率、ドイツ全体の得票率[84]

	得票数	得票率（%）	国全体での得票率（%）
1924年5月4日	9,612	25.6	6.5
1924年12月7日	3,045	8.2	3.0
1928年5月20日	2,725	6.6	2.6
1930年9月14日	10,872	23.6	18.3
1932年7月31日	17,853	38.7	37.3
1932年11月6日	16,469	35.6	33.1
1933年3月5日	22,458	44.8	43.9

った。支持者が鞍替えしたのは、聖職者や退役軍人の団体など保守的あるいは愛国主義的な組織の影響が大きかったとみられる。[85]また当時の南ドイツでは、ナチス予備軍としてバイエルン青年団も結成されていた。[86]プロテスタントの一部の聖職者がしきりに「ドイツ国家主義」的なことを説いたのも、人々をナチスに向かわせた大きな要因だったと言えよう。彼らは、ナチスのプロパガンダに含まれる宗教的な文言を受け売りしていた。[87]一九〇五年にフュルトに生まれ、一〇代ですでに熱心な国家主義者だった歴史家のヴァルター・フランクは、父親の支持する国家主義から国家社会主義へあっさり転向している。フランクに限らず、この頃ナチスに魅せられた知識人は数多い。フュルト出身でのちに西ドイツ首相になるルートヴィヒ・エアハルトは、ナチスに傾倒せず社会主義者にもならなかった稀有な人物である。[88]

聖職者にせよ、退役軍人あるいは知識人にせよ、社会的に尊敬されていた集団が、選挙戦術として組織的に暴力に訴え、それを統治戦略として支持する運動に票を投じたのだから、驚くべきことと言わねばならない。理由の一部は、ナチスが他政党より効果的な選挙運動を展開したことにある。まず、フュルトのナチ党員数は一九三〇年三月の一八五人から三二年八月には一五〇〇人に増えた。しかも新しい党員は熱心だった。一九三二年に入って警察の集会規制が廃止されると、党はフュルトで毎週のように集会を開く。同年最初の選挙直前には、二週間で二六回以上の集会があった。[89] 続く二度目の選挙の前には、大集会を八回開いたほか、毎晩のように討論会を行っている。もっとも、暴力も重要な役割を果たしていた。

フュルトの町が次第に危険になったのは、必ずしもナチスだけのせいではない。左派も、共産党系、社会主義系（ドイツ社会民主党など）の団体が騒々しくデモを行い、対立組織の集会を妨害した。一九二〇年代と同じく、ナチスはフュルトのあちこちで敵意に直面している。一九三二年四月九日には突撃隊員一五人が親ナチスのパブから出たところで反ナチ団体のメンバーに襲われた。二カ月後にはナチス支持者が「鉤十字野郎」だと殴られ、ナチスの中央機関紙を販売していた党員も同じ目に遭っている。[90] 七月三〇日夜に、フュルト空港からニュルンベルクスタジアムに向かうナチスの車列に群衆がジャガイモや石を投げたときも、警察は手をこまねいていた。このときは、ヒトラーを乗せた車も被害に遭っている。[91] 翌年一月、フュルトで毎年開かれるマルディ・グラ（謝肉祭最終日前日の火曜日）のパレードにナチスの突撃隊、親衛隊、ヒトラーユーゲントのメンバーが参加すると、敵意はさらに高まる。共産党員が国歌斉唱での起立を拒むと、集会は乱闘と化した。[92]

もっともフュルトはシカゴではないから、共産党とナチスの抗争に銃が使われることはなかった。それでもこうした暴力的な行動の影響は気づかないうちに進行する。並行して、人々はドイツの古い理想である「安寧秩序」を懐かしむようになり、暴力沙汰に止めを刺すにはさらなる暴力もやむなしと考えるようになった。一九三三年一月三一日にヒトラーがドイツ首相に就任すると、ナチスはついに自分たちの時代が来たことを知る。彼らは大きな松明を掲げて町の中心部をパレードし、仕返しとばかり、二月三日夜には六、七〇人の突撃隊員が共産党員の溜まり場のパブを襲撃した。二月末には国会議事堂放火事件が起き、これを口実に「国民と国家の保護のための大統領令」が出され、三月五日の総選挙は厳戒態勢の中で行われることになる。三月三日にも、松明を掲げた大規模なパレードがフュルトを行進した。選挙後の三月九日の夜、市庁舎の周りに集まった一万人を超える群衆は、古き良き帝政時代の黒・白・赤の旗とともにナチスの赤い旗が塔の上にひるがえるのを目にし、シュトライヒャーの右腕であるカール・ホルツが「国家社会主義革命」を宣言するのを耳にする。「今日からバイエルンで大粛清が始まる。穢らわしい者は出て行け。共産主義とユダヤ人の巣窟だったフュルトも、清く正しいドイツの町に生まれ変わるのだ[93]」。

　この言葉は、祖国を愛するキッシンジャー一族を含めフュルトの大勢のユダヤ人にとって、最も悲観的な想像すら超えるような深刻な脅威を予告するものとなったのだった。

CHAPTER 2
Escape

第二章 脱出

敵意と不寛容の一三年間を遡ったなら、長く険しい道だったと感じるのかもしれない。屈辱と失望に覆われた道だった、と。

――ヘンリー・キッシンジャーから両親へ　一九四五年[1]

1

一九三四年九月後半のこと。フュルトでは恒例の聖ミカエル祭の前夜に聖職者パウル・フロンミュラーが神に感謝を捧げた。「私たちにアドルフ・ヒトラーを遣わしてくださったことに感謝します。ヒトラーは神を信じない異教徒から私たちを救い、キリスト教に支えられた新しい国家を築くでしょう」[2]ナチスが政権の座に就いてからわずか一年半で、早くもフュルトのキリスト教徒の大半の暮らし向きはよくなっており、この傾向は一九三八年夏までほぼ一貫して続いた。三三年一月に八七〇〇人を超えていた生活保護申請者数も、三八年六月には一三〇〇人以下に減少する。[3]ナチス政権下での景気回復は現実であり、フュルトの人々はそれを実感していた。

町の光景も変わった。市庁舎にはナチスの鮮やかな赤旗が掲げられ、鉤十字と総統の肖像がいたるところに見られる。いくつかの通りや広場の名称も変わり、ケーニヒスヴァルター通りは「アドルフ・ヒトラー通り」に、大広場はシュラゲター広場となった。シュラゲターはナチスの最初の「殉難者」アルベルト・レオ・シュラゲターのことである。彼はフランス占領下のルール地方で鉄道を爆破し、フランス軍に処刑された。たしかにフュルトでは、ニュルンベルクで一週間にわたって開かれる一〇〇万人規模の年次党大会のような集会は開かれてはいない。それでも、五月一日の「人民の日」や四月二〇日のヒトラー誕生日など、公的な祝日や催事がすくなくとも一四を数えた。[4] パレードよりオペラを好む向きには、改装された劇場がゲーテやシラーなど健全なゲルマン的娯楽を提供しており、ヒトラー自身も、フュルトを訪問した一九三五年二月一一日に『愛が命じるとき（*Wenn Liebe befiehlt*）』という退屈なオペレッタを鑑賞している。この題名は、ナチスのスローガン「総統は命令を、我らは従う（*Führer befiehl, wir folgen!*）」を髣髴させるものだった。

　とはいえ国家社会主義のプロパガンダが歓呼で迎えられた背後には、抑圧と恐怖政治の現実があった。ナチスが「強制的同一化」と婉曲的に呼んだ政策は、一九三三年三月一〇日に始まっている。この日、フュルトでは共産党、共産党系労働組合、社会民主党の幹部が一五人以上逮捕され、社会民主党系労働組合本部が占拠された。左派リベラル系市長ロベルト・ヴィルトは無期限追放され、副市長は年齢を理由に辞職する。一週間後も粛清は続き、左派とみなされた警察署長、市立病院の院長と主席医務官、健康保険基金の責任者などが強制的に辞職させられた。さらに多くの共産党員が三月二八日と四月二五日に逮捕され、その多くが「保護拘置」という名目で拘留される。これもナチスの婉曲表現で、新設されたダッハウ強制収容所に送られることを意味した。

「強制的同一化」は容赦なく進み、ナチスに反対する者の自由は毎週のように奪われていった。四月一日からは報道の自由がなくなり、フュルター・アンツァイガー紙が「フュルト地区のナチス公認機関紙」に決まる。市組織は再編され、新市長フランツ・ヤーコプや二人の副市長を始め、ナチ党員が過半数を占めるようになった。図書館も粛清の対象となり、五月一〇日、一一日の夜には「危険」とみなされた蔵書が盛大に燃やされた。[5] 翌日、社会民主党フュルト支部は六月二二日からの活動禁止に先んじて自主的に解散する。六月三〇日には支部長が逮捕され、共産党員とともにダッハウ強制収容所に送られた。支持者の多くをナチスに奪われたかつてのブルジョワ政党は、解散するかナチスに合流した。バイエルン青年団はヒトラーユーゲントに吸収され、フュルトの独立系経済団体、スポーツ団体、コーラスや園芸クラブも同じような運命をたどっている。[6]

とはいえ、国家社会主義体制の最初期段階から最も残酷な迫害の標的にされたのは、ユダヤ人である。共産党や社会民主党の指導者が逮捕されても、一般党員や支持者には転向し恭順するチャンスがあった。このチャンスは、ナチスが「ユダヤ人」と認定した者には与えられない。キリスト教への改宗者やキリスト教徒と結婚したユダヤ人も免除されなかった。ナチスドイツでユダヤ人として生きることがどういうものだったかを理解するためには、ナチスがユダヤ人の権利を毎週、毎月、計画的に奪っていった過程を知る必要がある。一九三三年から三八年にかけてユダヤ人の立場は不安定になる一方で、フュルトではとくにそれが深刻だった。「ユダヤ化された」町としてナチスから目をつけられていたうえ、ナチスの活動拠点の一つであるニュルンベルクの隣に位置する。ニュルンベルクは、シュテルマー紙の編集長を経てフランケン大管区指導者になったユリウス・シュトライヒャーの本拠地でもある。そのうえフュルトはバイエルン州に属している。突撃隊長エルンスト・レームは州委員だったし、親衛隊長ハインリヒ・ヒムラーは州秘密警察長官に任命されていた。つまりフュルトでは、反ユダヤ的な措置や「自発的」行動が、他地域より早く、かつ熱心にとられる可能性が高かったのである。[7]

全体主義国家で暮らしたことのない読者には想像もつかないだろうが、ユダヤ人は五年ほどの間に、仕事や商売をする権利、学校からプールまであらゆる公共施設を利用する権利、さらには言論の自由を奪われた。一段と深刻だったのは法の保護を失い、恣意的な逮捕、虐待、脅迫、財産没収の対象となったことである。これが、一九三三〜三八年にドイツにいたユダヤ人の運命だった。フュルトでは一九三三年三月二一日にユダヤ人の迫害が始まり、町の病院の院長ヤーコプ・フランクが停職のうえ一時拘禁され、二人のユダヤ人医師と看護師一人が解雇された。一週間後には、フュルトにいた九人のユダヤ人医師全員が職を失っていた。[8] さらにナチスはフュルトの大規模なユダヤ系実業界に目をつけ、手始めに三月二五日に、食品にネズミの糞や動物の毛が混じっていたとの理由で、繁盛していた小売店に閉鎖を命じる。[9] 六日後には、四月一日に全国規模でユダヤ系企業製品のボイコットを行うと宣言した。表向きは、アメリカのユダヤ人団体が提案したドイツ製品ボイコット運動への報復ということになっている。当日の朝フュルトでは、突撃隊員が町のあちこちに「ユダヤ人をボイコットせよ！　ユダヤ人の仲間をボイコットせよ！」と書かれたポスターを貼り始める。ボイコット対象とされたユダヤ系事業はフュルトに七二〇あり、フュルトの卸売業の五〇％、製造業の二四％、小売業の一五％以上を占めていた。人口比で四％未満にすぎないユダヤ人としては、驚くほど高い比率である。[10] ユダヤ人が経営する映画館も重点的な標的になった。[11]

続いて一九三三年四月七日には、「職業公務員再建法」によってユダヤ人は公職を追放される。ルーイのような公立学校教師も対象となった。さらに一九三五年九月には、「ニュルンベルク法」と呼ばれる二つのユダヤ人排斥法が制定される（ニュルンベルクで開かれていた年次党大会に議会が急遽招集されて法案を可決したため、こう呼ばれる）。一つは「ドイツ人の血と名誉を守るための法律」で、ユダヤ人とドイツ人の婚姻と婚姻外性交渉を禁じたほか、ユダヤ人が四五歳以下のドイツ人女性を家事使用人として雇うことを禁じた。もう一つは「ドイツ公民法」で、ユダヤ人からあらゆる公民権を奪った。

ユダヤ人の排斥は政府が決定し、地方でも施行されたが、地方によってはさらに強化されることもあった。ユダヤ人の隔離、すなわち公の場からの排除は、地域ごとに異なるペースで進んだ。たとえばフュルトでは、一九三三年八月、夏のさなかに、ユダヤ人はレドニッツ川水浴場の利用を禁止された。翌年四月には公立学校のユダヤ人の定員が全体の一・五％に制限され、さらに三六年に入ると、フュルトの主な学校は「ユダヤ人ゼロ」を自主的に打ち出す。ユダヤ人の子供たちは、ユダヤ人のための実科学校か国民学校に通うしかなかった。[12]

権利が奪われるとともに、尊厳も奪われた。フュルター・アンツァイガー紙には、シュトライヒャーが侮蔑的な筆致で反ユダヤ主義を訴える記事を掲載し続けた。ユダヤ人生徒がドイツ国歌を歌っているのを聞いて、「おバカなユダヤ人たち。新生ドイツの怖さを知らないとみえる」と書いている。[13]一九三四年五月二七日にはシュトライヒャー自身がフュルト名誉市民に選ばれ、授賞式で次のように明言した。「われわれは重大な時期を迎えようとしている。再び戦争になれば、フランケン地方のユダヤ人は全員殺されるだろう。ユダヤ人は［この前の］戦争に責任があるからだ」[14]。翌年の謝肉祭のパレードでは、戯画化されたユダヤ人の道化など、ユダヤ人を嘲笑するグロテスクな山車がいくつも登場した。[15]バイエルンの反ユダヤ主義はさらに過激化する。すでに一九三三年のボイコット運動の段階から、突撃隊員による暴力行為の兆しがあったが、ついに一九三四年三月二五日の夜にはフュルトから南西約五〇キロのグンツェンハウゼン村が襲われ、ユダヤ人一人が絞殺、一人が刺殺された。[16]

この頃には突撃隊の掲げる「第二革命」は統制不能になり、他の地域同様フュルトでも、突撃隊を抑えるために軍が出動する状況になっていた。[17] だが一九三四年六月三〇日から七月二日にかけての「長いナイフの夜」でレームら突撃隊幹部が粛清された後も、事態はいっこうに改善されない。次には、法の名を借りた迫害が続いた。フュルトのユダヤ人の中では名士だったテオドール・ベルクマンが「アーリア人」女性を辱めたとして逮捕され、強制収容所で自殺。一九三五年三月一〇日には、高熱で寝込んでいたルドルフ・ベナリオがベッドから引きずり出されて逮捕され、エルンスト・ゴールドマンとともにダッハウ強制収容所に送られる。二人は、ナチス流婉曲表現によると「逃亡を試みたため」[18]射殺された。一年後、同じくフュルト出身のユダヤ人の若者三人が、ドイツでのユダヤ人の待遇についてずうずうしくも「ホラー話」を捏造したというので、それぞれ一二カ月、一〇カ月、五カ月の刑を申し渡されている。[19] フュルトには、こうした残酷な運命のいたずらがあふれていた。一九三七年一一月二六日には七二歳の老ユダヤ人が、ドイツではユダヤ人が迫害されていると口にしたために八カ月の服役を命じられた。その一年後にはニュルンベルク法による「人種汚染」の科で三人のユダヤ人が逮捕され、五年から一〇年の懲役刑を受けている。[20]

2

ルーイ・キッシンジャーにとって、苦労して手に入れた公立高校教師としての社会的地位を奪われることは耐え難い悪夢だった。一九三三年五月二日に同じ高校の他のユダヤ人教師とともに「強制的に休暇」を命じられ、数ヵ月後には「永久に解雇[21]」される。このとき彼は、五〇歳にもなっていない。次男のワルターは、解雇後に父親が「書斎に引きこもるようになった」のを覚えている[22]。しかしルーイにショックを与えたのは、教師としての人生が唐突に断たれてしまったことだけではない。のちに妻のパウラは次のように語っている。「夫の同僚、いえ、元同僚たちは、夫がもとからいなかったかのように完全に無視したのです」。何か仕事を続けるために、ルーイは「もう公立学校に通えなくなったユダヤ人の子供たちのために学校を作り……そこで以前と同じように商学を教えました[23]」。息子たちが一九三三年夏から通い始めたユダヤ人実科学校には、なぜか移らなかった。二人の息子がどうしてそんなに早くから、つまり公立学校のユダヤ人生徒数が制限される前に転校したのかは、現存する記録からはあきらかではない[24]。キッシンジャーによれば、両親は実科学校で四年学んだあと、ギムナジウムに行かせようと考えていたという。当時のユダヤ人家庭では珍しいことではなかったのだろう[25]。だがそうなる前に、定員制限が実施されてしまった。

家から角を曲がってすぐのところにある実科学校は、けっして悪い学校ではなかった。校長のフリッツ・プラーガーはすくなくとも一人、有能な教師を雇っていた。算数、地理、作文、経済学、速記を教えるヘルマン・マンデルバウムである。この先生は、生徒を難問で困らせるのが好きで、教室では「おしゃべりしているのは誰だ？」が口癖だった。[26]だがパウラによると、「（実科学校の）先生はあまり優秀ではなく、頭のよいハインツは退屈していました。息子たちは学校に満足しておらず……本当のところ物足りなかったようで、真剣に勉強しませんでした」。[27]こうした証言からも、当時のキッシンジャーがあまりよい生徒ではなかったことがわかる。[28]物足りないと感じる理由はほかにもあった。ナチスの法律で、少年たちはあらゆる課外活動を禁じられてしまったのである。公営のプールで泳ぐことも、キリスト教徒の少年たちとサッカーをすることも、大好きなサッカーチームの試合を見に行くこともできない。ユダヤ人の子供たちは、シオニスト系スポーツ協会に加盟し、一九三六年一〇月に設立されたユダヤ・スポーツクラブの施設を使うしかなかった。[29]キッシンジャーは次のように振り返っている。

「ユダヤ人は一九三三年から隔離された……それでもユダヤ人のチームがあったから、私はジュニアチームに加わった。試合は別のユダヤ人チームとしかできなかった……あの頃……スポーツを見たりやったりすることが救いだった。地元のサッカーチームの試合をこっそり見に行ったこともある。ユダヤ人がいるとばれたら殴られる危険を冒してね[30]」

同世代のユダヤ人の誰もが暴力行為の記憶を持っていたわけではない。キッシンジャーと同じ学校に通っていたジュール・ヴァラーシュタインは、一九三八年まで「私の友人はユダヤ人だけではなかった。私たちは互いの家を行き来し、兵隊ごっこをしたり、ナチスのリーダーの真似をしたりして遊んでいた。ユダヤ人でない友達からばかにされたり罵られたりしたことはない」と言う。[31] 一方、フランク・ハリス（フランツ・ヘス）やユダヤ人のための孤児院長の息子ラファエル・ハーレマンなどは、キッシンジャーの回想を裏付ける発言をしている。[32] ユダヤ人の子供はもはや安心してフュルトの町の中を歩けなかった。

それでも、スポーツ以外にも楽しみはあった。ナチス時代のどこかの時点で、ハインツ少年は第一次世界大戦の頃創設された中欧・東欧に住む正統派ユダヤ教徒の政治団体に加わっている。この組織はシオニズム運動とは無関係で、ヨーロッパにおける正統派組織の強化、最終的には東西ヨーロッパの正統派の統合を目的としていた。キッシンジャーは四〇年後に正統派のラビ、モリス・シェラーから、「当時、あなたが書いたものを厳重に保管していたのですよ」と笑いながら渡されたという。[33] 長年忘れられていたこの紙片は、現在残っているキッシンジャーの手書きの資料の中で最も早い時期に書かれたものである。これを読むと、当時キッシンジャーよりやや年長の少年が率いていた青年部の会合の議事録であることがわかる。[34] 会合が開かれた一九三七年七月三日には、キッシンジャーは一四歳、リーダーの少年は一八歳だった。ほかに五人の少年が出席している。紙片の原本はキッシンジャー自身の手で、ジュッターリーン体（ドイツの古い筆記体）とヘブライ語で書かれている。キッシンジャーの青年期の宗教観や政治観がうかがえるため、ここに全文を紹介しよう。

「会合は［午後］三時四五分ちょうどに始まった。最初の議題は戒律（*dinim*）について。戒律が禁じていること（*tevet*）から始め、安息日の禁止事項（*muktseh*）について話した。禁止事項は以下の四つ。

muktseb me-hemat isur——安息日には書くことが禁じられているため、ペンなど書くための道具を使うことは許されない。

muktseb me-hamat mitsva——安息日にミツワー（戒律）を持ち歩くことは禁じられる。たとえばテフィリンの着用は禁止される［テフィリンはトーラーの引用を収めた小さな黒い革の小箱で、安息日以外の平日の朝の祈りのときにユダヤ人が腕に巻いて着用する］。

muktseb me-hamat avera——罪を犯さないこと。偶像崇拝のための祭壇は禁止される。

muktseb me-hamat mius——憎むべきものは安息日にはふさわしくない。たとえば穢れたものは禁じられる。

さらに第五の禁止事項として、安息日の前日には、安息日の禁止事項をこれからやると言ってはならない。

その後、これらの戒律を最もよく守ったのは誰だったかが確認され、ハインツ・レオンと私には一点の半分を与えることが決定された」

紙片の大半は、これがトーラーを学ぶ集団にすぎず、少年たちがユダヤの律法を厳密に学習していたことを示している。しかし最後の段落で、語調は突然変わる。

「その後、私たちは差し迫ったパレスチナ分割について議論した。分割は世界の歴史における最大の冒瀆と言えるだろう。トーラーではなく一般法によって統治されるユダヤ人国家など考えられない。以上終わり。　ハインツ・K[35]」

遠く離れたパレスチナの出来事は、フランケン地方にまで影響をおよぼしていたのだった。一九三六年四月から、イギリス委任統治領パレスチナでは大規模な反乱が続いていた。ユダヤ人の勢力伸張への反発が強まる中、ゼネストとして始まった反乱は急速にエスカレートし、ユダヤ人入植者とイギリス軍の両方に対する暴力へと発展した。その結果、イギリスは統治のあり方の見直しを迫られる。件の議事録の会合が開かれたのは、ピール卿を団長とする王立調査団の待望の報告書が発表される日のちょうど四日前だったことになる。報告書は、パレスチナを、海岸沿いの平野部とガリラヤを含む小さなユダヤ国家、エルサレムから海岸沿いの信託統治地域（ハイファを含む）、南と東に広がる大きなアラブ国家（ここにおそらくは隣接するトランスヨルダン王国が加わる）に分割することを勧告した（だいたいこのような分割案が勧告されるだろうと、四月からイギリスの新聞が予想していたので、フェルトの少年たちが報告書の中身を知っていたとしてもそれほどふしぎではない）。シオニストの指導者ハイム・ヴァイツマンとダヴィド・ベン＝グリオンは、もっと広い領土を望んではいたものの、ピール報告書を交渉の出発点として受け入れようとした。報告書に、アラブ人二二万五〇〇〇人を建設予定のユダヤ国家の外に移住させる提案が盛り込まれていたことも理由の一つだっただろう。ところが報告書はアラブ人にも、反シオニズムのユダヤ人グループにも拒絶され、結局イギリスは分割案を棚上げする。[36] キッシンジャーが一四歳にしてすでにパレスチナ分割に断固反対していたことには驚かされる。「世界史における最大の冒瀆」というのが彼自身の意見ではなかったとしても、自分がメンバーであるグループの意見ではあり、議事録に記載するときに異議を唱えなかったことはたしかだ。また、トーラー以外の法律に基づく世俗のユダヤ国家（イスラエルはそうなる）という構想自体を拒絶する姿勢にも異議を唱えなかった。同じグループにいた少年のうち少なくとも一人はのちにパレスチナで難民となり、その後イスラエル国民となったが、ハインツ少年が同じ運命をたどる可能性はまずなさそうだった。父親は反シオニズムの立場をとっていたし、ハインツも完全に同調しているように見えた。

3

それでも、ドイツを離れるべき時が来ていた。ルーイの二人の弟はすでにそうしていた。義父の靴屋を手伝っていたカールは一九三三年六月に逮捕され、ダッハウ収容所に送られてひどい拷問を受ける。一年以上過ぎた一九三四年一二月に妻の奔走でようやく釈放されると、夫妻は出国を決意し、一九三七年に三人の子供とともにパレスチナに移住した。もう一人の弟アルノは、一九三〇年代半ばにストックホルムに移住し、一九三九年初めには兄弟の父ダーヴィトも移り住んでいる。ロイタースハウゼン村に住む友人カール・ヘツナーは、弟たちに倣うようルーイを促した。しかしルーイは彼らより一〇歳以上年上である。パウラは「すべてをあきらめて、二人の子供とともに先の見えない未来に飛び込むことは、そんなにたやすくはありませんでした」と話している。[37] 父親のダーヴィトや叔父のジーモンは、ドイツでの生活を捨てるなと言う。パウラの父親が癌と診断されたことも、移住をためらわせた。

だがパウラは息子たちを優先すると決めていた。「ヒトラー帝国」が未来永劫続きそうな様相を呈し、ユダヤ人の地位は下がることはあっても上がることはない——そんなドイツにいて、どんな未来があるのか。実科学校を卒業すると、ハインツはヴュルツブルクのユダヤ人教員養成校で三カ月間学んだ。それよりましな選択肢がなかったからである[38]。のちにパウラは、ウォルター・アイザックソンに次のように語っている。「私の決断でした。子供たちのためです。あのままドイツにいても、子供たちの将来がないことはわかっていました[39]」

パウラの叔母の一人が、ヒトラーが出現する何年も前にアメリカに移住していたことは、一家にとってじつに幸運だった。その娘、つまりパウラのいとこに当たるサラ・アッシャーはブルックリン生まれで、当時はウエストチェスター郡ラーチモントに住んでいた。息子たちをアメリカに逃したいとパウラが言うと、サラは一家全員で来るようにと強く勧め、一九三七年一〇月二八日に「扶養宣誓供述書」に署名してくれた。これは、一家のアメリカ入国後の経済的支援を約束する書類である（アメリカは一九二〇年代から移民の受け入れをクォータ制にしており、宣誓供述書がないとナチスからの難民でさえ許可されないことがあった）*。サラの年収は四〇〇〇ドルだったが、八〇〇〇ドル相当の株と一万五〇〇〇ドルほどの貯金があったため、供述書は有効と認められた[40]（ピッツバーグにはもっと裕福な親戚がいたが、そちら

＊　一九二四年には、ドイツからの移民数は、アメリカにおけるドイツ人人口の二％を超えないこと、ある月の受け入れ数が年間上限の一〇％を超えないこととされていた。その結果、一九三〇年代には、ドイツ人の年間割り当ては二万七三七〇人、一カ月の上限は二七三七人だった。一九三八年の出来事によって申請は増え、一九三九年六月三〇日には一三万九一六三人、同年末には二四万七四八人に達する。しかし、入国する唯一の方法はアメリカ領事館から割り当てビザをもらうことで、そのためには申請者が移住先でお荷物にならないことの証明、つまりすでにアメリカ国民になっている人の供述書が必要だった。

には頼らなかった）。一九三八年四月二一日にルーイとパウラ（公式には国籍ドイツ、人種と信教に基づくユダヤ人）は、ミュンヘンの移民支援局に申請を行う。[41] いくつかハードルがあったものの、三週間かからずに認可された。そこでまず、フュルト警察にパスポートを申請する。[42] 当時は秘密国家警察（ゲシュタポ）が一家の犯罪歴を確認することになっていたからだ。四月二九日にフュルト市長、五月五日にゲシュタポ、[43] 六日に地方財務局、[44] 九日にドイツ税関の許可が下りる。[45] 警察は、手数料一二マルク七〇ペニヒおよび人物証明書代五マルク二八ペニヒと引き換えに、五月一〇日に四通のパスポートを発行した。[46]

だが、一家が出国の意思をフュルト警察に正式に伝えたのは、ようやく八月一〇日になってからである。別れはつらかった。闘病中のパウラの父親だけでなく、ハインツとワルターは父親が泣くのを初めて見た。[47]「祖国を離れる前に、祖父にさよならを言いに村まで行った。祖父のことが大好きだった。癌を患っている祖父とはもう二度と会えないのがわかっていた。つらさを和らげるためだろう、二、三週間後の出発までに私たちの家を訪ねるつもりだから、これが最後じゃないと祖父は言ってくれた。その言葉を信じたわけではないが、もう一度会えるかもしれないと思うと心はずいぶんと安らいだ」[48]。一家は持ち物にも別れを告げなくてはならなかった。ナチスの規則では、ドイツを出るユダヤ人は貯金の大半に加え、家財道具も置いていかなければならなかった（一家の場合、ピアノを含め、推計二万三〇〇〇マルクに上る）。[49] 出国するユダヤ人に許されたのは、規定のサイズの木箱一箱だけである。何を持っていこうかと母親が悲しげに選ぶ姿を、キッシンジャーは覚えている。[50] 八月二〇日に一家はベルギー運河沿いの港からイギリス行きの船で出航する。ロンドンでは、おばのベルタ・フライシュマン（彼女の夫は以前フュルトで肉屋を営んでおり、パウラは学生時代その家に下宿していた）の家に一週間滞在した。そして一九三八年八月三〇日、一家は列車でサウサンプトンに向かい、ニューヨーク行きの客船イル・ド・フランス号に乗り込む。ハインツ少年は一五歳だった。親友のハインツ・レオンは、すでに三月にパレスチナに向けて出発していた。

一九三八年に移住したバイエルンのユダヤ人の数は一五七八人に達する。[51] キッシンジャー一家の出国は、あとから考えればじつに危ういタイミングだった。

4

一家がフュルト警察に出国の意思を伝えたその日、ニュルンベルクで一番重要なシナゴーグが破壊された。ミュンヘンの主なシナゴーグはすでに六月に同じ運命に見舞われている。ナチ党内の過激な反ユダヤ主義勢力、とりわけヒトラーは、ユダヤ人を隔離するだけではもう満足できなくなっていた。こうした状況を受けて、フュルトのユダヤ人たちは被害を避けるべく準備を始め、貴重な巻物や銀の装飾品をシナゴーグから運び出した。[52] 一九三八年一〇月一六日には、危険な兆候はさらに差し迫る。群衆がロイタースハウゼン村のシナゴーグを襲撃し、ユダヤ人の家の窓を叩き割ったのである。パウラの両親ファルク・シュテルン夫妻の住まいも被害に遭った。ファルクはやむなく家を売り、妻とともににフュルトにいた妹ミンナ・フライシュマンの家に身を寄せる。翌年五月二六日にファルクは癌で亡くなるのだが、その前にフュルトもまた、ユダヤ人にとって安全な場所ではなくなっていた。

一九三八年一一月九日から始まる「水晶の夜」は、第三帝国の正体をはっきりと見せつけた歴史的瞬間である。人種政策の合法性をいくら強弁しようと、国中で行われた暴力と破壊のすさまじさの前では言い訳にもならない。この夜、中世以降のドイツ史上で最悪の大虐殺が繰り広げられたのだった。その口実となったのは、一七歳のポーランド系ユダヤ人ヘルシェル・グリュンシュパンによる駐仏ドイツ大使館書記官の銃撃事件である。パリに滞在していたグリュンシュパンは、両親がドイツを追放されたと知って激怒し、一一月七日に大使館を訪れる。そして応対に出た書記官エルンスト・フォム・ラートを至近距離から撃ち、ラートは二日後に死亡した。これがヒトラーにきっかけを与える。ゲッベルスに煽られた彼は、「自然発生的な」暴動を装ってユダヤ人を襲撃してよいと指示する。

フュルトでは、この命令が滑稽なほど律儀に実行された。一一月九日はナチスにとって大切なミュンヘン一揆の一周年記念日だったため、フュルトの党幹部はカフェ・フィンクで乾杯していた。そこに、ユダヤ人を襲撃し町のシナゴーグを破壊せよとの命令が届いたのである。ビールをがぶ飲みして真っ赤になっていた市長は、命令を実行することには何の異議もなかったものの、シナゴーグをいくつも焼き払うことには不安を抱く。その多くが町の中心部に集まっていたからである。冷酷さと几帳面さが奇妙に入り混じっているのはナチスの特徴だが、市長もそうだったらしい。町の消防署長ヨハネス・ラッハファールを呼び出すと、これからシナゴーグを焼き討ちする、周辺の建物の延焼を防げと命じた。ラッハファールは仰天し、「市長閣下はご冗談がお好きですな」と咄嗟に応じる。そして、中心部にあるすべてのシナゴーグが燃え出したら、火の勢いを止めるのは不可能だと辛抱強く説明した。市長はしぶしぶ譲歩し、町内最大のシナゴーグだけに火を放つことにする。[53]

一一月一〇日深夜一時ごろ、一五〇人ほどの突撃隊員がシュルホフの鉄の門を押し開け、シナゴーグの樫の扉を叩き壊す。中に乱入して信徒席や装飾品を壊すと、見つけ出したトーラーの巻物をすべて積み上げ、ガソリンをまいて火をつけた。ユダヤ人社会で尊敬されていたアルベルト・ノイブルガーはベッドから引きずり出され、ユダヤ人向け社会福祉事務所の扉に頭を打ち付けられて意識不明になった。午前三時一五分、フュルトで一番大きいシナゴーグが燃えさかる中、消防隊がかけつけたが、突撃隊員は放水を制止する。シナゴーグ管理人の住居や隣接する祈禱堂も延焼させるよう命じられていたからだ。この日破壊されたのは、清めのための沐浴場、もう一つのシナゴーグ、ユダヤ人墓地、ユダヤ人の病院、実科学校、孤児院、商店、カフェなどである。反ユダヤ主義のスローガンがあちこちに貼り出され、孤児院には「ドイツ人を殺すユダヤ人を許すな」、実科学校には「ユダヤ人を殺せ！パリの復讐だ！」とあった。

これだけではない。孤児院の子供たちを含むユダヤ人全員がシュラゲター広場（現在のフュルター・フライハイト）に集められ、一一月の寒さの中で五時間立たされた。見世物としてラビのレオ・ブレスラウアー（キッシンジャー家のラビでもあった）が辱められ、公衆の面前で髭を剃られた。のちに映画プロデューサーとなるエドガー・ローゼンバーグは当時一〇代で、この光景を恐怖に震えながら見ていた。恐怖に加え、無力な犠牲者同士のおぞましい不和も感じたと彼は回想している。

「五時三〇分頃、ユダヤ人はシュルホフの方向に回れ右するよう命じられた。空は真っ赤に染まり、シナゴーグが燃えていた。その瞬間、ユダヤ教徒の間の伝統的な対立が、迫害のさなかにあってもしぶとく不気味に立ち現れたのだ。正統派ユダヤ教徒は……自分たちのシナゴーグが燃えるのを見て悲痛な叫び声をあげた。だがそのことが、改革派を怖気付かせたらしい。そんな声を出せば警察を刺激するだけで、大虐殺を引き起こしかねないと思ったのだろう。この点に関する限り、過剰反応だったが」[54]

大虐殺は起きなかった——この地では、まだ。午前九時になると女と子供は全員帰宅させられる。男たちは旧ベロルッツハイマー記念館まで行進させられ、そこで言葉と暴力による虐待が続いた。ローゼンバーグは次のように振り返る。「物見高い連中が……通りに繰り出して来て、唾を吐きかけ、叫び立てた。いますぐやっちまえ、ぐずぐずするなとか、ユダヤ人を殺せ、ユダは地獄へ行け、という調子だ。髭を剃り落とされたラビを見ようと、突撃隊員の列に割り込む奴もいた」[55]。合計一三二名がニュルンベルク経由でダッハウに送られた。その中には実科学校でキッシンジャー兄弟を教えたヘルマン・マンデルバウムやローゼンバーグの父親もいた。前者はダッハウに四七日間収容され、後者はその後スイスに逃れている[56]。

略奪は終わらなかった。フュルトではユダヤ人コミュニティの指導者たちが、二つのユダヤ人墓地、病院、その他の資産を一〇〇マルクという滑稽な金額で市に売却する旨の文書に署名させられる。実在しないシナゴーグの場所を隠していると疑われ、白状しなければ殺すと脅されもした（一九〇七年にユダヤ人慈善家が設立した病気の子供たちの学校が、シナゴーグではないかと疑われたようだ）。その後数日間で多くのユダヤ系企業が、いずれもはした金で不動産の売却を強制されている。これは、一九三八年一一月一二日に出されることになるドイツの経済活動からユダヤ人を排除する命令の前奏曲だった。この命令は、すべてのユダヤ人所有企業の正式な「アーリア化」に道を開くことになる。[57]

一一月一〇日に話を戻そう。その日の昼近く、まだくすぶるシュルホフを意気揚々と行進する突撃隊員たちの手は、灰殻だけでなく血でも汚れていた。彼らに襲われた怪我がもとで一人が亡くなり、一人が自殺していたのである。ラビのブレスラウアーは生き延びたが、数年後になっても「水晶の夜の残忍な仕打ちで、か細い声しか出なくなった[58]」。犠牲者にとっては信じられない思いだっただろう。ある目撃者の男性は次のように語る。「若い頃、私はダンス教室に通っていた。ユダヤ人もキリスト教徒も一緒に踊り、何の問題もなかった。反ユダヤ主義など存在しなかった……ヒトラーが登場するまでは。われわれユダヤ人は、フュルトで反ユダヤ主義がさかんになるなど、考えたこともなかった[59]」。

だが実際には、反ユダヤ主義は存在したということである。一九三八年一一月一〇日のフュルトでの出来事の責任者が裁かれるまでには一三年を要した。生き残って一九五一年に起訴された五人の首謀者のうち一人だけが有罪になり、二年半の懲役刑が言い渡された。一年後に別の裁判がカールスルーエで開かれ、二人の被告がそれぞれ二年、四カ月の懲役となった。だが一三年の間にフュルトのユダヤ人を襲った犯罪は、はるかに多く、はるかに悪質だったのである。

5

「一九四五年に故郷を訪れた私にとって……フェルトはひたすら退屈でちっぽけな町だった。ニュルンベルクは、埃と灰、破壊された偶像、悪徳への応報の中に横たわっていたが、フェルトは変わらずにそこにあり、太陽のもとで穏やかに存在していた……もちろん失われたシナゴーグは空隙のままだったが。

ニュルンベルクは……輝かしい伝統があり、裁判でも有名だ。みんなすぐわかる。ああ、ニュルンベルクですね、知っていますよ。アルブレヒト・デューラー、ナチス党大会、塔、ロバート・ジャクソン（ニュルンベルク裁判の首席検事）、絞首刑、ブラートヴルスト（仔牛肉のソーセージ）……。ところがフェルトと私が言うと、必ずどう綴るのかと聞き返される」[60]

これを記したエドガー・ローゼンバーグはフェルト生まれのユダヤ人で、「水晶の夜」ののちハイチ経由でアメリカに逃れた。第二次世界大戦末期にアメリカ軍兵士として故郷を訪れたとき、すこしも変わっていないことに皮肉な驚きを感じたという。

フェルトが無傷だったわけではない。一九三九年九月にヒトラーが始めた戦争では、ドイツは第一次世界大戦のときより弱い敵を相手にしているように見えた。ドイツはフランスを破り、イギリスの海外派遣軍をダンケルクの戦いで本土へと撤退させて、一九四〇年夏にはヨーロッパ大陸の勝者になっていた。それでも大英帝国の資源は豊富に残っており、早くも八月と一〇月には英空軍がフェルトとニュルンベルクを爆撃している。産業都市圏として、イギリスの戦略爆撃目標リストの上位に挙げられたためだ。これは、ほんの手始めにすぎなかった。一九四一年と四二年には空爆は散発的だったものの、四三年（このときまでにドイツは米ソ両国を敵に回していた）には大規模になる。この年の八月一〇日と一一日の夜には、ニュルンベルクのヴェールト地区全体が破壊された。一九四四年には連合国軍が中部・北部フランケン地方に一二回の空爆を行い、一〇〇〇人以上の死者を出している。一九四五年一月二日と二月二一日、二二日の激しい空爆の死者はその三倍にのぼった。戦争が終わる頃には、フェルトの戦前の建物の六％が全壊、三〇％が中程度以上の損害、五四％が軽微な損害と記録されている。[61] 一九四五年三月にニュルンベルク・フェルト地区で実施された小規模な空襲の報告書によれば、「爆弾の大半は廃墟に落ちた」という。[62]

第三帝国崩壊前にフェルトで最後に上映された映画は、コメディタッチの『それは無邪気に始まった』だった。当時の世相に残酷なほどぴったりの題名ではある。[63] 一九三二年と三三年にナチ党に投票した人々にとって、ヒトラーの台頭はまさにそんな感じだっただろう。しかしドイツにいたユダヤ人の目から見れば、無邪気どころではなかった。開戦前の一九三九年一月にすでに、ヒトラーは身の毛もよだつような予言をしている。「世界で暗躍する金貸しのユダヤ人どもが再び人類を世界大戦に突き落とすことに成功するなら、その結果は世界の共産化ではなく、ユダヤ人の勝利でもなく、ヨーロッパにおけるユダヤ民族の絶滅である[64]」。

戦争が勃発すると、ナチスは勇んでこの脅しを実行に移す。一九三三年にフュルトに住んでいたユダヤ人一九九〇人のうち、生き延びたのは四〇人に満たない。戦争が始まる前に移住しなかった者の大半（五一一人）は、東ヨーロッパのドイツ占領地に列車で移送され、銃または毒ガスで殺されるか、死ぬまで働かされた。[65] 一九四一年一一月二九日の最初の強制移送ではリガへ、翌四二年三月二二〜二四日の大規模な移送ではイズビツァへ送られ、そこからさらにソビボルかベウゼツの絶滅収容所か、トラブニキの強制労働収容所へ送られている。一カ月後には別の一団がクラシニチンへ、残りは四二年九月一〇日にテレージエンシュタットへ、あるいは四三年六月一八日にアウシュヴィッツへ送られた。最後に少数の転向者と混血児が四四年一月一七日に追放され、フュルトからユダヤ人は姿を消す。犠牲者にはユダヤ人孤児院の三三人の生徒も含まれており、彼らは院長とその家族とともにイズビツァに送られた[66]（孤児たちをパレスチナに送りたいという院長の提案は、孤児の後援者がフュルトを選んだという理由で、ユダヤ人たちに拒絶されていた）。[67] 一九四五年に「バイエルンのエルサレム」に残っていたのは、わずかな生存者と、別の用途に転用されたすこしばかりの建物だけだった。古いユダヤ人墓地は完全に破壊されて墓石は防空壕を作るために使われ、墓地は消防隊の当座しのぎの貯水槽となっていた。[68]

ドイツを離れていなかったらキッシンジャー一家の運命がどうなったか、疑問の余地はない。ハインツが二〇歳の誕生日を迎えることはなかっただろう。彼自身の推定によれば、父ルーイの三人の姉妹セルマ、イーダ、ファニーとそれぞれの夫、マックス・ブラットナー、ジークベルト・フリードマン、ヤコプ・ラウ、大叔父のジーモンとその息子フェルディナントとユリウス、母パウラの義理の母ファニー・シュテルンを含む一三人がホロコーストで殺されたという。[69] 血はつながっていなかったが、キッシンジャーはファニーをほんとうの祖母だと思っていた。「[彼女にとって]私は本物の孫だったし、私のほうは義理の祖母とは知らなかった。だからそれは、とても温かくこまやかな関係だった」。なぜかファニーが強制移送されてからも、キッシンジャー一家には安否を確認する所定の葉書が届いていたという。ベウゼツの絶滅収容所に送られ、収容所の解体後に西への死の行進で命を落としたことを知ったのは、だいぶあとになってからだった。[70] ファルク・シュテルンの妹ミンナはテレージエンシュタットで、夫のマックスはアウシュヴィッツで亡くなった。犠牲者の中にはキッシンジャーのいとこのルイーゼ・ブラットナー、リリー・フリードマン、ノルベルト・ラウもいた。[71]

ナチスの手で殺された親戚が一三人というのは少なすぎる。チャールズ・スタントンかマーティン・キッシンジャーが編纂した手書きの家系図によれば、二三人になる。これでも足りないかもしれない。マイヤー・レーブ・キッシンガーの子孫で名前がわかっている者のうち、ホロコースト時代に亡くなった者の数はすくなくとも五七人いる。ここにはドイツ占領地以外で自然死した人が含まれる一方で、死亡記録の残っていないホロコーストの犠牲者が含まれていない。ここでは、二三人以上、おそらくは三〇人近いと言っておくことにしよう。

この悲惨な出来事は、ヘンリー・キッシンジャーにどのような影響を与えたのだろうか。終戦から三〇年後、国務長官になっていた彼は、名誉市民章を授けられ故郷に招待された。[72] 彼は両親のためにこの申し出を受け、両親を伴って出席した。父は公に許しを与えたが、母の無念は消えない。「その日、心中は穏やかではなかったのですが、何も言いませんでした」とのちに語っている。「私にはわかっていました。もしフュルトに残っていたら、この人たちに焼き殺されていたでしょう」。[73] キッシンジャー自身は、ホロコーストが自身の成長に重大な意味を持つことを全力で否定する。二〇〇七年に私がインタビューしたときには、「私の最初の政治経験は、迫害されたユダヤ人という少数民族の一員だったことだ」と語った。

「大勢の親戚も、同じ学校に通った子たちの七割ほども、収容所で死んだ。だから、忘れることなどできない……ナチスドイツに生きたことも忘れられないし……イスラエルの運命に無関心でいることもできない……だがユダヤ人という出自からすべてを分析する考え方には同意できない。私自身は自分をそんな風に考えたことはない」[74]

キッシンジャーは、一九三八年八月にドイツを離れたときはまだ敬虔な正統派ユダヤ教徒だった。だがそれから一九四五年までの間に、心を変える何かが起きたらしい。その結果、成人してからのほとんどの期間、信教ではなく人種としてのユダヤ人であると自分を規定している。「特定の宗教の教えを実践するという意味では、私は宗教を信じていない。もちろん私はユダヤ人だし、それを否定したこともない。だが私は、人間が蟻ほどにも理解できない宇宙に、スピノザの言った意味での調和がきっと存在すると信じている。その意味で私は宗教を信じていると言えるだろう」[75]

一族が残酷な運命に見舞われたキッシンジャーではあったが、このように人間の知性の限界を悟るきっかけとなったのは、絶滅の恐怖ではなかった。ナチスとの戦争の過酷な体験だったのである。

CHAPTER 3

Fürth on the Hudson

第三章

ハドソンのフュルト

僕がドイツを離れてもうすぐ一年になる。なるべく早く手紙を書くと約束したのに、と君は何度も思ったにちがいない。なかなか書けなかったのは面倒だったからじゃない。この八カ月の間に僕を取り巻く環境も僕自身も大きく変わった。手紙を書く余裕がなかったし、書こうという気にもなれなかった。

——ヘンリー・キッシンジャー　一九三九年七月[1]

ニューヨークは、ただの活気ある大都会ではない。策略と競争が渦巻き、すでにして感傷的な伝説の都市、醜悪で残酷で悪臭漂うジャングルでもあった……ユダヤ人移民の家庭で育った子供なら、疑ってかかれと教わるような異質な場所だった。

――アーヴィング・ハウ[2]

1

キッシンジャー一家が一九三八年夏に捨てた国とたどり着いた国は、何から何まで対照的だった。ヒトラーの冷酷な手に握られたドイツは無秩序と暴力の奈落に落ちる瀬戸際だったが、アメリカは「幸せな日々は再び」やって来る国である。これは、一九三二年の大統領選挙のテーマ曲としてフランクリン・ルーズベルトが選んだ歌で、フランク・シナトラが歌っている。フェルトのシナゴーグは焼き討ちされ、キッシンジャー一家はすんでのところで逃れたというのに、イル・ド・フランス号がブルックリンを通過して入港すると、歓迎するように降り注ぐ太陽の光の中、マンハッタンのスカイラインには世界でいちばん高いエンパイアステートビルがまぶしく輝いていた。ドイツは抑圧の地であり、アメリカは自由の地だった。
一家がこれから暮らす国は、このように故郷とはまったくちがっていたが、だからと言って一九三八年のアメリカが抱えていた問題を過小評価すべきではない。その問題はキッシンジャー一家の生活にすぐに直接的影響をおよぼすことになる。アメリカにやって来る難民の多くがそうだが、彼らも新天地にいくらか非現実的な期待を抱いていたことだろう。[3]だとすれば、その期待はすぐに打ち砕かれることになった。

ドイツとちがいアメリカでは、一九三八年の時点では大恐慌がまだ終わっていなかった。それどころか、景気は四年ほど上向いた後、一九三七年後半には不況に逆戻りし、一〇月には株式市場が再び暴落する。「われわれは新たな恐慌に向かっている」と財務長官ヘンリー・モーゲンソーは警告した。株価はピーク時から四〇％落ち込み、鉱工業生産高は四〇％減少。一九三七～三八年の冬の終わりまでに合計二〇〇万人が解雇され、失業率は再び一九％に上昇した。ルーズベルトと側近たちは「資本家のストライキ」のせいだと非難した。ニューディール政策の下で企業にとって不確実性が非常に高まり、将来を信じて投資できなくなったことに資本家が報復しているという。政権内のニューディール派は、「ルーズベルト不況」の原因は金融・財政の引き締めにあると主張した。アメリカで強い影響力を持つケインジアンのアルヴィン・ハンセンは、一九三八年に「完全な回復かスタグネーションか」と題する論文を発表し、完全雇用を維持するには政府が巨額の財政赤字を抱えるしかないと主張した。そしてたしかにアメリカ政府が戦争と巨額の政府債務によって景気を浮揚させた。だが共和党の立場からすれば、財政赤字は企業の信頼感を損なう一因となる。[4]そうこうする間にも、まだ経済で大きな比率を占めていた農業部門は衰退しつつあった。ドロシア・ラングとポール・テイラーは、一九三八年に著書『アメリカの大移動　人間の崩壊の記録』を出版し、三〇年代にひんぱんに砂嵐に見舞われた中西部大平原地帯から脱出する経済難民の苦しみを描いている。[5]

しかも、「人種差別国家」と呼べるのはナチスドイツだけではなかった。アメリカでは人種差別が南部以外でも根強く、「白人以外はお断り」といった張り紙が国内各地の店で見られた。一九三〇〜三八年のリンチの死者は一〇〇人ではきかない。一九三八年にはグンナー・ミュルダールが調査を開始し、著書『アメリカのジレンマ　黒人問題と現代民主主義』にまとめる。[6] それによると、三〇州が人種間の結婚を法律で禁じており、その多くが規制を強化・拡大しているという。差別の対象はアフリカ系アメリカ人やアメリカ先住民だけでなく、州によっては中国人、日本人、朝鮮人、マレー人（フィリピン人）、インド人にもおよんだ。そのうえ優生学の影響を受けて、新たな差別的法規が導入される。一九三〇年代にドイツで導入されたものと似ていたが、のちにナチスに逆輸入される代物だった。すくなくとも四一州が優生学上の分類に基づき精神障害者の結婚を禁じ、二七州が特定分類に断種を強制する法案を可決した。その結果、カリフォルニア州では一九三三年の一年間だけで、一二七八人が断種手術を受けさせられている。ヒトラーはおおっぴらに、自分はアメリカの優生学者の影響を受けたと述べたものである。[7]

議会では人種差別主義者の政治力が強まる一方で、一九三八年には反リンチ法の成立阻止に成功する。ルーズベルトの最低賃金法案も葬り去った。上院議員のエリソン・スミス（サウスカロライナ州選出）は、自分の州では黒人の男は一日五〇セントで十分だと言い放つ。[8] こうした妨害により、ニューディール政策は事実上一九三八年に終了する。この年の中間選挙では、共和党が一三州で知事の座を勝ち取り、下院の議席数を二倍に増やし、上院に新たに七議席を加えた。南部の民主党議員の一部をニューディール派と入れ替えようというルーズベルトのもくろみは、あっけなく崩れたのである。[9]

アメリカでは、あの手この手を使って公民権の後退が図られた。一九三八年六月には下院議員マーティン・ディーズ（テキサス州選出）が委員長を務める下院非米活動委員会が、最初の公聴会を開いている。赤狩りの舞台として悪名高い委員会である。共産主義の恐怖は国内の労働運動にも対立を引き起こし、アメリカ労働総同盟（AFL）代表が産業別労働組合会議（CIO）を「共産主義の温床」だと批判している。[10]労働市場の軋轢はニューヨークではとくに深刻で、三八年九月には無認可トラック運転手が大規模なストを行ったほか、[11]西二九丁目では労働争議の巻き添えで七軒の毛皮店が爆破された。[12]

ドイツでは犯罪者が政府を乗っ取ったが、アメリカの犯罪者はちがうやり方で猛威を振るっていた。一九三〇年代は、ギャングの最盛期である。マイヤー・ランスキー（本名マイエル・スホフラニスキ）、バグジー・シーゲル（本名ベンジャミン・シーゲルバウム）、チャールズ・「ラッキー」・ルチアーノ（本名サルバトーレ・ルカーニア）等々……。一九三三年に禁酒法が廃止されると、彼らは密輸からギャンブルなどのいかがわしい商売にうまいこと鞍替えする。ルチアーノはニューヨークで頭角を現し、全国組織「コミッション」を設立して、ニューヨークの五大ファミリーはもちろん、アメリカ全土の組織犯罪に睨みを効かせた。一九三六年に彼が強制売春容疑で特別検察官トーマス・デューイ（のちにニューヨーク州知事）に逮捕・起訴されると、すぐにフランク・コステロ（本名フランチェスコ・カスティーリャ）が台頭する。[13] ギャングたちは政界の大物と結びついて都市部を牛耳っていた。検察官一人につき、マフィアに金で買われた大物政治家がすくなくとも一人はいるという状況だったのである。

こうした混乱の真っただ中にあっても、アメリカ社会は驚くほどダイナミックで創造的だった。ヘンリー・キッシンジャーがニューヨークに到着した年には、映画『ロビンフッドの冒険』（主演エロール・フリン）、『汚れた顔の天使』（同ジェームズ・キャグニー）、『赤ちゃん教育』（同ケーリー・グラント、キャサリン・ヘプバーン）、『気儘時代』（同フレッド・アステア、ジンジャー・ロジャース）が劇場公開されている。ロナルド・レーガンはこの年になんと一〇本のB級映画に出演した。アメリカ映画界でこの年に最も高く評価されたのは、フランスの反戦映画の傑作『大いなる幻影』（監督ジャン・ルノワール）、興業的に最も成功したのは、ディズニーの長編『白雪姫と七人の小人』である（前年一二月公開）。アカデミー賞作品賞を受賞したのはフランク・キャプラ監督の『我が家の楽園』だ。舞台はマンハッタン、軍需工場経営者の息子を演じるジェームズ・ステュアートが移民一家の娘と恋に落ちる物語で、当時の社会の一断面が巧みに描かれていた（とはいえ、いまも記憶に残るのは税金をめぐる時代を超えたやりとりである）。この年に活躍したスターには、ルシル・ボール、ハンフリー・ボガート、ビング・クロスビー、ベティ・デイビス、W・C・フィールズ、ヘンリー・フォンダ、ジュディー・ガーランド、ベティ・グレイブル、ボブ・ホープ、エドワード・G・ロビンソン、ミッキー・ルーニー、スペンサー・トレイシー、ジョン・ウェイン、シャーリー・テンプル、スタン・ローレル、オリヴァー・ハーディ、マルクス兄弟などがいる。ハリウッドに黄金時代があったとすれば、まさにこのときがそうだった。

アメリカ人の生活には、映画のほかにラジオもすっかり定着しており、一九三八年にはほとんどの家庭が、NBCでコメディーからオーケストラまでさまざまな番組を楽しんでいた。この年に流行した歌には、イディッシュ語のミュージカルを編曲したアンドリュー・シスターズの「素敵なあなた」、エラ・フィッツジェラルドの“A-Tisket A-Tasket”、バニー・ベリガンの「言い出しかねて」、アル・ドナヒューの“Jeepers Creepers”、ガーシュインが作曲しフレッド・アステアが歌う“Nice Work if You Can Get It”などがある。しかし、クルーナー・スタイルを確立したビング・クロスビーの“You Must Have Been a Beautiful Baby”、「アレキサンダーズ・ラグタイム・バンド」はこれらを上回る大ヒットだった。不景気ではあったが、カウント・ベーシー、デューク・エリントン、ベニー・グッドマンなどビッグバンドも黄金期を迎え、各地で公演を行っている。ただしラジオ番組でこの年に最も評判になったのは、音楽ではない。オーソン・ウェルズがH・G・ウェルズのSF小説『宇宙戦争』をドラマ化した作品が一〇月三〇日に放送され、国中にパニックを引き起こした事件はあまりに有名である。

書籍では、フロリダ州の田舎を舞台にした『仔鹿物語』が一九三八年のベストセラーになり、著者のマージョリー・キナン・ローリングズはこの作品でピュリッツァー賞を受賞した。A・J・クローニン、ハワード・スプリング、ダフネ・デュ・モーリアなどイギリスの作家も人気で、モーリアの『レベッカ』はアメリカでベストセラーになっている。やはりイギリスの作家フィリス・ボトムの『死の嵐』も読まれた（のちに映画化された）。ラブストーリーではあるが、ヨーロッパの政治情勢を背景に、ナチスの脅威に警鐘を鳴らす作品である。ブロードウェイでは、これほど挑戦的な作品はかかっていない。キッシンジャー一家がニューヨークに到着した月には、どたばた喜劇『てんてこ舞い』

(Hellzapoppin) が始まり、その後一〇〇〇回以上上演された。

アメリカのスポーツ界にとっても、この年は記念すべき年だった。六月二二日には、アフリカ系アメリカ人のヘビー級ボクサー、ジョー・ルイスが、ヤンキースタジアムで七万人の観客を前に、ドイツのマックス・シュメリングを下した。時勢を象徴する試合だったと言えよう。ニューヨーク・ヤンキースは一九三六～三九年に四季連続でワールドシリーズを制している。この間にルー・ゲーリックが引退する一方、若いジョー・ディマジオが「ヤンキー・クリッパー」としてスター選手になった。さらに一二月には、ニューヨーク・ジャイアンツがグリーンベイ・パッカーズを破り、ナショナル・フットボール・リーグで優勝を果たす。ワシントンハイツやハーレム界隈で少年たちが真似をするほどすばらしい試合だった。[14] ドイツとアメリカの最大のちがいは、少なくとも一〇代の少年にとっては、スポーツだったかもしれない。そう、アメリカにはサッカーがなかった。一五歳のキッシンジャーには、どうやらバッティングを練習する必要がありそうだった。

2

ユダヤ人の家族にとって、ニューヨークはさほどなじめない環境ではなかった。世界でもユダヤ人が非常に多い都市であり、一七〇〇年代初めからユダヤ人コミュニティが存在したからだ。ニューヨークのユダヤ人が中・東欧からの移民流入で激増したのは、一九世紀後半以降である。一八七〇年には約六万人だったのが、一九一〇年には一二五万人と、市の総人口の四分の一に達する。一九二一年と二四年の移民規制策で年間二万人に制限されるまで、毎年五万人のユダヤ人が流入し、一九二〇年のピーク時には、ニューヨーク市の人口の二九％を突破している。これは、ワルシャワを始めヨーロッパのどの都市をも上回る規模だった。一九四〇年にはこの比率は二四％まで下がるが[15]、それでもニューヨークは顕著なユダヤ的特徴を保ち続ける。正確に言えば、市内の一部は保ち続けた。

ユダヤ人は一九二〇年代前半から集団でマンハッタンを離れていき、ロウアー・イーストサイドのユダヤ人は三一万四〇〇〇人から七万四〇〇〇人まで減少する。ヨークビル、モーニングサイドハイツ、イーストハーレムでも大幅に減った[16]。キッシンジャー一家が到着する頃には、ユダヤ人の数はマンハッタン（二七万人）よりもブルックリン（八五万七〇〇〇人）やブロンクス（五三万八〇〇〇人）のほうが多くなっている。ただしマンハッタンの中でもワシントンハイツと呼ばれる地区だけは、ユダヤ人が密集する居住区が残っていた。子供たちは外の世界に吸収されるか同化するだろうと期待していた移民は、失望することになる。一九二〇年代末には、ニューヨークのユダヤ人の七二％が、ユダヤ人の多い地域（ユダヤ人の比率が四〇％以上）に住んでいたからだ[17]。一九二〇年代に人種隔離は一段と進み、三〇年代を通じてそれが維持された。ワシントンハイツは「新種のゲットー」の一例にほかならず、「ユダヤ人中流階級が住む閉鎖社会で、同等の階層のユダヤ人とだけつきあっていた」[18]。この隔離が完全に自発的だったとは言えない。クイーンズのジャクソンハイツや、リバーデイルのフィールドソン地区の一部の集合住宅では、ユダヤ人居住者に暗黙の「制限」があったからだ[19]。しかしほとんどの場合、ユダヤ人はさまざまな理由から群れて住むことを好んだ。ユダヤ人向け新聞の記者ナサニエル・ザロヴィッツは次のように述べている。

「外国生まれのユダヤ人のゲットーとアメリカ生まれのユダヤ人のゲットーがある。貧困層・中流層・富裕層のユダヤ人、ロシア系ユダヤ人、ドイツ系ユダヤ人、それぞれのゲットーがある。イーストサイド、ワシントンハイツ、ウェストブロンクス、リバーデイルドライブにもゲットーがある。ブルックリンには各種のゲットーが一〇余りある……このためユダヤ人の五分の四は……事実上、キリスト教徒とはまったく交流がない[20]」

ドイツ系ユダヤ人移民は遅れて来た新参者で、その多くが、一九三八年夏以降にアメリカに渡ってきた。ドイツからの移民の数は、一九三三年一月～三八年六月には二万七〇〇〇人だったが[21]、一九三八～四〇年には一五万七〇〇〇人に達する。その半分近くがユダヤ人で[22]、定住支援団体が内陸部への移動を促したにもかかわらず、大半がニューヨークに止まった[23]。ただし社会的な流動性は高く、一五年から二五年が経つうちには、ユダヤ人移民の半数がホワイトカラーの職業に就いている[24]。一九三〇年代には、ユダヤ人はニューヨーク市にある二万四〇〇〇の工場の三分の二を、卸売・小売店一〇万店以上とレストラン一万一〇〇〇店についてもそれぞれ三分の二を所有していた[25]。それでも彼らがまとまって住む習性は変わらない。ニューヨークには行政区が五つあるが、その中のより高級な地区へと集団で移動し、同じ通りやアパートに固まって住んでいた。

じつはニューヨークで最大の宗教的マイノリティは、ユダヤ教徒ではない。一九三〇年代に規模が最大だったのはローマカトリック教徒で、ほとんどがアイルランド系かイタリア系だった[26]。結果的にこのおかげで、ユダヤ人は自らの宗教的・文化的アイデンティティを守ることができた。というのもカトリック教徒が、プロテスタントの「生粋のアメリカ人」（当時まだアメリカで圧倒的多数を占めていた）との結婚や教育による同化に強く抵抗したからである。ニューヨークには宗教や民族の異なるさまざまな集団が暮らしていたが、彼らは敵対していた。民族間の衝突は一九三〇年代、四〇年代のヨーロッパに限ったことではなく、暴力性は低かったものの、アメリカでも起きている。このためユダヤ人は、アッパー・イーストサイドのヨークビルなどのドイツ人居住区を用心深く避けた。だがユダヤ人を目の敵にしたのはドイツ人だけではない。一九世紀後半に嫌われ者になっていたアイルランド系アメリカ人は、貧しい南イタリア人や東欧系ユダヤ人の到来を形勢逆転のチャンスとみなす。そのためユダヤ人移民は、ブロンクスのベインブリッジやキングスブリッジなどのアイルランド系住民の居住区も避けなければならなかった。もともと民族間の雇用や住居の奪い合いは日常茶飯事だったが、大恐慌がこれに拍車をかける。就業率は一九三〇年の四六％から一九四〇年には三八％に下がり、「ルーズベルト不況」下の非熟練労働者の失業率は過去最高を記録した。その影響をもろにかぶったのが、アイルランド人やイタリア人である。ユダヤ人は他の移民集団より早く技能を習得していたため、影響は少なかった[27]。

　ユダヤ人の上昇志向は政治の領域にもおよんでいる。一九二〇年代には、それまで共和党を支持していたニューヨークのユダヤ人が、他の移民集団とともに、民主党の「民族連合」に加わった。ハイミー・ショーレンスタインはブラウンズビル地区（ブロンクス）の民主党リーダーとなり、知事のアルフレッド・E・スミスや後継者のフランクリン・ルーズベルトを後押しした。またハーバート・H・

リーマンは、一九三二年にルーズベルトの後継者としてニューヨーク州知事に選ばれ、四期連続で活躍している。一九三五年にはアーウィン・スタインガットがニューヨーク州議会議長に就任した。その二年前には、共和党のフィオレロ・ラガーディアが超党派の支持を得てニューヨーク市長に選出されている。ラガーディアは市の改革を行い、議会や市政を牛耳っていた民主党系政治団体タマニー・ホールの息の根を止めた。[28] ラガーディアの母親はユダヤ人であったため、彼の勝利はイタリア人の勝利であるとともに、ユダヤ人の勝利でもあると歓迎された（ちなみに、両親がともにユダヤ人であるネイサン・ストラウスは出馬を取り止めている。「知事と市長がともにユダヤ人であることは好ましくない」と考えたようだ）。[29] ラガーディアはすぐに誠意を示し、「ユダヤ人の権利を擁護するためのアメリカ同盟」の副会長に就任する。この同盟は、ドイツでのユダヤ企業ボイコット運動への報復として、ドイツ製品ボイコットのために設立された組織の一つである。[30] じつは一九三三年の市長選では、ユダヤ人票はラガーディアと対立候補の間で割れており、どの候補者もユダヤ人票の獲得に躍起だったことをうかがわせる。いざラガーディアが市長に就任すると、ユダヤ人は、選挙を経るものも含め、市の公職に就くようになった。一九三七年になるとユダヤ人の三分の二以上がラガーディアに投票し、四一年には四分の三近くに達する。大統領選挙では、ニューヨークのユダヤ人は一九三二年、三六年、四〇年の三度ともルーズベルトを全面的に支持した。四〇年には、ユダヤ人票のじつに八八％がルーズベルトに投じられている。[31]

ラガーディアの任期中は公職や教職に就くユダヤ人数が大幅に増え、職を追われたアイルランド系アメリカ人の怒りを招く。アイルランド系の「クリスチャンフロント」はユダヤ人の勢力伸張に敵意をあらわにし、反ユダヤ主義者は破壊行為に走り、求人広告にはユダヤ人お断りと明記された。[32] 進歩派の元知事アル・スミスでさえ、次のように述べている。

「世界のどこかで貧しいユダヤ人が苦しんでいることは、何度となく耳にしてきた……だが今夜、この部屋を見回してみると、知事のハービー・リーマンはユダヤ人、市長は半分ユダヤ人だ。私が以前務めた市議会議長のバーナード・ドイチもユダヤ人、マンハッタン行政区長のサム・レヴィもそうだ。ニューヨークでは、貧しいアイルランド人のために誰かが何かをすべきではあるまいか[33]」

かくして大恐慌の余波の中、民主党の民族連合は分裂の危機を迎える。

ユダヤ人に対する敵意をいっそう強めたのは、ニューヨーク共産党の幹部がユダヤ人だったことである。[34] ニューヨークのユダヤ人は、第一次世界大戦後に勃興した社会主義も支持したし、[35] 一九三六年に同州で結成された小政党アメリカ労働党も、四一年まで得票数の二〇～四〇％をユダヤ人が占めている。[36] その結果ヨーロッパ同様アメリカでも、扇動的な連中は共産主義者とユダヤ人を同列視した。実際にはユダヤ人は、政治的には広い意味での自由主義志向だったのだが。[37]

ヨーロッパでの出来事は、アメリカ国内のこうした亀裂をいっそう深刻化させた。「水晶の夜」から一カ月後の一九三八年一二月九日に行われたギャラップ世論調査では、アメリカ市民の圧倒的多数がヒトラーのユダヤ人迫害を非難している。[38] それでも、移民割当枠の拡大を望む市民はほとんどおらず、三分の二以上が「現状通りでよい」と答えた。ルーズベルト自身は同情的だったが、ヒトラーのオーストリア併合後に知事リーマンが提案した移民割当枠拡大案は取り上げようともしていない。「水晶の夜」ののち、「移民制限を緩和し、ユダヤ難民をもっと受け入れるべきだと考えますか」と記者に質問され、無愛想に答えている。「それは考えていない。クォータ制があるのだから」。ニューヨーク州上院議員ロバート・ワグナーと下院議員エディス・ノース・ロジャーズが、一四歳以下のユダヤ人の子供二万人を別枠で受け入れるとの法案を提出したが、その後に行われた一九三九年一月の世論調査では、回答者の三分の二が反対している。一九三九年半ばに実施されたフォーチュン誌の調査では、「あなたが議員なら、ヨーロッパからの難民に門戸を広げる法案に賛成しますか」という設問があった。これに対してプロテスタントの八五%、カトリックの八四%、ユダヤ人の二六%近くが「ノー」と答えている。[39] 一九四〇年の世論調査では、回答したアメリカ人の五分の二以上がユダヤ教徒とキリスト教徒の結婚に反対し、五分の一弱がユダヤ人は「アメリカにとって脅威」だと考え、約三分の一が「この国での幅広い反ユダヤ人運動」に期待し、一〇%以上がそうした運動を支持すると答えた。一九四二年になると、アメリカ人の半分近くが、ユダヤ人は「アメリカで権力を持ちすぎた」と答えている。[40]

フィリップ・ロスが小説『プロット・アゲンスト・アメリカ　もしもアメリカが……』（柴田元幸訳、集英社）で描いたナチスアメリカというパラレルワールドは、けっして荒唐無稽ではない。一九三八年一〇月には、独立戦争当時の精神を継承しようとする団体「アメリカ革命の娘たち」のニューヨーク支部会合が開かれ、参加者が、アメリカへの難民ビザの打ち切り、ニューヨーク大学とハンターカレッジでの「外国人、無神論者、共産主義者、急進主義者の教授」の調査など、「異邦人の脅威」に対する規制を要求している。[41] 反ユダヤ主義を露骨に掲げる団体はほかにもあった。とくにカンザスの伝道師でナチスシンパのジェラルド・B・ウィンロッドが一九二五年に創設した「キリスト信仰を守る会」や、メソジスト派伝道師の息子で「アメリカのヒトラー」を標榜するウィリアム・ダッドリー・

ペリーが率いたサウスカロライナ州の「銀のシャツ」団が知られている。

ニューヨークで強い影響力を持っていたのは、司祭のチャールズ・E・カフリンが創設した「社会正義のための全国連合」である。彼が主宰する「ユダヤ系共産主義者」を標的にしたラジオ番組は三五〇〇万人のリスナーを誇り、その大半が下流階級のカトリック教徒だった。カフリンは番組の中で「水晶の夜」のユダヤ人虐殺を擁護している。同連合ニューヨーク支部には、かなりの数の警察官が参加していると言われていた。[42]カフリンの影響力を背景に、一九三八年にはジョン・キャシディらが「クリスチャンフロント」を結成している。反ユダヤ主義を掲げるアイルランド系カトリック教徒の団体である。これを一段と過激にした組織が「クリスチャンモビライザー」で、この団体は一九三九年の独ソ不可侵条約締結後でさえ、ヒトラーを支持し続けた。こうした組織の行動が過激化する中、ついに一九四〇年一月には「クリスチャンフロント」のメンバーがＦＢＩに逮捕される。政府に対するクーデターを企てた容疑で、ユダヤ人居住区での爆弾テロやユダヤ人議員の暗殺も計画していたという。[43]

とはいえ、ニューヨークで最も公然とナチス支持を打ち出していたのは、「新しいドイツの友」である。この組織は、一九三六年以降は「ドイツ系アメリカ人協会」の名称で知られ、そのニューヨーク支部はアメリカにおけるナチス運動の中心で、自前のドイツ語の新聞も発行していた。司法省によれば、一九三〇年代後半には八〇〇〇人から一万人の会員がいたという。そのほとんどが新しく来た移民か帰化していないドイツ人だった。ある程度はベルリンの指示で動いていたと考えられるが、スパイではなかっただろう。[44]この協会は、突撃隊もどきのパレードを行うほか、[45]伝統あるドイツ語新聞ニューヨーク・スターツツァイトゥングや、アメリカ・スチューベン協会、ローランド協会などにも、ヒトラー体制を支持するよう圧力をかけた。しかしこれは逆効果で、アメリカ国民の反ナチス感情は高まり、とくに「水晶の夜」以後は、多くのドイツ系アメリカ人が協会に背を向けている。[46]

戦争が近づくにつれ、ニューヨークにおける民族間の対立は悪化の一途をたどる。「ニューヨークは紛れもない火薬庫だ。わが国の参戦は爆発の引き金を引くかもしれない」と中立派の記者は書いている。カフリン一派は参戦に反対する孤立主義団体「アメリカ第一委員会」を強く支持した。ヘンリー・フォードやチャールズ・リンドバーグもこの団体の支持者だった。アイルランド系アメリカ人は、大英帝国と同じ陣営で戦うのはまっぴらだという立場である。対照的にニューヨークのユダヤ人組織は、「ヒトラーか文明か」を選ぶのみという政権の考え方に賛同した。[47]

3

キッシンジャー一家が暮らすことになったマンハッタンのワシントンハイツという場所は、ニューヨークの他の地区同様、厳密な地理区分ではない。一九三八年にはどのあたりだったのかといま質問したら、「ブロードウェイとフォート・ワシントン街の交差点に近い一五九丁目付近」、あるいは「ハーレムの北側と西側」という答が返ってくるだろう。だがキッシンジャーとほぼ同世代だった人は、当時についていくらかちがう説明をする。

「私にとってのワシントンハイツは、南が一七三丁目、北が一七七丁目、西はパインハースト街、東はブロードウェイに囲まれた区域だった……映画を観るときは、ブロードウェイなら一八一丁目へ、フォート・ワシントン街なら一七八丁目のＹへ行く……一八一丁目とブロードウェイの角にはハーレム貯蓄銀行があり、反対側にはコロシアム・シネマがあった」[48]

小高い丘にあり三方を川に囲まれたワシントンハイツは、マンハッタンの中では市街地整備が最も遅れ、一九三〇年代にはまだ完成には程遠かった。新しく建てられるのは煉瓦造りの五、六階建アパートだが、フォート・トライオンやインウッドヒルなどの公園があるおかげで、マンハッタンでは最も緑が多い。ヒトラーのドイツから逃れてきた中流階級の難民が魅力を感じたのも、そのためだろう。

第二次世界大戦前のワシントンハイツには大勢のドイツ系ユダヤ人が住んでいたため、「第四帝国」と冗談めかして呼ばれたほどである。[49]「シンシナチ」という呼び名もついた。ドイツ語の“*Sind Sie net die Frau soundso?*”（「あなたは〇〇婦人ですか？」）と音が似ているからだろう。[50]ワシントンハイツに定住したドイツ系ユダヤ人難民は二万人から二万五〇〇〇人で、ナチスドイツ時代にアメリカに渡ったユダヤ人難民約一〇万人の四分の一近い。[51]ただしワシントンハイツでユダヤ人の比率が全体の八分の三を超えたことはなく、開戦時には比率はやや下がっている。[52]難民の二二％は四〇歳以上と比較的年齢が高く、小家族で暮らすことを好んだため、アイルランド系やギリシャ系住民とのいざこざは少ない。[53]年齢のせいか、ワシントンハイツのユダヤ人は、ブルックリンのブラウンズビルほど社交的ではなかった。

ワシントンハイツは、どの観点から見ても、中流階級の居住地域だった。一九三〇年の世帯所得中央値は約四〇〇〇ドル。ロウアー・イーストサイドの三倍だが、「成功者」の暮らすアッパー・イーストサイドの半分である。[54] 難民はほとんど現金を持たずにやって来ており、持ち物も、キッシンジャー一家のように、木箱一箱分だけという場合が多い。ワシントンハイツが難民をこれほど引きつけたのは、庶民的で手頃だったからだ。家賃は比較的安く、ほとんどのアパートが使用人用だった部屋も含めて六〜八室あるので、転貸で現金収入を得ることも可能だった。[55] ニューヨークの他の地区と同じように、通りやアパートごとに同じ民族集団がまとまって暮らす。ユダヤ人だけが入居する建物があるかと思うと、すこし離れたところにはアイルランド人だけが入居する建物があるという具合だった。[56]

新しくニューヨークにやって来たユダヤ人たちは、民族集団が分かれて暮らしていることに驚く。一九五一年にニューヨークにやって来たフランクフルト生まれのアーネスト・ストックは、次のように振り返っている。「それぞれの民族が飛び地のように住んでいることに……ショックを受けた。ドイツでは、専門職のユダヤ人は、同じ専門職のドイツ人とよく行き来していたものだ。ところがニューヨークでは、ユダヤ人の医者や弁護士が行くのは、同じユダヤ人の医者や弁護士の家だ」[57]。専門職に就いていた人が、アメリカで同じ仕事を探すのはきわめて困難だった。医師は州の試験に合格する必要があったし、法律家にいたっては絶望的である。最善の選択肢は、もっぱら同胞を相手にする小商いを始めることだった。はやくも一九四〇年には、ワシントンハイツに八軒のコーシャの肉屋があり、あちこちにユダヤ人のパン屋があった。[58] 鳥のブリーダーのオーデンヴァルトやキャンディのバートンのように販路拡大に成功した企業もいくつかあったが、ほとんどは小規模にとどまる。大方の男にとって選択肢と言えば無為に過ごすか訪問販売をするかしかなく、女にとっては自分の家事をするか他人の家事をするかしかなかった。[59]

前からニューヨークに住んでいたユダヤ人まで、難民を異星人のようにみなした。ある難民によると、「お高くとまっている」、「いつも仲間同士でくっついていて、われわれとつきあおうとしない」、「傲慢」、「策士」、「金に汚い」などと言われたという。「こうした悪口は、大方の反ユダヤ主義者の見方とほとんど変わらない」[60]。ワシントンハイツの住人のほぼ全員が、ヒトラー以前のドイツではもっといい暮らしをしていた。そこでこんなジョークが流行っている。「ドイツでは毎日白パンを食べていたのに」と一匹のダックスフントが言うと、別の一匹が答える。「そんなのはたいしたことじゃないさ。ボクはドイツじゃセントバーナードだったんだ」[61]。

すぐには仕事が見つからなかった難民（父親のルーイもそうだった）にとって、ワシントンハイツでの暮らしは「コーヒーとケーキでの愉快な社交」が中心にならざるを得ない[62]。近所にはウィーン料理なるものを出す店があり、ドイツ系ユダヤ人が経営するレストランも数軒ある。そこで新聞を読んで時間を潰すこともあったかもしれない。ドイツ系ユダヤ人クラブが発行する週刊新聞アウフバウやドイツ語のジューイッシュウェイ紙などが手に入った[63]。プロスペクト・ユニティなどユダヤ人のための団体もいくつか存在したし、若者向けのアスレチック・クラブなどもあった[64]。

とはいえユダヤ人難民のコミュニティにとっては、こうしたクラブなどより、自分たちが設立した宗教・慈善団体のほうがずっと重要だった。ニューヨークにやって来たユダヤ人移民が最初にするのは、自分たちや同郷人のための小さなシナゴーグを作ることである。一部屋を借りて集まることが多いが、ブルックリンやフラットブッシュのユダヤ人移民二世は、もっと正式な「シナゴーグセンター」

を建てていた。これは学校とユダヤ教会が併設された複合施設で、スポーツからシオニズム活動まで、宗教と世俗が混在する。世俗化が進む中、ニューヨークの典型的なユダヤ人は、一九三〇年代にはもはや礼拝にまじめに出席しなくなっていた。ユダヤ暦の新年祭や贖罪の日にだけ大勢が押し寄せるため、仮設のシナゴーグが用意されたものである。[65]

ワシントンハイツのユダヤ人は、そうはならなかった。その一因は、難民がやって来る前の事情にある。一九二〇年代半ばに富裕な正統派ユダヤ人たちの寄付により、イェシーバー・カレッジが発足したのである。ラビのベルナルド・レベルが初代学長を務め、前身のラビ・アイザック・エルチャナン神学院から脱皮した。さらにレベルはタルムード研究を一般教養科目に取り込み、それまでゲットーでだけ教えられていた正統派ユダヤ教を学問的研究の対象にする。その背景には、第一次大戦後、ユダヤ人が名門私大への入学を制限されていたという事情もあったようだ。[66]おかげでキッシンジャー一家がやって来る一〇年も前から、ワシントンハイツはユダヤ研究の中心となり、ヘブライ・タバナクルなどの信徒集団も形成されていた。もっとも、新参者はどれにも関わろうとしなかったが。

ニューヨークのドイツ系ユダヤ人は「イエック（Yekkes）」と呼ばれて他のユダヤ人と区別され、「途方もなく規律正しい生活、常軌を逸した秩序愛、人文主義教育への偏愛」が特徴とされた。東欧系ユダヤ人に比べると、ドイツ系はたしかに礼拝ではきちんとしているように見えた。信徒は早めにやって来て、礼拝は時間どおりに始まるし、みな決まった席に同じ方向を向いて座る。それに、指揮者のいる正式な聖歌隊もいた。ロウアー・イーストサイドやブルックリンのシナゴーグとはちがい、祈りながら身体を揺らしたり歌ったりする者もいない。[67]正統派ドイツ系ユダヤ人は戒律を厳格に守る（他のユダヤ人よりもコーシャをきちんと守った）一方で、[68] 超正統派と呼ばれるハシド派のように黒づくめの服装はしなかった。[69] 男性はいつも帽子をかぶっていたが、髭は剃っている。ワシントンハイツで髭を生やしたユダヤ人はラビだけだった。女性は質素な服装だが、けっして時代錯誤な装いではない。「黒、青、茶色のドレスが一着ずつあれば十分です」[70]

ユダヤ人難民は大半が南ドイツ出身で大半が正統派ユダヤ教徒だったにもかかわらず、出身国での対立、それもアメリカではほとんど意味を持たない対立をそのまま持ち込んだ。[71] ドイツではユダヤ人は必ず何らかの地元の共同体（ゲマインデ）に所属することになっていたが、共同体は統一正統派と分離正統派に厳然と分かれていたのである。ややこしいことに、前者は戒律遵守の面では保守的だったが、改革派やシオニズムとの共存を容認した。後者は礼拝のやり方が改革派に近いにもかかわらず、改革派やシオニズムを強く否定した。ドイツから来たユダヤ人難民が、同じ正統派ながらそれぞれに新しい礼拝所を作ったのは、このためである。[72] 一九四四年の時点でニューヨークにはシナゴーグを中心とする「難民コミュニティ」が二二を数え、[73] うち一二がワシントンハイツにあった。統一派が四、分離派が四である。[74] 新興の自由主義系コミュニティは一つしかなかった。ミュンヘンとニュルンベルクからの移民が一九四〇年に作ったベス・ヒレルである。[75]

キッシンジャー一家がシナゴーグK'hal Adath Jeshuruに通うことに決めたのは、二つの点で重要な意味がある。一つは、ラビのヨーゼフ・ブロイアーが厳格な分離派だったことだ。ハンガリー出身で学校長の経験もある。ブロイアーは純粋な正統派のみが集まる包括的なコミュニティを理想とし、[76] シナゴーグを複合施設の中心と位置付けた。分離派の神学校や沐浴場を併設し、カシュルート（食べ物の清浄規定）の管理、月刊誌の発行も行う。創刊号では、新たにアメリカにやって来た移民に次のように警告を与えた。

「この国には……ユダヤ人の組織的コミュニティが存在しない。どの組織も任意団体である以上、変化は避けがたい。カシュルートなどユダヤ教の問題に対する権威は確立されておらず、律法の知識が深く指導的立場になってよいラビがコミュニティから認められなかったり、知識もないラビが指導者然として決定を下したりすることがある[77]」

そこで機関誌では、信頼できる食品やその販売店を掲載していた。

もう一つは、ブロイアーがフェルトのラビ、レオ・ブレスラウアーと同じく、シオニズムに断固反対だったことである。一九四〇年九月には、近年のユダヤの歴史について驚くべき発言をしている。「解放が同化につながった。同化を支持したのはいわゆる改革派にほかならない……同化は、神の永遠の摂理に従い反ユダヤ主義を復活させ、反ユダヤ主義はシオニズム運動を促した。シオニズムは別の旗印の下で同化の狂気を継続させ、結局は非ユダヤ的なやり方で、同化と同じく破滅の道へと突き進んでいる。その結果が現在の悲劇なのだ[78]」

ブロイアーが自分の神学校を設立するにいたったのは、神学校のラビがシオニズムに共感したためである。そこでブロイアーは自分の神学校を持つことにした[79]。ここで唯一ふしぎなのは、なぜキッシンジャー一家はブロイアーに固執したのか、という点である。というのも、ドイツ時代のラビ、レオ・ブレスラウアーも、ニューヨークで自身のシナゴーグを設立していたからだ[80]。おそらくブロイアーにカリスマ性があるからだろう、とキッシンジャーは推測している。彼自身は、激越な説教を週に一度聞くことにすぐに慣れたという。[81]

それに、公立学校の存在がブロイアーのような人物の影響力をかなり打ち消した。キッシンジャー兄弟のような若い世代の難民は、二つの世界に自分たちが属しているとすぐに気づく。正統派ユダヤ教の回顧的な世界と、高校の鼻につくほど進歩的な世俗の世界である。これは一見ふしぎに思える。当時まだアメリカの公立高校は、すくなくともキリスト教の祝日を守っているという点では、おおむねキリスト教が主流だったからだ。とはいえ戦間期の教育は明確に世俗的な総合教育をめざしており、スポーツからジャーナリズムにいたる多彩な課外活動の目的も、ひとえに「役に立つ市民」を育てることにあった。こうした中、正統派ユダヤ教徒の親たちは、子供が信仰を失うことなく世俗教育の利点を享受できると考える。これは、きわめて重大な結果を招くことになった。アイルランド系やイタリア系の家族は公立学校を避けてカトリック系の学校を選ぶことが多かったが、ユダヤ系は近隣の公立学校を積極的に選んだ。やがて課外活動ではユダヤ人生徒が目立つようになる。[82]そのうち、ユダヤ人教師の数が増えていった。一九四〇年にはニューヨークの公立学校の新任教師の半数はユダヤ系だった。[83]かくしてヘブライ語の重要性が認識され、外国語の履修科目として認められようになる。

未来のハーバード大学教授が初めてアメリカの教育に触れたのは、ジョージ・ワシントン高校においてである。この高校は、ユダヤ系の生徒数でいうと、ニューヨーク市で四番目だった。いちばん多かったのはロウアー・イーストサイドのシュアード・パーク高校（生徒の七四％がユダヤ系）、二番目がニュー・ユトレヒト高校、三番目がエバンダー・チャイルズ高校である。それでも一九三一年から四七年の間ジョージ・ワシントン高校のユダヤ系生徒はどんどん増え、全生徒の約四〇％に達している。

白人プロテスタントは二〇%、アフリカ系アメリカ人五%、イタリア系またはアイルランド系四%だった。当時、ユダヤ系の生徒は学業系のクラブや優等生協会アリスタでは目立って多かった反面、バスケットボールを除くスポーツ系のクラブでは目立って少なかった。生徒会長や学校新聞編集長は生徒が担う名誉ある役割だが、ユダヤ人の生徒は選ばれず、いわゆる生粋のアメリカ人の生徒で占められた。[84]

頭のいいユダヤ人の少年にとって、ジョージ・ワシントン高校は、正規の教育以外に社会経験もさせてくれる学校だった。のちの連邦準備制度理事会議長アラン・グリーンスパン（ドイツではなくアメリカ生まれだった）は、ジョージ・ワシントン高校での日々を、いやなことより楽しいことのほうがずっと多かったと振り返っている。ポロ・グラウンズ・スタジアムでジャイアンツを応援し、ラジオでヤンキースの試合を聞き、映画館でホパロング・キャシディに夢中になり、ホテル・ペンシルベニアでグレン・ミラー・バンドを聞いたという。[85]

とはいえワシントンハイツでの生活は、一〇代の少年にとって楽しいことばかりではなかった。多くの人が恐れていたとおり、戦争が勃発すると、すでに深刻だった民族間の軋轢は一段と悪化する。オランダ系やアイルランド系の非行少年グループが「ユダヤ人を殺せ！」と叫びながらユダヤ人少年を襲ったほか、[86]クリスチャンフロントなどの反ユダヤ主義団体がシナゴーグやユダヤ人墓地を襲撃した。[87]カフリンの「社会正義のための全国連合」は地元のアイルランド系住民を動員して、ユダヤ人コミュニティに公然と抗議を申し入れる。セルフサービス店といったユダヤ人の発明が仕事を奪うというのである。[88]当局はこうした暴力や脅迫をしっかり取り締まろうとしない。このことは、自分たちはアメリカに期待しすぎてはいけないのだと改めてドイツ系ユダヤ人難民に思い出させる苦い警告となった。あるジャーナリストは次のようにこぼしている。「帽子をとって、マッカーシーまたはオブライエン（アイルランド系の名前である）署長、ユダヤ人だからという理由で息子が殴られました。警官をよこしてくれませんか、と何度頼んだことか。すると署長は毎度ヒトラーのようなきみわるい笑いを浮かべて、ああ、ただの悪ふざけでしょう、と答える」[89]。非行少年たちが訴えられ、カトリック教会がその行動を公に否定したのは、一九四四年になってからである。

ワシントンハイツに来た難民の多くは、生涯を終えるまで、自分たちが「アメリカ人」ではなく「アメリカ系ユダヤ人」あるいは「ドイツ系ユダヤ人」だと感じていた。いや、感じざるを得なかった[90]。アフリカ系アメリカ人やプエルトリコ人が一五八丁目の南側に移ると、ワシントンハイツのユダヤ人はますます包囲されたように感じる。一九五〇年代初めに彼らが共和党に転向した一因はそこにあった[91]。

4

一五歳のキッシンジャーに、ニューヨークはどんな印象を与えたのだろうか。後年の回想録では、ドイツとアメリカのちがいを次のように強調している。

「私たち一家は、アメリカに移住するまで、次第に激しくなる排斥と差別に耐えていた……町を歩くことさえ冒険だった。ドイツ人がユダヤ人の子供を殴っても、警察は何もしないからだ。あの頃の私にとってアメリカはすばらしいところ、夢のような世界だった。寛容が当たり前で、個人の自由が侵害されない、信じられない場所だ……初めてニューヨークを歩いたときの興奮はいまも忘れられない。少年の一団を目にした瞬間、私は殴られまいとして通りの反対側へ渡り始めた。そして、自分がどこにいるのかを思い出して我に返った[92]」

もっとも、ワシントンハイツでも殴られる危険があったことは、さきほど述べたとおりである。ある評伝では、若いキッシンジャーが比較的容易に同化したという（「ドイツ系ユダヤ人としての矜持を保ちつつ、自らの文化に別の文化の象徴や精神を取り入れる準備ができていた[93]」）。これに対して、両親が正統派コミュニティに所属していたため同化は妨げられ、「キッシンジャーがいまなお抱いている大衆民主主義に対する嫌悪感を助長した[94]」との見方もある。いずれも的外れだと断言できる。

イル・ド・フランス号がマンハッタンの埠頭に着いた瞬間から、キッシンジャー一家は現実的な問題に煩わされた。必要な証明ができて船内で手続きを済ませられたため、エリス島の移民局で屈辱的な扱いを受けることは避けられたものの、暮らしていくための貯えはほとんどない。フェルトのアパートには部屋が五つあったが、ニューヨークでは二つで我慢しなければならなかった。一家は叔母の家に一時身を寄せたのちワシントンハイツに移り、最初は七三六西一八一丁目、次に六一五フォート・ワシントン街（ブロードウェイの西で、完全なユダヤ人地区である）の狭いアパートへ移る。「水晶の夜」後には移民が殺到し、多くの人が共用宿泊所に滞在せざるを得なかったことを考えれば、アパートに入れただけでも上出来だった[95]。キッシンジャーは当時の苦労を次のように振り返っている。

「弟と私は居間で寝ていた。プライバシーなどない。いまとなっては、どうしていたのか想像もできないが、当時は何とも思わなかった……自分がかわいそうだとか、苦労しているなどと感じたことはない……母は死ぬまでそのアパートで暮らしていた。母のもとを訪れるたび、自分がそこで暮らしていて、居間の長椅子で寝ていたことが信じられない思いだった。宿題は台所でやっていた。私が難民として苦労したと書いている本は……みなでたらめだ……ばかばかしい」[96]

一家にとって最大の問題は、ルーイが仕事をみつけられなかったことである。英語が不自由で、*新しい環境にもなじめなかったため、「この大都市で一番孤独だ」と妻にこぼした。「私には何から手をつければいいのかわからなかった。夫にもわからなかったのです」とパウラはのちに振り返っている。当初はピッツバーグの親戚からの援助で暮らした。[97]その後ようやくルーイは友人の会社で帳簿係の仕事に就くが、体調がすぐれず、ふさぎがちだった。そのため、パウラがユダヤ人女性会議で仕出しと家事使用人の訓練を受け、一家の稼ぎ手となる。[98]夫よりも若く、適応力も高かったため、英語をすぐに覚え、小さな仕出し屋を始めた。難民にはよくある展開である。[99]こうなると、息子たち、とくに長男も稼がなければならない。兄弟は、条件を満たすと直ちにジョージ・ワシントン高校へと入学する。生徒数約三〇〇〇の大きな高校で、「努力しない者は去れ」という校風だった。[100]キッシンジャーの成績を見ると、新しい環境にすみやかに適応したことがわかる。[101]だが昼間働くために、一九四〇年一月には夜間課程に移った。キッシンジャーは母親のいとこの夫が経営する髭剃り用ブラシ工場でフルタイムで働き、週給一一ドルを稼ぐようになる。ダウンタウンの工場での仕事は到底快適とは言えなかったが、彼は朝八時から夕方五時まで働き、ブラシに使うアナグマの剛毛のアク抜きをした。しばらくすると配達係に昇格し、マンハッタンのあちこちにブラシを届けるようになる。仕事が終わると地下鉄に四〇分乗ってワシントンハイツに戻り、急いで夕食を済ませ、学校で三時間の授業を受ける。それでも一六歳の少年は好成績を維持した。その学期にはフランス語のグレード3で九五点、アメリカ史のグレード2で九五点、グレード1で九〇点、英語ではグレード6で九〇点、グレード7で八五点、代数上級で七五点をとっている。[102] フェルトのユダヤ人実科学校には欠点もあったが、数学、歴史、地理に関してはクラスメートより進んでいた。[103] この頃には、個人的な読書でドストエフスキーを読んでいたほどだから、他の点でも進んでいたと言えよう。

克服すべき最大の障害は、言うまでもなく言葉だった。キッシンジャーによれば、「当時は、かわいそうな難民のためにドイツ語で授業をしよう、などという人はいなかった。学校に放り込まれたら、英語で勉強するしかない……大急ぎで英語を身につける必要があった。アメリカに来たときはまったくできなかったのだから」[104]。これは厳密には正しくない。ドイツで英語を学び、基礎的な読解力は備えていたからだ。とはいえ、外国語を学ぶのと、外国語で学ぶのは、まったくちがう。アメリカに来て名前を「ハインツ」から「ヘンリー」に変えはしたが、だからと言ってキッシンジャーの英語がアメリカ人らしく聞こえるかというと、それは別問題だった。ある評伝によると、こうだ。「ジョージ・ワシントン高校の記録には、この新入生（キッシンジャー）には言葉のハンディキャップ

＊　英語を早く身につけようと、一家は家では英語だけを話し、台所のラジオをいつも聞いていた。

があると記載されている。キッシンジャーが当時内向的で、単独行動を好んだのはこのためだろう。やがて新しい言語を使いこなし、外交官として世界中から尊敬されるようになるのだが、ドイツ生まれの友人が述べたように、彼の発音は『ドイツ人というより滑稽なほどバイエルン人そのもの』で、大人になるまで治らなかった。いつもそのことを気にしていた、とのちに本人も認めている」[105]

キッシンジャーの話す英語に中央ヨーロッパ訛りがあったことは、いろいろな人が指摘している。弟（ちなみに彼も「ワルター」からアメリカ風の「ウォルター」に名前を変えていた）にはほとんどなく、高校に通う年齢だった多くの難民からは消えていることを考えると、キッシンジャーに長いこと残っていたのはふしぎとしか言いようがない[106]。一方、高齢層はドイツ語に執着していた。キッシンジャー一家が通っていたシナゴーグでは、礼拝と会報をドイツ語から英語に切り替えるかどうかを一九四一年四月になってもまだ議論している[107]。同時代のユダヤ人ジャーナリスト、アーネスト・ストックは「このことはきわめて重要な意味を持つ。アメリカ生活に完全に同化できるか、永遠のアウトサイダーでいるかは、往々にしてドイツ訛りに左右されるからだ」と指摘する[108]。流暢な英語が社会的な上昇の前提とされていた時代に、キッシンジャーほど知的で野心的な人間が長年ドイツ訛りのままだったことには驚かざるを得ない[109]。とはいえ、若きキッシンジャーが生計の手段にしたいと考えたのは、計算の能力であって語学の能力ではない。高校を卒業すると、会計学を学ぶためにニューヨーク市立大学のシティ・カレッジに願書を出した[110]。

この頃、古い世界は若者への影響力を失い始める。両親は相変わらず正統派のシナゴーグに熱心に通っていたし、キッシンジャーも「宗教知識に飢えていた」とレオ・ヘクスターは言う。ヘクスターは、やはりフェルトからワシントンハイツに移住してきたユダヤ人である。[111] それでも、キッシンジャーには正統派ユダヤ教に対する最初の反抗の兆しが現れていた。改革派シナゴーグ、ベト・ヒレルが主宰する青年組織に加わったのである。[112] ドイツから来た多くの移民同様、キッシンジャーも、ニューヨークでのまったく新しい経験を通じて自分の信仰が変化するのを感じていた。ユダヤ教の休日には弟と同じくきちんと礼拝に行ったものの、その頃にはもう「確実に正統派ではなかった」という。[113] ストックは戦後まもなく、次のように記している。「[ドイツ系ユダヤ人難民の]大多数は、大祭日以外はユダヤ教会に来なくなった……アメリカでは……宗教上の慣習も次第に守られなくなった……新しい国で生きるための戦いで疲れ切ってしまうのだという……親戚が焼き殺された世界に神などいるはずがないと言う者もいた[114]」

まだこの時点では、のちに「ホロコースト」と呼ばれる大虐殺を予想していた人は、アメリカにはほとんどいなかった。とはいえナチスの残虐性を誰よりもよく知っているのは、ニューヨークに逃れてきた難民である。キッシンジャーもまさにその一人で、当時書いた断片がめずらしく残っている。一九三九年五月一日付の新聞記事ふうのスケッチで、「組合の声」というタイトルがついており、「インターナショナル版、ドイツでは発行禁止」と注意書きがある。今後大量発生するナチス難民への支援の必要性について述べており、宗教色はまったくない。

「組合員諸君

天災よりも大規模な出来事がわれわれの運命を変えてから六年が過ぎた。その影響はいかなる予想をもはるかに上回る。国家社会主義は絶滅の意志を執拗に示し、止まるところを知らない。

最初に攻撃されたのはユダヤ人だが、ヒトラーの精神は海や大陸を越えて毒を撒き散らし、家族を引き裂き、家庭を破壊し、生活の隅々にまで入り込んでいる。この不幸の全貌を手遅れにならないうちに把握できた者はほとんどいない。あまりにも多くの人が、まだ解決は可能だと信じ、二〇世紀の文明が最悪の事態からわれわれを守ってくれると考えた。この希望が幻想にすぎなかったことがいまではわかっている。迫害の圧力が強まってからようやく、国外移住が真剣に考えられるようになった。これ以上言う必要はあるまい。移住は悲しい道だが、多くの国が扉を閉ざしたために、より険しくなった。唯一残された希望が、アメリカだった。自由の国に来ることができた幸運なわれわれは、せめて同胞の会を設立し、将来この国にやって来る人々を支援する偉大な制度にいくらかなりとも寄与して、感謝の気持ちを表したい[115]」

シオニズムに関しても、キッシンジャーの考えは変化している。一九三七年には、パレスチナに世俗のユダヤ人国家を建設する構想を「あり得ない」としていた。だがドイツを離れる直前には、「僕の未来はアメリカにあるが、希望はパレスチナにある……僕たちに共通する思慕の地だ」と友人に宛てた手紙に書いている。さらに一九三九年夏になると、彼の姿勢は次のように変化する。「あの期待の成れの果てを見るといい。僕らのパレスチナはパワーポリティクスの道具となり、内戦で引き裂かれ、アラブ人の手に渡った[116]」。キッシンジャーがフュルトで関わっていた政治団体青年部のメンバーの一部は、アメリカに来てからシオニズム反対を一層声高に主張するようになり、ラビのブレスラウアーでさえ反シオニズム組織を支持しかけた[117]。だがレオ・ヘクスターは、キッシンジャーが彼らに追随した事実はないと述べている[118]。

じつはティーンエイジャーだったキッシンジャーは、現実に「同胞」と再会して、それどころではなかったのである。旧友との再会はそれまでの信念を揺るがせ、旧友への信頼も失わせる一因となった。一九三九年七月の友人宛の手紙には、新しい住処となった「ニューヨーク」への矛盾する気持ちが率直に語られている。

「アメリカに対する僕の印象は二面的で、ある点では賞賛するが、人生に対する姿勢は軽蔑している。アメリカの技術、仕事の能率、自由はすばらしい。アメリカが短い歴史の中で成し遂げたことは圧倒的だ。こんなことができるのは、これほど安全で、深刻な危機を経験したことのない国だけだろう。最新技術に何ができるか知りたければ、ニューヨークの高層ビル街に行ってみることだ。アメリカ人の大げさな祖国愛を理解したければ、高速道路を運転して地方へ行ってみることだ。だが光が輝かしいほど、影は濃くなる。世界一立派な住宅があるかと思えばひどく粗末な家があり、ありあまる富の一方で言語を絶する貧困がある。それから、この個人主義というやつ！　誰もが自立しなければならず、誰も気にかけてはくれない。自力で這い上がるしかないのだ」[119]

ここに綴られているのは、ドイツ系ユダヤ人難民に典型的な心境ではある。彼らはニューヨークが体現するアメリカの実力に圧倒される一方で、アメリカの粗削りな面には失望した[120]。だがキッシンジャーはさらに根深い不満を抱く。「アメリカ人の性質で僕がいちばん嫌いなのは、人生に対する浮ついた姿勢だ。目先のことしか考えようとせず、人生に向き合う勇気を持たず、困難なことは避けようとする。自分と同じような年齢の若者で、内面の問題で真剣に悩んでいる奴は一人もいない」。アメリカ人の浅薄さは、生真面目なドイツの若者に社交上の直接の影響を与えた。これが「アメリカ人となかなか友達になれなかった理由の一つ」だとキッシンジャー自身も認めている。

とはいえ新しい友達ができないことより問題だったのは、古い友達の存在である。同じ学校に通っていた三人が、キッシンジャーと同じように、ニューヨークにたどり着いていた。[121] 一人はヴァルター・オッペンハイム。家族とともにキッシンジャー一家と同じルートでフュルトからワシントンハイツに落ち着く。あとの二人は、ハンス（のちにジョン）・ザックスとクルト・ライホールトである。四人の若者は、表面的には本物のニューヨーカーのように労働と遊びに励んだ。昼間は奴隷のように働き、夜は勉強し、さらに野球やフットボール観戦をし、ヤンキースとジャイアンツのファンになる。テニスをし、[122] ダンスも習い、車の運転もできるようになり、女の子とデートもした。この頃の相手の一人が、キッシンジャーの未来の妻アンネリーゼ（のちにアン）・フライシャーである。[123]

ところがフュルトからエーディトという名の少女がやって来た途端、旧友同士は恋敵として火花を散らすようになる。英語を書くことにかけては自信をつけていたキッシンジャーは、一九四〇年三月に課題図書の感想文を二通エーディトに送った。返事は来ない。二週間待ちくたびれた末に、三通目を書いた。この手紙には思春期の若者らしい心情が吐露されている。

「苦労して読書感想文を送ったのに、君には返事を書く習慣がないようだ。気が進まないが、三度目の手紙を書かざるを得ない。これが最後だ。どうして一度も返事をくれないのかわからない。受け取ったと書いてくれるだけでいいのに。ともかくも、本題に入ろう。この手紙を受け取ったらすぐ、二本の読書感想文を送り返してもらえるとうれしい。僕に手紙を書きたくなければ、ハンスかオプス（オッペンハイムのニックネーム）に会ったときに預けてくれればいい。

〝ここでペンを置くべきだろう。しかし諸君の幸福を案じるがゆえに……いくつか忠告しておきたい……去っていく友の勝手な警告だと諸君は考えればいいのだから、自由に書くことができる〟（ジョージ・ワシントンの辞任挨拶からの引用）。僕の立場をはっきりさせたいと長いこと思っていた。僕たちの仲間の一人もそうしたがっているが、できれば君に直接会って話したかった。でもいまとなってはこれが残された唯一の方法だとわかっている。僕がこの手紙を書くのは、僕たち五人の間に友情のようなものが存在すると君に思わせておくのはフェアじゃないと感じるからだ。僕たちの友情は、君と会う機会を作るための見せかけにすぎない。つまり君が見ているのは僕たちのいちばんいい外面で、本物の姿とはちがう。だから、僕たちの誰かと軽率に関わらないほうがいい」

キッシンジャーはこのとき一六歳で、ニューヨークに来てまだ二年も経っていない。ティーンエイジャーらしい片思いに翻弄され、ライバルに強い嫉妬心を抱いていた。

「君は僕たちのクラスに来た初めての女の子で、とても魅力的だ。みんなが友達になりたがるのも無理はない。実際に行動に移したのは、僕以外ではオプスとクルトだ。君は二人の長所しか見ていないのだから、短所について伝えておくべきだと思う。クルトはよこしまなところがあり、野心を追求するあまり倫理規範を平気で破る。それから、オプスとの友情に反するが、オプスが思想的に君を支配

＊　キッシンジャーはのちにアンドリュー・シュレジンジャーに、自分を野球観戦に引き入れたのは「イタリア人の友達」だと述べている。

し肉体的に君を自分のものにしようとしていることは警告しておく。オプスとの友情が不可能だと言うつもりはない。夢中になりすぎて何でも言いなりにならないよう注意してほしい。

いま書いたことを証明するために、君がこの国に来てから、僕たちの間で何があったかを説明しておきたい。君が来ることを最初に知ったのはオプスだ。そこでほかの者を近づけまいとして、君の住所を秘密にした。彼がとくに警戒したのはクルトだった。一つには君がフュルトにいた頃から争っていたし、もう一つには、クルトのずるいやり方に出し抜かれるのはもうごめんだと考えたからだ。そこでオプスは僕を君に引き合わせようとしたが、僕は断った。理由はあとで説明する。クルトはしばらくしてから、君がアメリカに来ることを知った。クルトがオプスと喧嘩しなかったのは、仲違いすれば君の住所を知るチャンスが永久に失われてしまうからにすぎない。その後に僕たちは延々と議論した結果、五人全員で会えばいいということになって、クルトの家に集まって君を招いたわけだ。

僕が最初、君と会うのを断った理由を書いておこう。理由は三つあった。第一に、君とつきあえるかどうか大いに疑わしいのに、それと引き換えに友人と争いたくなかった。第二に、笑いものになりたくなかった。君に会えばきっと夢中になってしまい、笑いものになるのは目に見えていたし、実際そのとおりになった。第三に、君は僕を道化役としか見ていないと感じていた。だが後になって僕はこの三つをすべて考え直した。自分自身から逃げていただけだと気づいたからだ。

最後に、くり返しになるが、僕がただ利己的な動機から書いていると思ってほしくない。この手紙を書いたのは、自分ではない誰かのふりをするのに疲れてしまったし、君と元クラスメートとの関係に関する限り、できることなら役に立ちたいと思ったからだ。

いろいろと不備はあっても、この手紙が所期の目的を果たせることを祈りつつ、
キスス拝[124]」

頭のいい若者の多くは、女の子から拒絶されると、とかく相手に激情をぶつける手紙を書きがちである。だがこの手紙は（ドイツ人特有の句読法やときたまのスペルミスはさておき）、正確な分析と心理描写の点で傑出している。一六歳という感情と衝動に翻弄される時期に、キッシンジャーは友人関係を冷静に検討し、再会がその関係をどう変化させ、オッペンハイムとライホールトの古いライバル関係を復活させて不安感を募らせたかを分析していた。だからこそキッシンジャーは自分を突き放して見られたのだろう（「君は僕を道化役としか見ていない……」）。最終的には、「キスス」は独りよがりの長々しい手紙を投函しないだけの常識を持っていた。この手紙が残っているのは、若い移民の暗い衝動を示す証拠として彼が捨てずに取っておいたからである。

これよりすこし前に別の少女に宛てた手紙は、ドイツ語で書かれていてもっと自然体である。キッシンジャーはニューヨークに来てからの生活を「精神生活と日常生活」の二つの面から説明している。前者についてはひどく率直だ。

「[この手紙の］最初にも書いたが、僕の内面は大きく変化した。ここに来てからの八カ月で、理想主義から懐疑主義へ変わった。だからと言って、もう理想を持っていないわけじゃない。以前の理想の九五％は挫折したので、いまでははっきりこれと言える目標はない。それでも、漠然とした考えはある。まだもやもやとしているが。いまは、揺るぎない理想を追求するのではなく、そういう理想を探している段階だ[125]」

アメリカへの移住で、この若者にとってほとんどすべてが変わった。地理的に移動し、内面的にも変化した。時は一九三九年七月、人類史上最悪の戦争が起きる直前である。この時点では、探していた「揺るぎない理想」に初めて出会うのがアメリカ陸軍訓練キャンプという思いがけない場所であることも、そこではドイツに戻る危険な旅の準備をするということも、神ならぬ身の知る由もなかった。

CHAPTER 4

An Unexpected Private

第四章

予想外の二等兵

メフィストフェレスを一個人として見るとするなら、ファウストのもう一つの自我（つまり重要でないほうの自我）以上の存在と見なければならない……メフィストフェレスをファウストの影から引き出し、敵あるいは相棒であるファウストと並び立たせる必要がある……目的を持って自我を開発しない限り、超人への道は拓けない。

——フリッツ・クレーマー「メフィストフェレスとファウストの契約」一九二六年[1]

政治においては、人間の他の活動同様、個性、価値観、信頼が、「経済」とおおざっぱに表現される要素とすくなくとも同等には重要である……現実の世界が「賃金」、「原料」、「工業生産」だけで構成されているると信じるほうがよほど空想的ではないか。

――フリッツ・クレーマー　一九四〇年[2]

1

一九四一年九月一一日、飛行家から煽動家に転じたチャールズ・リンドバーグがアイオワ州デモインで演説を行い、「この国のユダヤ人集団」が「参戦をそそのかしている」と糾弾した。

リンドバーグは一九二七年にニューヨークからパリまでの大西洋単独無着陸飛行に成功し、一躍有名人になっていた。一九四一年にはアメリカ第一委員会の代表として、アメリカの参戦反対を訴える勢力の中で強い影響力を持つにいたっている。

「この国のユダヤ人は、あらゆる方法で参戦に反対すべきである。参戦の影響を最初に受けるのは彼らなのだから。

寛容は平和と力に依存する美徳であり、歴史をひもとけば、戦争や破壊によって寛容が失われることがわかる。先見的なごく少数のユダヤ人はこのことを理解し、参戦反対の立場を取っている。だが大多数のユダヤ人はそうではない。

ユダヤ人は映画、新聞、ラジオ、政府に多数関わり影響力を持つだけに非常に危険だ」

ユダヤ人の指導者は「アメリカ人の視点からは好ましくないが彼らの視点からは納得できる理由から、つまりアメリカとはちがう理由から、アメリカを参戦させようとしている……外国人の感情や偏見が我が国を破壊へ導くのを許してはならない」と、リンドバーグは結論づけている。[3]

それから三カ月も経たない一九四一年一二月七日に日本が真珠湾を攻撃し、ありとあらゆるアメリカ中立論は立ち消えになる。

まだ若いヘンリー・キッシンジャーは「参戦をそそのかしている」とは非難されなかったはずだ。真珠湾攻撃のニュースがニューヨークに届いたとき、彼は「フットボールの試合を観戦していた……ニューヨーク・ジャイアンツ対ブルックリン・ドジャースだ。ドジャースは当時、フットボールのチームを持っていた。初めて見るプロの試合だった……試合が終わって外に出ると、みんなが日曜版の新聞を手にしていて……真珠湾攻撃が大見出しになっている。私は真珠湾がどこにあるかも知らなかった」。[4]当時、キッシンジャーはニューヨーク市立大学のシティカレッジに通っていた。勉学熱心な移民に昔から人気の大学で、自宅からも地下鉄で二〇分の距離にある。キッシンジャーは優秀な学生で、ほとんどの科目でAをとっている（皮肉なことに歴史だけがBだった）。時間があるとフットボールや野球を見に行くか、ジョージ・ワシントン・ブリッジの下にあるコートでテニスをした。[5]会計士のキャリアは目前のように見えた。[6]

だがこの勤勉な若者も、戦争の足音に無関心ではいられない。ワシントンハイツのドイツ系ユダヤ人難民コミュニティは、不安を募らせながらヨーロッパ情勢を見守っていた。キッシンジャー一家も含め、住人の多くは親類縁者がまだドイツにいるのだから、なおのことである。リンドバーグの主張とは裏腹に、ワシントンハイツには「参戦をそそのかし」た住人はほとんどいない。それでも戦争が難民にとってある種の救いになることは事実だった。いざ参戦となれば、ユダヤ人の利益はアメリカの国益に反するとの非難は成り立たなくなるからである。キッシンジャー一家が通っていたシナゴーグの月刊誌では、エレミヤ書二九章七節が引用されている。「わたしが、あなたたちを捕囚として送った町の平安を求め、その町のために主に祈りなさい。その町の平安があってこそ、あなたたちにも平安があるのだから」。そしてラビのブロイアーはこう記した。「この重大な時に私たちを義務に向かわせるのは、深い感謝の念だけではない。私たちの幸福と未来は、この国の幸福と未来なしにはあり得ない」[7]

だが結局キッシンジャーは、祖国と戦うためにアメリカ軍の制服を着ることになる。同じ選択をしたドイツ系ユダヤ人難民はほかに九五〇〇〇人ほどいた。一九四〇年六月に外国人登録法が可決され、帰化していないドイツ出身者の数が制限される。未帰化のドイツ出身者は軍からも排除されていた。ここで、異例の事態が発生する。選抜訓練徴兵法によって、アメリカに住む二一〜三六歳の男性全員に召集令が出されたのである。一九四二年三月になってようやく戦争権限法の下で帰化促進制度が導入され、「敵国人」も最低三カ月軍務に就けば市民権が認められることになった。[8]翌年一一月に徴兵年齢が一八歳に引き下げられ、キッシンジャーは徴兵適齢となる。この時点でも、ドイツ生まれの応召兵に割り当ててよい任務は制限されていた。現に弟のウォルターはドイツ生まれだからという理由で、第二六歩兵師団を外され太平洋戦域へ送られている。[9]戦略諜報局（ＯＳＳ）の局長ウィリアム・ドノバンが、ドイツ生まれの人間は部隊が「緊急に必要とする特別な能力」を備えていると陸軍に納得させるのは、だいぶ先になってからだ。[10]

最終的に約五〇万のユダヤ人が陸軍に入り、うち三万五〇〇〇人が命を落としている。[11]ユダヤ人難民の従軍率は全国平均よりやや高い。[12]アメリカが参戦したいま、彼らには戦う固有の動機があった。兵士になったある難民はこう述べている。「財産をすべて奪われ、故国から逃げ出さざるを得なかった私には、ヒトラーからひどい目に遭わされたことのないふつうのアメリカ人よりも、ヒトラーを叩きのめしてやりたいという動機がはるかに強かった」。[13]彼らは「指導者に盲従せず、目的のはっきりしない戦争には加担しない。アメリカのためにも戦うが、ユダヤ人の永遠の権利のためにも戦う……その権利の中には信教の自由がある。兵士がみな望みの方法で礼拝や宗教儀式を行う権利だ」。[14]だが軍隊生活の現実は、こうした気高い精神をあざ笑うように設計されているらしかった。

2

ヘンリー・キッシンジャーの召集令状は、一九歳の誕生日からまもなく届いた。不安に苛まれていた一〇代の難民はいまや勤勉な若いニューヨーカーであり、両親が認めた地元の控えめな女性アン・フライシャーとステディな仲になり、ワシントンハイツで名もない清廉潔白な会計士として暮らしていく運命にあるようにみえた。[15] そんな彼の人生へ、歴史が再び干渉してきたわけである。一九四三年二月半ばに、タイムズスクエア近くのアイスランド料理店で家族とささやかな送別の夕食会をすると、キッシンジャーは列車に乗り込み、サウスカロライナ州スパータンバーグの南にあるキャンプ・クロフトへ向かった。兵舎や射撃練習場のある複合施設で、一度に二万人の基礎訓練を実施できる。キッシンジャーは到着すると挨拶もなく「手荒に扱われ、予防接種を受けさせられ、点呼され、直立不動を命じられた」と弟に書き送っている。[16] それから一七週間、上官の陸軍中将の命令にひたすら従うほかなかったキッシンジャーは、やがて「たぶん何の理由もないのに、口では言えないほど」この上官を憎むようになる。[17] 六月一九日に三カ月の基礎訓練を終えると、キッシンジャーはアメリカに帰化する資格を得た。右手を挙げ、次のとおり宣誓する。

「私はここに……以前に臣民または市民であった他国の君主、主権者、国家、統治者、とくにドイツへの忠誠を完全かつ絶対的に放棄すること、アメリカ合衆国の憲法および法を擁護し内外のあらゆる敵から守ること、アメリカ合衆国に信義と忠誠を尽くすことを誓うとともに、この義務を自由意志により内心の留保も忌避の意図もなく受け入れることを誓います。神の御加護を[18]」

こうして彼はアメリカ軍兵士になった。

キャンプ・クロフトは、同質的な難民が集まるワシントンハイツの孤立したコミュニティとは天地ほどにちがう。表向きは兵士には信仰の自由が認められているが、現実には正統派ユダヤ教徒が守るべき規則や儀式は顧慮されない。召集令状というものは、階級や地位を問わず、召集された男たち全員を制服に押し込める。それでもアフリカ系アメリカ人だけは相変わらず差別されていた[19]。新兵はキャンプで初めて訓練や射撃練習をし、さらに、ギャンブル、酒、女などＧＩの大好きな娯楽も教えられた。キッシンジャーは基礎訓練を乗り切るコツを弟に伝授しているが、その手紙から軍隊生活の実態がうかがえる。

「目と耳をつねに開き、口は閉じておくこと。

いつも真ん中あたりに立つといい。選ばれるのは必ず最後の列だ。気づかれなければ選ばれないのだから、目立ってはいけない。いつもの性格を引っ込めて、おとなしくしているように。

軍隊には必ずろくでもない奴がいる。そういう連中と親しくなりすぎないように。賭け事には手を出すな！　軍隊にはプロのペテン師がいるから、全財産を巻き上げられる。金を貸してはいけない。君のためにならないだろう。返してもらうのに苦労するし、友達までなくしてしまう。売春宿には行くな。僕も女は好きだが、不潔な売春婦には触るのもいやだ。あの女たちは梅毒持ちかもしれない。

僕たちはいつもうまくいっていたわけじゃない。でも、いざというときはお互いが頼りになることは二人ともわかっていたと思う。いまはまさにそのときだ」[20]

一部のユダヤ人新兵はブートキャンプでさえ教義を守ろうとしたが[21]、それ以外の者にとっては、「アンクルサム」のためにハムを食べるのは思ったほどむずかしくなかった。キャンプではユダヤ人への罵詈雑言がのべつ聞かれるにしても、徴兵されたユダヤ人小説家ノーマン・メイラーが指摘するとおり、人種差別的な言葉はユダヤ人、イタリア人、アイルランド人、メキシコ人、ポーランド人など、ほとんど誰に対しても向けられていた[22]。それに陸軍は公式には反ユダヤ主義を禁じている。アメリカは「ユダヤ教とキリスト教の価値観」のために戦うということになっていた[23]。いずれにせよ、南部に行ったことのない北部出身の新兵は、キャンプに来て初めて、新種の人種偏見に接することになる。外国で生まれてニューヨークに移住したユダヤ人兵士は、南部出身の兵士から「ヤンキー野郎」と呼ばれ、愕然としたという[24]。別の兵士はこう回想している。

「軍隊には、カトリックもいればプロテスタントもユダヤ教徒もいた。読み書きのできない南部の薄汚れた農民もいたが、それ以外の学生たちは教育水準が高く、大学卒業間近の奴もいた……軍隊はミソもクソもごった混ぜにしてしまう……高校生も、だ。出自がどうだろうと関係ない。そこは新しい基準で動く新しい世界だ……兵士はたった一つの基準で、つまり死地で頼りになるかどうかだけで判断される」[25]

ユダヤ人は俊敏ではなかったとしても、ある重要な点で抜きん出ていた。新兵が受ける陸軍一般分類検査で平均を大幅に上回り、成績優秀者が偏って多かったのである。これは大いに価値があった。というのもこの検査で一一〇点以上とれば、陸軍の一大特典である「陸軍特別教育プログラム（ASTP）」への参加資格ができるからだ。このプログラムには、士官候補生の供給拡大、陸軍のスペシャリスト増強という目的のほかに、徴兵で学生を取られた大学の財政困難を防ぐ狙いもあった。一九四二年一二月に発表されたプログラムでは、工学、外国語、医学、歯科学、獣医学など陸軍が重要と判断した分野の短縮コースを受講するため、成績優秀な兵士が国内各地の大学へ派遣されている。一二週間の研修を三期（各期の間には一週間の休みしかない）受講すれば、大学で一年半を修了したとみなされる。一九四三年一二月の時点で約三〇万人が四〇〇の大学に送り込まれ、クイズキッズ[26]（秀才くん）と呼ばれていた。うち七万四〇〇〇人が基礎工学、一万五〇〇〇人が応用工学を学んでおり、キッシンジャー兄弟もその中にいた。

選ばれた者にとって、ASTPは天国だ。不愉快な基礎訓練から解放されるうえ、使い捨ての駒として戦地へ送られる心配も当面はない。クイズキッズは土曜の午後から月曜の午前一時までは自由だから、自宅近くの大学に派遣されていれば家族や友人にも会える。キャンプに比べたら大学の施設は「極楽に限りなく近い。食事はステンレスのトレーで出され、冷たい牛乳は飲み放題、寮のベッドは清潔だ[27]」。短期間の詰め込み勉強なので大変は大変で、五人に一人は最初の二学期で脱落している。だが工学の猛勉のほうが前線へ送られるよりはるかにましにちがいない。そこで、「マイ・ボニー」にこんな替え歌が作られた。

「母よ、兵役旗（家族が軍務に就いていることを示す金星の旗）を降ろしなさい
　あなたの息子はASTPにいる

計算尺では怪我はしない
だから金星は必要ない

息子は軍服を着た大学生
兵士ではなくボーイスカウト
だから母よ、兵役旗を降ろしなさい
あなたの息子はASTPにいる……

戦争が終わり
孫を膝に抱くときは
すこしばかり恥ずかしい
ASTPにいたと言わねばならぬ[28]」

ランプを模ったプログラム参加章には「燃える尿瓶[29]」とあだ名がついている。

キッシンジャーには何の文句もなかった。サウスカロライナ州のクレムゾン大学での入念な身元調査を経て、運よくペンシルベニア州イーストンのラファイエット大学で工学を受講することになる。一九世紀に建設された優雅なキャンパスはニューヨークと一三〇キロしか離れていないので、週末には家族やガールフレンドと過ごすことができた。同じくクイズキッズのルームメイト、チャールズ・J・コイルは、当時のキッシンジャーの様子をよく覚えている。「彼はふつうの勉強をさっさとやってしまい……あとは興味にまかせて何だか新種の論理を組み立てようとしていた。講師が言っていることはどうでもよくて、何を意味しているのかを汲み取ることに没頭しているような感じだった」。ＡＳＴＰの標準からしてもキッシンジャーは並外れた読書好きだが、コイルが強烈な印象を受けたのは、そのひどく迫力ある読書スタイルのほうである。

「寮では、キッシンジャーの読んだ本にのべつ躓いたものだ。目から鼻へ抜けるような奴の頭のよさに圧倒されっぱなしだった……あれは、本を読んでいたんじゃない。目と指で食べていた。椅子やベッドの上で身もだえし、ぶつぶつ批判し、本の上に覆いかぶさっていたかと思うと突然爆発し、でたらめだ！　とドイツ語訛りで論旨を攻撃する。怒りにまかせて著者の主張をばらばらにしたうえで、意味が通るように組み立て直す……彼はいつだって正しい。語彙や発音にも几帳面だ。ブルックリン育ちの私は、逆上した男が四文字言葉にわざわざ"ing"をつけるのにびっくりした……あんなに頭のいい男がいるとは、みんな信じられなかったよ。こっちだって、それなりに優秀だから選ばれたのに。相部屋の四人のうち三人がだべっているとするだろう、セックスのことなんかをね。するとあいつは長椅子にどさりと座って読書を始める。スタンダールの『赤と黒』なんぞを、暇つぶしに！」[30]

　キッシンジャーの勉学意欲は、軍規違反の服装にも現れていた。

「彼は最高級にだらしなかった。奴に言わせれば、服装に気を使うのはばかげているという。そもそも制服は、直すか誂えるかしない限り身体に合わないものだが、あいつはそんなことを考えもしない。制服を着ること自体を茶番と思っているので、すごいスピードで着てしまい、裏返しでも気にしない。毎回ちがうところをまちがえるので、見飽きないほどだ。服装検査のたびに注意されていた」[31]

だがキッシンジャーは、儀仗兵になるためにラファイエット大学に来たわけではない。正式に入学した一九四三年一〇月から翌年四月までの間に、化学、英語、歴史、地理、数学、物理、軍事学など一二科目を履修し、おおむね八〇～九五％の評点だった。化学は一〇〇％、いちばん低かった数学でも七二％である。[32]「私が教えた学生の中で、キッシンジャー君はまちがいなく最優秀の一人である」と物理の講師は記している。「明晰な頭脳を持ち、すべての課題に積極的関心を示し、どの授業にも完全な準備をして臨み、宿題はすべてこなし、要求された水準をたびたび上回った……注意深さ、熱心さ、緻密さ、分析力、探究心を必要とされる仕事には、誰よりもキッシンジャー君を推したい」[33]。だが残念ながら、陸軍の念頭にあったのはこの種の任務ではなかった。

じつはＡＳＴＰは、陸軍が戦闘員の増強を要求すれば抵抗できない。一九四三年末には議会が陸軍の規模を七七〇万人にすることを認めたため、戦闘員の需要が急激に高まる。しかも陸軍司令官レスリー・Ｊ・マクネアは、大学教育が兵士の戦闘能力を大幅に高めるという意見につねに（不当に）懐疑的だった。問題は技能の不足ではなく、兵士の絶対数の不足だという。議会の寛大すぎる徴兵猶予規則の下で、職業上の理由や父親であることから五〇〇万人の男性が召集を免れていたのだから、なおのことだ。ついに陸軍長官ヘンリー・スティムソンが軍部の圧力に屈し、一九四四年二月一八日にＡＳＴＰの中止が発表される。[34] クイズキッズの八割は、即座に隊に戻るよう命じられた。

アメリカ陸軍は不合理な判断ミスをすることでつとに有名だが、これもその一例と言えよう。[35] 選抜された優秀な兵士数十万人は、貴重な新しい知識を習得する数カ月の間、軍で昇進する機会を逃していた。そしていまや一からやり直しだ。もともとの頭脳も新たに習得した技能も一顧だにされない。

「計算尺を投げ捨て、乗船港まで行進せよ」とクイズキッズは苦々しげに歌い、基礎訓練を行うキャンプ・フッドの頭文字「ASTPBTC」は「議会のせいですべてが台無し（All Shot to Pieces by the Congress）」の略だと揶揄した。中国語のできるキッズはヨーロッパへ、イタリア語やドイツ語のできるキッズはアジアへ送られるという支離滅裂ぶりで、キッシンジャーの弟もアジア行きとなった。そのうえ、隊に戻ればボーイスカウトだの大学帰りのカボチャ野郎だのとからかわれる。ASTP参加者の多くがライフル兵に任命されたため、「ASTPの中止は、優秀な頭脳を最も死亡率の高い危険な任務に配置する企み」ではないかと、半ば本気で疑う者もいたほどだった。新方針の犠牲になった一人は、「なぜ軍でいちばん頭のいい人間を選んだ挙句、最も損耗率の高い肉挽き器に投げ込んだのか」とのちに嘆いている。[36] 決定がラファイエット大学に伝えられると、「全員が二等兵として隊に戻されると決まって、みんなが悲鳴を上げた。ヘンリーはいつものとおり、四文字言葉に"ing"をつけて叫んでいた」とコイルは振り返っている。[37] 肉挽き器から逃れるには医科大学へ行くしかない。さしもの陸軍も、医者を増やす必要性は認めていたからだ。キッシンジャーも試験を受けたが、合格したのはレナード・ヴァイスだけで、のちに「ヴァイスのおかげで医者にならずにすんだ」と負け惜しみを言っている。[38]

3

ルイジアナ州のキャンプ・クレイボーンはフォレストヒルのすぐ北の暑くて起伏のない田舎にあり、「タール紙でできた掘っ立て小屋」が並ぶ。小屋には二段ベッドが二四設置され、夏はうだるように暑く、小さな窓など役に立たない。[39] キッシンジャーが二八〇〇名のASTP参加者とともに配属された第八四歩兵師団は、一九四三年一一月からここに駐屯していた。師団のニックネームはレールスプリッター。丸太を割る人という意味だから、知性などいらないことは明白である。長時間列車に揺られながら、元クイズキッズたちは運命の逆転について考えずにはいられなかった。[40] その一人であるドナルド・エドワーズによれば、クレイボーンに到着し軍楽隊の演奏に迎えられたとき、誰かがこうつぶやいたという。「葬送行進曲にしてもらいたかった」[41]。勉強ではトップでも、戻って来ればアメリカ軍という巨大な機械の歯車にすぎない。

第八四歩兵師団は、ヨーロッパ戦域を担当する陸軍の四五師団の一つだった。師団は定員約一万四〇〇〇名で、三個連隊（各三〇〇〇名）および砲兵隊で編成され、連隊は三個大隊（各約八五〇名）、大隊は五個中隊、中隊は四個小隊、小隊は三個分隊（各一二名）で編成される。[42] 六週間の基礎訓練終了後、「ヘンリー・キッシンジャー二等兵、認識番号32816775」は第三三五歩兵連隊第二大隊G

中隊所属となった。もうただのＧＩ、ただの歩兵にすぎない。[43]

ラファイエット大学で楽をしただけに、キャンプ・クレイボーンでの生活は厳しかった。「一時間ちょっとで約一四キロ歩かされる」日もあれば、「重装備で四〇キロ歩かされる」日もあった。「水が配給制になる」日には、一日水筒一本分しか水がもらえない。フィールド訓練では、蛇がうようよいる湿地でテントを張って眠る。上陸作戦に備えた水泳訓練、パラシュートの使い方の訓練もあったし、新品のライフルから防錆剤を拭い取るとか、ダッフルバッグ、ヘルメット、ブーツにステンシルで認識番号をつけるといった退屈な作業もあった。[44]娯楽施設といえば、一番近い大きな町アレキサンドリアのバーか売春宿ぐらいである。兵隊たちはバーで喧嘩し、売春宿で性病をうつされた。[45]キャンプに近いブームタウンという町は何もないところだった。[46]

「同じ師団にいたのは、主にウィスコンシン、イリノイ、インディアナ出身者で、アメリカの中流階級そのものだった」とキッシンジャーは回想している。「私は彼らのことが大好きになった。陸軍でよかったのは、自分をアメリカ人と感じられるようになったことだ」[47]。ドイツ訛りをからかってキッシンジャーに「ヤー（Ja）」とあだ名をつける者もいたが、[48]中隊の教育担当として週に一度「戦争の最新情勢」のブリーフィングを行ううちに、人望を集めるようになる。[49]コイルによれば、「彼は何らかの情報源を持っていて、毎日毎週最新情報を手に入れることができた。情報は錯綜していて矛盾もあったが……明日起きるかもしれないことにすこしでも備えられるように、ヘンリーは自分なりの解釈を示してくれる……タイム誌に反論できる、それも建設的に反論できるのはヘンリーだけだと、みんな思っていた」[50]。本の虫だったキッシンジャーは、ユーモアで身を守ることを知っていたとコイルは言う。「喧嘩をするには頭が良すぎた。田舎出の仲間にも我慢強く接したから、最後は好かれるようになった。ときには陸軍や自分自身や誰かを笑いものにしたが、ニヤニヤしながら巧みにやってのける。じつにニューヨーク流だった[51]」

ときにはキッシンジャー自身も真剣に耳を傾けた。陸軍の大方の座学は中身も教え方も退屈だったが、ある日、例外が登場する――フリッツ・クレーマーである。キッシンジャー同様、ドイツ生まれのドイツ育ちで、ただの二等兵だった。しかし彼は、直属の上司の言葉を借りるなら「最も予想外の二等兵」だったのである。

4

キッシンジャーはのちにフリッツ・クレーマーについて「私の人格形成期に最も大きな影響をおよぼした」人物だと語っている[52]。キッシンジャーがファウストだとすれば、クレーマーはメフィストフェレスというところだろう。現にクレーマーはゲーテに親しんでおり、一七歳のときに洞察力に富む小論も記している[53]。フリッツ・グスタフ・アントン・クレーマーは、一九〇八年に工業地帯のエッセンに生まれた。父は法律家、母は化学品会社の社長の娘だった。子供の頃は病気がちで、小学校の四年間は家庭教師をつけて家で勉強したという[54]。当時としては珍しいことだが、両親は第一次世界大戦が勃発してまもなく離婚している。父親はハーゲン、のちにはコブレンツの検事長になり、母親はフランクフルト郊外の村で「問題児」のための寄宿学校を運営した。[55]

クレーマーはキッシンジャーより一五歳年上で、人格形成期に第一次世界大戦、ドイツ革命、ワイマール共和国を経験し、戦争が「生活、制度、価値観、信仰などあらゆる基盤を破壊してしまったと考えるようになる。鮮明に思い出せるのは、戦争、封鎖、空腹、ボルシェビキ革命、皇帝に対する反乱、ヴェルサイユ条約、フランスによるラインラント占領、インフレによる一家の財産の喪失、ドイツの街頭で繰り広げられた革命運動といったものばかりだ」。クレーマーと同世代の中流階級のドイツ人は、まさにこうした経験から、ヒトラーを国家の「救世主」とみなしたのである。だがクレーマーはちがった。最初はジュネーブ、次にロンドン・スクール・オブ・エコノミクス、最後はローマという具合に外国で学び、結婚相手もスウェーデン人である。社会主義もファシズムも拒絶し、自らを揶揄するように保守主義を受け入れた。一七歳の頃から片眼鏡をかけ始め（「視力のいいほうの目にかけた。そうすれば、視力の弱いほうの目ががんばって働くから、というのである」）、いでたちはと言えばいつも乗馬ズボンに乗馬ブーツである。[56] 彼の保守主義は一風変わっていた。もちろんドイツ国家人民党とは全然ちがう。この党はヴィルヘルム二世時代の保守党の後継とみなされていたが、実際にはあっさりナチスに吸収されている。

のちにマネジメントの大家となるピーター・ドラッカーは、一九二九年に初めてクレーマーを見かけたという。当時はどちらも学生で、フランクフルトにいた。四月のまだ寒い日にマイン川の岸辺を歩いていたドラッカーは、一隻のカヤックに目を奪われる。「黒い水着に片眼鏡の……痩身の男が上流に向かって猛烈な勢いで漕いでおり……旧ドイツ帝国海軍の黒白赤の軍旗がはためいていた」[57]。クレーマーの「帆のように顔から飛び出した大きな尖った鼻、高い頬骨……尖った顎、青みがかった灰色の鋭い目」を見たドラッカーは、「グレイハウンドとオオカミの雑種」のような男だと驚く。もっともクレーマー自身は「フリッツ」ことフリードリヒ大王に似ているとして、仲間内では「若フリッツ」と呼ばれていた。「クレーマーは、自分は真の保守主義者、ビスマルク以前のプロイセンの君主制主義者、ルター派、スパルタ主義者だと考えていた……彼は、鉤十字の威を借りたナチスの醜い蛮行を嫌うのと同じぐらい、善良だが軟弱で臆病なよきドイツ市民のことも嫌った」[58]。まだ学生の頃に「人生で望むのは二つだけ」だとドラッカーに語っている。「陸軍参謀総長の政治顧問になることと、偉大な外務大臣のメンターになること」だという。なぜクレーマー自身が「偉大な外務大臣」をめざさないのかとドラッカーが尋ねると、「自分は考える人であって、行動する人ではない……脚光を浴びて演説するのは自分の仕事ではない」と答えている[59]。

エリート主義で貴族の精神を持つクレーマーは、大衆迎合政治の俗悪さにニーチェ的軽蔑を示す一方で、「利口ぶった」知識人のことも嫌っていた。だがこうした態度や風変わりないでたちに惑わされてはいけない。後年彼は新保守主義の黒幕だの、レオ・シュトラウス（ユダヤ人政治哲学者）とストレンジラブ博士（映画に登場するナチスドイツの科学者）を足して二で割った人物だのと陰口をたたかれるが、けっしてそんな人間ではない。そもそも専門は国際法で、伝統的なプロイセン保守主義に染まる可能性はきわめて低い。ジュネーブでは国際法の権威ウジェーヌ・ボレルや、外交官で研究者でもあるウィリアム・ラパールに師事した。ラパールはのちにウッドロー・ウィルソン大統領に働きかけて国際連盟本部をジュネーブに誘致し、委任統治部門を率いた人物である。[60] ロンドンでは、国際連盟の初代事務局長を補佐したフィリップ・ノエル・ベーカー、のちにケンブリッジ大学で国際法教授となるアーノルド・マックネアに師事。[61] その後フランクフルトでは国際法の著名な研究者カール・シュトルップの薫陶を受け、[62] 彼の指導の下で博士論文「フランスが同盟国と結んだ諸条約、国際連盟規約、ロカルノ条約の関係」（一九三二年）を書いた。この論文は、クレーマーの知的発展をたどる貴重な手がかりとみなすことができる。

論文の主旨は、国際連盟とロカルノ条約（およびブリアン＝ケロッグ協定）は、第一次世界大戦後にフランスがベルギー、チェコスロバキア、ポーランド、ルーマニア、ユーゴスラビアと締結した相互援助条約によって否定された、ということにある。フランスの同盟関係でとくに問題なのは、国際連盟規約第一〇条と相容れないことだ。第一〇条は、「連盟国は連盟各国の領土保全及び現在の政治的独立を尊重し、且つ外部の侵略に対し之を擁護することを約す」と明確に定めている。クレーマーは、この条文が存在するからには二国間の防衛同盟は不要のはずだと指摘する。しかもフランスの「同盟体制」は、ドイツに（もちろんハンガリーにも）「恒常的」かつ「広範な政治圧力」をかけ、ドイツの行動の自由を重大に制限したという。[63] つまりフランスの同盟体制は「国際連盟内の連盟」を形成したも同然で、これは容認できない、とクレーマーは結論づけている。[64] この論文では三つの点が目を引く。第一は歴史を重視していることで、論文の半分近くが一九一四年以前のヨーロッパの同盟体制の分析で占められている。第二は権力と法を明確に区別していることである。その好例が、「イギリスが第一次世界大戦に参戦したのは、何もベルギーのためではなく、ベルギーがフランスの同盟国だったからだ」

という大胆な主張である。[65] 指導教官のシュトルップと同じくクレーマーも、相互援助条約の表向きの規定がどうあれ、現実にはそのような同盟関係の意義は共通の敵に対して協調行動をとることだけにある、とみる。となれば同盟関係の存在そのものが戦争のリスクを高めることになる。クレーマーは論文の中で、「一国の絶対的安全保障は、政治的に対立する国々から行動の自由を奪い、勢力均衡が崩壊することを含意する。よって必然的に、絶対的安全保障を確立した国が覇権を握り、それ以外の国は不安定化する」のだと警告している。

当時のほとんどのドイツ人がそうだったように、クレーマーも一九一八年の休戦協定以降の国際秩序を認めておらず、ドイツの「戦争犯罪」について不快な主張を盛り込んだヴェルサイユ条約（一九一九年）だけでなく、フランスが当事者となった条約や同盟の複合体に反発した。しかし反発はしながらも、制度としての国際連盟の正統性は暗黙のうちに受け入れていた。これが、論文の三つ目の特徴である。英仏の冷笑的な行動がウィルソンの理想主義的な集団的安全保障構想を台無しにしているとクレーマーは考えたが、一九二〇年代のドイツではこれは自由主義的な見方であって、けっして保守的とは言えない。これが、のちにキッシンジャーのメフィストフェレスとなる男の知的遍歴だった。

クレーマーは師事した研究者を尊敬していたが、表向きはプロイセンの君主制主義者（ドイツ保守主義を風刺としたのだろう）を装い、同時代の人はほぼそれを真に受けていた。しかし実態はかなりちがう。父ゲオルク・クレーマーは一九歳でキリスト教徒に改宗したが、生まれたときはユダヤ教徒である。母の旧姓はゴールドシュミットで、やはり改宗している。プロテスタントで博士号を持ち、予備役将校だったゲオルクは、理想のプロシア人になるべく努力した。ユダヤ人で離婚歴があり、そのうえ戦争もあって出世は遅れたが、一九二一年には念願の検事長になる。退役軍人で、「完全に保守的」に見えたため、ユダヤ人とみなされた者に対するナチスの最初の追放処分を免れることができた。しかし一九三五年には、すべての「非アーリア人」を二流市民とする「ドイツ公民法」によって退職を強制される。[66]一九四一年一月には当時ユダヤ人に義務づけられていた「黄色い星」の着用を怠った科で逮捕され、翌年五月には自宅を「アーリア人」一家に明け渡すよう命じられ、その二カ月後にはテレージエンシュタット収容所に収容される。そして同年一一月一日、栄養失調で死去した。[67]

フリッツ・クレーマーはけっして父親について語ろうとしない。彼はヒトラーが権力を握るや危険を察知し、地方裁判所の書記官の地位を捨ててイタリアへ渡る。ドイツで得た博士号がローマ大学で認定されると、国際連盟の補助機関として一九二六年にローマに設立された「私法統一国際協会（UNIDROIT）」にポストを得る。[68]国際法の研究者として、彼は日頃の主張を実践した。たとえばドイツの大使館付海軍武官が、旧ドイツ海軍旗をカヤックに掲げるのをやめさせようとすると、クレーマーは裁判所に訴え、国際法では船舶にはどんな旗を上げようと自由だと主張している。[69]しかしムッソリーニのイタリアでナチスドイツをばかにするのは賢いとは言い難い。二人の独裁者が接近していたのだからなおさらだ。一九三七年、イタリアはもはや安全ではないと感じたクレーマーは、妻と息子をドイツにいる母親に預け、彼自身はドラッカーの助けを借りてアメリカのビザを入手する。[70]大学に就職口がなく、最初はメイン州のジャガイモ農場で働いたが、やがてアメリカ議会図書館で職を得ると、「大陸ヨーロッパにおける議会制度（一八一五年～一九一四年）に関する歴史・法律関連文献目録」をまとめる仕事を始めた。[71]この頃クレーマーは、指導教官だったシュトルップ（ユダヤ人だったため職を失っていた）と妻を助けようとしている。だがシュトルップはドイツから脱出したものの、パリで客死した[72]。

クレーマーが一九三〇年代に自身の経験から学び、弟子のキッシンジャーに教え込むことになる重要な教えの一つは、物質的繁栄よりモラルが大切だということである。一九四〇年一一月の手紙には次のように記されている。

「政治においては、人間の他の活動同様、個性、価値観、信頼が、「経済」とおおざっぱに表現される要素とすくなくとも同等には重要である。ところが話のわかる友人でさえ、この考えを空想的で夢のようだと非難する。だが現実の世界が賃金、原料、工業生産だけで構成されていると信じるほうがよほど空想的ではないか。妻子や祖国への愛、名誉心、義務感、理想のために自らを犠牲にする精神、あるいはただ美しい日没に心打たれることも、現実の政治情勢の形成に影響をおよぼす。そう、たとえば一片の労働法に劣らぬ影響をおよぼすのだ。歴史をすこしでも知っている者がそれを理解できないとは信じられない。たとえ最新式の戦車が何千台あっても、戦闘員に国を守り抜く気がなければ、役に立たない。最高の法律、最も進歩的な法律も、それを適用する裁判官のモラルが疑わしければ、紙屑同然だ」

クレーマーは生涯を通してこの信条に忠実だった。しかし、多様な社会主義が競い合うヨーロッパでも、経済学と政治学が優勢になろうとしていたアメリカでも、時代の精神は物質主義へと向かっていた。クレーマーの知識人に対する嫌悪が高まったのはこの頃だ。たぶんアメリカの知識階級を知ったからだろう。「プライドが高く、多くは傲慢から知識人を自称する人たちは、優秀な頭脳は思考・分析方法を技術的に補うにすぎず、この世で唯一の価値でも最高の価値でもないことをわきまえるべきだ。深い信念も信仰も自制もなしに頭脳だけに頼り続けたら、文明は破滅するにちがいない」と陰気に綴っている。[73]

一九四三年五月、クレーマーは徴兵され、信条を行動に移す機会を与えられる。とはいえ彼はキッシンジャーの比ではなくアメリカ軍から疑いの目で見られていた。これからドイツと戦う軍隊が必要とする知識を彼が持っていたのはまちがいない。ドイツ語と英語に堪能なうえ、一〇以上の言語を操る。だが、ほかに胡散臭い点が多すぎた。まず、ドイツにいる妻子（結局、終戦までドイツにいた）を守るために、クレーマーは召集前の質問票に母国とは戦いたくないと明言している。本心ではナチスとの戦いに何の異論もなかったが、「法律家として、入隊を認められるようにすると同時に、機密扱いされない質問票が敵の手に落ち、国家に対する反逆の咎でドイツが家族に報復しないよう、表現に細心の注意をはらった」[74]。さらにＦＢＩのファイルを見ると、一九四二年初めから彼が何度も取り調べを受けていることがわかる。最初の調査を指示したのは、アメリカン大学学長だったポール・Ｆ・ダグラスである。クレーマーはワシントンの議会図書館勤めをしていた頃、ダグラスの家に下宿していた。敬虔なメソジスト教徒のダグラスは、タンスに貼られたヴィルヘルム二世の肖像画、「あきらかにユダヤ人」的な特徴、外壁をよじ登って窓から二階の部屋に入る一風変わった習慣に疑いをつのらせたのである。さらに、クレーマーが「おそらく一〇〇％ドイツ贔屓なのにあきらかに反ヒトラー」なのはおかしいと言い出す者もいれば、いつも乗馬用のズボンと乗馬ブーツで（ほかに洋服を持っていなかった）「ショーダンサー」気取りだの、君主制主義者を自称しているくせに自由主義的なワールド・フェローシップ・センターに入り浸っているだの、既婚者なのに「何人もの女性と親密な関係にある」など、あれやこれやで怪しまれた。[75] このため基礎訓練をスキップして、メリーランド州のキャンプ・リッチーに送られる。ここには陸軍情報部の訓練センターがあり、尋問担当者の育成などを行っていた。だが結局、戦略諜報局（OSS）はクレーマーを第八四歩兵師団に送ることを決める。クレーマーは、この決定はロシアの独裁に対する自分の懐疑的姿勢と関係があるのだろうかと考えたが、[76] アメリカ当局はクレーマーの反ソ感情など問題にもしていなかった。

ノルマンディ上陸作戦が決行された六月に、第八四歩兵師団の指揮をアレクサンダー・R・ボリングが引き継ぐ。クレーマーにとって幸いなことに、ボリングは前任者J・エドガー・フーバーの臆病風とは無縁だった。その前には、失敗に終わったメキシコの革命家パンチョ・ビリャ討伐に加わっていたボリングは、言葉を尽くせば士気は高まることを大方の将軍より理解していた。師団の伝説によると、ボリングはクレーマーが演習中にドイツ語で怒鳴るのを耳にする。「何をしているのか」と問いかけると、クレーマーは「戦闘中のドイツ兵を混乱させるためであります」と答えたという。それを聞いたボリングはさっそくクレーマーを本部に転属させたが、[77] じつは彼はボリングの就任前にすでにG2班に移され、「敵の戦闘序列、洗脳、敵の現状」をレクチャーすることになっていた。ともかくもボリングはクレーマーの才能を見抜いたのだし、さらに、軍の幹部がやっているようにドイツ人を嘲笑したところで、ドイツと戦う意義が伝わるはずがないとも気づいていた。この点は重要である。クレーマー自身も次のように記している。「独裁がどういうものか、なぜこの戦争を戦わなければならないか、私はたぶん誰よりもよくわかっていた」[78]。ここで改めて指摘しておきたいのは、クレーマーはこの時点でも二等兵だったことである。だがある士官が指摘したとおり、「彼が最低の階級だったことは……任務の成功を左右する重要な条件だった」[79]。

5

一九四四年夏のこと、G中隊隊員はルイジアナの暑熱の中を約一六キロ行進し、休憩をとっていた。突然、乗馬用の鞭を持った片眼鏡の兵士が前に立ち、「この中隊を指揮しているのはどなたですか！」と叫んだ。驚いた中尉は自分だと答えた。「中隊長殿、私は師団長の命令により、アメリカが今回の戦争に参戦する意義を各中隊に説明するために参りました」[80]

G中隊の兵士たちはみなクレーマーの話に感銘を受けたが、誰よりも感動したのはキッシンジャーだった。「彼が主に話したのは、この戦争の道義的・政治的重要性のことだった……兵士一人ひとりに呼びかけるように、熱意と力を込めて語った。しかもその話には圧倒的な知識の裏付けがあった。その感動を伝えたくて手紙を書いた……そんなことをしたのは生まれて初めてで、たぶんこれからもうないだろう」と回想している。

キッシンジャーが出した手紙は愚直なほど直截だった。「クレーマー二等兵殿、昨日のお話を聞いた者です。それで、こうすべきだと思いました。私でお役に立てることはありませんか。キッシンジャー二等兵」[81]。クレーマーは飾り気のない手紙をよろこび、「あの手紙には余計なことは何も書かれていなかった」とのちに述べている。「勇気付けられたとかすばらしかったとか、私が大嫌いな決まり文句もなかった。こいつは自制心と自主性を備えている、と感じた」。数日後、クレーマーは若者を下士官兵クラブに夕食に招いた。「私の考えを聞き、彼自身の価値観を語ってくれた」とキッシンジャーは振り返る。「この出会いが私の人生を変える関係へと発展した」[82]

人生のこの時期にキッシンジャーは父親代わりを必要としていた、などと心理学的な憶測をする必要はなかろう[83]。とにかくクレーマーは強い印象を与える人物だった。年も上なら、読書量もはるかに多く、戦間期に一流研究機関で形成・評価された確たる見識も持っている。ドイツについて平然とドイツ語で論じる度胸もあった[84]。さらに驚くべきは、キッシンジャーの知的な潜在能力をほぼ瞬時に察知したことである。話し始めてものの二〇分と経たないうちに「ユダヤ人難民の多くは、自分たちを押し流そうとしている歴史の大きな力をほとんど何も知らない」のに対し、この一九歳の青年は自分と同類だと気づいたという。キッシンジャーは「表面的なことではなく根本的な原因を理解したいという強い欲求」を持っており、いわば「物事を手の内に入れたがっていた」とクレーマーは話す[85]。また「歴史と音楽的に波長が合っている。これは、どんなに頭がよくても学べることではない。天賦の才能だ」という。のちにクレーマーは、自分はけっしてキッシンジャーの「発見者」ではないとし、「本来の自分に目覚めさせた」だけだと述べている。「ヘンリー、君のような人間はほかにいない。信じられないほどの能力に恵まれている」とクレーマーは弟子に告げた[86]。キッシンジャーは、二人がともに派遣されたヨーロッパでのことを回想し、クレーマーは「言ってみれば歴史の講義をしてくれた。

彼は歴史に強い関心を持っていた。夜、一緒に散歩し、語り合ううちに、私にも歴史に対する体系的な関心が生まれた。クレーマーがとくに取り上げたのは……歴史上の出来事に示された政治指導者の資質、価値観と行動の関係、社会が個人におよぼす影響だった[87]」。

二人が出会ったときから、個人としての自分たちの運命が巨大な歴史の力によって、いや正しくは他国の政治指導者の資質によって決まりつつあるのだとはっきりと認識していたことは言うまでもない。

6

一九四四年九月二一日前後に、ウィンストン・チャーチルは、まったく気づかずにキッシンジャーと海上ですれ違っている。首相は豪華客船クイーン・メリー号で、ケベックからロンドンに急いで戻る途上である。ケベックでは、チャーチルとイギリス軍幹部、ルーズベルト大統領とアメリカ陸海軍幹部が五日間におよぶ困難な議論を終えたばかりだった。一方、一兵卒のキッシンジャーは、超満員の兵員輸送船で西ヨーロッパ戦線に向かっていた。

この第二回ケベック会談は、第二次世界大戦の重要な分岐点で行われている。一九四四年六月六日に実施されたオーバーロード作戦（ノルマンディ上陸作戦）は成功し、連合国軍はノルマンディに橋頭堡を確保した。八月一五日のドラグーン作戦でも、南フランスへの空挺降下と海岸上陸に成功。パリとブリュッセルは解放され、九月までに連合国軍はオランダ・ドイツ国境付近まで進軍する。ドイツのソ連侵攻失敗とアメリカの参戦により連合国にもたらされた莫大な経済的・人的優位を考えれば、最終的な結果はもはやあきらかである。東部戦線では赤軍のバグラチオン作戦が始まり、ルーマニアとブルガリア、またフィンランドが相次いでソ連に降伏。ドイツ北方軍集団はラトビアのクールラント半島で包囲されている。とはいえ枢軸国側を打倒したと言うにはほど遠い状態だったため、ケベック会談に祝勝ムードはなく、ときには辛辣な応酬もあった。イギリス陸軍元帥アラン・ブルックはカナダに向かう途中、日記にこう書いている。「(チャーチルは) 細部を知らず、生半可な理解でたわごとを言う。あれを聞くとはらわたが煮えくりかえる」。実際チャーチルは「緒戦でイギリスがあのように奮戦せず、敵が調子づいていたら、アメリカは自国の存続のために戦う羽目に陥っただろう」とルーズベルトを牽制している。さらにイギリスは、ソ連が中央ヨーロッパに触手を伸ばすのを未然に防ぐべくウィーンへの進撃を提案し、「バルカン半島へのソ連軍の急速な浸透とそれに伴うソ連の影響力の拡大の危険性」を警告する。だが次第に弱気になったルーズベルトは聞く耳を持たないようだった。またイギリスが対日戦における海軍の重要性を強調し、チャーチルがシンガポールを「奪還」すべきだと主張したのに対し、アメリカ海軍作戦部長アーネスト・J・キングはきっぱりとイギリス海軍抜きで日本を撃退すると明言。ぶっきらぼうな発言の中でイギリス海軍を「足手まとい」と言ってのける。そしてドイツの戦後処理に関してアメリカの財務長官ヘンリー・モーゲンソーの立案した「ドイツの農業国化」計画 (モーゲンソー・プラン) にチャーチルとルーズベルトが仮調印する段になると、さらに意見の不一致が表面化した。ブルックが、「今後二五年間のソ連の脅威」を考えればドイツは同盟国として必要だという理由から、断固反対したのである。[88]

だがまずは、とにもかくにもドイツを降伏させなければならない。ドイツ軍が一九三九年以前の国境線まで押し戻されると、終戦は近いように見えた。戦争は「クリスマスまでに終わる」と希望的観測を口にする者もいたほどである。どうやら三〇年前にその言葉が大まちがいだったのを忘れてしまったらしい。「ドイツはノックアウトを宣言されるような国ではない。われわれはもう一つ大きな戦いをせざるを得まい」[89]と言ったルーズベルトはじつに正しかった。ケベック会談の頃には、西ヨーロッパでの連合国軍の進撃は勢いが衰えていた。冷静沈着な戦略家の連合国遠征軍最高司令官ドワイト・アイゼンハワーは広範な前線を徐々に押し上げる戦略を立てたが、自己中心的なイギリス陸軍のバーナード・モントゴメリーや血気にはやるアメリカ陸軍のジョージ・パットンがこれに異論を唱え、抑えるのに苦労している。空挺部隊を投入してベルギー、オランダ領内の重要な橋を押さえ、陸上部隊が要塞線ジークフリート線の北端を迂回するというモントゴメリーの大胆な作戦（マーケット・ガーデン作戦）は、アルンヘムで大失敗に終わる。しかも連合国側はアントワープ港を完全には確保できておらず、補給に支障をきたしており、西部戦線全体が停滞していた。[90]対するドイツでは、抵抗は下火になるどころか、逆に強まっている。これは、ナチスの官僚機構とプロパガンダと恐怖支配が功を奏したからでもあり、敗戦は平和よりも先に報復を意味すると市民が気づき始めたからでもあった。[91]

第八四師団に所属するアメリカ兵の多くは、こうしたことをほとんど知らなかった。キャンプ・クレイボーンを出発する一九四四年九月六〜七日の夜には、キャンプのバンドが軍歌「オーヴァー・ゼア」をのんびり演奏するなど、楽観的な雰囲気が漂っていたものである。[92] 兵士ドナルド・エドワーズの日記には、「フランスでの電撃的成功が今後も続き、第八四師団の仕事が平和維持で済めばよいとみんな願っている」と書かれている。[93] 彼は、戦争が「三カ月以内に終わる」と仲間と賭けまでしていた。[94] 列車の中では噂と憶測が飛び交い、「結局、行き先は中国、インド、ビルマ、イタリア、ギリシャ、フランス、イギリスのどれかだということになった」。だが丸二日以上かかる長旅の末、兵士たちはニュージャージー州のキャンプ・キルマーに着いただけだった。「PX（駐屯地売店）では、第八四師団は大当たりだという話で持ちきりだった。〝おまえたちはくじ運がいい。占領軍だ〟と将校も言った」[95]

カラフルな木造二階建てが並ぶキャンプ・キルマーはキャンプ・クレイボーンよりいくらかましだったが、そこには一〇日いただけである。訓練と徒手体操の合間に、沈没する艦船からどう逃げるか、捕虜になったらどうするか、「個人的なあれをどう処理するか」といった、なかなかに元気の出る講義があった。一〇日後には出発となり、男たちは約一四キロのバックパックとダッフルバッグの重さに文句を言いながら、列車とフェリーでマンハッタン五七号埠頭へ到着し、キャッスル・ラインの客船を改造したイギリス海軍のスターリング・キャッスル号に乗り込む。キッシンジャーたちが多少興奮したとしても、それはすぐに冷めた。なにしろG中隊は総員乗船前の船内清掃を命じられたうえ、炊事兵にも任命されたからだ。つまり航海中はずっと船のコックの手伝いをしなければならない。そもそもこの改造船はすし詰めだったうえ、調理場はネズミやゴキブリだらけ、しかもコックのイギリス人は口が悪い。「イギリス人のコックが用意する英国風の食事を、アメリカの味しか知らないアメリカ兵が食べるのだから、うまくいくわけがない……生焼けか焼き過ぎか、でなければ塩胡椒が足りない」。

コーヒーは「泥」の味、豆は「小石」、ジャガイモは「岩」、肉は「岩より固い」という調子だった。そのうえスターリング・キャッスル号は九月二一日に出港してすぐニューヨーク沖で濃霧にまかれ、海上に出てわずか五時間後にタンカーと衝突してしまう。やむなく錨を下ろし、灯火をつけて霧笛を鳴らしながら一夜を明かし、翌朝港に戻ることになった。クリスマスまでに自由の女神を見られるほうに賭けた男は、驚くべき早さで勝ったわけである。[96]船体を修理して再び出航するまでに丸一週間を要した。

一九四四年九月の大西洋横断は危険に満ちていた。中でも最大の危険は、やはりドイツの潜水艦である（その月だけで連合国側の船一三隻が沈められていた）。だがスターリング・キャッスル号を含む船団は、Uボートにも悪天候にも遭遇せず、退屈な一一日の航海ののち無事リバプールに到着する。[97]第八四師団は上陸すると、イギリス軍の軍楽隊に歓迎され、町を行進して鉄道の主要駅へと向かった。古い石造りの家が多いこと、車が小さく、しかも道路の逆側を走っていること、線路の幅が狭いことに兵士たちはいちいち驚いた。目的地は、ウィンチェスターとストックブリッジの間にあるクロウリー・コート。貴族が田舎に持っている広大な邸宅である。[98]このとき初めてイギリスの階級社会を実感したアメリカ兵も少なくない。ある兵士は、炊事兵として上官の食事を作ったあとで別の兵士にぼやいた。「南北戦争前の南部のプランテーションを思い出した。奴隷たちはテーブルの周りに立っていて、ご主人様に給仕する。そう考えたら、誰かの頭にスープをかけてやりたくなった[99]」。二日間の休暇中、キッシンジャーはロンドンにいる親戚のフライシュマン家を訪れている。[100]他の連中は、ロンドンでイギリス社会のまったくちがう面に出くわす。灯火管制の中ではあったが（ドイツ軍の空襲が減ったため、部分的な管制だった）、ピカデリーサーカスの「あけっぴろげな肉欲の市場」に釘付けになったのである。[101]この絶好の機会をモノにしようという強い誘惑には誰も勝てない。

そうこうするうちに一〇月も終わりに近づいた。大陸からのニュースは芳しくない。そして重傷を負ったある兵士は、第八四師団の新兵たちにこう話して聞かせた。「ドイツ野郎は兵士としては世界最高だ。絶体絶命になるまで降参しない気らしい。本当にタフなやつらだ[102]」。ヘンリー・キッシンジャー二等兵は、すぐにこの言葉がどれほど正しいかを思い知ることになる。

CHAPTER 5
The Living and the Dead

第五章
生ける者と死せる者

だから私は戻ることができました。廃墟にいる人々が支配者だったときに示した残虐さを思い、自由なアメリカ兵として戻ってこられた誇りと幸せを感じます。

――ヘンリー・キッシンジャーから両親へ　一九四四年一一月[1]

二〇世紀の人道とはこんなものだ。ここにいる人たちは苦しみのあまり放心状態になり、、生きているのか死んでいるのか、動けるのか動けないのかももはやわからない。誰が生きていて、誰が死んでいるのか。寝台から苦しそうな顔で私を見つめる男か、それとも頭を垂れ体は痩せ衰えた男か。幸運なのは、砂に円を描き「私は自由だ」とつぶやく男か、それとも丘に埋葬された骨か。

――ヘンリー・キッシンジャー　一九四五年四月または五月[2]

1

第八四歩兵師団は一九四四年一一月一日から二日にかけて、イギリス海軍のデューク・オブ・ウェリントン号に乗ってサウサンプトンから英仏海峡を渡り、オマハ・ビーチ（上陸作戦の際に五つの上陸地点の一つにつけられたコードネーム）に上陸した。このとき選挙権年齢の兵士は、大統領選挙（フランクリン・ルーズベルトが四選を果たした）の不在者投票を船上で行なっている。ヘンリー・キッシンジャーにも選挙権はあったが、投票していない。自分たちは政治の自由や宗教の自由のために戦うのだと常々語っていたことを考えると、棄権したのは意外である。[3] 上陸用舟艇で海岸に着くと、若いアメリカ兵たちはあちこちにまだ散らばっているDデイの残骸をうっとりと見つめたものだ。しかし重い荷物を背負って一五キロも歩くうちに、焼けたドイツの戦車にも無頓着になった。激しい雨の中、二〇人ほどのグループに分かれてトラックに乗り込む。サン＝ローを通り過ぎるときには、さしもの彼らもぎょっとした。町が瓦礫と化していたのである。あっという間にパリを通過して北へ向かい、ベルギーを抜けてオランダ・ドイツ国境をめざす。[4]

一一月二五日。家族とともにナチスの迫害から逃れてちょうど六年後に、キッシンジャーは再び祖国ドイツの土を踏む。前方にはジークフリート線が見えた。ナチスがフランス、オランダとの国境に沿って築いた頑強な要塞線で、対戦車障害物やトーチカなどで構成されている。このときキッシンジャーは、勝利の瞬間のように感じたのだろう。その夜遅く、両親に宛ててよろこびの手紙を大急ぎで書いている。

「夜も更け、あまり時間がありません。でも〝ドイツのどこか〟のスタンプを押してもらうためだけにも、手紙を書かなければ。それで、何とか時間をひねりだしました。この街を包む暗闇の中では、がれきになった建物が何棟も道路に沿って並び、人々が廃墟をさまよっています。ついにドイツが戦場になろうとしているのです。

だから私は戻ることができました。廃墟にいる人々が支配者だったときに示した残虐さを思い、自由なアメリカ兵として戻ってこられた誇りと幸せを感じます」[5]

実際のところ、連合国軍は一カ月近くもジークフリート線の前で立ち往生していた。ドイツの最初の街アーヘンが陥落したのは一〇月二一日で、最初の部隊がドイツ国境を越えてから一カ月以上が過ぎている。連合国軍の補給線は伸びきり、その分ドイツ軍の補給線は短縮されていた。こうして夏以降に連合国軍の勢いは衰え、ドイツは立て直すチャンスを摑む。約五〇の新しい歩兵師団と一二の機甲師団が迎え撃つ体制を整えていた。第八四歩兵師団は第一三軍団の先遣隊として先陣に加わることになっており、その第一三軍団は、ウィリアム・H・シンプソン中将が指揮する第九軍の下に置かれている。[6] 敵は、88ミリ高射砲の一斉射撃で出迎えた（88ミリ高射砲は、名前の通りもともとは対空砲だったが、一九四四年までに対戦車用に改良され、その破壊力で恐れられた）。G中隊は、アーヘン北西のヘルツォーゲンラートに近い木の茂った丘で野営する。[7] 兵士の一人は次のように回想している。「われわれは物音がするたびに硬直し、地面に伏せた」[8]

ドイツ兵が高射砲を撃つ前にすでに、アメリカ兵は「泥」という第二の敵に遭遇していた。天候は「寒くて、じめじめして、どんよりしている」。第八四歩兵師団の記録係によれば、「道路はぬかるみ、甜菜《てんさい》畑は水浸しになっていた。数週間にわたり爆撃と砲撃が続き、トラックや戦車が道路を掘り下げたせいで、ぬかるみはどんどん深くなっていく。動いているものは、軍服以外は完全に何もない。気味の悪い光景だった」という。

「敵とはいつも戦うわけではないし、戦うにしても、数時間、せいぜい数日だ。だが泥とはずっと戦っている。毎分毎秒だ。泥はドイツそのものだ。ほんのすこしの泥が何をしでかすか、驚くほどだ。ライフル銃は無用のがらくたになる。銃が一番必要なときに限って泥が邪魔をする。泥は靴や靴下に入り込み、足を冷やす。たこつぼ壕も泥だらけで、臭くてぬるぬる滑る牢獄と化す。泥は、髪にも、食べ物にも、歯にも、服にも、心にも入り込む。敵にとって最高の味方は、塹壕足炎だった」[9]

塹壕足炎や凍傷が悪化して切断が必要になるケースもあった。[10] もちろん空腹も大問題である。「ドイツのどこか」からの最初の手紙で、キッシンジャーは両親に替えのマフラーのほかに「**缶詰肉、クッキー、キャンディ**を送ってください」と太字で書いた。「追伸　お祭しのとおり、いつも空腹です」[11]

第八四歩兵師団が到着する前の一一月一〇日の夜、第三三五歩兵連隊が、第三〇歩兵師団の一時的な任務の一環としてアーヘン近くに送られている。[12] C中隊が初めて敵と接触したのは、この夜のことだ。[13] だがこのときは大事にいたらなかった。一一月一二日、作戦命令三号に従い第八四師団はアーヘンの北へ送られ、敵と交戦することになる。ジークフリート線を突破し、ガイレンキルヒェンの最前線から敵を掃討するためだ（クリッパー作戦）。これはかんたんな任務ではなかった。ドイツ軍は、ヴルム川とルール川に挟まれた開けた平らな戦場のどこでも射界を確保できる。二メートルほどの壁でうまく隠されたトーチカと周囲の塹壕、地雷原（このため重いチェーンをフレール〈地雷処理装置〉に使って解除しなければならない）、三角形のコンクリートを三、四列並べた「ドラゴンの歯」と呼ばれる戦車障害物などが、連合国軍の前進を邪魔した。[14] なるほど連合国側は、瀕死のドイツ国防空軍に対して、空軍力では優位だった。だが悪天候のときや、前線と後方との無線通信が途絶しているとき（これがまたよく起きた）は、この優位も意味がない。第八四師団が村から村へと甜菜畑を横切って懸命に進む間、ライフル銃兵はドイツ軍の機関銃や狙撃手の銃弾、さらには榴弾砲、迫撃砲、戦車からの攻撃にもさらされた。

アメリカ兵は健闘した。一一月一九日未明、第三三四連隊第三歩兵大隊は、第一〇装甲擲弾兵連隊の反撃を何とか撃退すると、ガイレンキルヒェンの最前線に残っていた敵の掃討に成功する。[15]だが状況はきびしく、一一月二二日にG中隊はゲレオンスヴァイラー郊外で砲兵射撃を浴び、「その朝、誰もが自分以外はみな死んだと思った」という。事実、中隊の最初の戦死者二名はこのときに出ている。[16]ヴルム、リンダーン、ベークの三つの村を結ぶ三角地帯の正面攻撃に失敗すると、死傷者はさらに増えた。第八四師団は村を一つずつ落としてルール川近くに到達。[17]このときまでに第二大隊は前線部隊の半数を失っている。[18]

ある地点でG中隊は敵の機関銃の標的となり、一秒間二五発の銃弾を発射する「カーテンを引き裂くような」音にさらされた。[19]兵士数名が負傷、下士官一名が戦死する。兵士たちは塹壕に飛び込んだが、四方から狙われた。二九日の夜、「ドイツの戦車一台がわれわれの右翼から背後に回った。数人の兵士が戦車から降りてきて、降服しろと叫ぶ。誰も返事をしなかった」。チャールズ・マカスキー少尉が狙撃兵に殺された。[20]「水が足りなくなり、ぬかるみや轍にたまった水を飲んでいた。あのままだったら、雪を食べることになったかもしれない」。[21]戦闘が間断なく四日続き、G中隊は一二月二日夜に前線から外され、休息をとるためにパレンベルクに送られた。最初の攻撃を経験した後のことでもあり、ほぼ全員が日曜の礼拝に参加している。だが数日後には再び最前線に戻された。[22]すぐに彼らは、この種の戦闘における新手の危険に気づく。ドイツ兵の散発的あるいはにせの投降に不用意に応じると、命取りになることだ。週を追うごとに、負傷者（「ビールを一杯やりに行った」という）や戦死者（「バーへ行った」という）の数は増える一方だった。[23]疲労困憊した歩兵が嘆くとおり、「病院送りになるか死なない限り、ここからは出られない」ように見えた。[24]

アメリカ軍の歩兵の死傷者数はたしかに多い。北西ヨーロッパにおける米軍の戦死者は約一一万、負傷者三五万六〇〇〇、捕虜五万六〇〇〇以上で、歩兵部隊の死亡率は平均一七％、負傷率は六一％となっている。[25]キッシンジャーが所属していた第三三五連隊第二大隊では、下士官兵の約九％が戦闘中に死亡、または戦闘中の負傷が原因で死亡しているが、[26]G中隊の死傷者数はそれをはるかに上回る。隊員一八二名中、二一名が戦闘中に死亡、四〇名が負傷、一名が捕虜となっており、死傷者合計は三分の一を超えている。[27]だからキッシンジャー二等兵はじつに幸運だったと言える。ヨーロッパに到着するとまもなく、G中隊から師団司令部のG２班に移されていたのである。[28]戦時中の記録によれば、キッシンジャーはこのときから終戦まで、「戦術部隊に対する反逆や破壊活動の防止、補給線の安全確保を任務とする対敵諜報部隊（CIC）の特別調査官」に任命されていた。[29]

キッシンジャーはようやく実力を発揮する機会を得たと言えるだろう。一一月二九日の夜に再び両親に手紙を書いているが、自分のいる場所にまだ驚いていることがうかがえる。

「夜が訪れ、青い月がこのドイツの町を照らしています。ぬかるんだ通りに人影はなく、遠くで砲撃の音が聞こえます。

私はドイツにいます。罪を犯した人々は報いを受けています。どの家も半ば以上壊れ、店のガラスは割れて商品がぶちまけられています。屋根は崩れ落ちて辺り一面に散乱し、人々は窓に厚紙を当てた家に住んでいます。立派な通りは泥道になりました。肘掛け椅子や長椅子だの、写真や本だのが通りや庭や玄関先に置かれているのがじつに場違いに感じます。われわれの本部は、使われなくなった鉄道の駅舎にあります。破壊された運転司令室や線路の残骸にまじって、〝～行き〟〝～行き〟と書かれた表示板があり、これもまた場違いで妙な感じです」

キッシンジャーの新しい任務は、「信頼できないと判断された（ドイツの）民間人を退去させる」ことと、押収したドイツ人の手紙を情報収集目的で綿密に調べることだった。身柄を拘束したドイツ人に対するキッシンジャーの最初の反応には驚かされる。「信頼できない民間人」（ナチス協力者を意味する）に対しても、彼は共感を抱くことができたのである。「ドイツ人は、家を失うことの意味、愛着のある場所を強制退去させられることの意味を、いま知ることになる。私は任務として、信頼できないと判断された民間人を退去させなければならない。ドイツ人が憎いとしても、これは悲劇にちがいない。片手にスーツケース、片手にハンカチを持って彼らは出て行く。とはいえ遠くに行くわけではないし、すぐに戻れる。ひどい扱いを受けることもない。われわれはゲシュタポではないのだ」。若いドイツ人女性が書いた手紙を読んだときも、やはり一抹の共感を抱いている。

「この戦争をよく表した手紙で、人類共通の情念に満ちている。手書きの子供っぽくて大きな文字に凝縮されているようだ。この手紙は、若い女性が、殺された婚約者の親友に宛てて書いている。〝彼をよく知っているあなたなら、私が失ったものの大きさをわかってくださるでしょう。もう二度と会えないなんて信じられません。そんなことがあるはずがない……どうしてもそのことばかり考え、考えることをやめられません。すべては悪い夢です、いや嘘です。そう、嘘なのです。頭がおかしいと思われたでしょうね。わかっています、私は馬鹿な女です。私はハンスを待ち続けます。ある日ひょいと帰って来るにちがいありません〟」

共感を抱いたとはいえ、キッシンジャーの基本的な姿勢は明快である。「戦争を始めたのは彼らだ」。

そしていま、彼らは戦争に負けた。
一九四四年後半に多くのアメリカ人が信じていたように、キッシンジャーも終戦は近いと思い込んでいた。両親にも「ドイツは負けました」と書き送っている。「捕虜を一目見ればわかります。勝てると信じている捕虜は一人もいません……傲慢も自信もなくし、放心状態で、だらしなく足を引きずって歩いています」。キッシンジャーは、押収した手紙からも同様の推測をしている。
「誰もが運命を予感し、希望を失っています。彼らの手紙には、〝ケルンは瓦礫の山です。ガスも水も電気も新聞も、二週間止まっています。これからどうなるのでしょうか〟とか、〝ボンは一二分間にわたり大規模な空襲を受けました。私たちはまだ生きていますが、あとどれくらい生きられるかわかりません〟とか、〝アメリカ人に降伏してはどうか。それがやはり一番いい〟などと書かれています。さらに、病気のふりをしろと忠告したり、親戚に別れを告げたり、どうせ負けるのだと言ったりします。ヒトラー主義がドイツをこんなふうにしてしまったのです」[30]
キッシンジャーは、あきらかに新しい任務を楽しんでいた。家族に宛てて、「私は長時間働いており、朝七時に起き、午前一時前に寝ることはほとんどありません。非番なんて忘れてしまいましたが、気になりません。この仕事が好きだし、大事なのはそこです」。とはいえ、新しい任務が気楽で生ぬるいなどと考えるべきではない。たしかにキッシンジャーは、G中隊の元戦友が生涯最悪の危険な冬を凍えながら過ごしたたこつぼ壕からは免れた。だが、戦争の分岐点にあったこの頃は、戦況がきわめて流動的だった。あるライフル兵が言うように、「戦線は潮流のように進んだり退いたりし、実際の戦線ははっきりわからない」状況だったのである。[31]時あたかもドイツ軍は、西部戦線の主導権を奪い返すというヒトラーの最後の賭けを実行に移す。キッシンジャーは、ただちに自分が非常に危険な状況、そう、誇張でなく命が危ない状況に置かれたことに気づいた。

2

のちにバルジの戦いと呼ばれるようになったアルデンヌ大攻勢が始まったのは、一九四四年一二月一六日である。次第に妄想をつのらせたヒトラーは、アルデンヌ高原で敵の防衛線を突破し、そのまま英仏海峡まで全速力で進めば、一九四〇年五月の勝利を再現できると考えた。しかしこれは、文字通りガス欠の電撃作戦だった。攻撃の先陣を切る一八〇〇台の戦車にはわずかなガソリンしか入っておらず、計画通りアントワープまで進むには、連合国軍の燃料を奪うほかない。だがドイツ軍は四年前よりもはるかに手ごわい抵抗に遭う。二つの主力部隊のうち、北部を担当する第六SS装甲軍（司令官ヨーゼフ・ディートリヒ）はもたつき、迅速な突破に失敗する。その南を進む第五装甲軍（司令官ハッソ・フォン・マントイフェル）は順調に進撃した。第八四師団の任務は、これらのドイツ装甲軍をムーズ川の手前で食い止めることである。じつに困難な任務だった。

ドイツ軍の攻撃がアルデンヌに限定されていたわけではないが[32]、第八四師団は早くも一二月一九日に、約一二〇キロ南に急行する準備を整えた[33]。アルデンヌの交通の要衝バストーニュ周辺の守備が手薄だったためである。近くのラロッシュやサン・ヴィットはドイツ軍に制圧される寸前だった。連合国軍がナミュールとバストーニュの間に位置するマルシュ＝アン＝ファメンヌを確保できないと、「ドイツ軍がムーズ川に達する可能性が高まる」ことになる。[34] 陣頭指揮を執りたがるアレクサンダー・R・ボリング大将は、一二月二〇日午前九時に部下と二台の車でパレンブルグを離れ、アルデンヌへと向かう。[35] この段階ですでに不確実な要素が多く、いわゆる「戦場の霧」が厚く立ち込めた状況である。マルシュ到着時には暗くなり、道路は逃げようとする民間人であふれていた。町の周辺部に陣取ったドイツ軍の戦車は、中心部を十分に砲撃できる距離にいる。第三三四連隊は、敵の制圧下にある地域を回避するため、あわてて進路を変更した。事態は混乱をきわめ、一時期はボリング自身が交通整理をせざるを得なかったほどである。

マルシュに奇襲攻撃を仕掛けたのは、第二SS装甲軍と第一一六SS装甲軍である。第八四師団の記録によれば、「われわれの左翼はオットンまで、右翼はマルシュまで友軍がいなかった。第八四師団は、押し寄せるドイツ装甲軍を押しとどめる陸の孤島だった」。装甲軍には重戦車ティーガーも含まれている。第八四師団は「いかなる犠牲を払っても」マルシュからオットンまでの防衛線を維持せよと命じられていた。[36] バストーニュで包囲された連合国軍に対し、ドイツ軍が降伏を勧告したのはこのときである。戦場に撒かれたビラには、「潮目は変わった……アメリカ軍は……強力なドイツの装甲軍に包囲されている」とある。[37] これに対して、第一〇一空挺師団のアンソニー・マコーリフ大将が「ばかやろう（Nuts）」と応じたのは有名な話である。マルシュではアメリカ軍の防衛線が伸びきり、中隊間の距離が一・五キロ以上離れていた。[38] ドイツの装甲師団に応戦するには度胸が必要になる。最初に戦車に出くわした「E中隊の兵士は、ドイツ軍の先頭を進む戦車をバズーカ砲で撃退し、攻撃を止めさせた」[39]。兵士たちはみなたこつぼ壕で凍えながら、考えていた。「安普請の囲いは奴らの目の届くところまでしか伸びていない……靴を脱ぐこともできなかった。一瞬たりとも気を抜けば、見つかって殺されてしまう」[40]。戦闘はとくにロシュフォールで激しく、第三大隊は大量の死傷者を出して撤退を余儀なくされる[41]。事後報告書に詳細が記されているので、紹介しよう。

「最初の攻撃は戦車と砲兵に支援されたきわめて強度の高いものだったため、敵は市街地から後退し、手榴弾など接近戦で使う武器で応戦するほかなかった。敵兵の死体が通りに散乱していた……当方は攻撃を次々に撃退しつつ、撤退の準備をしていた。一五時に大隊長による撤退命令。このとき第一中隊から、敵の砲撃を受けたと連絡が入る。この時点で大隊長は、退路が断たれ、道路はすべて封鎖され、補給も不可能との伝言を連隊に送った。敵の砲撃はすさまじく、市街地は生き地獄と化した。敵兵は大隊指揮所を取り囲む建物にいた[42]」

アメリカ軍が防衛戦を維持できた地区でさえ、掃討作戦は容易ではなかった。「家や納屋の部屋をしらみつぶしに調べる必要があった[43]」

こうした記述を読めば、キッシンジャーが自身の体験を卑下する理由がわかる。ライフル兵になっていたかもしれないことを思えば、新しい任務はよほど安全だった。マルシュ攻防戦のちょうど一カ月後に弟に宛てた手紙がある。

「いまいるところがたまたま危険がないというのではなく、そもそも危険がないのだ。ユーモアのある奴が奥さん宛の手紙に書いたように、ここにいるほうが戦後よりずっと安全だ、というべきかもしれない。

いまは……師団司令部に所属している。司令部の人間が危険にさらされるのは、本来的に、きわめて特殊な状況だけだ。すくなくとも、敵の空軍や長距離砲が事実上存在しない前線ではそう言える。そして、この両方が敵のどの部隊でも完全に不足していることはまちがいない。だからいつも上の空ですこし目が悪い君の兄は、交戦中に殺されるよりも、道で車に轢かれる可能性の方が高いというわけだ[44]*」

これは、アメリカに渡って以来キッシンジャーが磨いてきた自虐的ユーモアにほかならない（飛び抜けて頭のいいドイツ系ユダヤ人移民が友達をつくるには、これがいちばんいい方法だったのだからなおさらだ）。現実には、マルシュにいること自体、きわめて危険だった。上空にはアメリカ軍のP47戦闘機サンダーボルトが、地上には第八四師団の高性能自走砲が配備されてはいたものの[45]、それだけでドイツ軍の88ミリ高射砲、迫撃砲、さらにはV1飛行爆弾から師団司令部を防衛できるわけではない[46]。

キッシンジャーは、師団がマルシュに到着する前から、自身の置かれた危険な状況を冷静に認識していた。「軍の報告書は、これから向かう問題の町が敵の手に落ちていると事務的に述べていた……つまり私たちはまっすぐにライオンの口に飛び込もうとしていた……どの道路も動くものは何もない。危険の匂いがした[47]」。事実、マルシュでのアメリカ軍の状況は時々刻々と変化したため、スター・アンド・ストライプス紙の戦況図では一月一〇日になっても、まだこの地区はドイツ軍の制圧地域になっていたほどである[48]。アメリカ軍の制服を着た元ドイツ国民、しかもユダヤ人となったら、捕まったが最後銃殺されかねない。同じ立場の元移民は、こう回想している。「もちろん捕まったときのことは考えていた。ユダヤ教徒の元ドイツ人ときたら、もうまちがいない。さよならだ」。なにしろアメリカ軍の認識票には、兵士の信仰する宗教が一文字で示されている。ユダヤ教徒なら、「J」、またはヘブライの「H」だ。一九四五年初めには、ドイツ系ユダヤ人で構成されたアメリカ軍の尋問官チーム全員がドイツ軍に捕えられ、その場で銃殺されている。歴史家のヴェルナー・アングレスはDデイから九日目に捕虜になったが、用心して「H」から「P」（プロテスタント）に代えておいたため助かったという[49]。

キッシンジャーはドイツ語のほかに、簡単なフランス語も話せた。そのため、怯える大勢のベルギー市民を安心させる役割を仰せつかる。弟への手紙を引用しよう。

「肩に黒いスカーフを巻いた女性たちが、集まってきた群衆にすぐにこちらの言葉を伝えてくれる。ラテン民族はどんな状況でも劇的な効果を演出する能力に長けているが、ここでもそうだった。彼女は、〝あいつらは通さないと彼は言っています〟と言ったのだ。君も覚えているだろう、この簡潔な言葉は、

＊　この手紙はこのあとにも引用が続くように、きわめて長い。日付は一九四五年二月になっているが、じつはキッシンジャー自身とフリッツ・クレーマーが後年（一九四七年一月）に出版物への掲載を意図して書いたものである。キッシンジャーは家族に「名前に惑わされないように」と注意している。「感傷的な理由からよくある名前を選んだだけだ。そこに書かれたストーリーは、すべての出来事が一人の人物に起きたわけではないという点ではフィクションだが、ほとんどのことが実際に起きたという点では真実である」（一九四七年二月一六日）。言い換えれば、手紙に書かれているのは二人の人物の体験を合成したものだが、実際の状況とかけ離れているわけではない。

第一次世界大戦のときにヴェルダンの戦いでフランスの将軍から発され、勝利につながった。第二次世界大戦でも、フランスの将軍たちは、装備も指揮官もお粗末な部隊に対して同じ言葉を口にしている。じつに痛ましい。だが結局今回ヴェルダンの要塞は……転がる石のように消えた。言葉の魔法にも限界があるのはあきらかだ。自分から大丈夫だと言っておきながら、また、ドイツ軍の戦力には限界があるとわかっているにもかかわらず、僕は不安だった……人々は、アメリカ軍には一般市民を守る能力がないと失望し、信頼を失っていた。そのことが僕の心にも暗い影を落とした[50]」

　アメリカ兵たちは、出会う子供たちにキャンディを投げ、若い女性を見かければ声をかけて、自分たちを奮いたたせ、ベルギー市民を元気づけようとした。

「車列が止まると僕はトラックから飛び降り、自転車に乗った女の子を呼び止めた。この町は大きいか、いいところかなどと尋ねていると、毎度のことながら、彼女が俺と寝てくれるかどうか聞いてくれと言い出す奴がいる。〝女を口説く技術はきわめて個人的なものだ。やりたいなら自分でやることだね〟と、こういう場合のおきまりの返事を言い始めると、この女性は全然当惑した様子もなく、全部わかるわと言った。もっとも、それ以外の英語は何も知らないようだったが[51]」

　すり減った神経を癒すために、誰もがこうした軽い息抜きを求めていた。なにしろ「アメリカ兵の恰好をしたドイツ人兵士がパラシュートで降りてきたのを見た」などという噂が広まっていたのである。マルシュでキッシンジャーが命じられた仕事の中には、司令部を置く裁判所の扉を開けるために、錠前師を探すというものもあった。アメリカ軍の歩哨に盗み癖があったせいで、この仕事は一段と面倒になった。

「宿舎として割り当てられた学校へ向かう途中、暗闇の中で私は三度止められ、ひどく無礼な歩哨に合言葉を聞かれた［キッシンジャーの訛が相手を不安にさせたにちがいない］。数週間後に知ったことをそのとき知っていたら、おもしろがる余裕はなかっただろう。つまり私たちは、右翼も左翼も友軍に守られていなかった。後方は長い道路で味方とつながっているが、その道路を敵は容易に分断できる。敵の所在はまったくわかっていないうえ、両翼は完全に無防備だ。このときいた町は前線の一部ではなく、道路の途中に設定された拠点に過ぎない。防衛して敵の利用を防ぐだけの存在だった……その後の数日間で、音でわかるほど状況は悪化した」[52]

マルシュでキッシンジャーの心に残ったのは、現実とは思えないある出来事である。彼の回想を聞くと、解放された国の人々の歓迎ぶりにアメリカ兵がどんなふうに反応していたか、そしてキッシンジャーの置かれた状況がどれほど危険だったかがよくわかる。それは、ある夜のことだった。闇の中で宿舎のベッドを抜け出したキッシンジャーは、地下室に灯りがともっていることに気づく。降りていくと、「古い蓄音機の音とダンスをする足音がした。男たちが、旧友にバーでばったり出会ったみたいに私の名前を呼んだ。みんな、だいぶ前から飲んでいるらしい。いや、実際にはアルコール抜きだったが、女の子たちがいるだけで酔っ払った気分になっていた」。

兵士のほとんどは軍の新聞の記者で、ベルギーのある家族に歓待されているところだった。「にこにこした母親と内気そうな父親に、その娘や息子の嫁やその友人たち」が勢揃いしている。若い男と女たちはすぐに踊り始めた。

「台所のコンロのせいで熱すぎるほどだった。みんな汗だくで踊り、のべつ別のカップルとぶつかる。

女の子の一人は大きな町から友達の家に遊びにきて、そのまま町から出られなくなったという……控えめな子で、とてもダンスが上手だった……みんなに輪の中に引きずり込まれた私は、ライフルもヘルメットも銃剣も部屋のすみに放り投げた。私がフランス語で冗談やバカ話ができるとわかると、女の子たちはきゃあきゃあ言った。調子付いた私はロシアのダンスを踊ってみせ、場はますます盛り上がった*。仲間たちは女の子の手を握り、フランス語を話せる大尉はソファで年配の女性たちとまじめな話をした。黒い服を着た女性が話しかけてきた。夫は地下組織で活動していてドイツ兵に殺されたという。夫の写真を見せられて悲しい気分になった。父親と母親は、身振りを交えながら占領中の辛さを語った。そうなったら当然、やつらはまた戻ってくるのか、という質問が出てくる。戦闘がこの町から六キロほど離れた南と南西で行われていると知りながら、私たちはごまかした[53]」

翌晩もみんなが集まり、ダンスは一層親密になった。

「またもや暑すぎる台所で踊った。ゲームもした（場をほぐすきっかけを作る会話術を会得していない人はゲームを好む）。ゲームの成り行きで女の子にキスする奴もいれば、ダンスを続ける奴もいた。私もこの状況を最大限に利用し、大きな町から来たあの女の子と組んだ[54]」

このとき突然、砲撃が始まる。窓ガラスが砕け散った。歩哨に立っていた兵士たちが、遮蔽物を探して騒がしく駆け下りてくる。爆発音は非常に近く、学校の裏手に着弾したように聞こえた。「くそっ」と誰かがつぶやく。「いまのは近い。二〇メートルも離れていないだろう」。踊っていた女の子たちの兄弟が恐慌をきたす。ドイツ人がマルシュを占領すれば強制収容所送りになるというのである。フランス語を話すアメリカ兵に例の質問を蒸し返す人もいた。「ここを離れるべきだろうか。明日の朝すぐ」。キッシンジャーは「できるだけ早くこの罠から出て行け。若い男ならなおさらだ」と口走りそうになるのを我慢したという。その一方でぬけぬけと、大きな町から来た女の子に「男に何を求めるか」などと尋ねている。「蒼白になった彼女は、やさしさだと答えた」そうである。その間も砲弾は落ち続けていた。

「ほぼ三〇秒ごとに地下室は衝撃で揺れた。大勢の民間人で混み合っていたが、誰も悲鳴をあげない。小さな子供でさえ、じっと堪えていた。女たちは祈っていた。兵士たちは、銃の口径やこちらとの距離や砲弾の種類などについて、囁き声で意見を交換した。空気は張り詰め、長時間の潜航を強いられた潜水艦のようになった」[55]

キッシンジャー（とクレーマー）が本当にばかげたことをしたのはこのときである。「無力でいたたまれない気持ち」に苛まれ、「青ざめ疲れ切ってレンガの壁にもたれている人たちのど真ん中に砲弾が打ち込まれる眩い幻覚」に神経をすり減らしたキッシンジャーは、「この集中砲火で皆殺しにされる危険を前にして意気消沈し……数年におよぶ苦労と忍耐の挙句、どこから攻撃されているのかも知らないまま、地下室でなすすべもなく無駄死にすることのばかばかしさ」を考えていた。「あらかじめ用意された墓のようなこの穴」にいるのはいやだった。そこで彼は、「何が起きているか

＊　この文章が、キッシンジャーではなくクレーマーによって書かれたのはほぼ確実である。前述の「女を口説く技術」という表現も、クレーマーによるものだろう。

を見に行くために」誰か一緒に来ないかと声をかける。強がって笑いながら言ったものの、じつは弟に白状したとおり、彼を動かしたのは勇気より閉所恐怖症だった。軍服を着た別の男、「ある意味で私と同程度には理論的な知性を持っているはずの」数字に強い兵士が手を挙げる。この行動は心理学的には有効だった。二人は「自分たちの冒険心にワクワクし」、階段を上って外に出ると「緊張の極に達したが恐怖心は和らいだ」からだ。言うまでもなく、不合理きわまりない行動である。学校の地下室が完全に安全ではないにしても、攻撃のさなかに外に出れば、死ぬか重傷を負う危険は飛躍的に高まる。二人は、司令部のある裁判所へ向かった。驚いたことに、「士官たちはきちんとした身なりで……何事もなかったかのように整然と働いて」おり、「いつもどおり命令がタイプされていた」。砲撃は止まったようだった。もっとも、気が気でなかったキッシンジャーには、自分が地下室を出たあとも砲撃が続いていたかどうか思い出せなかったが。もうやることもなかったので、結局学校に戻り、三階の寝室に上がる。「三階を88ミリ高射砲で狙われ通りに吹き飛ばされる幻覚」が一瞬浮かんだが、寝台を天井の太い梁の真下から移動して不安を鎮め、眠りについた。「大砲の音（敵か味方かは神のみぞ知る）がうるさくなったとき以外は目を覚まさなかった[56]」

第二次世界大戦における連合国側の戦死者の四分の三は、大砲、迫撃砲、手榴弾、空爆にやられている。あの夜に運が悪ければ、キッシンジャー二等兵は、自らの無謀さゆえに命を落とした大勢のアメリカ兵の一人になっていただろう。手紙の自意識過剰な文学的表現に関するクレーマーの影響を差し引いても、このエピソードは次の三点で印象深い。第一は、「数年におよぶ苦労と忍耐の挙句」、地下室でただ運命を待つのはいやだと感じたこと。第二は、リスクを取る用意があること。第三は、平静を装って恐怖心を隠す能力を備えていることである。この三つの特徴は、戦後の彼の人生に一度ならず表れることになる。

3

第八四師団の大半がマルシュを離れたとき、キッシンジャーは後方部隊として残ることになったとある評伝に書かれているが、[57]それはちがう。敵の砲撃を受けたまさにその日に、キッシンジャーは町を出ている。師団司令部が前線から数キロ離れた城に移ったためだ。「敵は近い」と感じていたため、マルシュを離れることには何の心残りもなかった。もちろん、第八四師団の仲間を羨ましいと思うはずもない。第八四師団は「半ば英雄になった気分、半ば見捨てられた気分」で、ほとんど空っぽの町に残されたのである。そこで「壮絶な戦い」[58]を繰り広げるはずだったが、その機会はついに訪れなかった。師団の公式記録にあるとおり、マルシュの戦いは「装甲軍指揮官マントイフェルの最後のあがきだった。ムーズ川へのドイツの進撃は終わった」からである。[59]

数週間後、上官から「上等なベルギー製パイプ」を買って来いと命じられたキッシンジャーは、マルシュ再訪を果たす。任務を終えると、まず「とても魅力的な娘のいる一家と平和な夜を過ごした家」を訪れ、「すこし驚いている娘の手にキスし」、父親にはソ連軍の進撃状況を地図に描いてあげた。次にあの古い学校へ行く。母親と、前回は姿を見せなかった祖父だけがいた。マルシュ防衛部隊の一人としてキッシンジャーは温かく迎えられ、「コーヒーととびきりおいしいパンに、本物のバターと自家製のプルーンジャムでもてなされ、二度目、三度目、四度目のおかわりを勧められた」[60]。もっとも、いまやマルシュはイギリス軍第五三師団の管轄となっており、彼らはアメリカ兵に向かって、「われわれは君たちを助けるために来た」[61]と恩着せがましく言ったものである。

バルジの戦いの潮目は変わりつつあった。一九四五年一月三日になると、連合国軍はアルデンヌ大攻勢の結果として突出していたドイツ軍に三方から攻撃を浴びせる。パットンのアメリカ第三軍はバストーニュから北を攻撃し、モントゴメリーが指揮するイギリス第二一軍集団はマルシュから南を担当し、第八四歩兵師団を含むアメリカ第一軍（こちらもモントゴメリーの指揮下に置かれた）が従う。連合国軍は装甲車両主体で攻撃する予定だったが、天候を計算に入れていなかった。大雪で気温が零下一三度まで下がり、道路は凍結し、戦車がかんたんに滑ってしまう。やむなく歩兵師団が先陣を務めることになった。

アーヘン付近の泥も十分ひどかったが、「ベルギーのシベリア」と呼ばれるアルデンヌの氷はさらにひどかった。「地獄というものは暑くて燃え盛るところだと思っていたが、アルデンヌに来て地獄は冷たくて凍るところだとわかった」と、G中隊の記録係だった復員兵は回想している。「部隊の士気は著しく低下した。外套は凍り、息を吐けば霜になって服につく。身体を温めるために、みなひたすら雪かきをした。眠るなんて、とんでもない。凍死してしまう」[62]

敵は寒さだけではない。撤退中のドイツ軍には攻勢に転じられる見込みがほぼなかったにもかかわらず、ドイツ兵は闘志を失っていなかった。[63] のろのろとしか進めないアメリカ軍に、彼らは戦車と大砲で甚大な被害を与えた。[64] バルジの戦いでとりわけ殺傷力が大きく危険だったのは「樹木曳火」砲撃である。森林地帯に時限信管付きの砲弾を打ち込んで兵士の頭上で爆発させ、破弾と樹木の破片を浴びせる戦法だ。[65] ドイツ軍のジークフリート線までの秩序ある撤退を何としても防ごうと、連合国軍は休む間も惜しんで攻勢をかけ続けた。[66]

キッシンジャーはもうライフル兵ではなかったが、師団司令部にしても、前線の最後尾からそれほど後方に置かれていたわけではない。G中隊の兵士のように敵の小型火器に直面してはいなかったものの、寒さ、砲弾、疲労に襲われる点ではたいして変わらなかった。キッシンジャーは、自分を戦争の英雄と見せかけたことは一度もない。しかし戦友のデービット・C・ラインの回想によれば、バルジの戦い後に第八四師団がグヴィーに着いた時点でなお、キッシンジャーは通常の歩兵と変わらぬ危険と困難の中にいたという。[67] 師団や中隊の記録から、キッシンジャーのたどった長く困難な道程がわかる。ドシャンからサムレー、ベリスムニルからオロモン、ビロン城からラロシュ、さらにウファリーズへ。ウファリーズの奪還でバルジの戦いは終わる。[68] この戦争で最も苛酷な戦いだった。オリで当然の休息を与えられるまでに、第八四師団は多くの死傷者を出していた。[69]

バルジの戦いが終わっても、戦争が終わったわけではない。二月七日に再びジークフリート線を前にした第八四師団の兵士は、振り出しに戻っただけだと気分が悪かった。なにしろそこは、アルデンヌ大攻勢の前夜に自分たちがいた場所とほとんど同じだったのである。師団司令部は今回リンダーンに置かれ、そこで慎重にグレネード作戦が立てられる。消耗したドイツ軍の戦線を突破し、ドイツ領内に一気に侵攻する作戦だった。ドイツ軍がダムを破壊してルール川を氾濫させたため渡河が困難になったものの、二月二三日にすさまじい弾幕砲火を浴びせておいて、第一大隊が渡河に成功。ケルレンツィヒ、ルーリヒ、バールへと快進撃する。ドイツ軍が反撃を試みたのはバールだけだった。その後二日で第八四師団がホヴェラート、ヘツェラート、グランテラートを制圧。晴天になり、平野もひらけて、連合国側は制空権を活かせるようになる。G中隊に言わせれば、ドイツの新型ジェット機は狙撃兵ほど怖くなかったという。[70]彼らは国民突撃隊と呼ばれる非正規軍にも初めて遭遇したが、少年と老人の部隊でほとんど訓練されておらず、装備もお粗末で、まともな兵員が底を尽いたことを雄弁に物語っていた。[71]一九四五年二月最後の週になると、ドイツ兵の捕虜が目に見えて増え始める。ドイツ軍の抵抗が弱まってきた何よりの証拠だった。[72]

　好天と敵の弱体化により、遅まきながら戦車が先頭に立ち、アメリカ軍の進撃は加速する。第八四師団の兵士は、自分たちが「タスクフォース・チャーチ」の一員として、これまでとはまったくちがう戦いをしていることに気づく。アルデンヌ高原ではぬかるみの中をのろのろ行軍したのに、いまや「町から町へ猛スピードで飛ばしている」。第一軍は再びボリングの指揮下に戻り、装甲車両に先導された歩兵隊が敵を掃討した。[73]次々に制圧するドイツの町の名前を覚えられないほどのスピードである。アメリカ軍はスーヒテルンから北に向かうが、抵抗らしい抵抗はほとんどなかった。ドイツ側は、アメリカ軍が東進し、重工業の中心地ルール地方をめざすと考えていたらしい。だがアメリカ軍が東に向かったのはボイスハイムを過ぎた後で、そこからライン川左岸のクレーフェルトをめざした。[74]メルスの村で「ギャングの撃ち合い」のような「荒っぽい射撃ゲーム」はあったが、師団の先頭は三月四日に無事ライン川に到達する。[75] クレーフェルトではほとんど抵抗はなかった。ベルリンでは、クレーフェルトを「西のスターリングラード」として死守するか、むざむざ捨てるくらいなら焼け野原にするという計画が立てられていたという。[76] だが防衛隊の指揮官は、援護もなく不十分な装備で抵抗する気はなかった。いずれにせよ、クレーフェルトと対岸ユルディンゲンの間の橋がアメリカ軍に奪取されるのを阻止するには、ドイツ軍は残った兵員をすべてかき集めなければなるまい。

アメリカ兵はベルギーの人々からは救世主として歓迎されたけれども、ドイツではまったく事情がちがった。マッツェラートは、民間人の死者をほぼ出さずに第八四師団に占領された最初の町だが、ここでアメリカ兵は、市民が怯えていることにびっくりする。師団の記録には、「どうやらアメリカ軍に皆殺しにされると聞かされていたらしい」とある。[77] 一方クレーフェルトは「全般的に従順で、市民の多くは協力的だった」ことになっている。アメリカ軍が町に入ると、白いハンカチやシーツを振る者もいた。[78] とはいえこれは降伏の合図であって、歓迎の合図ではない。休息と健康回復のためにクレーフェルトに一カ月近く駐屯するうちに、アメリカ兵は「われわれはあきらかに望まれていない。ドイツ人は、これまでに訪れたどの町の住人よりもよそよそしい」と気づく。[79]

一説によると、キッシンジャーは「クレーフェルトの管理者」に任命され、「ガス、水道、電気、交通、ゴミ収集などの担当者を監督した。八日間で市の機能を回復するとともに、あきらかなナチス協力者を排除した[80]」という。連合国によるドイツ占領の初期には、ドイツ出身の兵士に大きな権限が与えられた例がないわけではない。[81] だが、キッシンジャーがこの種の役割を果たした証拠は存在しない。クレーマーが一九四九年に書いた推薦状の中で言及されているだけである。[82] クレーフェルトに三週間いたことはまちがいないが、占領期のクレーフェルトに関するどの学術文献にもキッシンジャーの名前はない。

クレーフェルトという町はイギリス空軍の戦略爆撃の対象となり、一九四三年六月と四五年一〜二月に大空襲を受けている。だからアメリカ軍が入った一九四五年三月には廃墟になっていた。住宅の約六〇％が被害を受け、二七％は完全に倒壊。[83] 一九三九年には一七万二〇〇〇人だった人口は、アメリカ軍が入った時点で一一万人に減っている。[84] 生き延びた者は、地下のコンクリート製大型防空壕で暮らしている状況だった。クレーフェルトにやって来たデイリー・エクスプレス紙のアラン・ムーアヘッドとテレグラフ紙のクリストファー・バックリーは、何万人ものドイツ人が主要駅に備えられた大型掩体壕に住み着いているのに驚愕する。[85] 生活条件は劣悪であり、この人たちにとって、「戦争は人生のほとんどすべてを破壊しただけだった」。[86] ユルディンゲンの七部屋ある大型掩体壕は、アメリカ兵が発見したときには電気も水も供給が途絶えていた。[87] その一方で、ナチスはルール地方の経済の維持を最後の最後まで最優先し、郵便、電話、輸送、電気、ガス、水道などは多少の混乱はあっても機能し続けたし、食料と石炭の供給も確保されている。

アメリカ軍がクレーフェルトを占領したとき、そこには地方自治というものが存在していなかった。市長や警察署長などの当局者は、正規軍とともにほぼ全員が三月一日までにライン川を渡って逃げてしまい、町を降伏させる権限を持つ者がいない。[88] アメリカ軍にとって予想外の事態である。地下に潜った狂信的な活動家の抵抗は予想していたが、地上に戻りたがっている一般市民は予期していなかった。用心のためそのまま壕に留め、一日一時間だけ外出を許可することになる。同時に、アイゼンハワーの「交歓禁止令」が実施された。要は、兵士と被占領民との性行為の禁止である。その結果、無秩序状態が出現する。戦闘で鍛えられたGIは突然戦闘から解放されて騒ぎ回った。G中隊にとって、「クレーフェルトは大当たりだとわかった。宿舎は快適だし、ワイン、コニャック、シュナップスなんでもござれだ」[89]。世界中の軍隊でアメリカ兵ほどパーティーを開くのが得意な連中はいない。数日のうちに「バーや店や裁判所など一五カ所で映画が上映された。ショーや曲芸もあった」。アイスクリームもふるまわれた[90]。とはいえ公的に認められた娯楽は、「交歓」の違法な楽しみに断然劣る[91]。なにしろ第八四師団の歩兵は、ピカデリーサーカス以来、その手のこととは無縁だったのだ。

しかしドイツ市民してみれば、ナチスから解放されるのと引き換えに、家を荒らされ、貴重品を奪われ、レイプされた（すくなくとも三件が報告された）ことになる。自宅が損壊していない場合、アメリカ軍将校に明け渡さなければならない。というのも交歓禁止令では、ドイツ人とアメリカ人の宿舎共有は禁じられていたからである（つまり禁止令のこの部分だけは厳格に実行された[92]）。一日一時間の外出の門限も一貫性がなく、第八四師団が管理する地区と第一〇二師団とではちがうし、大勢のドイツ人が逮捕されたが、その多くは地元民からは不当にしか見えなかった。さらにドイツ人にとって災難だったのは、東ヨーロッパで強制労働をさせられていた人々に襲われたことである。強制移住者（DP）と呼ばれるこの人たちは復讐心に燃えて暴れ回り、食料品店を襲い、農場を荒らした。ある記録によれば、ドイツ人二四人が暴行され殺されたという[93]。

ナチスに反感を抱くある年老いた第一次世界大戦復員兵は、アメリカ軍による占領はでたらめだったと嘆く[94]。彼の四月九日の日記には、「昼夜を問わず強盗や窃盗が横行し……三〇年戦争の再来のようだ[95]」と失望が記されている。別の人は、ドイツ人を防空壕に閉じ込める決定は正常化を妨げただけだと書いている。[96]もう一人は、自分の家に乗り込んできた兵士の一団は、金目のものを奪ったうえ家中を壊して回り、「野蛮人のように」本を破り捨てたと書いている。[97]アメリカ軍は強制移住者による人殺しに目をつぶるのかと抗議すると、[98]アメリカ人通訳はぶっきらぼうに答えた。「われわれはロシア人からおまえの国を解放するためにここに来たわけじゃない。奴らを招き入れたのはおまえたちだ。われわれが来たのは、オランダ、ベルギー、フランスをドイツから解放するためだ[99]」。こうした姿勢はアメリカ陸軍に一般的で、交歓禁止令を正当化する目的で制作された反ドイツ映画や文献でも積極的に奨励されている。町に秩序が回復したのは、あきらかにもっと品行方正なイギリス軍が四月二三日に管理を引き継いでからだった。

4

では、キッシンジャーのクレーフェルトでの本当の役割は何だったのか。一九四七年にハーバード大学に提出された願書を見ればはっきりする。「一九四五年二月まで私は対敵諜報部隊（ＣＩＣ）に所属していた。われわれの主な任務は、たとえばバルジの戦いにおいてドイツが大規模に展開した浸透作戦のようなスパイ行為や破壊行為を防ぐことだった[100]」。ＣＩＣのもう一つの役割は、ナチスの解体、軍の幹部などの逮捕、党員や協力者の公職からの排除である。[101] つまり地方自治の再建はアメリカ軍の優先事項ではなかった。キッシンジャーがライフラインの復旧に一役買ったとしても、それはあくまでアメリカ軍のニーズを満たすためであって、ドイツ市民のためではない。彼にとってはるかに重要な任務はナチスの排除である。というのも、アメリカ政府が非ナチ化に本腰を入れて取り組んでいたからだった。

アメリカ政府は一九四五年のドイツを狂信者の巣窟とみなしていたが、これはあながち的外れとは言えない。戦争に疲れた国民の大半は、連合国側からどのような政体を押しつけられても受け入れるつもりだったが、ヒトラー体制の正統性をイデオロギー的に確信する支持者の母体もなお存在した。彼らは玉砕するまで戦う気だったし、国内外の敵も道連れにしようとした。[102] アメリカは、一九四五年のドイツにおける狂信主義の広がりをいくらか誇大に考えていたかもしれない。しかしけっして妄想ではなかった。戦略諜報局心理戦部門の責任者だったソウル・パドーバーは、軍のドイツ専門家としてクレーフェルトに入った第一陣の一人である。彼の第一印象は矛盾に満ちている。最初の夜に宿泊した家の老人は、頭がおかしいのかと思うほどビクビクしていたが、翌日廃墟のクレーフェルトを案内してくれたヒトラーユーゲント気取りの若者は、ゲッペルスのプロパガンダで完全に洗脳されているようだった。十数年にわたって身を潜めていた社会民主党やカトリック中央党の元党員も、現実から奇妙に遊離している。[103] 非ナチ化にドイツ市民の手を借りるとして、誰が協力者として信頼できるのか、みきわめなければならない。それを検討することもパドーバーの仕事だった。当然ながら、自分から売り込んでくる人間は信用ならない。たとえば公務員のリヒャルト・ローレンツェンは、離任するナチスの上級市長アロイス・ヒューイングから残る任期を任されていた。[104] まだ混乱のさなかの三月第一週に、ローレンツェンはアメリカ軍に名乗り出て自分の立場を説明し、クレーヴェの元市長で反ナチスの弁護士ヨハネス・ステプケスを市長に推薦する。[105] だが、ローレンツェンは信用できるのか、ステプケスはどうか。陸軍としては、ナチス残党の排除に協力してくれる信頼できるドイツ人を探し、その身元調査を迅速かつ正確に実行できる人間が必要になったわけである。これはキッシンジャーにうってつけの仕事だった。

「管理は……占領軍が直面する唯一の問題ではない」。一九四五年三月一七日付の報告書は、この一文から始まる。これは、CICの一員としてキッシンジャーが共同執筆した報告書のうち、現存する最も古いものだ。時期としては、アメリカ軍のクレーフェルト占領から二週間ほど経った頃である。「政治的問題もある。ナチスが一二年にわたって行政を支配してきたため、国民は官僚とナチスを同一視している。したがって市政からナチス支持者を一掃することが、占領軍の任務となる」。報告書は、聖職者や一九三三年以前の社会主義・自由主義政党の党員など、アメリカ軍が信頼できる反ナチスと判断した八人の情報提供者の証言に基づいている。ローレンツェン、ステプケスと、その秘書ハインリック・ケスティングはナチスではないと認定された。だが、市の会計検査官や学校監督官など一〇人の公務員はナチスとみなされ、市営食肉処理場の作業員は「熱狂的なナチス」または「日和見主義者」と判断されている。[106] 彼らは即座に解雇され、そのニュースはすぐに知れ渡った。リンのある住民は、「ナチスの下っ端どもがアメリカ人に追放された」と満足げに三月二八日の日記に書いている。[107] かくしてナチスの逮捕がキッシンジャーの新しい任務になった。クレーフェルトのゲシュタポに関する詳細なＣＩＣ報告書（一九四五年四月一八日付）の執筆者の一人がキッシンジャーであることは、まずまちがいない[108]。その手法とスタイルは、のちのダルムシュタットのゲシュタポに関する報告書とよく似ており、こちらにはキッシンジャーの署名がある[109]。

非ナチ化のプロセスは、本質的に歴史研究と心理学の実践にほかならない。熱心なシンパを見分けるのは容易ではなく、容疑者の尋問から引き出した情報は判断をいっそう困難にするだけだった。現在の私たちに理解できる最大の困難は、ヒトラー体制による抑圧の対象がユダヤ人とイデオロギー的少数者（共産主義者など）に限定されており、そのほとんどが死んでいることである。一九三三年の時点でクレーフェルトのユダヤ人は人口の一％以下だったが、町のゲシュタポが行なった三五〇〇件の尋問対象の半分以上がほぼユダヤ系だった。つまり「一般のドイツ人」と標的にされた集団とははっきり区別されていた。前者は、たとえ法律に違反しても手荒な扱いは受けず、まずまず大目に見てもらえたのに対し、ゲシュタポは後者を組織的に迫害している。監視し、いやがらせをし、暴行し、拷問し、国外追放処分にし、そして一九三九年以降は強制移送し、絶滅収容所に送るようになる。四二年夏までには、クレーフェルトのユダヤ人のほぼ全員が絶滅収容所送りになっていた。他民族と結婚した者だけが免れたが、ゲシュタポは彼らも排除しようとした。終戦の時点で、一九三〇年代にドイツを離れなかったクレーフェルトのユダヤ人八三二人のうち九〇％が死亡している。うち自然死は八三人だけだ[110]。キッシンジャーが来たとき、クレーフェルトで生き残ったユダヤ人は四人しかおらず、その全員が隠れていた。対照的に、ゲシュタポに調べられた一般のドイツ人で強制収容所送りや保護拘禁になったのは一〇人に一人にすぎない。そしてこの一般のドイツ人というものは、ゲシュタポに連行されかねないのと同程度に、他人をゲシュタポに密告しかねないのだった。戦前にクレーフェルトでユダヤ人が被告になった裁判の五分の二以上が市民の密告に基づいており、ゲシュタポやそのスパイによるケースの二倍に達する。[111] 一九四〇〜四五年にゲシュタポの幹部だったアウグスト・シファーやルートヴィヒ・ユングなど極悪犯を特定するのはむずかしくない。[112] むずかしかったのは、意図的にユダヤ人を絶滅収容所送りにした積極的な加害者と、ふとした出来心や不注意からだった大勢のドイツ人との線引きだった。犠牲者の大半は死んでいて証言できず、殺人に加担した者が真実を語るはずもない。

こうした困難な問題に対処する能力があったおかげで、キッシンジャーは昇進し勲章を得る。しかしこれに関しても、事実と異なる「伝説」が少なくない。たとえば最近の評伝には、「キッシンジャーは一九四五年四月に、ナチス兵士を尋問する目的でドイツ市民のふりをして敵の制圧地域に入り、その勇気と判断力に対して青銅星章を受けた」とある。[113] だがそれをしたのはクレーマーで、ガイレンキルヒェンで捕えられた。投降勧告の使者を装ってなんとか脱出したという。この手柄でクレーマーは青銅星章と戦地昇進を獲得している。[114] クレーマーとキッシンジャーはいまや固い友情で結ばれていた。キッシンジャーは、夜に時間があるときには「灯火管制の闇の中、戦いの傷跡が残る通りを歩いた。クレーマーは大声で歴史や戦後の課題について語った。神経質な歩哨を挑発しようと、わざとドイツ語で話すこともあった」と回想している。[115] キッシンジャーが青銅星章を授与されたのは、クレーフェルトでも敵陣の中でもなく、ライン川の対岸だった。一九四五年四月一日、彼は第八四師団の仲間とともにヴェーゼルでライン川を渡っている。

5

ヨーロッパでの戦争の最終局面は、アメリカ陸軍の兵士にとって多くの点で愉快な経験だった。Dデイ後の長く苦しい戦いに比べると、ライン川からエルベ川への進軍はアメリカ版電撃戦と言ってよい。もはや心配しなければならないのは兵站のことぐらいだった。機動化の進んだ軍隊にガソリンやタイヤの供給をどう確保するか、史上最強の陸軍をどう食わせるか、などである。だいたいにおいて抵抗にはほとんど遭わない（どうしたわけか、爆撃の被害が大きかった町の人のほうが、工業地帯から離れていて被害の少ない地域の人より、白旗を振って連合国軍を歓迎した）。国民突撃隊（一一歳の子供まで含まれていた）の士気は低く、おおむねすぐに降参する。強制移住者たちも解放を歓迎した。

とはいえときには、ドイツ国防軍や親衛隊（SS）にしぶとく抵抗されることもあった。とくに親衛隊は、全滅するまでとは言わないが、銃弾が尽きるまで戦う覚悟を決めている。第八四師団はヴェーザー川を渡河中、身を以てこれを体験した。ネーベルヴェルファー（多連装ロケット砲）に砲撃されたのである。[116]対岸のビュッケブルクでも砲撃を受けた。[117]なぜドイツの若者が、パンツァーファウスト（携行式の対戦車砲）か機関銃程度の武器で圧倒的に優位な敵に立ち向かうリスクを冒したのか（その多くが命を失った）、いまだに謎である。戦争にはあきらかに負けているのだから、なおさらだ。ドイツでは「敗北主義」やこれに類する罪で略式裁判にかけられ即刻絞首刑になる人の数が激増しており、降伏したらどんな目に遭うか、恐怖を植え付けられていたのかもしれない。ともかくも連合国側には理解しかねることだった。もっとわかりやすいのは、ドイツの若者の多くが教育やプロパガンダによってナチズムに狂信的に心酔している、という説明である。彼らは、楽劇『神々の黄昏』のような終焉、すなわち燃え盛る炎の中の死を第三帝国に与えようとしたのかもしれない。となれば、ＣＩＣの任務は一段と重要になる。ナチスが占領軍に対するゲリラ戦やテロ行為を本気で計画しているなら、まだ芽のうちに摘んでしまう必要があるからだ。いまでこそ、ドイツのうち西側の占領した地域が、ゆたかな経済を持つ民主政体のドイツ連邦共和国として再生したとわかっているが、一九四五年の時点では、そのような結末はまるでありそうもなかった。むしろくすぶり続ける第三帝国の廃墟では、連合国に対して暴動が起きる可能性のほうがはるかに高そうに見えたのである。ドイツ降伏の前後には、ドイツ義勇軍やゲリラ組織などによって三〇〇〇～五〇〇〇人が殺されたことを忘れるべきではない。[118]

ゲッペルスがゲリラ戦を煽動する放送を開始してから八日後の四月九日に、第八四師団はハノーファー近郊に到達する。[119] 翌日の攻撃は濃霧のなかで始まり、アメリカ軍はドイツ軍に不意打ちを喰わすことに成功。戦闘は短時間で決着し、クレーフェルト同様、兵士たちはすぐに「潤沢なワインに食事にシュナップス」を満喫することになる。[120] 軍曹に昇進したばかりのキッシンジャーは、地元民が「従順」だと感じた。両親宛の手紙には「現にアメリカ軍が町に入ると、大勢がジープに群がって来て、歓呼の声に迎えられました。一瞬、ベルギーにいるのかと思ったほどです」とあり、どうやら「交歓」がまたもや日々繰り広げられていたようである。[121]

そしてＣＩＣは精力的に任務に取り組んだ。四月一三日にキッシンジャーと同僚のロバート・ティラーはハノーファーのゲシュタポの一員であるヴィリ・ホーゲを逮捕、尋問する。ホーゲは、同僚六人がハノーファー地区に残って地下抵抗組織を作っていると認めたため、翌朝早く、キッシンジャーとティラーは六人の自宅を武装して襲撃。ヘルマン・ウィティヒ以外は留守だったが、妻たちを逮捕する。ウィティヒの尋問によってさらに二人の名前が浮かび上がり、そちらも逮捕された。アドルフ・リンネは森のはずれの小屋で、エーリッヒ・ビンダーは近くの農場で発見されている。ビンダーはこのとき逮捕された中では最も地位が高く、最終的に彼の尋問結果によってホーゲの供述が裏付けられた。[122] 逮捕者の調書は、占領下のドイツでアメリカ軍に対する破壊活動を計画したと認めた点でも、ドイツ占領下のヨーロッパ各地で彼らが行った暴力行為の証拠となる点でも、注目に値する。[123]

このゲシュタポの潜伏工作員逮捕の功績により、キッシンジャーは四月二七日に青銅星章を授与された。もっとも公式の授賞理由は「ドイツにおいて一九四五年二月二八日から四月一八日に行った対敵軍事作戦に関連する立派な功績」という一般的な表現になっている。[124] 上官は、キッシンジャーの「並外れた能力」が発揮された「めざましい成果」と称えた。[125] 四カ月後にキッシンジャーが二等軍曹に昇進するときの公式の推薦状には、「ドイツ人に関する深い知識と堪能な語学力によって、ゲシュタポの工作員一〇名以上を含むナチ高官を逮捕することができた……彼は任務にきわめて熱心である」と書かれている。[126]

キッシンジャーがＣＩＣの任務に真剣に取り組んだのは、すこしも意外ではない。連合国軍の占領が始まると、ナチスの恐るべき犯罪の証拠が次々に明るみに出たのである。キッシンジャーがニューヨークを出発する前から、のちにホロコーストと呼ばれる行為を彼自身も家族も認識していた。一九四二年一二月にすでにラビのブロイアーは「想像を絶する大量殺人が行われ、何十万人もの不幸な同胞が犠牲になった」[127]と述べている。その後に「残酷な犯罪の犠牲者の数は……とうてい数え切れない」と修正した。[128]だが、大量虐殺の存在を知っていることと、その結果を自分の目で見ることとは、まったくちがう。

ゲシュタポの潜伏工作員を一斉逮捕する数日前の四月一〇日。キッシンジャーを含む第八四師団の隊員数名は、偶然アーレム強制収容所を発見する。キッシンジャーがホロコーストをその目に焼き付けたのはこのときだ。長い間、彼はこのことについて語らなかった。世間が知るようになったのは、仲間の通信士ヴァーノン・トットが、その日撮影した写真の公開を決めたからである（二〇〇七年に記録映画*Angel of Ahlem*として公開された）。アーレムでのことは「人生で最も恐ろしい経験だった」と後日キッシンジャーは認めている。[129]

アーレムの収容所はハノーファーから約八キロの地点にあり、ノイエンガンメの大規模な強制収容所に付属する六五の施設の一つだった。馬小屋を改造した五つほどのバラックが二本の有刺鉄線で囲まれ、そのうち一本には電気が通っているほか、四隅に背の高い監視所がある。表向きは強制労働収容所で、絶滅収容所ではないが、一九四五年には両者はほとんどちがいがなくなっていた。ここに連れてこられた人々は、隣接する採石場で働かされる。採石場を拡大して地下工場施設を設けるためで、親衛隊経済管理本部による奴隷化・絶滅計画（コードネーム「ドーベルⅠ、Ⅱ」）の一環である。[130]採石場の労働条件も、収容所で与えられる食事も住環境も、きわめて劣悪で非人道的だった。一九四五年一月までに、最初にアーレムに送られたユダヤ人八五〇人のうち二〇四人が死亡している。アメリカ軍が到着する四日前に、収容所長はまだ歩ける者にベルゲン・ベルゼンまで行くよう命じる。ナチス末期にひんぱんに行われた「死の行進」の一つである。ある記録によれば、もはや歩けない二二〇～二五〇人が放置されたという（ただし別の記録では数字はもっと少ない）。収容所に残す者は殺し、収容所自体も火を放って犯罪の証拠を消す予定だったが、実行されなかった。これは、アメリカ軍が予期せぬ速さでやって来たためにすぎない。

その結果アメリカ兵は、死せる者だけでなく、死にゆく者をアーレムで発見することになる。収容所は「この世の地獄」だったとトットは記している。外のゴミ捨て場や穴には痩せこけた死人が山積みになっていた。バラックの中でも大勢が死んでおり、近くの大きな墓地にはおよそ七五〇体が埋葬されていた。トットが数えた生存者は三五人だけで、大人も子供も「病気で、身体中にシラミが湧いていた[131]」という。「ある寝台には……一五歳ぐらいの男の子が汚物や糞尿にまみれて横たわっており、私を見て泣きながら助けを求めた……われわれは六カ月におよぶ血なまぐさい戦いを潜り抜けてきたばかりだったが、この光景を見て吐き気をもよおし、泣き出す者もいた[132]」。ノルマンディ上陸以来、破壊と死をいやというほど経験してきた伝令のドナルド・エドワーズも、親友にこう語っている。「あそこで見たことはけっして忘れないだろう。戦争の記憶はいずれ薄れていくとしても、あの人たちのことは忘れない。私が人生で出会った中で、あるいはこれから出会う中で、あれほど痛ましい存在はほかにあるまい[133]」。不安に駆られた兵士たちは収容所内を捜索し、どこでも新たな恐怖に直面した。バラックの悪臭は「とうてい言葉にできない」。エドワーズが述べたように、「収容所の見た目はニュース映画で伝えられるが、匂いは伝えられない」[134]。バラックは狭く、二列に並んだ木製の寝台の間をかろうじて歩ける程度である。「床の上には排泄物が溜まり、吐瀉物もあった。掃除ができなくなるまで汚物を放置したのだろう。寝台に敷かれた麦藁のマットは尿の匂いがひどい。太い鞭や結び目を作った鞭がいくつもあり、何に使われていたかはすぐわかった」[135]。建物の一つはガス室だと考えられた。

とはいえ、これらの事実よりも衝撃的だったのは、生存者の語った言葉だった。「いちばん辛かったのは何でしたか」とエドワーズが英語を話すポーランド系ユダヤ人に聞くと、「親衛隊員に殴られたことだ」という答が返ってきたのである。「あいつらは殴りたくなるといつでも殴った。ベルトで、ムチで、拳で。殴るのが楽しそうだった」[136]。身体中のみみずばれがその言葉を裏付けていた。彼の名前はベンヤミン・シエラツキ。ポーランドのウッチ郊外の村出身で、一八歳になったばかりである。両親はウッチのゲットーから「再定住」のために強制移送されたという（実際にはヘウムノ強制収容所のガス室に送られた）。ゲットー解体後にシエラツキと妹はアウシュヴィッツに送られたが、シエラツキは一九四四年一一月三〇日にアーレムに再移送され、強制労働に回された。アメリカ兵に助け出されたときには、体重わずか三六キロ、結核とチフスに冒され、栄養失調だった[137]。ヘンリー・ピウスもウッチ出身である。アメリカ軍がアーレムに近づいていると知ったとき、狼狽したドイツのある民間人がピウスに尋ねたという。「あなた方は私たちをどうするつもりか」。ピウスは答えた。「よく見なさい。私が誰かと戦ったり、傷つけたりできる身体に見えますか」[138]

ヴァーノン・トットやドン・エドワーズのようなごくふつうのアメリカ兵にとってもアーレムでの恐ろしい光景は忘れがたいものだったが、ユダヤ人、とくにドイツ系ユダヤ人の兵士にとってはさらに辛い体験だった。エドワーズは、同じく伝令のバーニー・コーンが、収容所をあとにしたとき「静かに泣き始めた」のを覚えている。[139] キッシンジャーはどうだったのか。六〇年後も記憶は鮮明だった。「収容所の維持に必要だと考えてそこにとどまった親衛隊員」になったような「強烈な違和感」を覚えたという。そこにいた人々は「ほとんど人間とは思えない」状態だった。「本能的に……すぐに何か食べさせて命を救わなくてはと思った」。実際には、固形物を消化できなくなっていた人たちは命を落としている。[140] だが何人かは、キッシンジャーの親切を忘れていない。生き残ったモシェ・ミエジンスキはキッシンジャーのことを覚えている。「もう自由ですよ」と声をかけてくれたという。[141]

とはいえこれらの証言は、アーレムが解放されてから何十年もあとに記録されたものである。直後に書かれて迫真性があるのは、キッシンジャー自身による二ページの走り書きのほうだ。題名は「永遠のユダヤ人」。ナチスの反ユダヤ主義的プロパガンダ映画のタイトルを、皮肉をこめて転用している。文明社会とされていたものが犯した最悪の犯罪に対する、キッシンジャーの苦悩に満ちた直接的な反応を記録したものとして、きわめて重要な資料と言えるだろう。ここに、省略や注釈なしで掲載しておきたい。

永遠のユダヤ人

アーレム強制収容所はハノーファーを見下ろす丘の上にあり、周囲に有刺鉄線が張り巡らされている。ジープで近づいていくと、骸骨のようにやせ衰えた人々が縦縞の服を着て列を作っているのが見えた。丘の片側には坑道があり、人々はそこで一日二〇時間働いていたのだった。

私はジープを停めた。男がいた。布が身体からずり落ちたような具合で、頭が突き出している。かつては喉だった枯れ枝のような首。腕があるべきところからぶら下がる棒切れのような腕。脚はほんとうに棒だ。「名前は?」と尋ねると、男は顔を曇らせ、殴られると思ったのか帽子を脱ぐ。「フォレク……、フォレク・サマ」。「帽子をとる必要はありません。もう自由ですから」

私はそう言いながら、収容所を眺めた。小屋が並び、無表情な顔や死んだような目が見える。あなた方はもう自由だ。私はといえば、アイロンのきいた軍服を着用し、汚物やごみの中で暮らしたことはなく、殴られたことも蹴られたこともない。そんな私が、どのような自由を与えられるのだろう。仲間の一人が小屋に入り、目に涙を溜めて出てきた。「中に入るな。生きている者と死んだ者を区別するために、蹴飛ばさなければならなかった」

二〇世紀の人道とはこんなものだ。ここにいる人たちは苦しみのあまり放心状態になり、生きているのか死んでいるのか、動けるのか動けないのかももはやわからない。誰が生きていて、誰が死んでいるのか。寝台から苦しそうな顔で私を見つめる男か、それとも頭を垂れ体は痩せ衰えたフォレク・サマか。幸運なのは、砂に円を描き「私は自由だ」とつぶやく男か、それとも丘に埋葬された骨か。

フォレク・サマ、君の足は砕けていて逃げることができない。顔は四〇歳に見え、痩せすぎた体は年齢を語らない。だが出生証明によればまだ一六歳だ。私はきれいな軍服を着て立ち、サマや仲間に話しかけようとしている。

フォレク・サマ、人類は君にしたことで告発される。私も、そこらの誰かも、人間の尊厳も、君を裏切った。君は、ここに、この丘に、永久にセメントで保存されるべきだ。未来の世代が君を見上げ、反省するために。人間の尊厳も、客観的な価値観も、この有刺鉄線のところで止まってしまった。君たちを動物と区別するものは何だろう。この二〇世紀に、私たちはなぜ君への仕打ちを容認したのか。

それでもフォレク、君は人間だ。君は私の前に立っていて、涙が君の頰を伝っている。嗚咽が漏れる。遠慮しなくていい、泣いていいんだ、フォレク・サマ。涙は君が人間であることを証明するのだから。涙はこの呪われた大地に吸い込まれるのだから。

この世界の観念として良心というものが存在する限り、君はその象徴となるだろう。君のために何がなされようと、君を元通りにすることはできない。

その意味で、君は永遠の存在だ。[142]

CHAPTER 6

In the Ruins of the Reich

第六章

第三帝国の廃墟にて

敵を完全に倒したのち、われわれは彼らを国際社会に帰還させた。そういうことができるのはアメリカ人だけだ。

――ハリー・トルーマンからキッシンジャーへ　一九六一年[1]

ものごとは善と悪にきっぱり分かれるのではなく、広いグレーゾーンがある……人生における本当の悲劇は、善か悪かを選ぶことではない。悪と知りつつ悪を選ぶのは、よほど冷酷な人間だけだ。

――ヘンリー・キッシンジャーから両親へ　一九四八年七月。[2]

1

第二次世界大戦後のドイツをありのままに描くには、ヒエロニムス・ボスのような画家が必要だろう。ドイツは廃墟と死体の国になっていた。終戦までの軍人の戦死者は五二〇万人を上回り、おおむね一〇人に三人が戦死したことになる。民間人の死者は二四〇万人。合計で戦前のドイツの人口の一〇％に達する。驚かされるのは、戦争の最後の年に死亡者が集中していることだ。最終年で戦死したドイツ兵の数は、開戦からその年までの戦死者より多い。民間人の犠牲者も同時期に急増している。軍人と民間人を合わせると、Dデイ（一九四四年六月六日）からドイツの無条件降伏（四五年五月八日）までの約一年間は、毎月三〇～四〇万人が死亡したことになる。開戦後、ドイツ国防軍はコーカサス山脈やチャネル諸島、ノルウェーや北アフリカまで進出したが、おおむねドイツの大地で報復を受けたのだった。最終年の死者数はナチスの残虐行為によってさらに増加し、敗戦が視野に入ったのちもむしろ残虐性が強まっている。一九四五年一月の時点では強制収容所でまだ七一万四〇〇〇人が生存していたが、約二五万人が死の行進で死亡した。そこには、アウシュヴィッツから行進させられた六万人のうちの一万五〇〇〇人が含まれている。ヒトラー政権が標的にしたのはほとんどつねに少数民族、とくにユダヤ人だが、最末期になると「国家社会主義革命」は自らの信奉者をも血祭りに上げる。一九四二〜四四年にドイツの裁判所が下した死刑判決は一万四〇〇〇件で、戦争初期三年間の約一〇倍に達した。ここには、親衛隊（ＳＳ）が裁判手続を経ないで行った無数の処刑は含まれていない。ナチズムには、血を見れば見るほど血を欲しがる病理が巣食っていた。

最後は、殺人者たちは自らを殺した。ヒトラー、ゲッペルス、ヒムラーなどのナチス幹部は勝者の裁きを受けるより死を選んだが、自殺したのは彼らだけではない。民間人の多くも敗北より死を選んだ。一九四五年四月にベルリンの自殺者数は三八八一件に達し、三月の二〇倍となっている。これではまるで、ヒトラーのワグナー的構想が最後の勝利を収めたように見える。だが実際には、占領された国の悲劇に耐えられず自殺した者も少なくない。ソ連軍のある将校は、第一陣は時計を盗み、第二陣は女性をレイプし、第三陣は家財道具を奪ったと述べている。[3] ベルリンの二つの主要病院の推定によれば、首都でのレイプ被害者は九万五〇〇〇人から一三万人に達した。ソ連兵はスターリンのプロパガンダに煽動され、組織的報復の一環として二〇〇万人のドイツ人女性をレイプした可能性がある。[4] ドイツ帝国の軍需工場で働かせるためにナチスが占領地域から連行してきた六〇〇万〜七〇〇万人の強制労働従事者も、強制収容所の生存者たちも、やはり強い復讐心を抱いていた。

ここに、さらに、難民と化した人々が加わることになる。オーデル＝ナイセ線の東側に居住していた多数のドイツ人は、ドイツ領内に強制移住させられることになった。これは、ポーランド国境を西に動かし、東プロイセン、西プロイセン、ポンメルン、ポーゼン、シュレジエンをドイツから取り上げるというスターリンの決定の結果だと言える。この決定は、テヘラン会談（一九四三年一一月二七日～一二月一日）でおおむね承認された。だが、いま挙げた地域に住んでいたドイツ人だけでなく、チェコスロバキア、ハンガリー、ルーマニア、ユーゴスラビアからも大量のドイツ人が逃げて来た。戦争の最後の年になると、ソ連軍から、あるいはドイツ人への復讐心に燃えるスラブ諸国から逃れようと、約五六〇〇万のドイツ人が西へと殺到する。ドイツ降伏後には、さらに約七〇〇万人以上が西をめざした。この大混乱の中で二〇〇万人前後が命を落としたとみられ[5]、生きのびた者は、ドイツの残った領土で養う口の数を増やしたことになる。これはきわめて困難な課題だった。一九四五年末のドイツ経済は「事実上停止」しており[6]、生産は一九三六年の水準の三分の一まで落ち込んでいたと推定される。西ドイツの工業生産高が戦前の水準の七五％まで回復するのは、一九四八年最終四半期まで待たねばならない[7]。食料も燃料も住居も、慢性的に不足していた。

それでも、第三帝国が残した最も有害な遺産は、物質面よりも精神面だったと考えられる。かなりの割合の国民が、少なくとも部分的にはヒトラーの人種差別主義的価値観に固執し、連合国軍が自分たちを苛酷に扱うのは、モスクワやワシントンをユダヤ人が牛耳っているからだと主張した。ナチズムは別の面でもドイツ社会を腐敗させ、賄賂、闇取引、横領が横行するようになっている。この点でヒトラーのドイツは、計画経済を持つ一党独裁国家と同じだったと言えよう。第三帝国はソ連同様、嘘と不信を助長した。ゲシュタポと親衛隊が奨励した密告の習慣を根絶やしにするのは、きわめて困難だった。

ドイツと戦ってきた男たち（中には六年近く戦った者もいる）にとって、残酷な軍事機構との全面戦争から、荒廃し混乱した国の占領・統治へと切り替えるのはそうかんたんではない。多国間の占領だったことも事態をいちだんと複雑にした。一九四五年二月のヤルタ会談で、米英ソ三巨頭はドイツの分割管理におおむね合意し、この合意に基づいて米・英・ソ・仏の占領地域が決まる。エルベ川からオーデル＝ナイセ線に沿った新しいポーランド国境までの地域、つまりかつて中部ドイツだった地域はソ連が占領する。西部ドイツはイギリス、アメリカ、フランスが分割管理し、ベルリンはソ連占領区域に位置するが、四カ国が分割管理する。オーストリアも分割管理され、ウィーンはベルリンと同じ扱いになった。アメリカのある情報将校の言葉を借りるなら、「ロシア人は農業（プロイセン）を、イギリス人は工業と石炭（ルール）を、アメリカ人は景観（バイエルンとアルプス）を手に入れた」ことになる。[8]

たとえ景色のよいところであっても、占領はうれしい仕事ではない。占領区域の統治をアイゼンハワーから引き継いだルシアス・D・クレイは、「太平洋でまだ戦争が続いているのに敗戦国を管理するのは、どんな兵士にとってもまったくおもしろくない仕事だ」[9]と述べている。職業軍人は日本軍と戦いたくてうずうずしていたし、徴集兵の大半は国に帰りたくてたまらない。このため、クレイは優秀な人材をドイツに引き止めるのに苦労した。[10]「骨が折れるうえに楽しい仕事ではない。最初は士官として呼び出し、次に文民として留まるよう説得した。こうしなかったなら、占領に必要な人員を確保できなかったと思う」と回想している。[11] ドイツに留まった中にヘンリー・A・キッシンジャー軍曹がいた。

キッシンジャーにとって、アメリカ陸軍は予想外に居心地がよかった。彼は第八四師団の「仲間意識」を楽しみ、「あれは典型的なアメリカ人の集団で、そういうものの一員になる経験をした。アメリカにいて誰からも出自を聞かれなかったのは、あのときだけだ。ドイツ出身であることを忘れ、ドイツ訛りも消えたのかと思ったほどだ。いま思うと信じられないが」[12] と振り返っている。シリア出身の隊員は、「ヘンリーは過去を忘れていた」と語っている。「彼はアメリカのために戦っていた。兵士としてナチスと戦ったが、それはナチスがユダヤ人にひどいことをしたからじゃない。ナチスはアメリカの敵だったからだ。彼は、私が出会ったどのアメリカ人よりもアメリカ人らしかった」[13]。

これほどアメリカに溶け込んではいたが、ドイツの地で目にしたものは、彼我のちがいをくっきりと示すことになる。強制収容所の惨状は、歴戦の勇士にも衝撃を与えた。あのパットンでさえ、ブーヘンヴァルト強制収容所を見たときには具合が悪くなったほどである。ナチスの犯罪が露見したことで、多くのアメリカ兵は戦争そのものを正当化し、自分たちが耐え忍んだ苦痛と折り合いをつけることができた。[14] だがキッシンジャーのようなドイツ系ユダヤ人にとって、ホロコーストの衝撃はまったく別の意味を持つ。

アーレムで見た共同墓地は、自分自身が失ったものの予兆にほかならなかったのである。「戦争が終わってから……私は親戚を探し始めた……が、一人も見つからなかった」[15]。すでに述べたように、祖母をはじめ一族の一〇人以上が犠牲になった。祖母のファニー・シュテルンはベウゼッツ強制収容所に送られ、戦争末期に死の行進で亡くなったらしい。孫はこのおそろしい出来事をどう受け止めたのだろうか。「両親も……私自身も同じ運命をたどったかもしれないと考えたことはある」と認めたことがある。それでも、「この人類の悲劇の衝撃が強すぎて、すぐには自分と結びつけられなかったことは言っておかなければならない……［ドイツに］戻ったとき、子供の頃には想像もできなかった形でホロコーストというものを知った。だがそれは、あくまで占領軍の一員としての経験だった。このため私は、心に傷を負った犠牲者と自分をみなさずに、自分自身の考えを深めることができた。この点は強調しておきたい」と付け加えている。[16]

アメリカに逃れなかった場合の自分の運命……。この反事実仮想からこうして距離を置くことは、ドイツ人に接するときに「ヘンリー」というファーストネームを使ったこともそうだが、必要不可欠な自己防衛の手段だった。こうしていなかったら精神を病んでいただろう。だが距離を置いても理解はできることをキッシンジャーの手紙が雄弁に物語っている。それは、ハロルド・ライスナーの叔母に宛てたものだ。ライスナーはブーヘンヴァルト強制収容所から解放された、フュルト出身のユダヤ人の数少ない生き残りである。手紙には、ナチスの「最終的解決」の犠牲となった人々への感情移入と深い洞察力が表れており、それはプリーモ・レーヴィの後年の著作を彷彿とさせる。「アメリカには、強制収容所の生存者について、完全に誤った見方が存在する」とキッシンジャーは書いている。それは、「よき意図から、すべてを理想主義のオブラートでくるんでしまう」人々のせいだという。「この人たちは、善行をしたいと願うあまり、ものごとをありのままではなく、こうあってほしいという姿に見る」

「強制収容所の生存者は、アメリカでは一般に、心身ともに破壊された人、苦悩の十字架をむなしい勇気で引き受けた人、忘れられない経験をし、その記憶のために未来に進めない人と受け止められている。生存者は死からの帰還者のように限りない同情と慈悲心を注がれ、愛といたわりを切望しているにちがいないと考えられている……。

だが収容所は死の工場であると同時に、人間を試す場所でもあった。そこで人々は生き続け、ある意味で生存競争をした。懸かっているのは自分の命にほかならない。ほんのすこしの失敗が命取りになる。あれほど劣悪な環境と強制労働と腐敗堕落の中では、肉体はもちろん、生き残りたいという意志を持つだけでも途方もない力が必要だ。知識人、理想の高い者、倫理感の強い者にチャンスはなかった……生き残ると一度決心したら、それだけを考えなければならない。温室育ちのアメリカ人には想像もつかないだろう。生き延びるというただ一つの目的の前では、社会的な価値観を捨て、標準的な倫理規範も無視しなければならない。人々は嘘やごまかしによって、またどうにかして食べ物を手に入れることで生き延びた。弱者や老人にチャンスはなかった。

そして彼らは解放された。もう人間の領域から隔絶されてはいない。過去を振り返るのは苦しく、苦しみは弱さであり、弱さは死であることを彼らは学んでいた。収容所で生き抜いたのだから、解放されて生き抜くのに何の問題もないことも知っていた。だから彼らは平和に順応した。生き延びるという同じ目的を掲げ、ときには収容所で学んだ知恵、つまり社会的価値観を無視することを応用しながら。要するにこの人たちは憐憫など求めていない。憐憫は彼らを不快にし、苛立たせるだけだ……。

収容所の生存者が望むのは未来へのチャンスだ。チャンスが与えられれば、この人たちはそれを摑み、きっと結果を出すだろう。彼らは憐憫に腹を立て、過度の配慮に疑いを抱く。最も邪悪な人間を見てきた人たちが人間不信に陥っても誰が責められるだろう。誰かが詳細な社会復帰計画といったものを立てたら、彼らはそっぽを向くにちがいない。公平に考えて、彼らを責めることはできない。あの人たちは死者の国で暮らしたのではなかったか。だとすれば生者の国を恐れる必要がどこにあるだろう[17]」

これを書いたとき、キッシンジャーはまだ二二歳だった。キッシンジャーの仕事にもし別の人が就いたら、ドイツ人に対する憎悪に突き動かされたかもしれない。たしかにキッシンジャーも一時はドイツ人に「強い敵意」を抱いた。彼によれば、両親は「復讐に燃えていたが、具体的にどうしたいということはわかっていなかった[18]」という。非ナチ化を任務とする対敵諜報部隊の一員として、キッシンジャーは、「ナチス迫害の被害者からすれば願ってもない立場」に自分がいることに気づく。「私は復讐に必要なほとんど無制限の権力を持っていた。誰でも逮捕し、収容所に送り込むことができた。最初の数週間は、正規の手続きすら決まっていなかったのだから」。それでもキッシンジャーは、報復的な行動はとっていない。理由は次の文章を読むとわかる。これは、ドイツ人に厳しい姿勢で臨めと言った父親に対する返信である。

「……大多数の人が同じことを言うだろう。私自身、この悲劇に関与し責任のある者には厳しいし、容赦しない。だがこの後ろ向きの作業をどこかで断ち切り、建設的な成果を生み出さなければならない。さもないと、混乱した国の管理者として永遠にここに留まることになる。毅然とした行動、公正な決断、速やかな実行によって、民主主義が有効な解決策なのだとドイツ人に示すこともまた、われわれの務めだ。私は厳しい態度をとると言ったけれども、厳しくする理由をドイツ人に理解させなければならない。アメリカのほうがすぐれているからここドイツにいるのであって、アメリカが勝ってここにいるからすぐれているのではないのだと。決断にあたっては公平に、しかし実行に際しては毅然とし、あらゆる機会を捉えてわれわれの理想の揺るぎなさを言葉と行動で示すべきだ。チームの全員にもそう伝えている」[19]

戦後まもなく、キッシンジャーは父方の祖父ダーヴィトを訪ねている。祖父は一九三〇年代後半にスウェーデンに移っていた。この祖父から、キッシンジャーは明快な助言をもらう。「われわれユダヤ人が……ドイツ人に差別的に扱われ、無用の人間と言われて怒りを抱いたとしても、ドイツ人全員を悪党扱いする権利はない……だから気をつけろ、と祖父は言った。犯罪者は追及していいが、ドイツ人全員を憎んではいけない、と」[20]。キッシンジャーも同じ考えだった。

「私自身も迫害された人間だから、迫害者を峻別することが重要だとわかっていた。これは、すべてのドイツ人を迫害者とみなさないようにするためだし……個人的な復讐心から行動しないためでもある。だからチームの指揮をとっていたときは、名前も変えた。ユダヤ人が仕返しをしていると思われないようにするためだ。ドイツ人は見抜いていたにちがいない。だが私は若かった……あの頃もいまも、親衛隊の指導者たちは許せない。それでも、定見なく流されてしまった人たちにはかなり我慢強かったと思う」[21]

いずれにしても、「何をしたにせよ、誰かを逮捕して妻が泣くのを見るのはつらかった」[22]

生まれ故郷のフュルトを訪れたときには、戦前から生き残ったユダヤ人が三七人しかいないことに衝撃を受けた。二〇〇〇人以上が強制移住させられたのである。ハロルド・ライスナーは生き残りの一人だ。キッシンジャーは元級友のフランク・ハリスとともに、「叔母と連絡をとってくれ、私自身の健康と生活に必要なことは何でもしようと」[23] 手を差し伸べてくれた、とライスナーは話している。再会の感動の中でも、キッシンジャーはドイツ人をありのままに見ることができた。かつてナチスの規則で締め出されたスタジアムでサッカー観戦したときには、ある地元ファンの行動にうそ寒い興味を覚えている。「フュルトチームが負け、審判が袋叩きにあった。いつものことだ。ドイツの警官が手を出せずにいると、アメリカ軍警察が駆けつけて救い出した。そのとき、私の隣に座っていた男が立ち上がって叫んだ。『これこそが、君たちが持ちこんだ民主主義だ[24]』。それでもキッシンジャーにはわかっていた。数カ月前だったら、この男はドイツ国防軍か国民突撃隊の一員として倒れるまで戦っていただろう、と[25]。

一九四六年二月に再びフュルトに行ったときは、サッカーではなくヴェルディのオペラ『仮面舞踏会』のチケットを買った。「時代は変わりました」と両親に書き送っている。「いちばんいい席、舞台左手のあの席に案内されたのです。私はふだん見栄っ張りでもうぬぼれでもないつもりですが、あのときはそうだったと認めましょう」。忘れずに祖父の墓参りもし、「墓地の中でいちばんいい状態に維持されている」ことをたしかめた[26]。

2

キッシンジャーにとっての第二次世界大戦は、エルベ川の岸辺で幕を下ろした。「東部戦線（西進するソ連軍）と西部戦線（東進するアメリカ軍）が死に体となった国を越えて互いに近づいていく高貴で悲惨で希望と恐れに満ちた日々が過ぎ、大勢が叫びながらずっと思い描いていた安全へと川を渡り、そしてついに両者が出会ったとき、そのたった一回の邂逅でドラマは終わった。川は静まり、ドイツもまた静けさを取り戻した」。西部戦線と東部戦線がつながったこのときからほどなく、一九四五年五月二日に、アメリカ軍第三三歩兵師団はバローでソ連赤軍第八九軍団と接触する。[27]「ロシア人とはさまざまな形で何度も接触した。最初の接触は、ドイツ人の車とまちがえられてソ連機から攻撃されるというものだった。その数日後にエルベ川の向こうに砂埃が見え、ソ連軍が到着した。その後は大勢のロシア人に会った。公式のレセプションやパレードで（コサック部隊ほど堂々とした行進は二度と見られないだろう）、公式のパーティーで。赤軍は規律正しく見えるが、平均的な兵士は西ヨーロッパの兵士よりやや粗暴だと感じる。とくに一部のコサック兵は怖かった」。祝勝パーティーのハイライトは、中尉になっていたクレーマーが「ロシア兵より上手にコサックダンスを踊った」ことである。[28]

降伏文書の調印が行われた五月八日（この日はヨーロッパ戦勝記念日となっている）には、クレーマーはボリング大将から、「ドイツ降伏の意味と、この先の抵抗がドイツ国民にもたらす結果について……町の人々にかんたんに伝えるよう」命じられる。師団の記録によれば、「ほとんどの住民は静かにじっと聞いていた。すすり泣く女性もいた」[29]。ドイツ人に強制収容所を見学させたことと同じく、このような説明をすることもまた、ドイツ社会の非ナチ化という野心的だが困難な試みの一部だったと言える。とはいえすでに述べたように、非ナチ化を実際に担当したのは、キッシンジャーが所属する対敵諜報部隊（ＣＩＣ）だった。

ＣＩＣは陸軍の対敵諜報機関で、諜報警察部隊として第一次世界大戦の際に発足したが、一九三九年には解体同然となり、真珠湾攻撃まではもっぱら国内の防諜活動を行っていた[30]。一九四〇年六月時点のメンバーは一五人しかいない。しかし真珠湾攻撃後、Ｗ・Ｓ・ホルブルック少佐の下で大幅に増強され、国内部門のほかに、陸軍の九つの軍管区、アイスランド、カリブ海に調査官のネットワークが構築された。もっとも、これらの地域には当初ドイツのスパイがあまりいなかったため、ＣＩＣは国内での破壊活動防止に重点を置かざるを得なかった。つまり二〇〇万人からの民間人を調べ上げて不審人物を探したわけである[31]。エレノア・ルーズベルトとジョゼフ・Ｐ・ラッシュ（ファーストレディの恋人とされる政治活動家で、のちの評伝作家）を監視したことは有名だ[32]。この頃のＣＩＣは、言わばＦＢＩの軍隊版だった。野心的なジョン・エドガー・フーバーＦＢＩ長官からすれば邪魔な組織ではある。しかしドイツ占領に伴い、組織は様変わりした[33]。当初アメリカ軍は、狂信的なゲリラ組織によるしぶとい抵抗を予想していたが、抵抗が不発に終わったため、ＣＩＣに新たな任務を命じる。元軍人全員の記録を調べ、ナチス指導者をすべて検挙するという任務だった[34]。国家社会主義の息の根を止めようというわけである。「軍服を着たＧメン」にとって、ナチ狩りは、Ｇメンを英雄にしたギャングの一斉検挙を上回る功績になるはずだった。[35]

五〇〇〇人ほどのＣＩＣ調査官は、地位を問わずに集められている。犯罪調査などしたことのない者、外国語が話せない者もいた。しかし彼らは陸軍省が選んだ中で最優秀の人材で、ロンドンだけでも博士号取得者が八人もいたほどである。[36] ドイツでＣＩＣ調査官として活動したのは未来の国務長官だけではない。のちに『ライ麦畑でつかまえて』で知られるＪ・Ｄ・サリンジャーもいた。[37] エリート集団である戦略諜報局（ＯＳＳ）とはちがい、ＣＩＣはほぼ全員が下士官である。序列重視の軍隊組織では不利になりかねなかったが、じつはＣＩＣ調査官は階級章をつけない。服装は民間人と同じかクラスＡ将校用制服で、「ＵＳ」と刻印のある真鍮の襟章と"War Department Military Intelligence"（陸軍省情報部）と表示した金の記章をつけた。[38] 調査官だったイブ・メルキオールは次のように回想している。

「われわれは、任務の性質上、手近にいる部隊の緊急かつ無条件の支援を必要とする状況に容易に陥りかねない。このためわれわれは、大佐以上の将校に支援を求め、必要とあらば命令する権限を与えられていた。われわれの本当の階級を知る権限を持っているのは将官だけで、それ以外の者に階級を質問されたときは、階級は機密事項だが、いまのところ貴官より上ではない、とだけ答える」[39]

ドイツでは、ＣＩＣ調査官がスパイ大作戦もどきのスリリングな活動を展開したこともある。たとえばアルトゥール・アクスマンなど、ヒトラーユーゲントの元指導者の逮捕劇は有名だ。[40] とはいえ仕事の大半はデスクワークだった。アクスマンの逮捕に関わった調査官の一人はこう語っている。

「ナチ党やＳＳなどでの地位に基づき自動的に逮捕対象になった人間が毎日大量に探索・尋問され、犯罪の重大性に応じて勾留施設に送られた。ドイツ人は互いに密告しあっては、自分の立場を釈明し相手を陥れるための長々しい弁明書を書いていたものだ[41]」

非ナチ化で最大の問題は、どこで線を引くかということである。理論上は、確信的なナチス信奉者と長い物に巻かれただけの者、指導した者と従った者、迫害した者と迫害を容認した者は峻別できるはずだった。しかし実際には、両者の境界ははっきりしない。最初の四件で早くも問題になり、ある種の職務に就いていたこと自体を罪とする考え方に基づき、一九四五年七月七日の指令で強制追放の対象となる職業が一三六種定められた。また一九四五年八月一五日付のアイゼンハワー大統領令「ナチスおよび軍国主義者の追放」ではＣＩＣの権限が拡大され、公職のみならず企業や専門職の「ナチスおよび軍国主義者」も対象となる。彼らを職業から追放することはもちろん、資産を没収することもできた[42]。九月二六日には米占領軍司令官ルシアス・クレイの定めた第八号規則で、一三六種の職業を禁じられた元ナチスの再雇用は単純労働に限定された。呼応するように、一〇月に発表された統合参謀本部令（ＪＣＳ）一〇六七号には、「ナチスおよび軍国主義思想を完全に排除する目的で……ドイツにおける教育の管理と積極的指導を組織的に統合する」ことが盛り込まれた[43]。ヘッセン州ベンスハイムにおけるＣＩＣ調査官としてのキッシンジャーの活動は、こうした背景を踏まえて理解する必要がある。

キッシンジャーがのちにアメリカ政権の重要人物となった結果、一九四五年夏に「ミスター・ヘンリー」と名乗る若者と出会った人々は記憶を呼び覚まされる。秘書として働いていたエリザベート・

ハイドは、「復讐するためにここに来たのではない」というキッシンジャーの言葉や、彼が「つねに一定の距離を置いていた」ことを思い出した。[44] ある評伝には「ドイツ人女性との交際や豪華なディナーパーティー」がほのめかされている。[45]「ミスター・ヘンリー」はベンスハイムのユダヤ人銀行家の娘（二〇歳年上である）と関係があるとの噂も流れたが、おそらく根も葉もないものだろう。[46] 愛人がいたかどうかはともかく、キッシンジャーが大方の住民より快適な生活をしていたのはまちがいない。質素なアパートから立派なアパートへ、次には実業家の邸宅へ、最後はメリボクス山麓の邸宅へ移っており、最後の邸宅にはコック、女中、掃除婦、執事、警備員に番犬まで揃っていた。[47]「いまはかなり快適に暮らしています。同僚と私は六部屋ある家に住み……執事もいて、靴磨き、アイロンかけ、風呂の用意等々万事やってくれます」と両親に書き送っている。[48] 彼は「ミスター・ヘンリー」になりきり、執事や女中に英語で指示を与え、アメリカ人とドイツ人向けに行われるプロテスタント教会の礼拝に参加した。ドイツ生まれのユダヤ人であることがどこまで知られていたのかは、はっきりしない。[49] それに、地元の人々の記憶もあまり当てにならない（一例を挙げれば、キッシンジャーが現地で借りた車は白のベンツだと地元民は言うが、実際にはオペルだった）。[50] 調査官という仕事柄、キッシンジャーがベンスハイムの住民にうんざりしたのも無理はない。「うそつきで、ごますりで、口が軽い」[51] とこぼしている。

ワインの名産地ベンスハイムはいまでこそ絵のように美しいが、第二次世界大戦直後は惨憺たる状況だった。一九四五年二月と三月に空襲を受け、市役所といちばん重要な教会が廃墟と化す。約一四〇〇世帯が爆撃で家を失い、爆撃を免れた一三五世帯は占領軍のために立ち退きを迫られて、約二〇〇〇人が簡易宿泊所で暮らした。慢性的な住宅不足は、いまやチェコスロバキア領となったズデーテン地方から大勢の難民が流れ込むと、一段と悪化する（休暇を与えられるとキッシンジャーが荒廃したドイツを離れ、ロンドン[52]、ザルツブルク[53]、コペンハーゲン[54]、パリなどで過ごしたのも当然だろう[55]）。

元ナチスや軍国主義者を特定するというＣＩＣ調査官の任務は、困難をきわめた。ヘッセンの州都ダルムシュタットが爆撃されると、ゲシュタポの地域本部は、ここベンスハイムに移転していたのである。彼らは親衛隊のリヒャルト・フリッツ・ギールケ少佐とハインツ・ヘレンブロイヒの指揮下で、大戦末期にも精力的に任務を遂行している。アメリカ軍が到着する三日前の三月二四日には、拘留していた一七人のうち一四人を銃殺[56]。撃墜され捕虜になっていたアメリカ軍戦闘機パイロット二人も、同じ夜に殺害した[57]。キッシンジャーのベンスハイムでの最初の任務は、同市が属すベルクシュトラーセ地方でゲシュタポに雇われていた者全員のリストを作成し、片端から検挙することだった。七月末までに一二人が逮捕され、九人の事務員が取り調べ継続中として自宅に軟禁された[58]。その後にギールケとヘレンブロイヒのほか二人のゲシュタポ隊員が逮捕され、一九四七年三月にアメリカ軍軍事法廷で死刑判決を受け、一九四八年一〇月に絞首刑になっている[59]。

キッシンジャーの管轄は人口一八万を擁するベルクシュトラーセ地方だが、逸脱することもあった。たとえばダルムシュタットのゲシュタポ隊員ゲルハルト・ベンクヴィッツはデュッセルドルフに近いイギリス占領区に潜伏したため、そこで逮捕している[60]。とはいえキッシンジャーが率いた九七〇・五九チームの主たる任務は、あくまで管轄地域における「定型的な情報活動」である。復讐はしないと心に決めながらも、「ミスター・ヘンリー」は非ナチ化に徹底的に取り組み、「部下には年上の調査官も多く、気配りが欠かせない。責任感、心理学の知識、バランス感覚も必要になる」と書いている[61]。一六人のチームは「産業、職業、商業、行政など市民生活のあらゆる面を包括的に調査し……入手した情報に基づき……非ナチ化判定基準の骨子を定めた。[62] 第七軍司令官がナチスの公職追放を命じたとき、キッシンジャーはすでに「ベルクシュトラーセ郡での非ナチ化計画を完璧に準備していた」。公職だけでなく、「経営者、専門職（医者、弁護士など）、聖職者、商人などあらゆる職業を非ナチ化するための調査を実施していた」のである。上司はこう評価している。

「この任務の遂行にあたり、彼は文民警察と郡長を活用した。警察署長とは毎日、郡長とは週に一回以上、市長全員とは月一回会って情報収集した。さらに民間人の全職業を網羅する情報システムをフル活用し、ベルクシュトラーセ地方の必要情報を一手に握っていた[63]」

さらに難民がズデーテン地方から流入する前に、キッシンジャーは手回しよく「収容センター」を設置している。これは、「難民の中に混ざっている危険分子を選別する予備審査」のためだった。[64]

捜査、尋問、拘留などを伴うこうした仕事は本来警察の仕事だが、キッシンジャーはこの方面に能力を発揮する。一九四五年八月に二等軍曹への昇進を推薦した部隊長は、「ベンスハイムで一番有能な人物」だと述べ、「人望が厚く、彼の下で働くことに多くの部下が満足している」と付け加えている。[65] 同じ月に「ベルクシュトラーセ郡の非ナチ化の功績」をボリング大将から、「卓越した任務遂行能力」ならびに「ベルクシュトラーセの全住民を対象にナチ体制関与者を洗い出す作業の緻密さ」を第七軍副司令官チャールズ・シクセル大佐から表彰されている。[66] その二カ月後には、キッシンジャーはアメリカ占領区の第二地区ベルクシュトラーセ小地区全体の責任者となる（そのかなりの部分が第七軍の管轄下にあった）。[67] そして翌一九四六年四月には第二地区の責任者から「ヨーロッパ戦域におけるＣＩＣ主任調査官」に任命される。たいへんな名誉である。[68] 責任が拡大し管理的な仕事が増えても、キッシンジャーは「すぐれた手腕を発揮し続けた」。ある上司は、まだ若いにもかかわらず、キッシンジャーには「片方の目で現在を把握し、もう一方の目で将来を計画する能力」があったと語る。[69] のちにフリッツ・クレーマーも同様の評価をしており、「忍耐強さ、目に見えないものを理解する力、自制心、理想主義に加え……仕事の進め方と確実な成果」を賞賛した。[70]

だが、アメリカ占領区での非ナチ化へのこうした熱心な取り組みは、ほどなく打ち止めとなる。旧体制の高官は、事実上全員が大なり小なりナチスだった。全員を追放しようものなら大混乱に陥る。早くも一九四五年から四六年にかけての冬に、米占領軍司令官クレイは大量の公職追放の影響を目の当たりにして方針転換の必要性を認め、四六年三月には、「一万人の非ナチ化は行えない。それはドイツ人がやるべき仕事だ」と述べている。[71] その結果、要職に就く者を対象とした一三〇項目の質問票による調査に切り替えられ、回答に応じて「重罪、有罪、微罪、同調者、無罪」に分けることになった。当然ながら、全員が質問に正直に答えるはずもない。アメリカ占領区の公務員の三分の一が解雇された一九四六年半ばまでには、公職追放による非ナチ化がドイツのすみやかな自治回復と矛盾を来すことがはっきりする。[72] クレイはのちに、非ナチ化は自分の「最大の失敗」だったと認めている。「重罪か微罪かで運命が決してしまう人々の庇い合いや馴れ合いを引き起こしただけのきわめて不透明な手続き」だったと。[73]

かくしてＣＩＣの調査にブレーキがかかるようになる。一九四六年五月にキッシンジャーは、ハイデルベルク大学のヨアヒム・ゲオルグ・ベックが親ナチ的言動をとっていたとの理由で解任を勧告するが、却下された。結局ベックは一九四九年までハイデルベルク大学に在職し、その後にソ連占領区に移って東ベルリンで人生を全うしている。[74]非ナチ化政策が現実路線に転換した結果、大勢のナチス信奉者が処罰を逃れたが、ベックもその一人だった。

3

非ナチ化は公正な懲罰として始まり、うやむやな取引で終わる。一九四五年一一月にロンドンのデイリー・メール紙が、ナチ党の会合がベンスハイムで続いているとの通報があったという記事を掲載した。またアメリカ陸軍のある兵士は、「軍政府ベンスハイム支部の男とドイツ人女性通訳が恋愛関係にある」ことを理由に、軍政府の人間がＣＩＣの取り組みを堕落させていると主張した。「通訳の名はヴィルムスと言い、ドイツ女子同盟（ヒトラーユーゲントの女性版）の元メンバーで金髪美人」だそうだ。[75]申し立てを調査したキッシンジャーは、軍政府に恨みを持つ者の虚偽の通報だと結論付けた。たしかに金髪美人は通訳として雇われていたが、ナチスに関わった過去が暴かれ解任されている。アメリカ軍人との関係は立証できなかった。[76]

すでに述べたように、占領軍はナチ残党の組織的抵抗を予想していた。そのため、ヒトラー体制復活をめざす動きがあれば、どれほどかすかな兆候にもＣＩＣは神経を尖らせたものである。金髪美人の一件が空騒ぎでも、警戒を緩める理由にはならない。一九四五年九月にキッシンジャーはベンスハイムの新市長に対し、ナチス、軍政府、連合国、元ドイツ軍、政党復活、東西分離、ドイツの将来などについての住民感情を総合的に調査し、報告書を提出するよう求める。[77]調査では、占領軍に対する敵意が高まっているとのきわめて悲観的な結果が出た。とくに敵対的なのは若年層である。調査結果に基づいて一〇人が逮捕された。[78]後に作成されたＣＩＣの数々の報告書からは、終戦直後の緊迫した一時期の世相を読み取ることができる。たとえば一九四五年一〇月の報告書は次のように述べている。「フィールンハイムでは、またしてもヒトラーユーゲントとのいざこざがあった。戦術部隊からは、若者の集団が路上で挑発行為をしているとの苦情があった。アメリカ軍の車両に鉤十字が描かれた。ある若者は武器の隠し場所を知っていると自慢した。ＣＩＣはフィールンハイムでヒトラーユーゲントの元指導者一五人を逮捕した。彼らは尋問のため勾留される予定[79]」

だが時間が経つにつれてナチス関与の証拠は消え、非ナチ化政策自体に対する住民の「苛立ち」が報告されるようになる。[80]アメリカ軍は、信頼できる地元有力者、旅行者、ナチス支持者、元ナチス（彼らは仲間を密告してアメリカ軍に取り入ろうとした）を探すのに、正真正銘のナチス反対者に頼っていたが、公職追放措置はこの人たちの間に亀裂を引き起こしてしまう。聖職者を含む一部のドイツ人は、密告は「キリスト教に反する行為」だと非難した。「強制追放と裁量的追放の境界が曖昧」だという不満の声も上がる。[81]ＣＩＣは「非ナチ化をアメリカの政策に終わらせず、ドイツ全体で共有する」方針だったが、これが徹底されたとは言いがたい。[82]アメリカが処分の基準を緩めると、それはそれで新たな不満を招いた。[83]

冬が近づくと、ドイツ社会は一段と暗くなった。キッシンジャーのチームは、「国民はドイツの将来に関してきわめて悲観的だ」と報告している。「石炭のない冬が近づいてきたことに加え、自国が完全に孤立し、救いの手を差し伸べてくれる国はないことがわかって、悲観ムードが広がっている」[84]。東からの難民は、食料、燃料、住宅不足を深刻化させるだけだとしてまったく歓迎されない。映画やジャズでドイツ人を「アメリカナイズ」しようとする占領軍の取り組みも逆効果だった。「多くの良識あるドイツ人は、アメリカ音楽を押しつけようとする姿勢に懐疑的だ……あの音楽は、ドイツ人には耳障りな騒音にすぎない……アメリカ映画も不人気だ。上映された映画の大半は典型的な娯楽映画で、能天気に明るく贅沢な生活を描いており、寒さと飢えに苦しむ人々には受け入れがたい」[85]

だが占領軍を最も傷つけたのは、CICは「アメリカ版ゲシュタポ」だという声である。密告、尋問、有罪のパターンに慣れてしまった人々からすれば、アメリカ軍がやろうとした親切な「再教育」はまったくなじみがない。「われわれは君たちを礼儀正しい人間にするためにここに来た」とキッシンジャーがヒトラーユーゲントの元指導者に言うと、それはもう両親がしてくれたという返事が返って来たことがある。キッシンジャーはぶすっと「わかった。帰っていい」と答えるほかなかった[86]。

情報提供者に頼っていたという点ではCICはたしかにゲシュタポの後継者であり、そのことは非ナチ化のアキレス腱となっている。ベンスハイムに来てすぐキッシンジャーは数人の情報提供者を雇った。そのうちの一人、エルヴィン・キーゼヴェッターは四九歳の元警察官で、本人の申告によれば、社会民主党員であることを理由に一九四四年に解雇されたという。七月一〇日にキーゼヴェッターはベンスハイムの警察署長に任命され、前任者（元ドイツ軍下士官）は解雇される。どう見てもCICの圧力だった。この人事を行ったのは、すくなくとも名目上は市長のヴィリー・クラップロートで、こちらもアメリカ軍の差し金で市長になった人物である。クラップロートも社会民主党員でワイマール共和国時代に警察官だったが、二人はすぐに衝突する。八月初めにはキーゼヴェッターが警察署長としての権限を濫用し[87]、その三週間後には、クラップロートがすべての逮捕に関する週二回の報告を要求した挙句[88]、突然キーゼヴェッターを減給処分にする[89]。九月一日に電話で激しくやりあったのち、キーゼヴェッターは辞任した[90]。

CIC調査官ミスター・ヘンリーにとっては、まったく歓迎できない出来事である。キッシンジャーは「反ナチ活動の経歴」などからキーゼヴェッターを高く買っていたからだ[91]。ことの顚末は、クラップロートがドイツ的厳密さで記録しており（ただし真実のすべてではない）、それによると辞任騒動の日の夜にキッシンジャーは地元議員を呼びつけ、キーゼヴェッターを弁護し、市当局と断交すると脅した。その後に、もう市長と直接話すのはいやだから連絡担当者を置けとクラップロートに要求し、さらに、「軍政府とCICの内紛を起こそうと画策するのはやめろ」とはっきり言い渡す。キッシンジャーによれば、「いずれCICは軍政府より有力になる」というのである。

騒動の発端となったのがクラップロートだったにせよ、キッシンジャーの行動はひどく敵対的だった。報復するつもりはなく、任務に忠実だっただけかもしれないが、彼がクラップロートのような連中に行政権を引き渡す気がなかったことはまちがいない。だがまだ若いキッシンジャーは、敵を見くびっていた。なにしろクラップロートは、収賄事件で偽証し免職処分になるまで、フランクフルト市警察のトップになると言われていた男なのである。官僚を三〇年以上やっていただけあって、キッシンジャーより一枚も二枚も上手だった。軍政府長官に手紙を書き[92]、市長とCICの関係改善のためにとりなしを頼むという奥の手を使っている[93]。結局キーゼヴェッターの復職は実現せず、民間企業に勤めてCICの情報提供者を続けることになった[94]。キッシンジャーはキーゼヴェッターのオフィスを警察署内に維持するよう要求したが、市長にきっぱり拒絶されている[95]。そして最後は、クラップロートに理のあったことが証明された。キーゼヴェッターがナチス初期の党員だったと証言する人物が現れたのである[96]。キーゼヴェッターは突撃隊隊員で、しかも札付きの詐欺師だった[97]。一九四六年一月一六日に彼は逮捕され、翌月には「特許権侵害とアメリカ当局に虚偽の情報を与えた」科で懲役六カ月と一万ライヒスマルクの罰金に処せられる[98]。

キーゼヴェッターの一件は、戦後ドイツでのCICの任務がいかに困難だったかを雄弁に物語っている。アメリカ軍は、情報収集をドイツ人に大幅に依存せざるを得ない。だがどのドイツ人を信頼すればいいのか。占領軍に積極的に協力しようとする者（キーゼヴェッターはまさにそうだ）には、往々にして隠したい過去がある。かといって信頼できる情報源は、過去を暴かれたくない者による嘘の密告の標的になりやすい。キッシンジャーは当時もう一人、いかがわしい情報提供者を使っていた。アルフレッド・ラングスピアというニューヨーク生まれの男で、両親をなくしてからドイツに移り、筆跡鑑定家として名をあげ、多くの企業案件に関わっていた。ナチ党員ではなかったが、定見のない男で、自分は筆跡鑑定や隠密調査ができるなどとナチ党に売り込んだことがある[99]。どうやらキッシンジャーは筆跡鑑定学をまともな科学と考えていたらしいが[100]、このラングスピアにも、CICの情報提供者の地位を悪用したというたしかな証拠が存在する[101]。つまりクラップロートに、「ミスター・ヘンリー」の子分は信用ならないと嘆く口実をまたもや与えたわけである。[102] キッシンジャーは、初めての官僚抗争で完敗を喫したのだった。

とはいえクラップロートの市長としての日々は残り少なかった。ドイツには民主主義が復活し始めていたからである。一九四五年一〇月初めにアメリカ軍政府はシュトゥットガルトに評議会を創設し、多くの行政権をそこに移譲した。年末までには、アメリカ占領地区内のすべての州にドイツ人による政府と「予備議会」が置かれる。そして翌年前半には地方政府が正式に設立され、選挙が行われた。ベンスハイムでは、ドイツ南西部の多くの都市と同じく、新たに結成されたキリスト教民主同盟（CDU）が勝利している。この政党は、旧カトリック中央党の間接的な後継党だった。一九四六年四月一日には選挙で選ばれたヨーゼフ・トレフェルトが市長に就任。[103] この新市長もすぐに、「軍政府とCICの間の恒常的な緊張関係」や、「一方が禁じたことを他方が命じる」傾向に文句を言いはじめた。[104]

いざこざにうんざりしたせいか、あるいは単純に除隊の資格ができたからか、キッシンジャーは一九四五年一一月初めに文民としての仕事に応募する。希望は「政治調査、世論調査、または行政関係」だった。[105] 応募書類では自身の学歴を強調している。「ドイツ語の読み書き・会話に堪能。フランス語も流暢に話す。ニューヨーク市立大学で二年間企業会計を修得。ヨーロッパの歴史・社会・経済に関する陸軍特別教育プログラムに参加」[106]

最初に提示された仕事の一つは、「ヨーロッパ・地中海戦域における戦争犯罪の調査・尋問」だった（たしかにキッシンジャーはニュルンベルク裁判に興味を持っており、一九四六年にはナチス親衛隊幹部の反対尋問を傍聴している）。もう一つの選択肢は、軍政府における「政治情報・報道管制」である。[107] だが、どちらも少尉に昇進できるものの、陸軍に残ることになる。[108] キッシンジャーは尋問も軍服もうんざりだったし、軍隊生活の「時代錯誤的で官僚的」な面にも辟易していた。そこで彼は、アメリカ軍欧州戦域情報部職業訓練学校（バイエルン州オーバーアマガウ）の教官の仕事を選ぶ。生まれて初めての教える仕事だった。[109]

キッシンジャーがベンスハイムに残した緊張関係は、非ナチ化と民主化というアメリカの二つの目的を考えれば避けられないものだったと言えるだろう。後任のサミュエルズ（やはりユダヤ人である）もさっそく、自分を「前任者よりおとなしいと思ったら大まちがい」だと市長のトレフェルトに思い知らせる。「ミスター・ヘンリーがいなくなったからには方針は変更される」などと期待するなというわけだ。キッシンジャーと同じくサミュエルズも、ドイツにおける民主主義の回復よりナチズムの根絶のほうに熱が入っていたし、二人とも、CDUに前体制の残党がかなり紛れ込んでいるのではないかと疑っていた。サミュエルズに言わせると、CDUという略称自体、ナチス地下組織の匂いがするという。[110] この種の疑惑は、政治権力をドイツ人に譲り渡してからも長く残った。キッシンジャー自身、第三帝国の廃墟から生まれた連邦共和国を度々讃えながらも、キャリアのほとんどの期間、民主主義へのドイツの取り組みがどれほど本気なのか懐疑的だった。

それでもキッシンジャーは、ドイツに留まることを選んだ。アメリカで仕事を探すのは容易だったし、家族は帰国を望んでいたのに、である。なぜ残るのかと聞かれて、彼は感情を込めて答えている。「あなた方には理解できまい。私自身、血と悲嘆と希望とでも言うほかない。時々食事中にふと空席に気づく。優秀な男たち、何のために戦うのかを言ってくれる男たちが座っていたはずの席だ。そんなとき、私は……ヒトラーの死が発表された夜のことを思い出す。あの夜、ボブ・テイラーと私は残ろうと決めた。何が起きようと、誰が屈しようと、これまでの犠牲を意味のあるものにするためにできることをしよう、それまではここに留まろうと。

テイラーは去年の一〇月に帰ることもできたのに、いまも［判読不明］にいる。私も残る。もうすこしいる……一年以内だ。一九四六年には帰る予定だが、その前にやりたいことがある」

つまりキッシンジャーは、ドイツの政治面の再教育で自分の役割を果たすことを選んだのである。教官の仕事を引き受けるに当たって躊躇したとすれば、それは「教えるより、実際に自分でなにかをしたい」からだった。[111]

4

ところが一九四六年に入ると、新しい敵がナチス残党より大きな脅威となってアメリカ軍に迫ってくる――ソ連である。攻撃は最大の防御とばかり、スターリンは冷酷にヨーロッパ民主主義の転覆を狙ってきた。その結果、アメリカ軍は積極的な非ナチ化から、過去の罪を許さないまでも忘れる方向への政策転換を余儀なくされる。ドイツを撃破したら直ちにソ連が友から敵に豹変すると早くから見抜いていた西側指導者はきわめて少ないが、その数少ない一人がイギリス陸軍元帥のアラン・ブルックである。ルーズベルトもその側近もまったく予想していなかった。ソ連軍情報部の協力者だったことがのちに判明するハリー・ホワイトも、である（ホワイトはブレトン・ウッズ体制を考案した一人である）。

この状況に直面して、外交官ジョージ・ケナンが通称「長文電報」（電報番号511）で現実的な政策を提案したことは、あまりに有名である。この電報は一九四六年二月二二日にモスクワからワシントンに打電され、五〇〇〇語という異例の長さだった。ケナンの電報はじつに衝撃的だった——国際共産主義を「病気の組織にのみ繁殖する悪性の寄生菌」に擬《なぞら》えたのだから。[112]その二週間後には、さらに衝撃的な比喩が世界を脅かす。チャーチルがウエストミンスター大学（ミズーリ州フルトン）で講演し、ヨーロッパ大陸に「鉄のカーテン」が降りたと述べたのである。ワルシャワ、ベルリンも、プラハ、ブダペスト、ベオグラード、ブカレスト、ソフィアも、カーテンの向こう側の「ソ連圏」に入った。チャーチルの講演から五日後の三月一〇日にはジョージ・オーウェルがオブザーバー紙に寄稿し、「昨年一二月のモスクワ三国外相会議後に、ソ連はイギリスと大英帝国を相手に〈冷戦〉を始めた」と述べている。

ナチス残党は、西側連合国がソ連の脅威を認識し、スターリンとの戦いで自分たちと共闘するだろう、と最後の希望を抱く。一方ゲッベルスのプロパガンダにより、ドイツ国民にはソ連との確執が早くから予想できており、早くも一九四五年のクリスマスには、「ドイツ兵が対ソ戦争に備えて武装している」とか「ソ連と西側は今冬にも戦争に突入する」といった噂が流れた。[113]しかし冷戦がそのような形で展開しなかったことは、読者もよくご存知のとおりである。アメリカ軍は反ナチスなら誰でも歓迎していたから、占領地区でドイツ共産党（ＫＰＤ）党員に重要な地位を与えかねないところだった。

しかし徐々に、ＫＰＤがソ連のスパイをしている可能性に気づきはじめる。一九四五年一〇月のＣＩＣ報告書には、「ベルクシュトラーセ郡で最も組織的な政党は共産党であり、彼らの組織はナチスをモデルにしている」とある[114]（もっとも共産党は地方選挙で勝てなかった）[115]。ＣＩＣは一九四五年末頃から管轄区域外にも手を伸ばすようになるが[116]、その前にも他郡の警察署長の人事に横槍を入れ、共産党員の任命を阻止しようと試みている（が、成功しなかった）[117]。

このようにヨーロッパは冷戦の戦場となっていくのだが、キッシンジャーが教官として赴任したオーバーアマガウは、一見するとそんな現実とは無縁に見えた。バイエリッシェアルペンの麓、アマー川の岸辺にあるこの小さな村は、当時もいまも壮大なキリスト受難劇で知られる。一六三四年の初演以来、一〇年に一度野外劇場で上演されてきたが、当初はペストの流行から神のご加護を得るためだった[118]。だがヴィクトリア朝時代までには観光客向けの催しとなる。聖職者のヨーゼフ・アロイス・ダイゼンベルガーが一八六〇年に改定した脚本では、中世の田舎臭さやバロックのわざとらしさが一掃され、上品なプロテスタントが楽しめるものになっている[119]。訪れる人たちは古風で純朴な村全体の趣をよろこび、村の向こうにそびえる禿山コフェル山の風景を楽しむ。とりわけ賞賛するのは、もちろん受難劇である[120]。オーバーアマガウのキリスト受難劇は、エタール修道院やヴィース巡礼教会とともに、旅行者に宗教的高揚感をもたらすのだろう[121]。一九二〇年代にはクックの旅行案内で「ヨーロッパで最もおすすめの観光地」の一つに選ばれ、イギリスやアメリカから大勢の観光客が押し寄せた。

ただし受難劇は反ユダヤ主義と密接に結びついていた。受難劇では伝統的にユダヤ人に対する暴力が描かれており、それもあってバイエルン当局は一七七〇年に上演を禁じている。オーバーアマガウはどうにか禁止を免れていた。[122] ただし改定された脚本ではユダヤ人は重要な悪役にされており、[123] 幕切れでキリストの死に対する民族としての罪を明言してこう叫ぶ。「その血の責任は、われわれとわれわれの子孫の上にかかってもよい」。[124]

一九三〇年の上演を見たアメリカ人のラビ、フィリップ・バーンスタインは、キリストの死にユダヤ人が「全面的に責任がある」ように描かれていることから、キリスト教徒のユダヤ人に対する「見方への影響」を懸念している。[125] 一九三四年には三〇〇回記念公演が行われ、ヒトラーが観劇した。村人たちはヒトラーを熱烈に歓迎したという。[126] このときの出演者七一四人のうち一五二人が、一九三七年五月までにナチ党に加入した（この日までに党員になった者を連合国は「純粋なナチス」とみなす）。そこには、イエスを演じた役者、聖母マリアを演じた役者、一二使徒を演じた役者のうち八人も含まれている。[127]

とはいえオーバーアマガウの有力者は昔と変わらずカトリック系のバイエルン人民党を支持していたし、ローマカトリック教会の信者でもあった。[128] 地元の聖職者は「偽の予言」に惑わされるなと戒め、受難劇の過剰なナチ化にも敢然と抵抗して主張を押し通している。[129] オーバーアマガウの住民は、ユダヤ人やユダヤの血が混じった人々に対して他地域より融和的だった。また村では、反ナチスを掲げる抵抗組織が少なくとも一つは結成されている。[130] だが結局、村長のライムント・ラングはナチスの反ユダヤ主義を平然と支持し、受難劇は「わが国の演劇の中で最も反ユダヤ主義的」だと自慢するにいたる。[131] また一九五〇年と六〇年にキリスト役を演じたアントン・プライジンガーは、「水晶の夜」のとき、ユダヤ人作曲家マックス・ペーター・マイヤーの襲撃に加わった。[132]

オーバーアマガウは、もう一つの点でも第三帝国の罪に加担していたと言えるだろう。というのも、アウクスブルクに拠点を置く航空機メーカー、メッサーシュミットが設計部門をオーバーアマガウに移し、ジェット戦闘機Ｍｅ２６２、単座迎撃戦闘機Ｐ１１０１、ロケットエンジンなどを開発したからだ。[133] プロイセンの物理学者で、Ｖ２ロケットや大陸間弾道ミサイルの試作機を設計したヴェルナー・フォン・ブラウンは、一九四五年四月初めに四〇〇人の科学者を率いてオーバーアマガウに移転する。彼らは、ドーラ強制収容所（「中央工場」と呼ばれる地下工場でのミサイルやロケット製造に奴隷労働者を供給していた）からなるたけ離れていたかったらしい。だが科学者たちはドイツ空軍に所属していたため、親衛隊大将ハンス・カムラー（アウシュヴィッツの建設に携わった人物である）の指揮下に置かれており、列車でオーバーアマガウの約六四〇キロ南まで行くよう命じられた。ナチス指導者は半ば本気で「アルペン山中の要塞」に立てこもる計画を立てており、科学者の移送はその一部だったと考えられる。あるいはカムラーは、科学者たちを連合国との交渉材料に使えると考えたのかもしれない。だがカムラーは忽然と姿を消し、フォン・ブラウンは親衛隊を説得して科学者を分散させることに成功する（表向きは、アメリカ軍の「サンダーボルト」によるひんぱんな爆撃で全員が死ぬリスクを減らすためだったが、実際には、科学者が連合国の手に渡ることを恐れる親衛隊から皆殺しにされるリスクを減らすためだった）。その結果多くの科学者が、ドイツ敗戦間際のどさくさに紛れてチロル地方に逃げ込んでいる。[134]

アメリカ陸軍第七軍団に所属する部隊がオーバーアマガウに到着したのは、一九四五年四月二九日である。フォン・ブラウンと弟のマグヌス、ロケット開発の軍責任者だったワルター・ドルンベルガーらは直ちに身柄を拘束され、[135] 尋問を受けた後、最も優秀な一一八名が「オーバーキャスト作戦（のちに「ペーパークリップ作戦」」の対象となる。これは、ドイツの優秀な科学者をアメリカに連行する作戦で、科学者とともに、ハルツ山地の地下壕に隠されていたV2ロケットの部品と図面も没収された。フォン・ブラウンがナチ党と親衛隊の一員だったことがほどなく判明したが、それでもアメリカの中距離核ミサイル開発やのちのNASA宇宙計画で中心的な役割を果たしている。[136]

オーバーアマガウもベンスハイムと同じく終戦直後は混乱をきわめ、非ナチ化がそれに拍車をかけた。アメリカ軍は村長のライムント・ラング、一九三〇年と三四年の受難劇で監督を務めたゲオルク・ラングら、地元のナチ指導者を次々に逮捕している。[137] 終戦直後に軍政府顧問としてバイエルンに戻ったラビのフィリップ・バーンスタインは、国連委員会に次のように述べた。「アメリカ軍を明日撤退させたら、明後日にはユダヤ人虐殺が行われるだろう」。一九四六年の調査では、バイエルン州の住民の五九％が「人種差別主義者」「反ユダヤ主義者」「過激な反ユダヤ主義者」のいずれかに分類されている。[138] だが他の地域同様、経済・社会状況の深刻化を考えれば、指導者層をそっくり追放するわけにはいかなかった。オーバーアマガウは、強制移住者や不良少年によるレイプ、強盗、暴行に加え、慢性的な食料不足、栄養失調、病気に悩まされる。敬虔とされていた住民が闇市に出入りし、名産の木工品を惜しげもなくジンやタバコと交換するのを見て、アメリカ兵は憤慨したものである。[139] 結局非ナチ化は、ほとんど無価値のライヒスマルクでの罰金と、ラングらのあっという間の復職で終わる。[140] 一九四六年には受難劇の復活が計画されたが、主な役者がまだ拘禁中だったため実現しなかった。[141] 一九四七年になると、アメリカが受難劇の新しい興行のために村に三五万ドルの助成金を出す。[142] その翌年、ライムント・ラングが市長に選ばれた。元ナチスやズデーテン地方から追放されたドイツ人の強い支持を得ての当選である。一九四九年にはゲオルク・ラングが何事もなかったように受難劇の監督に就任。配役が発表されると、誰かが思わず「勝ったのはナチスか？」と尋ねたという。[143] 受難劇復活は欧米に歓迎され、アメリカ兵のために三万席以上が予約された。オープニングにはアメリカとイギリスの高等弁務官が出席している。だがすぐに、この村は何も変わっていなかったことがはっきりした。[144] アメリカ兵と踊っているところを目撃されたアンニ・ルッツは聖母マリア役を降ろされ、マグダラのマリア役に回されたという。[145]

この奇妙に現実離れした村に軍の学校を設立しようと考えたのは、ほかならぬフリッツ・クレーマーである。ヨーロッパ作戦戦域訓練学校（ＥＴＩＳ７７０７、のちの欧州軍訓練学校）は、「占領対応の訓練を十分受けていない情報員の訓練」を目的とする。[146] まずはドイツ語、ドイツの歴史・文化を教えるのだが、これが容易ではない。ごく最近まで戦場にいた者におとなしく授業を受けさせるのは至難の技である。タバコを吸い、足を机に投げ出す一方で、女遊びにはひどく熱心で性病が広がるという有様だ。[147] クレーマーは教室の規律回復に政治家のマリー＝エリザベート・リューダースの手を借りている。ドイツにおける女性博士第一号でもあるリューダースは、クレーマーがかき集めた未熟な教官たちの研修にも力を貸した。キッシンジャーもその一人である。

キッシンジャーにとって、この仕事はじつに魅力的だった。給与は年間三六四〇ドルで、当時のアメリカ人の中位所得（一八一一ドル）の二倍以上のうえ、二五％の海外調整九一〇ドルと、週四〇時間労働を超えた場合の残業手当が加わる。[148] キッシンジャーが教えるのは「ドイツの歴史と国民性」、「情報調査」の二科目である。後者は主にＣＩＣ調査官としての経験が中心だが、クレーマーによれば

「情報活動で見落とされがちな心理面」[149]に重点を置く。前者については詳細な講義ノートが残っており、きわめて野心的な内容だったことがわかる。授業は「ドイツ人とアメリカ人の心理的差異を認識することの重要性」から始まり、ドイツ人の四つの特徴（利己的、自信の欠如、従順、バランス感覚の欠如）について論じる。さらにプロイセン主義、愛国主義、軍国主義について説明し、最後に「自由な制度の設立による再教育」と「学校制度改革」の提言を行う。驚かされるのは、戦前のドイツについてのキッシンジャーの見方である。彼は「個人に対する支配」、「哲学的基盤（ルター、カント、フィヒテ、ヘーゲル）」、「内面の美点より外面的成功を重んじる自己評価」が特徴だったと指摘する。[150]この点に関しては、当時の有力な研究者でもほとんど反論できまい。なにしろ彼は、一九四五年に刊行されたばかりのA・J・P・テイラーの『近代ドイツの辿った道』（井口省吾訳、名古屋大学出版会）まで参考にしたと思われる。キッシンジャーが教官として非常に優秀であることがわかったため、すぐに東ヨーロッパについても教えることになる。「ポーランド、チェコスロバキア、ハンガリー、ルーマニア、ブルガリア、ギリシャ、トルコの背景と現在の発展」がテーマだった。[151]

このテーマはなかなかに啓発的で、「［非ナチ化を］打ち切り反ソビエト路線に切り替える」というトップレベルの判断が反映されている。その結果キッシンジャーは、「非ナチ化における情報活動の訓練と同時に、ソ連の脅威を理解させる」という二つの役割を担うことになった。[152]この新しい役目をキッシンジャーは楽しんでいたようだ。ソ連との冷戦が進行中だというケナン、チャーチル、オーウェルの見方に懐疑的な向きもいたが、まずまちがいなくキッシンジャーはそうではなかった。学校長に提出した報告書では、オーバーアマガウの治安状況を強く批判し、「アメリカの方針や指令はほとんど守られていない」と警告している。
「ドイツ人労働者がたびたびアメリカ軍を中傷し、占領政策に反抗するのはその表れである……その結果、命令の強行や民間人の管理が一段とむずかしくなっている……事態の拡大を防ぐ唯一の方法は、重要人物の継続的監視である……そのためには近隣の町についてできる限り情報を得る必要がある。とくに、誰が共産主義者で、そのうち誰が監視対象と親しいか、などが重要だ」[153]
共産主義者の破壊活動に立ち向かうためのキッシンジャーの提言は徹底しており、情報提供者の活用、手紙や通話の監視、さらには一時滞在者とくに共産党員の継続的監視を提案している。監視によって「気の弱い者を威嚇」し、「治安の対象を監視しやすい狂信的小集団に限定」するという。[154]
とはいえオーバーアマガウでは、ベンスハイムにいたときとはちがい、机に縛りつけられてはいなかった。ベルリン、バート・ナウハイム、バーデンバーデン、[155] ヴィースバーデンで出張講義をしている。出張には、教官たちが「ＣＩＣが現場で直面している問題に精通する」効果もあった。バーデンバーデンからの帰路、彼らはベンスハイムで共産党の「大集会」に立ち寄り、軍政府が「愚か者呼ばわり」され、ＣＩＣの情報提供者が「名指しで批判され、共産党員でないことが強調される」のを目撃する。これは「アメリカの権威に対する共産主義者の重大な攻撃」だった。[156] ヴィースバーデンからの帰路ではキッシンジャーはダルムシュタットに立ち寄り、「ソ連の浸透手法とアメリカの対抗手段」について情報を収集する。そのときの報告書を読むと、非ナチ化が「隠れ共産主義者」探しに急転換した理由がよくわかる。
「一九四六年六月までＣＩＣの主な目的は治安維持だったが、目下の最大の危険は、ソ連の共産主義者による占領政策の無効化やスパイ活動となっている。彼らがとる方法は主に二つある。重要な地位を押さえて、アメリカの政策の信用を落とすように画策すること。アメリカの政策決定者の無能力を示すようなやり方で法を運用することだ。とくに問題なのは……裁判が利用されていることである。視察した多くの地域で、共産主義者があれこれ理由をつけては裁判所を管理していた……また、共産主義者を警察など重要なポストに配置し、スパイ活動の隠れ蓑にしている。第三地区ではスパイ組織が発見された。彼らはドイツ警察のルートを使ってロシア人に情報を提供していた」[157]

キッシンジャーが述べたように、CICが扱うのは、「権限を持った人間が強制捜査、逮捕、尋問などを使って処理できる技術的問題から、破壊分子の監視、行動手法の分析など、水面下の行動を要する問題に切り替わった。とくに、一見無意味な行為を見逃さず、それがソ連の意図にとって何を意味するかを理解することが必要になった」。オーバーアマガウの学校は、「ドイツにおける占領国の力関係」、「各国の情報活動の傾向」、「破壊組織の背景、経歴、目的」に力を入れる必要が出てきたわけである。[158]

5

もっともオーバーアマガウでキッシンジャーが出会ったのは共産主義の暗い影だけではない。学問の世界にも出会っており、やがて彼はその後の二〇年のかなりの期間をその世界で暮らすことになる。人を見る目のあるクレーマーが集めてきた教官の中には、キッシンジャーの生涯の友となり同業者となる三人の優秀な若者が含まれていた。ドイツ系ユダヤ人難民でのちに国務省のソ連専門家となるヘルムート・ソンネンフェルト、チェコスロバキア出身のユダヤ人難民でのちに数学者となるジョージ・スプリンガー、ポーランド出身のロシア系ユダヤ人でのちに日本経済の専門家となるヘンリー・ロソフスキーである。[159] 彼らは若い頃の苦難にもめげず、研究者として、また公人として、目覚ましいキャリアを築くことになる。

だが一九四六年には三人はまだ若く、おまけに窮屈な軍隊生活から解放されたばかりだった。オーバーアマガウの社交の中心となっていたのは、一九二〇年代にトーマス・マン一家がたびたび訪れたというケーニッヒ・ルートヴィヒ通りのこじんまりしたホテル「フリーデンスヘーエ」である。クレーマーは家族と一緒にここに住み、キッシンジャーはオーナーのシュミット家の一室を間借りしていた。キッシンジャーと仲間たちが人生を謳歌していたことはまちがいない。一九四六年一〇月に、キッシンジャー、スプリンガーとその妻、ドイツ人の文民教官リオニー・ハーベルトの四人は、飲酒運転とスピード違反で軍警察に逮捕されている。しかも彼らは警察と口論し、キッシンジャーは自分を逮捕した警察官に向かって暴言を吐いた。「こんなことをするのはやめろ。おまえは知らないだろうが、もっと厄介なことになるぞ」。巡査部長はこれを脅迫とみなし、飲酒運転の容疑が晴れたにもかかわらず、[160] キッシンジャーを地下の狭い独房に一時間閉じ込めている。[161] じつはこのとき一緒に逮捕されたハーベルトは、キッシンジャーのガールフレンドだった。同じ月にキッシンジャーはパリで生後二カ月の斑のコッカスパニエルを買ったが、[162]帰国する際にこの犬の輸送の手配をしたのは彼女である。[163]オーバーアマガウでキッシンジャーにはドイツ人のガールフレンドがおり、彼女をめぐって殴り合いをしたという噂がある。[164]殴り合いは作り話だが、女友達がいたことは事実だ。[165]

もっとも、二人は深い仲ではなかった（対照的にJ・D・サリンジャーはドイツ人の恋人と結婚し祖国に伴ったが、不幸な結果に終わっている）。それでもキッシンジャーは、帰国後もハーベルトが亡くなるまで連絡を取り合っている。異教徒のドイツ人との恋愛が両親から歓迎されないことは確実だった。両親は、息子の結婚相手にユダヤ人女性、願わくは同じ正統派の女性を望んでいたのだから。キッシンジャーは頑固に抵抗した。「いまは結婚や婚約などまったく考えていないが、アメリカに戻ってからどう思うかわからない」と、一九四七年二月の手紙に書いている。[166]母親から「早まった決断」をしないよう注意されると、苛立ちを一段とつのらせた。「その心配は無用です。もう一九歳やそこらではないことを忘れないように……どう決断するにせよ、早まるということはあり得ない。もうずっと前から、そんな過ちとは無縁なのだから」[167]

結婚は、正統派ユダヤ教徒の家族にとって重要な問題であり、ここに従軍経験がキッシンジャーにもたらした重要な変化を読み取ることができる。要するに、キッシンジャーは信仰を失ったのである。「軍隊にいたら、何であれ正統的な宗教を実践する機会はほとんどない……一〇〇〇年の苦しみに耐えてきたユダヤ社会の一員になるには、ユダヤ教を信じ、その教えに従うことを義務としなければならない。だがそのことは、ユダヤ教の特定の習慣を実践することを意味しない」[168]とのちに語っている。これを知った両親は当然ながら嘆き、キッシンジャーは弁明の手紙を書く必要に迫られたが、その書きぶりはあまりに率直だった。
「私にとってものごとは善と悪にきっぱり分かれるのではなく、広いグレーゾーンがある……人生における本当の悲劇は、善か悪かを選ぶことではない。悪と知りつつ悪を選ぶのは、よほど冷酷な人間だけだ。本当の悲劇は、何が善か、何が正しいかわからないのに選ばなければならないことにある……これが苦悩を引き起こす。黒白がはっきりした世界に住んでいたら、この苦しみは理解できまい」

　率直すぎる文章はさらに続く。「私はすこし変わっているかもしれないが、それは自分のせいでも親のせいでもなく、この世界に生まれたからだ」とし、「いまの私の冷淡でいささか皮肉っぽい態度は、反対されるのを見越して反対できないようにするための知恵」であって、それは、長年にわたって自分の行動を両親に批判された結果だというのである。[169]
「わが生涯の弁明」とも呼ぶべきこの異例の手紙は、移住と軍隊生活がキッシンジャーを大きく変えたことを雄弁に物語っている。第二次世界大戦を戦った大勢の若者と同じく、帰国すればアメリカがほとんど変わっていないと感じるかもしれない。だが自分自身が大きく変わったことはわかっていた。一九四七年四月初めには、「もうすぐ希望と勉強の三年間が私を待っている」と書いている。「再び私は未来に向かう。その未来は不確実だが、やっていける自信がある……自分が何を望み、何を求めるのか、いまでははっきりわかっている」。彼は大学に行くことに決めていた。「何をするにしても学位が必要だから」である。だがどの大学へ行くのか。
「ＮＹは好きになれないので、ＮＹの大学は避けた。週末に帰れる距離で探し、コロンビアなど東海岸の主な大学に願書を出して、いまは返事を待っている。

過去一二年の経験から、将来はあまり細かく決められないとわかった。人は現在を生きなければならない。だから将来の計画は立てていないし、今後も立てるつもりはない。大学を卒業し、論文を書き、それから講義をする……そこには自信を持っている。

再適応についてはあまり心配しないように。戦争に行った者が全員ノイローゼになるわけではないのだから[170]」

その頃には、手紙を出すたびに両親の心を波立たせることがキッシンジャーにもわかっていた。「タバコ」を送ってほしいという度々の依頼も、帰国の時期がはっきりしないことも、退職手当でパリ、ロンドン、ニース、ローマ、フィレンツェ、ベネチア、トリエステを回る二週間の旅行を計画していることも、両親を狼狽させた。しかもその旅行は友人の妻と一緒だという（「ご主人もこのことを知っているし、私たちは純粋に友人同士だから心配しないで[171]」）。息子は昔の友人にはまったく関心を持っていない（「帰国してからも、いわゆる旧友にまだ魅力を感じるとは思えない[172]」）。息子は金銭にも無頓着だ（「いま、お金に何の意味があるのか。美しいものを楽しめるときに楽しむのでないなら、生きることに何の意味があるのか。あくせく働いてばかりでは人生を生きたことにはならない」）。息子は、「一流」でも「有名」でもない大学は歯牙にもかけない（シティカレッジへの復学は論外だった[173]）。こうした手紙が届くたびに、両親の不安はつのった。

一九四七年六月、ようやく帰国するときが来た。多くの若い復員兵同様、彼は帰国がさまざまな問題を引き起こすことを知っていた。

「いまは、お二人の高い期待を裏切らないことだけを願っている。この数年の経験は私に強い影響を与え、きつくなったし、自負心も強くなった。お互いに多くの点で譲り合いが必要になるだろう。ここ数年、私がふつうの家族生活とは無縁だったことを忘れないでほしい。私たちはその日一日を生き抜くことに精一杯だった。高望みをすれば落胆すると知った。だからといって高望みをしないわけではないが。私が心を閉ざしていると感じるかもしれない。長い間自分一人の人生を生きてきたから、それをすぐに話す気にはなれないだろう。昔のしがらみには意義を感じない。いまの私は、価値に基づいて人を判断する。集団で協力する軍隊生活が長かったので、競争の激しい民間生活にショックを受けるかもしれない。軍隊で多くを学び、多くを成し遂げた私が、これからのささやかな日常をどう感じるかわからない。こうしたさまざまな問題がこの先に待ち受けている。いま約束できるのは、最善の努力をするということだけだ。そして、すこしばかりの忍耐をお願いしたい。

　ヨーロッパからの最後の手紙もこれで終わりだ。別れにふさわしく、外は暗い。低気圧が来て山に雲がかかっている。二年前、ベルクシュトラーセが花盛りで仲間たちもまだ若く、戦争が早くも忘れられようとしていた頃、私たちは毎日、過去の断片を発見し、未来につなげる仕事をしていた。自分たちが世界を変えたと、自分たちを超えるものに青春を捧げたと信じていた。いま、私の戦争は本当に終わった。一九四七年の帰還は間が抜けているが[174]」

　この帰還兵は多くを学んでいたが、一つまだ学んでいないことがあった。つねに率直でいたら、諍《いさか》い、とりわけ両親との対立はまず防げないことである。

KISSINGER

The Idealist

1

1　ハインツ（右）と弟のワルター。ロイターハウゼンの祖父の家の裏庭で、祖父の愛猫と。

2「総統に賛成票を!」と呼びかけるナチスの横断幕。フュルトのシュワーバッハ通りの学校に掲げられた。1934年8月19日撮影。圧倒的多数のドイツ国民が、首相と大統領の権力をヒトラーが掌握することに賛成票を投じた。

2

3

4

3　14歳のハインツ（最前列左端）とユダヤ人実科学校の生徒たち。フュルトにて、1938年。

4　ニュルンベルグで開かれた1938年の党大会から戻ってきたナチ党員がフュルトを行進して通過する様子。立て看板には「フュルト市境：ユダヤ人の存在はわれわれの不幸だ」とある。右側に見える建物は、かつてはユダヤ人が経営するJ.W.スパー社のものだった。

5

5　アメリカへ向かう途中立ち寄ったロンドンにて、1938年8月28日撮影。ハインツは右から2人目。中央はパウラの叔母ベルタとその夫シグムンド・フライシュマン。キッシンジャー一家はロンドンで、ゴルダーズ・グリーンにあるフライシュマン家にしばし滞在した。

6　第84歩兵師団第235歩兵連隊第2大隊G中隊（師団のニックネームはレールスプリッター）の兵士たち。1944年にヨーロッパに派遣される前の写真である。ヘンリー・キッシンジャーは、4列目の左から6人目。

6

7

7　アイゲルスホーフェン（オランダ）の戦闘前夜。1944年11月初めに撮影。数日後にキッシンジャーは前線に送られ、アーヘンでジークフリート線を目の当たりにする。キッシンジャー一家がナチスの迫害を逃れてアメリカに移住してから、ちょうど6年が経っていた。

8　廃墟と化したベンスハイムを通過するアメリカ軍の兵士たち。1945年3月27日撮影。対敵諜報部隊（CIC）の特別調査官として、キッシンジャーはベンスハイム地区からナチ残党を一掃する任務を負っていた。

8

9

9　ハノーバーの西にあるアーレム強制収容所。キッシンジャーを含む第84歩兵師団の兵士たちが1945年4月10日にこの収容所を解放した。この写真を撮影したヴァーノン・トットによれば、「この世の地獄」だったという。生き残りの一人モシェ・ミエジンスキは、キッシンジャーが「もう自由ですよ」と声をかけてくれたことを覚えている。

10　アーレム強制収容所の解放直後に撮影された生き残りの一人。おそらくフォレク・サマだろう。キッシンジャーは彼を題材に短い随筆「永遠のユダヤ人」を書いている。「人類は君にしたことで告発される。私も、そこらの誰かも、人間の尊厳も、君を裏切った・・・人間の尊厳も、客観的な価値観も、この有刺鉄線のところで止まってしまった」

10

11

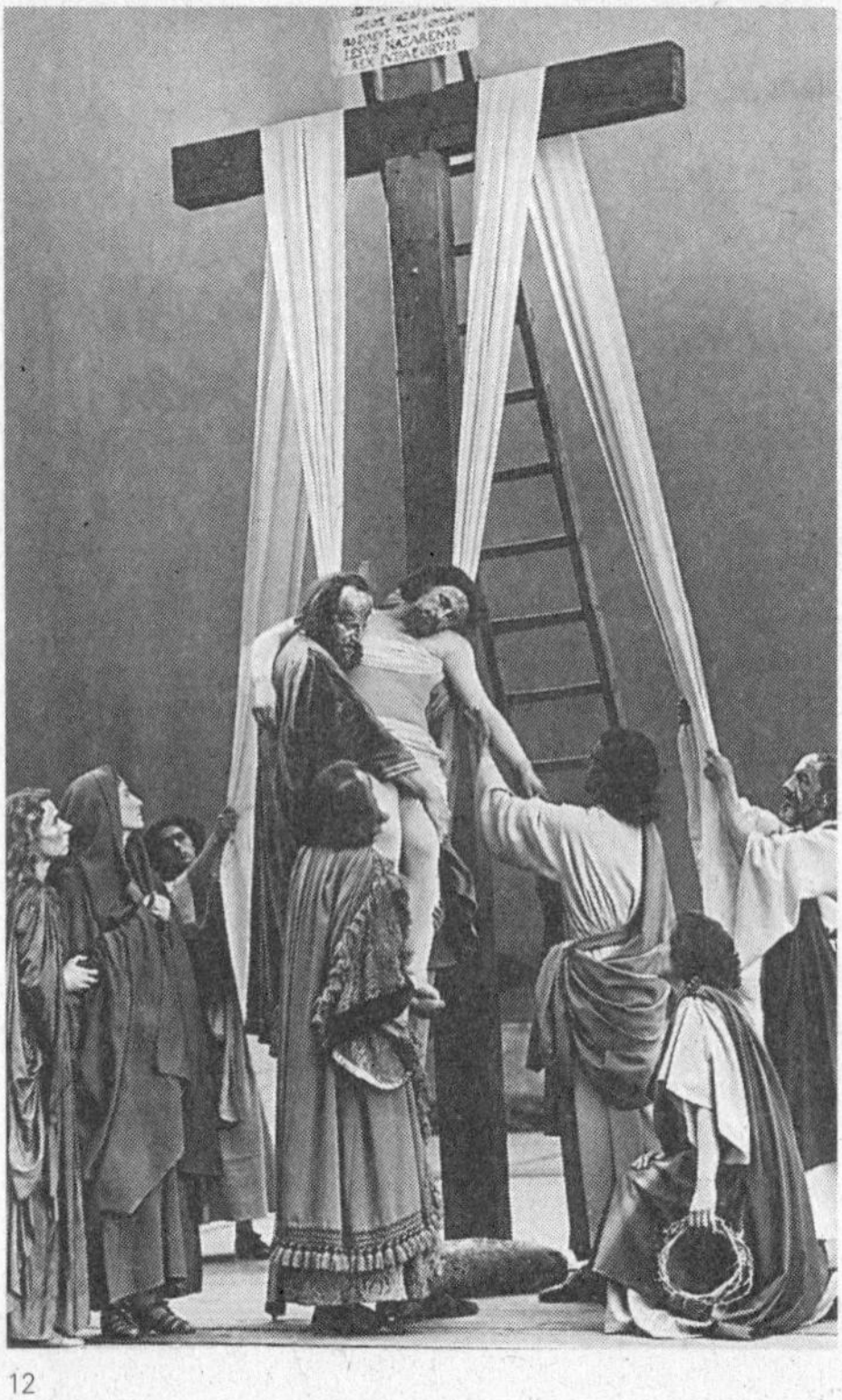

12

11　ファウストのキッシンジャーにとってメフィストフェレス役となったフリッツ・クレーマー（右端）。クレーマーはアメリカ人に対し反ナチスのドイツ人士官を装っていたが、実際にはユダヤ人で国際法の専門家だった。このこれ見よがしのポーズは彼の特徴である。キッシンジャーはのちに、「人格形成期において最も大きな影響を受けた」と述べている。

12　バイエルン州オーバーアマガウで1950年に上演された受難劇の一場面。同地にはアメリカ軍欧州戦域情報部職業訓練学校がある。キッシンジャーは、この学校の教官として教える仕事を始めた。

13 ウィリアム・ヤンデル・エリオット。エリオットは、ハーバード大学政治学部でのキッシンジャーのメンターだった。彼の講義では、政治理論は「一つの冒険だった。そこでは善と悪のせめぎ合いが存在に意味を与え、叙事詩が行動を暗示する」。熱心な英国崇拝者で汎大西洋主義者でもあったエリオットは、ローズ奨学生としてベリオール・カレッジで学び、哲学的な理想主義を身につけていたが、若きキッシンジャーを行動する学者に育てた。その結果、キッシンジャーはボスウォッシュ（北東部メガロポリス）の一方の端から他の端へと行き来することになる。一緒に写っているのは、妻とペットのラクーン。

14 理想主義を奉じる世代：アメリカ学生会議で会話するキッシンジャー。ウェストポイントにて、1956年。

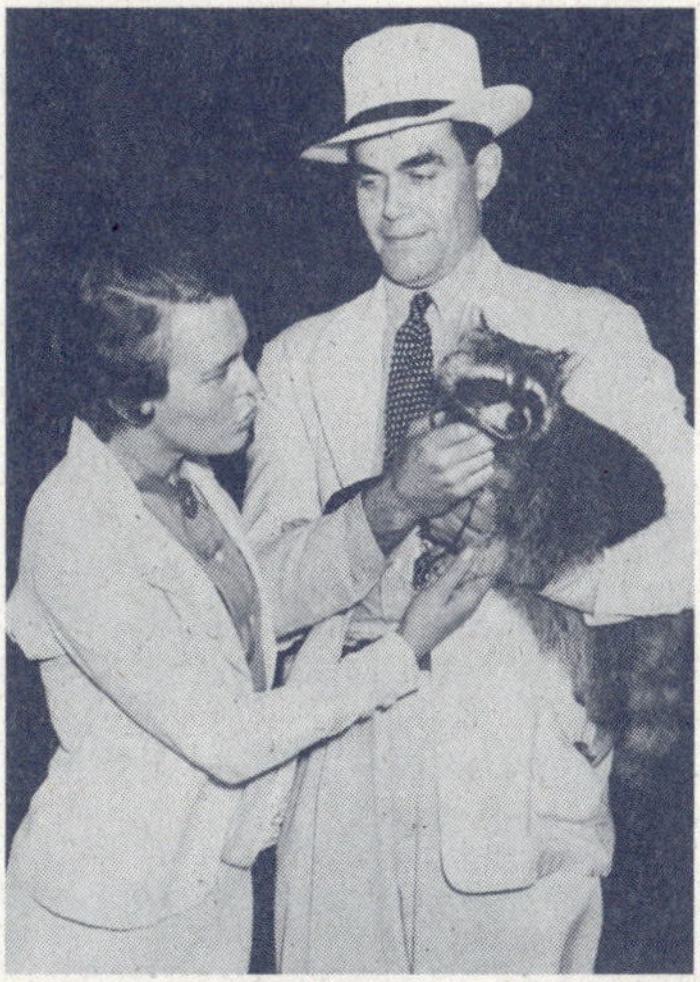

13

14

15

15　PGM-11 レッドストーン。アメリカ初の核弾頭搭載短距離弾道ミサイルで、ニューヨークのグランドセントラル駅に展示された。1957年7月7日撮影。

16-17　人類初の無人人工衛星スプートニクの打ち上げ成功を報じるソ連共産党機関紙プラウダ。1957年10月6日付。

ПРОЛЕТАРИИ ВСЕХ СТРАН, СОЕДИНЯЙТЕСЬ!

КОМСОМОЛЬСКАЯ ПРАВДА

Орган Центрального Комитета ВЛКСМ

Воскресенье, 6 октября 1957 г. | Цена 30 коп.

НА КОРОТКОЙ ВОЛНЕ

16

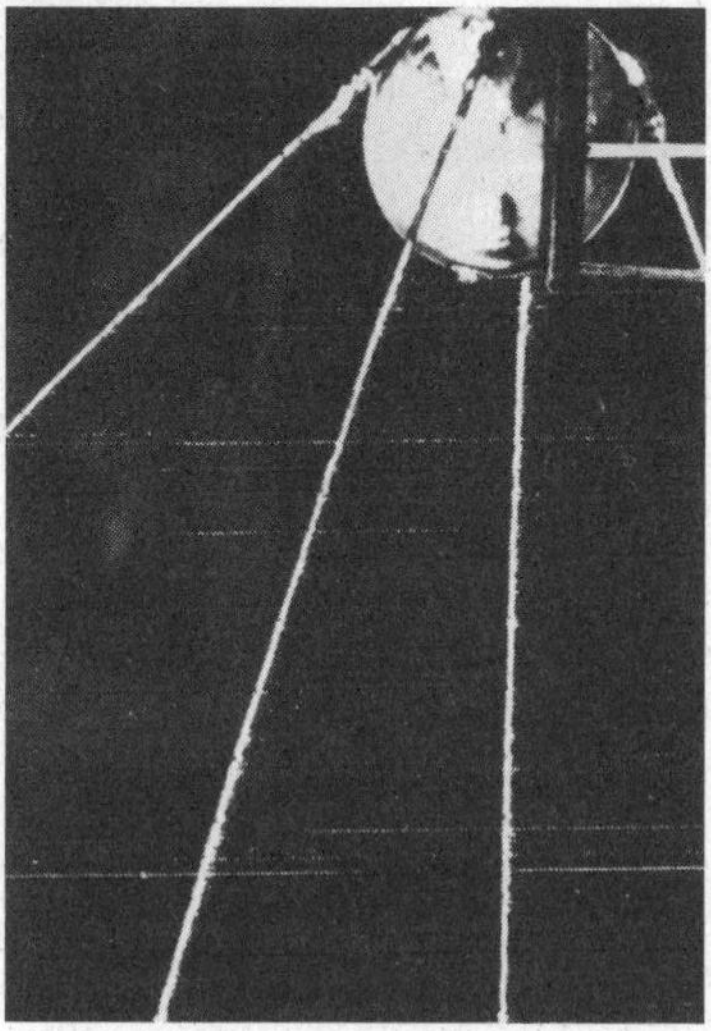

17

18

18　ソ連の「平和攻勢」の一環としてハリウッドを訪れるニキータ・フルシチョフとその妻ニーナ。映画『カンカン』のセットにて、出演者のフランク・シナトラ、シャーリー・マクレーンと。1959年。

19　キューバ革命の指導者フィデル・カストロを抱擁するフルシチョフ。ニューヨークの国連本部にて、1960年。

19

20

20　ハーバード大学国際問題研究所の研究員およびスタッフ。ヘンリー・キッシンジャー（最前列左から2人目）、ロバート・ボウイ（同3人目）、サミュエル・ハンチントン（同右から3人目）、トーマス・シェリング（同2人目）。

21

22

23

22 1961年2月19日にCBSで放送された「重大な課題」討論会。キッシンジャーは「大国としてのアメリカの世界戦略」を以下の出席者と論じている。経済学者のポール・A・サミュエルソン（当時はアメリカ経済学会会長を務めていた)、元原子力委員会委員長のルイス・L・ストラウス、当時のアメリカ代表国連大使アドレー・スティーブンソン、歴史学者のアーノルド・トインビー。このときの討論の記録は残っていないようである。

23 ベルリンのチェックポイント、チャーリーで対峙するアメリカのM48戦車とソ連のT-54戦車。1961年10月撮影。キッシンジャーは、ベルリンの壁建設を黙諾するというケネディ政権の決定に幻滅した。「アメリカは・・・おそらくは災厄に向かっている」と彼は書いている。

21 大統領に選出されたジョン・F・ケネディが歴史学者アーサー・シュレジンジャー・ジュニアの生家を訪れたときの写真。マサチューセッツ州ケンブリッジにて、1961年1月9日撮影。ハーバードの多くの研究者がケネディの男らしいカリスマ性とタカ派のレトリックに惹きつけられたが、シュレジンジャーとキッシンジャーもそうだった。

24

24　アメリカの偵察機U-2の残骸。同機はキューバ危機の最中に撃墜された。1962年。　**25**　ケネディ大統領とキューバ危機の際にホワイトハウスで開かれた国家安全保障会議（エクスコム）の面々。1962年10月29日撮影。

25

26

26 「こいつはお前にとってより私にとって痛手だ!」ハートフォード・タイムズ紙に掲載されたエド・ヴァルトマンの風刺画。キューバからミサイルを撤去するというフルシチョフの決定を揶揄している。アメリカ国民は、キューバからソ連のミサイルを撤去するのと引き換えにアメリカはトルコからミサイルを撤去するというケネディ兄弟が行った取引について知らされていなかった。

27

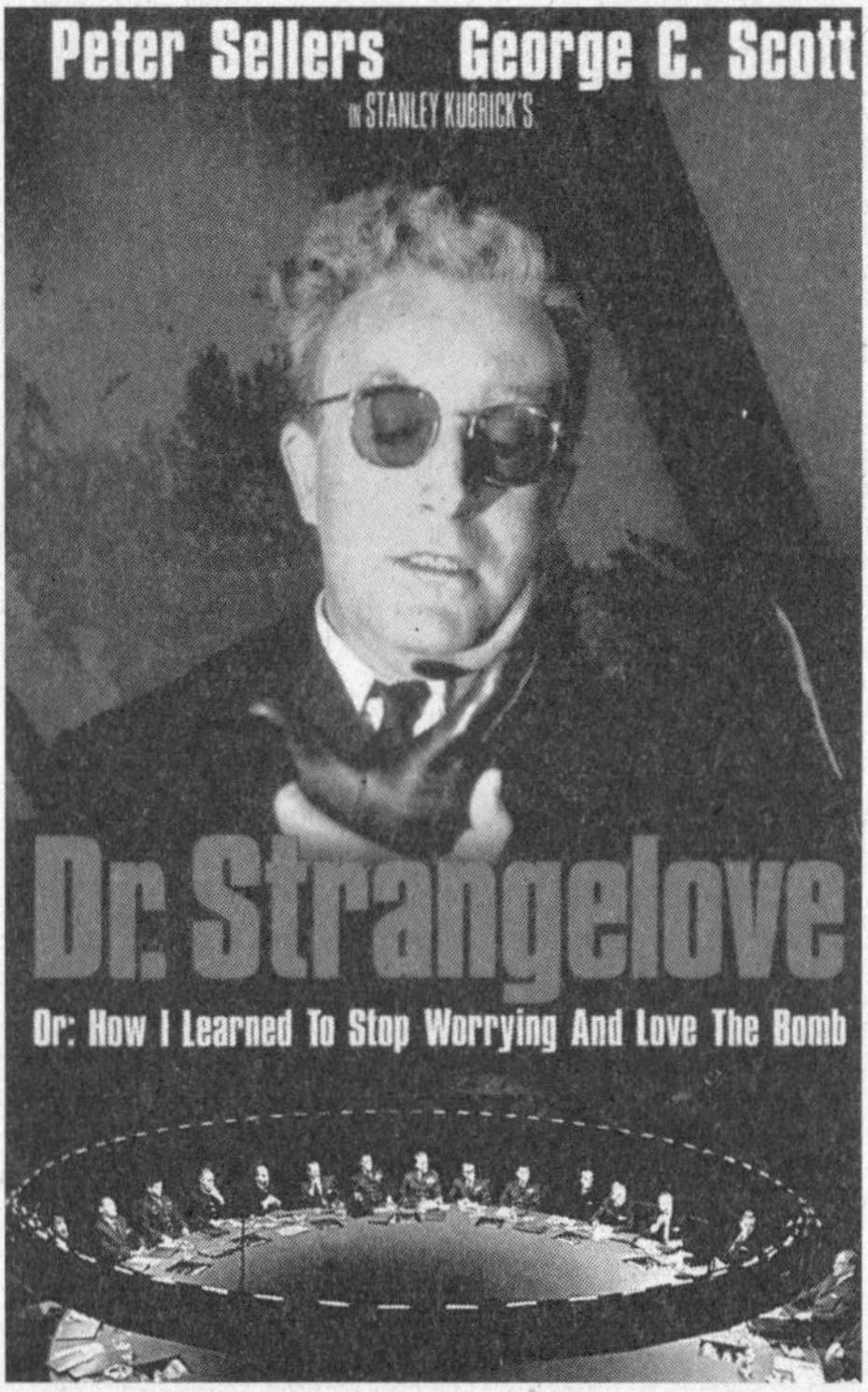

28

27 難事業に挑むアメリカ：キューバを服従させようとするアメリカの計画を揶揄したソ連の漫画。Krokodil誌、1963年5月20日号。

28 スタンリー・キューブリック監督作品『博士の異常な愛情』のポスター。精神に異常をきたした核戦略の専門家ストレンジラブ博士をピーター・セラーズが演じている。博士のモデルは、キッシンジャーではなくハーマン・カーンであろうと思われる。

29

29 副大統領リンドン・B・ジョンソン、大統領ジョン・F・ケネディ、ケネディ夫人らがホワイトハウスでアラン・シェパードの宇宙飛行を見守る。シェパードはマーキュリー3号でアメリカ初の宇宙飛行に成功した。1961年5月5日撮影。 **30** NASAの第39発射施設に集まった副大統領リンドン・B・ジョンソン、大統領ジョン・F・ケネディ、国防長官ロバート・マクナマラら。この発射施設は、月面着陸というケネディの夢を叶えるために建設された。

30

31

32

33

31 1962年に撮影された39歳のキッシンジャー。当時は太っており、不幸な結婚生活を送っていた。

32 ラジオ・フリー・ヨーロッパの取材を受けるキッシンジャー。ベルリンにて、1962年11月撮影。ラジオ・フリー・ヨーロッパはアメリカが出資したラジオ局で、ブルガリア、チェコスロヴァキア、ハンガリー、ポーランド、ルーマニア向けの放送を行っていた。

33 スリムになった60年代後半のキッシンジャー。1964年に離婚してから体重を落とすと同時に社交的になった。

第二部

BOOK II

CHAPTER 7

The Idealist

第七章 理想主義者

思想家は、若いときにはほとんどつねに孤独である……したがって最も合理的な賞賛に値する大学は、孤独な思想家が前へ進む力を与えられ、ゆたかに知識を注がれて、自分は一人ではないと感じることができる大学である。

――ウィリアム・ジェームズ[1]

一人で考えるとき——死者を取り巻く孤独以上に深い孤独の中にいると感じ、希望と絶望の中で自らの揺るがぬ意志を信じるとき、そのときだけ彼は求めるものに到達し、思想家の孤独なよろこびをひそかに味わうことができる。思想家は、死んで忘れられてから一〇〇年経っても、自分の思想が、自分の名前を知らない人たちの心を動かすことがありうると知っている。

——オリバー・ウェンデル・ホームズ[2]

ハーバードは、あの頃の私にとって新世界だった。慎重に設計された形式張らない流儀の陰に、たくさんの謎が隠されていた。自分のしてきた経験がどう評価されるのか。ハーバードの価値観が自分の人生にどのような意味を持つのか。あの頃はわからなかった。本当の意味でハーバードを離れることはもうないとは、想像もしなかった。

——ヘンリー・キッシンジャー[3]

1

ヘンリー・キッシンジャーは、復員兵援護法、通称ＧＩビルのおかげで大学に進学できた復員兵の一人である。一九四四年に成立したＧＩビルは、学ぶ意志のある復員兵の学費を負担するもので、二〇〇万人以上が利用し、連邦政府の政策の中では戦後期の社会的移動に最も貢献した。これがなければキッシンジャーは働くほかなく、ハーバード大学は夢のまた夢で終わったはずだ。

キッシンジャーの願書は、自信以外には何の取り柄もなかったと言わざるを得ない。願書は一九四七年四月二日付で、『復員兵援護法』に基づき秋学期からの入学を希望します」とある。「陸軍での経験に何らかの評価をしていただけるのか、また最短でいつ入学手続きができるかをお知らせいただければ幸甚です。専攻は英語と政治学を希望します」。キッシンジャーは、ハーバードでは「専攻（major）」と言わずに「重点研究領域（concentration）」と呼ぶことも、ダブルメジャーは認められないことも知らなかったし、政治学（Political Science）ではなく公共政策（Government）を学ぶことも知らなかった。おまけに四月は願書を提出するにはかなり遅く、他の大学（コロンビア、コーネル、ニューヨーク、ペンシルベニア、プリンストン）からはあっさり断られている。見通しは「暗く、あとは祈るだけだ」[4]と本人も認めていた。神経質になったキッシンジャーは、「ジョージ・ワシントン高校とラファイエット大学の成績表など記録一式」をハーバードに送るよう両親に頼んでいる。ただし、「シティカレッジの記録は不要。ハーバードは夜学を認めていないし、シティカレッジに通っていたことは逆効果になりかねないから」だという。最後に「とにかく早急にお願いします」と付け加えている。[5]だが心配は無用だった。ハーバードは入学を許可しただけでなく、その年、二名のニューヨーク市民に与えられた奨学金の受賞者にも選んでくれたのである。[6]七月にドイツからアメリカに帰国すると、その月のうちにマサチューセッツ州ケンブリッジへ行っている。[7]そして、ハーバードがシティカレッジでの履修を考慮してくれたので、九月から二年生として学ぶことになった。[8]

学問の世界への入り口では、キッシンジャーは陸軍でのメンター、フリッツ・クレーマーの熱心な後押しを受けている。クレーマーもアメリカに戻り、ワシントンで陸軍次官補の政治・経済顧問となった後、連合国救済復興機関主任研究員の上級リサーチアシスタントを務めていた。[9]クレーマーの推薦状はじつに彼らしく明快で、「キッシンジャーは卓越した資質を備えていると断言できる」とある。「どれほど頭がよくても、忍耐強く勤勉でなければアマチュアの域を超えられないが、彼はこの忍耐強さも勤勉さも持ち合わせている……単に学位を得るためではなく、現象を深く理解するために学ぶという、学部生では稀なタイプである」。「頭のいい学生はとかくシニシズム、虚無主義的相対主義、政治的過激主義に走りがち」だが、彼にはその心配はないとクレーマーは断じる。また「驚くほど無欲で、秀才にありがちな野心や悪賢さとは無縁」であり、唯一欠点と言えるのは、「親しみやすいがいくらか若者らしさが足りず、まじめすぎてユーモアに欠ける」[10]ことだとクレーマーは締めくくった。推薦状に書かれていない重要なことが一つある。このまじめすぎる若者は、ハーバードに一人でやって来たわけではない——コッカスパニエルのスモーキーと一緒だったのである。

ふとした気まぐれからパリで買ったスモーキーを、キッシンジャーはどうしても置いてくることができなかった（すでに述べたように、ガールフレンドが一人寂しく航空便を手配してくれた）。「面倒なことになるのはわかっているが、連れて帰る決心は変わらない。犬好きなら、この気持ちがわかるだろう[11]」。犬のほうが先に着いてしまうことがわかると、キッシンジャーは両親に宛てて、世話の仕方を六ページ半にわたってあれこれ指図している。「スモーキーは私にとってかけがえのない存在だ。ただの犬だと思われるかもしれないが、ここでは大事な仲間だったし、未来の生活への架け橋になってくれるだろう。だから、どうか大事に世話をしてほしい……一緒にいれば、きっと好きになると思う……**絶対に叩かないで**[12]」。幸い、母親はスモーキーをかわいがった。キッシンジャーは帰国してから一年後に、両親からの手紙に対し、スモーキーが書いたというスタイルで返事を出している。「もちろん、本当ならボクがお返事するところなんですケド、でもわかるでしょう……ボクはいま化石（知らない人には教えてあげるケド、骨のことですヨ）の原子構造の研究で忙しいんデス。あなたのかわいい孫のスモーキーより[13]」

「犬はかわいいだけあって……」とクレーマーが皮肉っぽく言うとおり、スモーキーはアメリカに来る前も、来てからも問題を起こした[14]。若い頃のキッシンジャーはときに陰気な体制派と言われたものだが[15]、飼犬の名前で手紙を書いたり、大学に連れてきたりする男には似つかわしくない表現だ。そもそも大学の寮はペット禁止だから、なおのことである。ルームメイトはスモーキーが来訪者の膝に飛び乗ってよだれを垂らすのも我慢してくれたが、メイドに告げ口されたため、「毎朝車を借りてケンブリッジのペットホテルに預け、メイドが帰ってから連れ戻る」羽目に陥った。[16]

じつのところ、慣れない場所に怖気付いていたキッシンジャーにとって、スモーキーの存在は慰めだった。「私は不安でたまらなかった。陸軍を離れてからは移民に逆戻りしたような気分だった。難民として軍隊に入ったが、出て来たときには移民だった」[17]と回想している。やがてスモーキーは黙認される。大学当局が「戦争後遺症の学生に配慮した」のだろうと飼主は冗談を飛ばしたが、もちろんそうではない。[18]黙認された理由は、キッシンジャーが特別な世代の一員だったからだ。一九五〇年の入学者の多くは、復員兵つまり戦争の苦難や恐怖を体験してきた男たちだったのである。その現実が、ハーバードを永遠に変えることになった。復員兵の大半は、戦争に行っていなければ、アメリカ最高の大学に通うチャンスはなかっただろう。軍人として何年も過ごしたのちに、「ハーバード流」に適応するのは容易ではない。ハーバードの方が彼らに適応するしかなかった。ハーバードがじつにうまく適応してくれたおかげで、キッシンジャーはそれから二一年間をここで過ごすことになる。

2

現在のハーバード大学は世界最高の大学と言ってよいだろう。だがずっとそうだったわけではない。オックスフォード大学の政治哲学教授アイザイア・バーリンは一九四〇年にハーバードを訪れたが、何の感銘も受けていない。学生たちは「馬鹿なくせに世慣れている。あそこの教員でなくてよかった。他人の意見には懐疑的だが、事実認識が甘く、無批判に受け入れてしまう。これはまったく逆だ。オックスフォードに比べたらハーバードは未開地のようなものだ」と不満を述べている。[19] 九年後には同僚の歴史学者ヒュー・トレヴァー＝ローパーも同じようにこき下ろした（このときキッシンジャーは学部三年生である）。「学生の教育程度はひどく低い」と美術史家の友人バーナード・ベレンソン（ハーバードの卒業生である）に書き送っている。「ハーバードにはがっかりした」[20]

オックスフォード大学でも規模の大きいオール・ソウルズ（バーリンの出身校）やクライスト・チャーチ（ローパーの出身校）のようなカレッジに比べたら、ハーバードは文明不毛の地に見えたかもしれない。一四三八年と一五四六年にこの二つのカレッジが創設されたときには、ハーバードはまだ存在もしていない。発足間もないマサチューセッツ湾植民地が一六三六年に設立した当初も、みすぼらしい学校だった。チャールズ川のぬかるんだ土手にあった牛の飼育場という立地も、好環境とは言いがたい。最初の校舎は粗末なもので、一七二〇年以前に建設された校舎は現在一つも残っていない。運営資金の大半を植民地政府に頼り、植民地開拓者の宗教上の理由にたびたび翻弄された。[21]

それでもハーバードは生き残り、発展し、ついにはイギリスの伝統校をしのぐまでになる。いや、一九四〇年代にはすでに追い越していたのであり、バーリンもローパーももっとよく見れば気づいたはずである。いったい、どうやって追い越したのか。第一に、代々の学長が聖職者ではなく紳士の教育を目的に掲げたため、神学校に留まらずにすんだ。ある客員研究員は「この大学の最大の目的は、教養・宗教教育および言語、技術、科学教育を通じて、青年の精神と礼節を正しく導くことにある」と一七二一年に記している。一七〇八～二四年に学長を務めたジョン・レバレットは、ハーバードの卒業生には聖職者のほか学者、裁判官、医者、軍人、商人、農民もいると述べ、「彼らの身につけた知的文化が農村部の粗野な礼儀作法を洗練させた」と自慢した。レバレットとその後の学長、とくにエドワード・ホリオークは、会衆派（プロテスタントの一派）などからの「神のいないハーバード」という批判にもめげず「学問の自由」の伝統を確立する。これがいかに重要であったかは、その後の歴史が証明するとおりだ。第二に、一七一七年以降、ハーバードはオックスフォードやケンブリッジとは異なる運営方針を採用し、教職員が運営組織から外れ、運営は外部の理事、多くはボストンのエリート層に委ねられるようになる。彼らの遺贈が徐々に増えた結果、ついに一八二三年には州からの助成が不要になった。さらに一九世紀の監査委員会改革で教会や州の代表者ではなく選ばれた卒業生が委員となることが決まり、政府からの独立が完全に確保されている。[22] 第三に、ハーバードは独立戦争では勝者の側にいた。サミュエル・アダムズやジョン・アダムズなど八人のハーバード大学卒業生が、独立宣言に署名している。イギリス側についた卒業生はわずか一六％だった。第四に、ハーバードはスコットランドの大学に倣い、いわゆる専門職大学院を早い時期に設立している。メディカルスクール（一七八二年）、ロースクール（一八一七年）、神学大学院（一八一九年）などで、オックスフォードやケンブリッジよりもかなり早い。これらの大学では、「ドン」と呼ばれる教員をはじめ、フェローやチューターなどが力を持っていて、ほとんどの改革を阻んでいた。第五に、やはり同じ理由から、ハーバードは一九世紀に花開いたドイツの大学のよいところをオックスフォードやケンブリッジより積極的に取り入れている。一八六九～一九〇九年に学長を務めた化学者のチャールズ・ウィリアム・エリオットは「学問の自由」というドイツの理想を輸入し、必修科目制から自由選択制に切り替えるなどの改革を行った。一八七三年には、ドイツ式の博士号が初めて授与されている。

これらの改革が実を結び、一九世紀のハーバードは知的活況を呈していた。一八三七年には思想家のラルフ・ワルド・エマーソンが、ファイ・ベータ・カッパ（成績優秀な学生のみが会員になれる学生友愛会）のハーバード支部で講演している。サタデークラブには、エマーソンのほか、ナサニエル・ホーソン、ヘンリー・ロングフェロー、リチャード・ヘンリー・デイナ・ジュニア、ジェームズ・ラッセル・ローウェル、チャールズ・エリオット・ノートンなど、当時のアメリカを代表する思想家が名を連ねていた。あとに続く世代は、さらに印象的かもしれない。法学者でのちの最高裁判所判事オリバー・ウェンデル・ホームズ、哲学者ウィリアム・ジェームズ、多才な論理学者チャールズ・サンダース・パース……。パースが創設したメタフィジカル・クラブは、プラグマティズム発祥の地となっている。

「プラグマティズム」という言葉自体はカントの『純粋理性批判』から借用したものだ。『メタフィジカル・クラブ　米国100年の精神史』（野口良平ほか訳、みすず書房）の著者ルイ・メナンドは、南北戦争のイデオロギー対立による殺し合いへの知的反動がプラグマティズムだったと総括する。ホームズは、プラグマティズムとは「人間は何も知らないことを理解していない人間がいる」と認識することだと理解し、パースは、プラグマティズムとは知識を集団として多元的・蓄積的に捉えることだと考えた。「知的探究に参加した全員が最終的に同意しうる意見こそが、われわれの言う真実である」。ジェームズはプラグマティズムを真理に応用し、「真理は観念に起こってくる。そして……出来事によって真となる。真理の真理性は……真理が自らを検証する過程にある」、「信仰は……実際には行動の原則である……信仰という手段によって善となされたものはすべて真となる……神の観念が役に立つのであれば……それは真である」と述べている。メナンドの言葉を借りるなら、プラグマティズム世代は「抽象化の中に潜む暴力を避けようとした[23]」。

プラグマティズムの影響はハーバードを超えて拡がり、シカゴのジョン・デューイや、海の向こうのオックスフォードにもおよんでいる。またハーバード自体でも多元化が進んだ。たとえばジャーナリストのウォルター・リップマンとジョン・リードは、大学の「社会主義クラブ」に属していた。リードは次のように回想している。

「[クラブの]メンバーは、学生の理想を問う挑戦的な記事や、大学が使用人に最低賃金を払わない不正を暴く記事を大学新聞に書いた……思想的高揚から『女性選挙権のためのハーバード大学男子学生同盟』や……無政府主義クラブなどが生まれた。学部に社会主義講座の開講を申請したりした……音楽や絵や詩や演劇などさまざまな形で過激思想が表現された。大学新聞はもうすこし硬派だったが、社会主義的、すくなくとも進歩的な色合いは帯びていた[24]」

新しい多元論を提唱するイギリスの若き社会主義者ハロルド・ラスキが、淀んだ母校オックスフォードよりハーバードを好んだのも、けだし当然といえよう。

もっとも、リップマンとリードはハーバードの典型的な学生とは言いがたい。未来の紳士を育てる大学として、キャンパス文化には同時代のオックスフォードとさほどちがいはなかった。ベンジャミン・フランクリンは、酔っぱらった学生の悪ふざけや秘密クラブに苦言を呈している。一七九〇年代には名門の子息のみ入会可能なポーセリアン・クラブ（セオドア・ルーズベルト大統領もメンバーだった）や演劇クラブのヘイスティ・プディングなどが創設され、やがてスポーツが隆盛になり、私立の進学校から体格のいい学生がむやみに多く選抜されるようになる。[25]人気があったのは、新しいスポーツのフットボールと、イギリス伝統競技のボートである。ハーバードではフットボールがかなり早くから盛んだった。

学生たちの部屋はマウントオーバン通りの通称ゴールドコーストに集中しており、ハーバードヤードからは歩いて数分の距離にある。[26]学生の社交生活は、クラブのピラミッド階層に従って展開されていた。底辺に位置するのはインスティチュート・オブ・１７７０と呼ばれる弁論クラブで、新入生の各クラスから一〇〇名の男子学生が選ばれる。上位八〇名はＤＫＥのメンバーになり、ここからＳ・Ｋやイロコイスと呼ばれる「待機クラブ」に選ばれ、さらにそこから一握りの幸運な学生だけが「ファイナル・クラブ」のメンバーに選ばれるしくみだ。ファイナル・クラブには、先ほどのポーセリアンを筆頭に、Ａ・Ｄ、フライ、シュピー、デルフィックなどがある。[27]これらのクラブに入れる男子学生は全体の一二％にも満たないが、中には四つ以上のクラブに所属する選ばれし者もいる。ハーバードでは紳士気取りが大流行で、「a」をイギリス流に発音する特有のアクセントがエリートの証とされたものである。[28]ピラミッドの頂点にいる学生たちにとって最高級に偉いのは、ブルックリン（マサチューセッツ州）にある全米最古のザ・カントリークラブのメンバーだった。

エリオットの後任として学長になったアボット・ローレンス・ローウェルは、この階層的社会秩序を支持したと言われることがある。彼がハーバードをドイツの大学よりオックスフォードに近づけようとしたのはたしかだ。当時の人種的偏見にいくらか染まっていたこともまちがいない。それでも多くの点で、ローウェルはハーバードの近代化に貢献した。中でも特筆すべきは、ダンスター、ローウェルなど七つの学生寮を設立したことである。寮にはチューターが配置され、もちろん食堂や談話室もある。おかげで上級生はオックスブリッジのような大学生活を楽しめるようになった。これに劣らず重要なのは、新入生全員がハーバードヤードの寄宿舎に入るように決めたことである。これらの改革は、ハーバードの「知的・社会的団結」を高めることを意図して計画された。[29] ローウェルの学長時代に、経営大学院（一九〇八年）、建築大学院（一九一四年）、教育大学院（一九二〇年）、都市計画大学院（一九二九年）、ソサエティ・オブ・フェローズ（一九三三年）の五機関が設立されている。とはいえ、当時の大学建築の流行りだったゴシック風やエリザベス様式に頑強に抵抗し、ハーバードの外観の評価を下げたのもローウェルである。ローウェルはまた、「集中と配分」を打ち出し、「すべてのことを少し、何かについてはくわしく知る」という原則に基づいて全学生に「体系的教育を実現する選択科目」を選ばせ、エリオットが導入した選択科目制の自由度にある種の規律を課そうとした。[30] 教育戦略におけるプラグマティズムと言えよう。

ローウェルはハーバードの社会的団結の強化をめざし、クラブなどにみられる階層制を排除しようとする一方で、ユダヤ人学生の急増にも不安を感じていた。同校では創立当初からヘブライ語が教えられていたものの、一九世紀後半まではユダヤ人学生はごくわずかだった。一八八六年までの卒業生には、ユダヤ人は十数名しかいない。一九〇六年までに中央ヨーロッパからのユダヤ系移民が急増したこと、彼らは識字力、数学力どちらも他民族よりきわだって高かったことが重なり、学生の構成に大幅な変化をもたらすことになる。ほどなく「ボストンの公立高校からロシア系ユダヤ人学生」が入学し、メノーラー（燭台）ソサエティという「ヘブライ文化と理想」を研究するクラブを設立した。[31]一九〇〇～二二年の間にハーバードのユダヤ人学生の比率は七％から一二％に急増し、イエールの倍以上に達する。[32]ハーバードをコスモポリタンで「無宗派」の大学にしたい、という当時学長だったエリオットの野望からすれば、まことに好ましい状況である。エリオットがイエールより四〇年も早い一八八六年に礼拝参加義務を廃止したのも、まさにこのためだった。[33]「偉大な大学の影響力は社会を融合させる方向に作用する」というのがエリオットの持論であり、そのためにはしかるべき能力を備えたすべての若者に扉を開かなければならないと考えたのである。[34]だがローウェルには、キャンパスでユダヤ人学生とキリスト教徒の学生が「融合」しているとは思えなかった。社交クラブのメンバーに選ばれるユダヤ人学生はごく少なく、むしろ彼らは自分たちのクラブを作りたがる。ユダヤ人学生の多くはボストン界隈から「通学」し、貧しく、「持って来た弁当を……ピロティーや階段で食べていた」[35]。討論クラブや音楽系のクラブに参加するユダヤ人はいたが、スポーツ系への参加者は少ない。その一方で学業成績の上位二ランクに占める割合は突出しており、エリオットが創設した奨学金を受ける者も増えていた。こうした傾向は「民族間の反目」を強めるだけだと確信したローウェルは、「主流的な活動にまじろうとしない民族集団は何であれ入学を制限する」提案をするにいたる。[36]

移民制限連盟の副会長を務めていたローウェルは、ユダヤ人のみならず「東洋人」、「有色人種」さらにはフランス系カナダ人まで危険とみなした。彼は一九二二年から、ユダヤ人奨学生の比率が新入生に占めるユダヤ人の比率を上回ってはならないとし、また他大学からの転入制限も行い、ユダヤ人学生の比率を二二％から一五％に減らそうとする。[37] これをめぐってはローウェルと教授陣の間で激しい対立があった。選抜基準を見直す委員会が設置されたものの、その報告書の発表前に新しい入学申請書式が導入され、そこには「出生後にあなた自身やあなたの父親の氏名に変更はありましたか、あればすべて記入してください」という項目があった。[38] 人種別割当制というローウェルの提案が却下され、学業成績に基づく入学基準も同時に緩和されたことはまちがいない（これで、ニューイングランドやニューヨーク出身者の比率が高い傾向に歯止めがかかったと考えられる）。結果としてユダヤ人学生の入学数は増え、一九二五年には二七％を記録している。ところが翌年からハーバードもコロンビアやＮＹＵ、イエール、プリンストンに倣って新入生の数を一〇〇〇人に抑え、「人柄」といった学業成績以外の要素も合否判定で考慮することになる。この措置で一九二八年には、新入生に占めるユダヤ人の比率は一六％まで下がったことになっている（データの信憑性は乏しい）。[39]

一九四〇年代のハーバードではユダヤ人学生をめぐって多くの議論があり、卒業論文が少なくとも二本は書かれている。まずブルース・ステッドマンは、一九四二・四三年入学のユダヤ人学生の上級生を対象に、人類学的研究を行った。手法にいくらか難点はあるものの、二つの点で注目に値する。[40] 第一に、当時のハーバードに反ユダヤ主義があったことがわかる。[41] 一九四一年一〇月に彼が別の学生とかわした会話が記録されている。

「私は学生Ａ９に、ある学生委員会（委員は学業成績のみに基づいて選ばれる）では、ユダヤ人が二対一の割合で非ユダヤ人を上回っていると、学生Ｄ９から聞いたと話した。

Ａ９は、〝ユダヤ人が多すぎる〟と言った。

〝だがユダヤ人はたしかに頭がいい。バカなユダヤ人は見たことがない〟と私は言った。

Ａ９は〝頭はいいが、独創的ではない。ユダヤ人の多くは、定型的なことや慣例に沿ったことには能力を発揮するが、創造的なことになると劣るように見える〟と答えた[42]」

第二に、自分と同じ寮にいるユダヤ人学生が人種的偏見に対応する様子をあきらかにした。「非ユダヤ系の学生と友人になる」、「ユダヤ教の知識がないふりをする」などである。ユダヤ的でないニックネームを使う学生も多いという[43]。

もう一本の論文は、マーヴィン・クラウスによる。クラウスは一九五一・五三・五四年入学のユダヤ人学生を対象にしており、ステッドマンよりもかなり精緻ではあるが、結論は基本的に同じである。ハーバードのユダヤ人学生は同化に懸命だった。彼らは親世代より信仰心が薄く、半数以上が年一度しか礼拝に参加せず、二九％はユダヤ暦の新年祭の決まりを守らず、四九％はヨム・キプル（贖罪の日）に断食をしない。ユダヤ教が定める食事をとり安息日に休息する者にいたっては五％にすぎない。そのうえなんと七九％がユダヤ人以外の女性とつき合っていた。それでも、約半数のルームメイトはユダヤ人のみで、半数はユダヤ人学生組織ヒレル・インターナショナルに参加し、三分の一は主な「交友関係」がユダヤ人で占められるなど、他の民族からかなり孤立していることがわかる[44]。

ジャーナリストのセオドア・ホワイトの父親は、無一文でピンスク（ベラルーシ）からボストンに移住してきた。ホワイトは奨学金を得て一九三四年にハーバードに入学するが、自分は社会の底辺にいる「のろま」だと感じていたという。頂点にいるのは「白人、それもモルガン、ロックフェラー、ルーズベルト、ケネディといった名家の出で、クルマを乗り回し、ボストンで社交界にデビューし、イエール大学との伝統の対抗戦を見に行く」連中である。その下には「アメリカ中流階級の出身で公立高校を卒業した健全な学生たち」がいる。彼らは「フットボールや野球をやり、学生新聞クリムゾンを運営し、学生委員会に参加する」。これに対して「のろま」は「スポーツや女の子や演劇や……紅葉やチャールズ川岸の散歩を満喫するためにハーバードに来たわけではない。端的に言って、卒業証書が欲しくて来たのだ。それは、官庁、研究所、大学、法律事務所などの仕事にありつけることを意味する……とにかく必死だった」。もちろんアイルランド人やイタリア人も「のろま」だったが、中で最も上昇志向が強かったのは、ホワイトのようなユダヤ人だった。[45]

一九三三年にローウェルが退任し、化学者のジェームズ・ブライアント・コナントが学長になると、ユダヤ人問題は下火になる。コナントは、ハーバードを「学生や教員が栄光を求めて非情に競い合う能力主義[46]」の場に変えたと言われる。彼は特段に親ユダヤ的というわけではないが、学業成績や能力を重視した。「昇格、さもなくば退職」というルールを導入し、終身在職権をとれなかった教員を容赦なく解雇している。こうした能力主義の結果、ユダヤ人教員が重用されることになる。教員問題に関する一九三九年の報告書は、反ユダヤ感情がユダヤ人教員の昇進を妨げてきたと指摘しているが、[47]こうした偏見は急速に衰えていく。その背景には、ドイツでの国家社会主義体制に対する強い嫌悪感、中央ヨーロッパからの非常に優秀なユダヤ人学者の大量流入といった要因があった。

さらにもう一つの要因として、恐慌から世界大戦へと混乱をきわめた一九三〇年代、四〇年代には、人種差別よりもイデオロギーのほうが重大になってきたことが挙げられる。そのことは、歴史学者アーサー・シュレジンジャー・ジュニアの回顧録を読むとよくわかる。彼は父がアメリカ有数の歴史学者でハーバード大学教授という環境で成長した。祖父は東プロイセン出身のユダヤ人で、オハイオ州に移住後プロテスタントに転向しており、一家はいわゆるニューディール・リベラルだった。[48]学部生時代のシュレジンジャーは共産主義系のアメリカ学生同盟に参加していたが、戦後に准教授としてハーバードに戻ると、共産主義者との関係を断つ。彼の回顧録では、リベラルなハーバードのキャンパスにおけるイデオロギー的対立があざやかに描かれている。一方にいるのは共産主義者（アメリカ共産党員）とその支持者、もう一方にいるのはシュレジンジャーが「死活的に重要な中道勢力（vital center）」とみなした反共左派である。[49]やがて政治的立場のちがいは（民族のちがいと一致した場合は別として）、民族のちがいより重視されるようになった。

3

一九五〇年の入学者数はハーバード大学始まって以来の規模となり、一五八八名が卒業している。のちに公職に就いたのはキッシンジャーだけではない。ＣＩＡ長官、国防長官、エネルギー省長官を歴任したジェームズ・シュレジンジャー、国務省政策企画本部を経てカメルーン大使、赤道ギニア大使を歴任したハーバート・Ｊ・スピロ、イスラエル大使を務めたウィリアム・ハーロップ、国際開発庁サイゴン使節団の副団長を務めた（一九七五年に辛くもサイゴンから脱出）ジョン・Ｔ・ベネットがいる。

さらに、下院議員も二名輩出した。共和党のセジウィック・W・グリーンとアモリー・ホートンである。このほか、著名なニューヨーク州弁護士で民主党活動家のジョージ・ドワイトもいる。後段で登場するヘンリー・カボット・ロッジ・ジュニア（上院議員で南ベトナム大使などを務めた）の息子ジョージ・カボット・ロッジも同期入学だ。さらに、ウォール・ストリート・ジャーナル紙のジョナサン・スピヴァック、ナショナル・ジオグラフィック誌のウィリアム・グレーブス、作家のローレンス・オズグッドにエドワード・ゴーリーと多士済々である。銀行家や経営者になる者もいくらかはいたが、大半は専門職に就くか、キッシンジャーのように大学教授になっている。[50]

大学へ行けば数多くの友人を得るのがふつうだが、キッシンジャーはそうではなかった。ハーバード時代の交友関係を調査した記者たちは友達の少なさに驚いている。「いやな奴だった」と言う者さえいた。[51]だが、これにはもっともな理由がある。一九四〇年代後半のハーバードはひどく混雑した不快な場所で、とにかく学生寮が慢性的に不足していた。戦争が終わって兵士が帰還すると、戦前には八〇〇〇名前後だった学生数が一万二五〇〇人近くに増えたためだ。学部生用の施設の不足はとくに深刻だった。キッシンジャーはぎりぎりのタイミングで入学が認められたため、宿舎の割り当てで不利だったと考えられる。[52]他の約一八〇〇人の不運な新入生とともに、最初の数週間を体育館（現在のマルキン・アスレチックセンター）で過ごさなければならなかった。[53]

しかもようやく割り当てられた部屋は、みんながいやがるクレバリーホールにあった。学生新聞クリムゾン曰く「地下牢」のようなところである。一八九三年に建てられ、部屋は広めだがマントルピースや大理石の洗面台が古臭い。致命的なのは食堂がなく、したがって他のフロアの住人と交流するチャンスもほとんどないことだった。こうしたわけで一九四〇年代には学生の間ですこぶる不人気であり、ここを割り当てられたこと自体が不名誉とみなされていたのである。[54]三九号室の同室者がいずれもユダヤ人だったのは、おそらく偶然ではあるまい。ルームメイトの名前はエドワード・ヘンデルとアーサー・ギルマンである。ユダヤ人学生の宿舎を隔離する習慣は廃れつつあったものの、そのペースはのろかった。[55]

仮にキッシンジャーが社交的になりたかったとしても、ハーバードではそれは容易ではなかった。当時の多くのユダヤ人学生と同じくキッシンジャーも、ユダヤ人のアイデンティティを強調するつもりは毛頭なく、ヒレルにも参加しないし、ましてシナゴーグに通うなど論外だった。新入生の頃は、クラブに所属しない学生用の殺風景な食堂ハーバードユニオン（現在のバーカー・センター）で食事をした。[56]彼が他の学生と遊びまわる気がなかったことはまちがいない。ハーバードに来たのは勉強するためだったし、実際に勉強した。それも、ルームメイトがたじろぐほどの猛烈ぶりだった。ヘンデルは「彼は誰よりもよく勉強していた。夜中の一時か二時まで本を読んでいた。意欲的だったし、自己管理がしっかりしていた。思索に費やす時間も長かった。あらゆることを貪欲に吸収した」と語っている。別の学生はキッシンジャーが「おそろしく真剣だった……朝から晩まで勉強していた……爪を噛む癖のせいで、血が出るほどだった」という。[57]ラドクリフの女子大生を追いかけることもなく、服にも無頓着で、スポーツにも無関心だった。クレバリーホールより数段ランクが上のアダムス・ハウスに入寮を許可されてからも、べつに社交的にはなっていない。[58]アダムス・ハウスにはスイミングプールやスカッシュコートがあり、土曜の夜のダンスパーティー、活発な政治活動で知られていたにもかかわらず、である。[59] たとえば一九四九年一二月一日にはアーサー・シュレジンジャー・ジュニアと歴史学者H・スチュアートとの討論会が開かれており、キッシンジャーはこれに参加したかもしれない。[60] だが彼が何らかの活動に加わったとしても、何も記録は残っていない。まるで「世捨人」か「透明人間」のようである。[61]

じつは学生たちは気づかなかったが、キッシンジャーはハーバードの外で二つの生活を送っていた。一つは復員兵としての生活である。大学の友人というのはたしかによいものだが、第二次世界大戦をともに戦った者にとって、軍での絆ははるかに大切だった。学部生時代のキッシンジャーは対敵諜報部隊（CIC）の予備将校でもあり、そちらに余暇のかなりの時間を注ぎ込んでいた。[62] 陸軍時代の友人とは連絡を絶やさず、メンターのクレーマーをワシントンに訪ねることもあった。[63] 心の内をさらけ出せる相手はやはりクレーマーであり、そのことは一九四九年一一月の手紙を読めばよくわかる。「おそらく価値の追求において、より偉大な真実に確実にたどり着くためには、哲学の衒学的な手法は役に立たないだろう。必要なのは、人生のうわべではなく全体を見抜く詩人の目だ」[64]（この手紙の返信で、クレーマーは「最初の一語は不要だ」といういかにも彼らしい指摘をしている）。ハーバードの一年間が終わって二年目に入る直前には、キッシンジャーはドイツ時代の友人に宛てて、メリーランドの陸軍キャンプから痛切な思いのこもった手紙を送っている。

「一九四五〜四六年のあの高揚感に満ちた特別な日々を時々思い出しては、しあわせな気分になる。あの頃はすべてが可能で、すべてが変えられるように見えた。

帰国してから、僕の人生は大きく変わった。一年のうち八カ月間は学生に戻る。おもしろくはあるが、ときに息苦しい。そして夏の間は、この手紙の差出地からわかるように、また野外演習に参加している。これは学生生活より「ドイツでの」昔の生活に近い[65]」

ハーバードのルームメイトは、キッシンジャーのことをユーモアのかけらもない本の虫だと思っていたかもしれないが、軍隊仲間は全然ちがうキッシンジャーを知っていた。同じ頃、ＣＩＣの仲間ビクター・グアラがキッシンジャーに送ったばかばかしい手紙を見れば、それがわかる。ＣＩＣの形式ばった通信用語を、コメディアンのマルクス兄弟をまねて茶化して使った手紙だ。

「１　ヘンリー・キッシンジャー、すなわちミスター・ヘンリー、ＣＩＣ調査官等々の将来位置に関する情報提供の要請。同人が今週末または来週以降の週末にＮＹＣ近辺にいるか否かを連絡のこと。また一九四八年にいたときに正式手続きを経ていたかも連絡のこと。

２　ファイルを確認したところ、過去にはこれら二機関（グアラとキッシンジャー）の間に通信記録は存在しない……よって連絡が不十分であり、業務の混乱が生じている。上記を踏まえ……本官は電話に拠らずに以下の意思を表明することとする。なお表明にあたっては、第二機関の当事者《パーティー》を以下では第一当事者と称し、第一機関の当事者《パーティー》を以下では本人、当事者、第一機関当事者、第四当事者と称して、第三者、民主党、共和党、その他のあらゆる政党《パーティー》から区別する……[66]」

キッシンジャーがこのときニューヨークへの誘いを受け入れたかどうかは定かでないが、在学中にしょっちゅう行っていたことはまちがいない。チャールズ川沿いの大学に通うニューヨーカーはみなそうだが、週末をケンブリッジで過ごすのは退屈だったはずだ。それにともかく、キッシンジャーのもう一つの生活であるプライベート・ライフは、ニューヨークにあった。ラドクリフの女子学生に興味を示さなかったのも道理で、キッシンジャーにはニューヨークに婚約者がいたのである。一九四八年後半のある日、ミュージカル『フィニアンの虹』を観劇した夜に、彼はアン・フライシャーと婚約した。

フライシャー家はキッシンジャー家とまったく同じ世界に属している。すなわち、ドイツ系ユダヤ人で正統派のユダヤ教徒である。フライシャー一家もワシントンハイツで暮らしており、ドイツにいた頃とそうは変わらない生活を送っていた。とはいえ暮らし向きが質素だったことはまちがいない。アンは観光地コロラドスプリングスのホテルで働く傍ら大学の講座を聴講したり、簿記を学んでインテリア会社で働いたりしていた。[67]二人は一九四九年二月に結婚する。この結婚は、キッシンジャーの両親にとってあきらかな勝利だったと言えよう。なにしろキッシンジャーは、ドイツでユダヤ教徒でない女性とつき合って両親をやきもきさせ、アンとの婚約を迫る両親に頑強に抵抗していたのだから。長男が帰国すると、さっそく両親はまた圧力をかけたわけである。結婚式は、正統派中の正統派のラビ、レオ・ブレスラウアーの司式で、キッシンジャー家で行われた。このラビは一九三八年のフュルトでの虐殺を生き延び、生き残った信徒とともにニューヨークで活動していたのである。

キッシンジャーはなぜ心変わりしたのだろうか。一度失った信仰心を取り戻したからではない。結婚式当日でさえ、式の前に花嫁にミクワー（清めの沐浴）をさせようとするブレスラウアーに反対するなど、小競り合いをしている。[68]両親を慰めたかったのかもしれない。なにしろ弟は正反対の行動をとっていたからだ（ついにはキリスト教徒の女性と駆け落ちしてのけた）。あるいは、ハーバードで学生生活を送ってみて、急に結婚願望が芽生えたのかもしれない。実際、弟のウォルターはこう語っている。「兄は大学生活の軽薄さに適応できなかった。寮にいるのは私立の進学校を出たての連中ばかりで、兄もそうだが僕も、全然なじめずに苦労したものだ。結婚すれば、くそまじめになっても平気だ」。[69*]結婚のおかげでキッシンジャーはアダムスハウスを出て、大人として生活しながら勉強を続けられるようになった。もっとも結婚は、成熟した学生にとっては経済的支援を得る手段だったとしても、将来は収入の多い仕事に就かなければならないことも意味するのだが。

昔ながらの結婚式を挙げたものの、結婚生活はある面では非常に現代的だった。生計を支えたのは妻だったのである。家探しをしたのもアンで、最初はアーリントン、次はハーバードから西に一三キロほど離れたニュートンに家を借りた。[70]彼女は家具店で簿記係として働き、彼女の貯金（七〇〇ドル）と収入（年一一〇〇ドル）は、キッシンジャーの貯金とGIビルによる助成金を補う貴重な資金となっている。[71]それだけではない。一九五〇年代には学生の夫を持つ女性が非常に多かったが、彼女たちはみな夫の無料の秘書を務めている。アンもそうで、卒業論文の原稿をタイプ打ちし、すべての家事をこなした。ただ、この結婚でキッシンジャーがどれほどしあわせだったのか、たしかめるのはむずかしい。しあわせだったとしても、長くは続かなかった。

さて、キッシンジャーはハーバードに来て何を学んだのだろうか。そしてハーバードでの勉強は彼をどこへ導いたのだろうか。ハーバード大学政治学部で研究者としてのキャリアを歩むことになるとは、じつは最初はまるでわからなかった。

4

エリオット学長の狙い通り、ハーバードの学部生のカリキュラムでは大幅な選択肢が与えられており、何でもやってみることができる。キッシンジャーはこれを存分に活用し、最初の学期にはフランス語、政治、歴史、数学の入門課程を受講し、それぞれでAを取得している。化学も受講したが、単位はとっていない。[72] 一時期は化学をもっと勉強しようかとも考えたようだが、担当教授のジョージ・キスチャコフスキー（戦争中ロスアラモスでマンハッタン・プロジェクトに携わった人物である）に相談すると、「相談するぐらいなら選ぶな」と言われた。[73]** キッシンジャーは、高圧物理学でノーベル賞を受賞したパーシー・W・ブリッジマンの講義も聴いている。さらに哲学にも手を広げ、ヘンリー・M・シェファーの論理学の講義も受けたが、残念ながら成績はBで、初めてAマイナス以下に終わった[74]（その意趣

＊　ウォルターは兄よりかなり遅れて帰国した。第二四軍団に所属して沖縄に派遣され、軍曹に昇進している。その後、朝鮮半島で占領統治に関わり、炭鉱の再開発を担当した。アメリカに戻ると、プリンストン大学、さらにハーバード・ビジネススクールで学ぶ。母親によれば、「兄への対抗心」が原動力になっていたという。のちにビジネスの世界に入ったものの、外交官としてのキャリアをめざしたのはウォルターが先だった。

返しに、卒業論文に難解でほとんど無関係な哲学的補遺をつけた）。学業成績はすばらしかったが、ずば抜けていたとは言えない。有力教授が指導教官につく程度には優秀でも、最高級に優秀な学生のみ入会できるファイ・ベータ・カッパに選ばれたのは、最終学年になってからである。

キッシンジャーの学部生時代をみると、二つの疑問が浮かぶ。一つは、なぜ歴史学ではなく政治学を専攻したのか、ということだ。生涯を通じて歴史に関心を抱いていたことを思えば、アーサー・シュレジンジャー・ジュニアと同じ道をたどってもおかしくない。シュレジンジャーの父はすぐれた歴史学者であり、当時ハーバードの教授を務めていた。このほかに、南北戦争を描いた『再統一への道』でピュリッツァー賞を受賞したポール・バック、フランス革命を専門とし、諸革命の類型学的考察を試みた『革命の解剖』（岡義武、篠原一共訳、岩波書店）で知られるクレーン・ブリントン、日本史に精通したエドウィン・O・ライシャワー、ハーバード大学初の中国史研究者ジョン・キング・フェアバンクなどがいた[75]。のちに「歴史の意味」と題する卒業論文、ウィーン会議時代に注目した博士論文を書くのだから、ブリントンの革命期フランスに関する人気講座をまず選択すべきだっただろう。また米中関係に大転換をもたらす男なのだから、フェアバンクとライシャワーの東アジアに関する講座（学生たちは親しみを込めて「田んぼ」コースと呼んでいた）の受講を検討すべきだった。だがおそらくはクレーマーの助言で、キッシンジャーは政治学を専攻に選ぶ。ハーバード流に言えば「公共政策を重点研究領域に」したわけである[76]。

もう一つの疑問は、政治学を専攻するにあたり、なぜ指導教官にウィリアム・ヤンデル・エリオットを選んだのか、ということである。どう見てもカール・フリードリヒのほうが適任だった。マックス・ウェーバーの弟アルフレートに師事したフリードリヒは、一九二六年にハイデルベルク大学からハーバードに来て、近代ドイツ、とくに民主主義政体の権威となっている。一九四九年には、ドイツでの軍政府顧問の仕事を終えてちょうど帰国したところだった。「よきドイツ人」と尊敬され、一九四二年刊行の『未来の旗　普通人への新たな期待』（新居格訳、大泉書店）でますます評価が高まっている。一九五〇年には同書を増補する形で『普通人の新しいイメージ』が発表された。[77] 全体主義に断固反対するフリードリヒは、著書の中で、ホセ・オルテガ・イ・ガセットの「大衆の反逆」やヴィルフレド・パレートの「エリートの周流」を厳しく非難している。彼は多元主義と国家崇拝との中庸を求め、そのために民主的な知恵の源泉として「普通人」のアメリカの理想を高めようとする。普通人はおおむね正しいが、「普通人の判断についてこれまで述べてきたことが必ずしも通用しない重要な政治領域が……一つ存在する。それは外交である。この領域で下される判断は、平均的な人間の理解とはかけ離れている。外交政策は、平均的な人間の生活、伝統、信念のいずれとも顕在的な関係を持たない……普通人は……外交政策と接点を持たず、ちょうどアメリカの民主主義が不安定に揺らぐように、民主国家の外交政策は孤立主義と国際主義の間を揺れ動く」とフリードリヒは述べている。[78]

＊＊　キスチャコフスキーは一九五三年に設立された弾道ミサイル諮問委員会や、スプートニク危機後に設立された大統領直属の科学諮問委員会に所属した。一九五九〜六〇年には、アイゼンハワーの科学技術担当特別顧問を務める。もしもキスチャコフスキーから化学を専攻するよう助言されていたなら「私は凡庸な化学者になり、その後見舞われることになるさまざまな困難を逃れられただろう」と、キッシンジャーはのちに冗談めかして語っている。

この種の主張をキッシンジャーが嫌うとは思えない（フリードリヒの「汎人道主義」には疑問を抱いたかもしれないが）[79]。それにフリードリヒは、学生が図書館と教室にへばりついていることを望むようなコチコチの学者ではなかった。一九五〇年代の教え子には、のちにキッシンジャーの後任として国家安全保障問題担当大統領補佐官となるズビグネフ・ブレジンスキーがいる。

だがフリードリヒとキッシンジャーはどうにもウマが合わなかった。理由の一つはキッシンジャーがクレーマー以外にドイツ人の師匠を必要としなかったからで、もう一つはフリードリヒが他の教授ほどキッシンジャーの知性に感心しなかったからだと推測される[80]。フリードリヒ自身は、キッシンジャーから「私が興味を持っているのは国際関係の現実の駆け引きだが、先生は国際関係の思想と研究に関心を持っておられる」と率直に言われたと話している[81]。キッシンジャーが大学院生であれば、フリードリヒもエリオットもこの有望な学生をとりたがっただろう。だがまだ学部生だったキッシンジャーは、政治学部のひどくお役所的な割り当てに従い、エリオットの指導を受けることになった。

ウィリアム・ヤンデル・エリオット三世は、三歳のときにテネシー州弁護士だった父親をなくし、ヴァンダービルト・ロースクールの図書館で働く母親の手一つで育てられた。ヴァンダービルト大学に進学して好成績を収め、逃亡者を意味するフュージティヴ詩人のグループに加わる。*この若き詩人たちは「二〇世紀を蝕む匿名性から……友情、個人の忠誠心、仲間の誇りという理想を救う」ことをめざしていた[82]。エリオットは一九一七～一八年に陸軍第一一四砲兵連隊に中尉として所属している。その後パリ大学で数カ月学び、一九二〇年にヴァンダービルト大学で文学修士号を取得して英文学講師となるも、同年にローズ奨学生としてオックスフォード大学に留学。ベリオール・カレッジの文学サークルでロバート・グレーブス、ウィリアム・バトラー・イェイツらと交流したほか、政治家アルフレッド・ミルナーの設立した「円卓会議グループ」の影響を受けている。[83] とはいえ最も強い影響を受けたのは、スコットランドの哲学者A・D・リンゼイからである。リンゼイはプラトン、アンリ・ベルクソンの権威であり、政治的には中道左派思想の持ち主だった。帰国後のエリオットはカリフォルニア大学バークレー校で一時期准教授を務めたのち、ハーバード大学政治学部の講師兼チューターとなる。順調に昇進し、一九四二年には冠教授（寄付によって創設される特別な教授職）になっていた。これはハーバードでは、通常の教授職以外では最高の出世である。

エリオットの評価を高めたのは、一九二八年に発表された著作『政治におけるプラグマティストの反乱』である。大げさで冗長で繰り返しが多く、今日ではもはや読むに耐えない。アメリカ思想であるプラグマティズムを同時代のヨーロッパの政治動向と結びつけようとしているが、偏向した記述としか言いようがない。「ヨーロッパで……広がる立憲民主国家に対する攻撃」は、プラグマティズムに伴う「根深い反知性主義の一部」だという。[84]

欧米の多くの知識人が戦間期に反自由主義のイデオロギーに染まり、民主主義に対する大きな脅威

＊　他のメンバーには、ジョン・クロウ・ランサム、アレン・テイト、ドナルド・デビッドソン、ロバート・ペン・ウォーレンがいた。エリオットはランサムが『わが立場』で行ったように、農民生活向上を訴えることはなかったが、南部の友人たちのイギリスびいきの保守主義には共感を示した。

を認めようとしなかった、というエリオットの主張は正しい。だが、プラグマティストのウィリアム・ジェームズがムッソリーニとつながっているという主張のほうは甚だ疑わしい。エリオットの「相互有機国家」論なるものを覚えている人は、今日ではもういないだろう。この理論によれば、相互有機国家が「民主的に組織された国民国家の法的主権」をプラグマティズムの破壊的影響から救うという。とはいえ、著作の出たタイミングはよかった。アメリカ人は遅まきながらイタリアで起きている事態の深刻さに気づきはじめていたし、ジェームズ以後の世代はプラグマティズムから多元主義へと軸足を移していたからである。多元主義は、民主国家そのものの正統性に異議を唱えているようにみえた。『プラグマティストの反乱』は、プラグマティズム以前の真理を改めて示し、ウッドロー・ウィルソンの戦後ビジョンを擁護し、フランクリン・ルーズベルト大統領の下でアメリカが戦うことになる価値を暗示する役割を果したと言えよう。エリオットは「民主主義的自由主義の合理的な努力を通じて議会政治制度などのしくみを整え」、それによって「法の下での社会の進化を促す」と述べている。フリードリヒと同じく彼もまたカントに回帰し、「法の下での統治は、よき生をめざすという道徳的目的を共有すること」の表れだと考えていた[85]。

エリオットは守旧的とみなされている。アメリカの政治学ではパラダイムシフトが起き、多元主義が主流となるのだが、これに無駄に抵抗したというわけだ[86]。多元主義を支持したイギリス出身のジョージ・カトリンとは大ちがいである[87]。もっとも、エリオットの歴史的重要性は別のところにある。第一に、いくぶん通俗的ながら説得力のある理想主義を掲げた。ハーバードの哲学がアルフレッド・ノース・ホワイトヘッドに引きずられそうになったとき、学生たちにカントへの回帰を訴えたのはエリオットである。[*] 弟子のルイス・ハーツが述べたように、エリオットはオックスフォード最後の理想主義者として「ハーバードにおける政治学研究の良心であり、政治における倫理的前提への回帰をつねに意識していた」[88]。彼はイギリス理想主義を代表するトーマス・ヒル・グリーンやフランシス・ハーバード・ブラッドリーの思想をリンゼイから受け継ぎ、ハーバードに持ち込んだ[89]。『プラグマティストの反乱』はけっして空想の産物ではなく、エリオットはハーバードでプラグマティズムに対する反乱を率いたのである。

第二に、エリオットは大西洋同盟を早くから支持した（ローズ奨学金基金への恩義を十分に果たしたわけである）。一九三二年に発表した『新しい大英帝国』と一九三五年の『憲法改革の必要性』は、イギリスとアメリカの政治的収斂を提唱している。前者では、大英帝国が「協調的な国家連合となって世界の中で機能し……重商主義的な搾取思想から脱却する」ことを促し、後者では、アメリカが恒久的な行政府を設置して大統領の行政権を強化し、新たな「地域連邦」を形成して英国流の政治システムを確立することを提案していた。端的に言えば、イギリスはアメリカに、アメリカはイギリスに近づくべきだと考えていたのである[90]。エリオットはリンゼイと同じく、全体主義国家に対する有和政策には

＊　ホワイトヘッドは『プリンキピア・マテマティカ序論』（岡本賢吾ほか訳、哲学書房）をバートランド・ラッセルとともに執筆し、また著書『過程と実在』（山本誠作訳、松籟社）でも知られる。彼は哲学を数学や物理学に近づけ、政治学から遠ざけた。なおホワイトヘッドは、キッシンジャーがハーバードに来る数カ月前に死去している。

断固として反対だった。[91] 現にアメリカが第二次世界大戦に参戦する前から、イタリアの反ファシズム亡命者集団マッツィーニ・ソサエティに協力している。[92] 彼は多くの点で、まさにチャーチルのような人物だったと言えよう。[93]

第三に、おそらくキッシンジャーにとって最も重要な点として、エリオットは、教授が政治的プレーヤーになりうることを体現していた。ハーバードの平均的教授に比べればたしかに保守的ではあったものの、行政府の効率的運営をめざすルーズベルトの通称ブラウンロー委員会の委員を務めたほか、一九三九年行政府再編法の立案や大統領府の発足にささやかながら尽力している。一九三七年には商務長官ダニエル・C・ローパー肝いりの産業諮問委員会（委員長はW・アヴェレル・ハリマン）の委員に指名され、五年にわたり積極的に産業界に助言を行った。エリオットが戦略物資の問題に没頭し始めたのはこの頃である。一九三八年に刊行された『非鉄金属の国際規制』の共著者として、非鉄金属を始めとする戦略物資の供給を英米が中心となって国際管理すべきだと主張した。

エリオットは政治に関してじつに勇気ある発言をしている。第二次世界大戦におけるアメリカの中立に声高に反対し、ドイツのポーランド侵攻後は中立法の廃止とフィンランドに対する財政支援の打ち切りを訴えるとともに、参戦準備を整えてドイツ、イタリア、日本の侵略に対抗せよと主張した。おかげで、ハーバードの不干渉主義者の不興を買っている。一九四〇年後半にルーズベルトがチャーチルの要請に応じ、イギリス海軍基地使用の見返りとして旧式駆逐艦五〇隻を送ると、ハーバードでは「年寄りの教授五〇人をイギリスに送れ」と抗議運動が展開された。[94] 一九四二年になってから、エリオットは三〇年代を振り返ってこう慨嘆している。「一九三一〜三八年にファシズムや日本の軍国主義がまだ芽生えたばかりで、潰そうと思えば潰せた時期に、「イギリスとアメリカは」躊躇した。無知だったとしか言いようがない。戦争直前のあの決定的に重要な時期に世論が無関心だったし、一部の利益団体からの圧力は、国民の利益に対する配慮より強かった」[95]。

その後に起きたことは、この「年寄りの教授」の正しさを証明したと言えよう。一九四〇年には国防諮問委員会の委員に指名され、さらに新設された生産管理局で基礎原料・備蓄・海上輸入部の副部長を務めることになり、それまでの活動が大いに報われたのである。この立場を活かし、国務長官コーデル・ハルに対して、英連邦への借款は債務国の原材料をプールする条件で供与するよう提案している。「世界の主要原材料を、長期備蓄と計画的生産の観点から国際管理するという史上初の試み」だった[96]。一九四一年九月には、「わが国は太平洋の戦争にも大西洋に劣らず注意を注ぐべきだ」と指摘し、防衛の手薄なシンガポールのイギリス海軍基地はアメリカの防衛計画の「アキレス腱」だと警告して、またしても先見の明を示す[97]。真珠湾攻撃とシンガポール陥落によってエリオットの正しさが再び証明されると、次には世界の将来を見据え、アメリカ主導による「世界システム」の創設を願うようになった[98]。大戦中も精力的に研究を続け、一九四三年にはベリオール・カレッジの歴史学者H・ダンカン・ホールとの共著『戦時下の英連邦』、一九四五年にはプリンストン大学の経済学者フランク・D・グラハムとの共著『英米の戦後経済の問題点』を発表した。とはいえ彼がエネルギーを注ぐのは大学よりも政府になっており、その後も時には毎週のようにワシントンとケンブリッジを行き来する生活が、大学を退官するまで続くことになる。

大方の教授がそうだが、エリオットも学生から漫画のネタにされ、「太い眉にばかでかい目鼻、雷のような声の頑健な大男」に描かれている。そのうえ南部出身で親英派だったせいで、軽蔑の的になりやすかった。どの著作も長くは残らず、熱望していたとされる政府部内での高い地位も得られていない。人種的偏見が見え隠れし、一九五二年にはある求職者について「彼はユダヤ人だが、あらゆる面で健全で好ましく、あまりユダヤ的でない」と書いている。[99] 一九五六年には「人種差別廃止運動の一部は我慢できない」と告白した。[100] そうは言っても、エリオットは後世の賞賛に値する人物である。アメリカの大学教授の大半が学生との対話を好まず講義に専念していた時代に、エリオットはオックスフォードのチューター制度をハーバードに導入した。政府の仕事で忙しく、さらに入門課程の「政治学I」（彼は三〇年にわたってこれを教えた）もかなりの負担だというのに、時間をみつけては学生との面談に応じている。これと見込んだ学生にはオックスフォード流に課題図書リストを渡し、小論文を書き、音読したうえで自分と議論するよう求めた。このような学部生への配慮があったからこそ、ジョン・F・ケネディ、ディーン・ラスク、マクジョージ・バンディ、ピエール・トルドーといった卓越した人材を惹きつけることができたのである。教え子には『アメリカ自由主義の伝統』（有賀貞訳、講談社）の著者ルイス・ハーツ、政治体系論のデービッド・イーストン、『ハンチントン　軍人と国家』（市川良一訳、原書房）のサミュエル・ハンチントンなどがいる。[101]

キッシンジャーは、まだ指導をお願いする身としてエリオットと初めて会ったときのことを、こう回想している。

「（エリオットは）疲れた様子で机に向かい、書類をめくっていた。机の上には紙が山積みで、すぐにも崩れ落ちそうだった……いま思えば傲慢な質問だが、自分の軍隊経験からして政治学Iの受講はほんとうに必要か、と私は尋ねた。これで彼は一段と不機嫌になった」[102]

エリオットはうんざりした様子で、自身が教える別の講座「政治学Ⅰa」を受講するよう勧めた。キッシンジャーはこの講座の内容よりも形式に感銘を受けたという。「エリオットが配慮してくれたのはあきらかだ。彼にとって、政治理論は歴史を研究したり知識をひけらかしたりするための抽象的な学問ではなく、一つの冒険だった。そこでは善と悪のせめぎ合いが存在に意味を与え、叙事詩が行動を暗示する」。このように考えたキッシンジャーにとって、エリオットがチューターに割り当てられたことに何の不満もなかった。

「私がそう伝えると、エリオットはすでに手一杯だとほのめかし、カントの『純粋理性批判』を読んでから来るようにと言った。哲学の素養がない学生にはたいへんな難題だ。読み終えて論文を仕上げる頃には、学期が半分過ぎていた。エリオットは論文を読み上げるように命じ、最初は無関心に見えたが、半分ほど読んだところで様子が変わった。そして、歴史家の視点ではなく創造的な哲学者の視点で政治学に取り組むべきだと言った。そんなことは、考えてもみなかった」[103]

この逸話は何度も語られている。『純粋理性批判』と『実践理性批判』の比較という無理難題を与えられたという説もある。このときの論文は残念ながら残っていないが、深く感銘を受けたエリオットは、キッシンジャーを「カントとスピノザを足して二で割ったよう」だと言ったとされる[104]。

エリオットは、クレーマーがかつてしたように、キッシンジャーの才能を見抜いた。キッシンジャーを西洋哲学だけでなく古典文学にも導き、ヘーゲルなどと平行してホメロスからドストエフスキーにいたる幅広い課題を与えている。キッシンジャーが四年生になる頃には、エリオットは自身の原稿についてキッシンジャーに意見を求めるようになったほどである。一九四九年一〇月にはファイ・ベータ・カッパへの推薦状を書き、キッシンジャーについて「学生というよりは成熟した同僚のようだ……過去五年の首席生でさえ、彼ほどには深い哲学的洞察力を持ち合わせていなかったと断言できる」と評している。[105] もちろん欠点も併記しているが、そこにはむしろエリオット自身の偏見が仄見える。キッシンジャーの思考は「エレガントではない。組織立った完璧さはドイツ人らしい。難民という出自のためか、ある種のことに感情的に反応する。人文科学、とくに美学の方面の幅を広げる必要がある」。[106] この推薦状が書かれたのは、キッシンジャーが卒業論文を提出する前だったことをつけ加えておくべきだろう。彼の卒業論文は、学部生としての最高の成果を誇示すると同時に、エリオットの影響力を示す揺るぎない証となる。

5

キッシンジャーの卒業論文「歴史の意味」は、ハーバードの歴史に残る作品となっている。学部生が提出したものとしては最も長く、現行の長さ制限（三万五〇〇〇ワード以内または一四〇ページ前後）導入の契機となった論文だからだ（この制限は、いまでも「キッシンジャー・ルール」と呼ばれている）。[107] キッシンジャーの論文は三八八ページあった。ヘーゲルとシュヴァイツァーの章を省いても、である。一説によると、フリードリヒは一五〇ページで読むのをやめたという。[108] とはいえ、驚くべきは長さではない。主なテーマであるシュペングラー、トインビー、カントのほか、コリングウッド、ダンテ、ダーウィン、デカルト、ドストエフスキー、ゲーテ、ヘーゲル、ホッブズ、ホームズ、ホメロス、ヒューム、ロック、ミルトン、プラトン、サルトル、シュヴァイツァー、スピノザ、トルストイ、ヴィーコ、ウェルギリウス、ホワイトヘッドが論じられており、三年間に読破した中から魅力的なエッセンスが抽出されている。さらに意味論を扱った補遺では、ブラッドリー、ハンチントン、ヨセフ、ポアンカレ、ライヘンバッハ、ロイス、ラッセル、シェファー、ステビング、ヴェブレンを扱った。若い学生らしく、自己顕示欲強くも学問的成果をことさらに示そうとするのだが、固有名詞のつづりをまちがえたり、単数と複数をとりちがえたりするといった幼稚なミスで大いに味噌をつけている（ドイツで古典教育を受けられなかった名残だろう）。[109] 論文の相当部分を占めるのは、オスヴァルト・シュペングラー、アーノルド・トインビー、イマヌエル・カントについての詳細な分析である。だが枚数節約のために「シュペングラーによれば」などの断り書きをキッシンジャーが省いたせいで、どこまでが哲学者の見解で、どこからがキッシンジャーの意見なのかが曖昧な箇所がある。その結果、一人ならぬ査読者が、シュペングラーの悲観的文明論をキッシンジャー自身の見方だと誤解した。[110] そうした欠点はあるものの、論文が最優等をつけるに値したことはまちがいない。またこの論文は、エリオットから受けた影響を示す貴重な資料でもある。その影響は、古めかしく "ever" の代わりに "always" を使うといった、エリオットの仰々しい文体の模倣にとどまらない。

控え目に言っても、シュペングラー、トインビー、カントは奇妙な取り合わせだと言える。カントは言うまでもなく、今日と同じく当時も西洋哲学の巨人と称えられる思想家の一人である。一方シュペングラーはどの学派にも属さない民間の学者で、一九一八年と二三年に二巻本で出版された『西洋の没落』（村松正俊訳、五月書房）で一躍知られるようになった。同書はあいまいな予言の書というべきもので、ナチズムの主張との類似性が指摘されたため、問題作とみなされている（ハーバードで社会学部を創設したピティリム・ソローキンはシュペングラーを敵視していた）。トインビーはと言うと、キッシンジャーが論文を書いているときには、文明の盛衰を描いた一二巻の大著『歴史の研究』（長谷川松治訳、社会思想社）はまだ完成半ばの状況である。トインビーを選んだ背景には、同じベリオール・カレッジ出身のエリオットの影響もあっただろうし、『歴史の研究』の最初の六巻が人気を博したという理由もあったかもしれない。アメリカでは同書の縮約版が一九四七年に一巻本で発行され、三〇万部売れている。トインビーは同年三月にタイム誌の表紙を飾っており、これが売り上げを後押ししたことはまちがいない。「われわれの文明は必ず衰退するわけではない」というタイム誌の見出しはアメリカ人にとってつねに歓迎すべきメッセージだったし、トインビーが西洋におけるキリスト教の重要性を肯定したことも評価されていた。反シュペングラーの旗手としてメディアの寵児となったトインビーを選ぶのは、時代の空気を反映していたと言えよう。そして大学の指導陣はほぼ全員がカントの「永遠平和」に惚れ込んでいたから、野心的な若い学生がカントをシュペングラー、トインビーと比較して思想家としての優越性を示すというのは、なかなかに戦略的な発想だった。

この三人を論じるとなればすぐに思いつくのは歴史観の相違だが、意外にもキッシンジャーはこの問題を避けている。[111] 彼が選んだのは、もっと根深く困難な問題である。歴史的決定論と個人の自由意志との根本的対立を三人はどう扱ったか、ということだ。この点にキッシンジャーが個人的に強い関心を抱いていたことは、序文からもうかがえる。

「誰の人生にも、無限に見える若さの可能性の中から一つの現実に直面しなければならないと気づくときが来る。もはや人生は……全方向に開かれた広い平原ではなくなり、草原を渡る旅は、じつは決まり切った一つの道をたどってきたことがあきらかになる……人間は「必然」と「自由」、行動の取消不能性、人生の決定因といった問題に直面してきた……自由意志と決定論的環境の折り合いをつけたいという欲求は、詩では嘆きとなり、哲学ではジレンマとなる……自由な様態において原因が自ずと結果を生むとすれば、そこにどんな意味があるのだろうか[112]」

三人の哲学者は、この問いにそれぞれにちがう答を出している。シュペングラーは三人の中では最も厳格な決定論者だ。卒業論文によれば、シュペングラーにとっての歴史は「文化の有機的な生成と没落の表現であり、その本質は神秘、その原動力は希求、その顕現は力」だという[113]。ここで、キッシンジャーの長たらしい講釈に立ち入る必要はあるまい。大事なのは、あらゆる文化は歴史的運命をたどって円環をなすとするシュペングラーの理論がキッシンジャーを納得させなかったことである。「覚醒と生成、時間と空間、歴史と因果関係の対立は、自由意志と決定論的環境のジレンマを表現はしても、解決はしない[114]」。

この点ではトインビーもまったく不十分だった。シュペングラーの歴史的運命論に対し、トインビーは歴史に目的論的な意味づけを与えたようにみえる。彼は、文明は環境の挑戦に応戦することを選べるとしながらも、神が挑戦を与えるとしている。これに対しキッシンジャーは、歴史の究極の意味が神の意志を実現することであるなら「真の意味でシュペングラーを超えたとは言えない」と指摘し、「歴史は新約聖書を証明するための書物ではない」と断じる。そしてトインビーの大著を「神学の土台に経験主義的な手法を重ねただけ」だと退けた。[115]

キッシンジャーは、カントが現象と物自体を区別することによってどのように自由の領域を確立したかを論じ、「[したがって] 決定論的環境における自由の経験は潜在的に意味を持つと考えられる……合目的性が……人間の意志を形成する。決定論的な宇宙においても自由の余地はある」。[116] キッシンジャーはカントの「定言命法」も賞賛している。* 定言命法は「カントの歴史哲学の枠組み」を規定した。「自由の超越論的経験があらゆる現象の見かけの内にあるより偉大な［物自体の］真実を理解する条件だとすれば、この格率は［同時に］政治の領域における規範も形成するはずである。よって平和は人間の努力の最も崇高な目標であり、人間の道徳性の根本を肯定するものでもある」[117]

言い換えれば、平和の追求は自由意志によってなされるあらゆる行為の中で最も崇高なものである。ここでキッシンジャーは、カントの弱点を発見したと考えた。「永遠平和」では「平和を追求する義務はまず定言命法から発したように見え、歴史事象を支配する客観的原則をあきらかにしただけ」だというのである。[118] これではトインビーと同じく、「歴史哲学を引き伸ばして道徳律は実現可能だと保証しようとする」もう一つの試みにすぎない。[119]「定言命法が有効であることを示すために、カントはその応用可能性を証明する必要に迫られた。だが彼の証明は必然性の言明になってしまい、定言命法の道徳的根拠を否定しているように見える」[120]。

この意味で「カントもまた、あらゆる歴史哲学に固有のジレンマ……必然性と可能性との関係を完全には解決できなかった」[121]。カント研究者なら、キッシンジャーは自然の王国と目的の王国をごっちゃにしているとけちをつけたかもしれないが、カントが「永遠平和」において「人類を客観的な最終目的へと導く高次の理念」すなわち永遠平和の存在を認め、目的論的歴史観を取り入れたことは否定できまい[122]。

では、キッシンジャー自身の立場はどうなのか。彼は自由を必然の上位に位置付け、選択を内的経験として理解する。卒業論文の重要な一節には、「自由とは定義しうるものではなく、重要な選択をするプロセスとしての内的経験である」と書かれている。

「これは……無制限の選択ではない。いかなる人も年齢、国籍、環境に規定される。そのうえで、基本的には分析できない何か……歴史の本質や精神性を形成するのだ。過去の行動にいくら後から説明をつけたところで、それは選択に対する内なる確信とともになされたのである……人は自身の内面においてのみ、自らの行動を拘束する[123]」

そして再び、「自由とは……それ自体の刺激を求める内的状態である……自由は、存在よりも選択肢があるという認識に依存し、外的条件ではなく内的経験に依存する[124]」。

＊　カントは一七八五年の『道徳形而上学の基礎付け』（中山元訳、光文社）において、三つの定言（仮言の反対）命法を示している。「君は、君の行動原理が同時に普遍的な法則となることを欲することができるような行動原理だけにしたがって行為せよ」、「君は、みずからの人格と他のすべての人格のうちに存在する人間性を、いつでも、同時に目的として使用しなければならず、いかなる場合にもたんに手段として使用してはならない」、「目的の国において普遍的に立法する国民の行動原理にしたがって行為せよ」。

要するに「自由の領域と必然性は、内的経験によらない限り調和しない」[125]。この内面性の強調を踏まえると、論文の次の箇所（最後から二ページ目）はずいぶんと楽観的だ。「ブーヘンヴァルト強制収容所やシベリアの労働収容所を経験した世代は、父親世代の楽観主義を抱くことはできない。ダンテの至福は、われわれの文明において失われた。とはいえこれは衰退という事実を述べているだけであって、必然ではない……いやな時代であるのはたしかだろう。だが……自由であることが、われわれを過去の苦しみや歴史の挫折から乗り越えさせる。この精神性の中に、人間の本質……平和をもたらす自己超越が存在する」[126]

キッシンジャーの「歴史に対する哲学的視点」と一九六八年以降の「外交政策の策定と実行において彼が果たした役割」との間には何ら関連性がないと言う論者もいる[127]。「アウシュヴィッツによって、キッシンジャーは、人類の進歩に対するカントの信頼を支えていた普遍的な道徳原理や永遠の価値を信じられなくなった……キッシンジャーにとって、神はアウシュヴィッツで死んだ……キッシンジャーのレアルポリティークとカントの観念論との甚だしい不一致を見れば、あの長大な卒業論文が単なる知的演習であって、彼の人格と価値観の長期的な側面をすこしも反映していないことがわかる」[128]

この点は、論争の余地があるだろう。「歴史の意味」を書いたキッシンジャーは、まちがいなく「堕落したカント信奉者」ではなかったし、スピノザの冷酷な懐疑主義に賛同もしていない[129]。そもそも論文中ではスピノザへの言及はほとんどない。さらに言えば、キッシンジャーへの影響がたびたび誤って指摘されるマキャベリは、まったく登場していない。

「歴史の意味」の正しい読み方は、正統的な理想主義者のパンフレットとして読むことだ。エリオットの影響を受けて論文を書いた（もちろん『永遠平和』も読んで）キッシンジャーではあるが、カントの推論の欠点を看破している。平和はたしかに歴史の究極の到達点かもしれない。だが内的な選択に直面し、それによって真の自由を経験する個人の視点に立てば、決定論的枠組みは意味を持たない。「ものごとの必然性をどう考えるにせよ、いざそのことが始まれば、それが不可避かどうかということは行動の指針とはならない」からだ。[130]

この基本的な洞察は、一九五〇年の世界にとって重要な意味を持っていた。第一に、論文の結論部で明確に述べられているとおり、歴史の意味を深く考えた結果、キッシンジャーは経済学の主張にきわめて懐疑的になった（ハーバードでは野心的な学生ほど経済学を専攻する傾向が強まっていた）。「物質主義的な冷たい知性が空想家の感受性に取って代わるようになると、人生は単なる技術的な問題と化す。社会的な解決や経済的な万能策を必死に追求するのは、精神の空虚さを示すものだ……そのような精神の持ち主は、あとすこしの知識、あと一つの定式さえあれば、物質的環境の悩ましさを解決できると信じきっている」[131]

第二に、物質主義の限界からして、「民主主義についての議論が経済システムの効率性についての議論にすり替えられる」のを許すのは危険だということになる（もっともキッシンジャーは、現代政治に対する言及は脚注にとどめている）。「経済システムは客観的必然性の領域にあるため、議論の対象となりうる」。対照的に「自由な人間の内なる直観は……全体主義を拒絶するだろう。たとえ経済学的には全体主義が効率的だとしても」。

第三に、最も重要な点として、「ロシアと協議しさえすれば彼我の意見の相違を魔法のように解決できるという主張はまちがっている……原因は単なる誤解ではないため、本質的な和解に基づく恒久的な合意に達するためには、協議以上のものが必要だろう」[132]。

これらの言葉から、ある歴史的な出来事が想起される。キッシンジャーが卒業論文で個人の自由について書いたことはすべてこの出来事を暗示していた。それは、冷戦である。冷戦は、学問の世界で、次には政治の世界で、キッシンジャーが頭角を現す舞台となった。冷戦が進行した一九五〇年当時は、理想主義を追い求める人にとってさえ、カントの永遠平和はトインビーのキリスト教的救済に劣らず遠いと感じたものである。

CHAPTER 8

Psychological Warfare

第八章

心理戦

「冷戦」におけるわれわれの目的は、武力による領土獲得や他国民の征服ではない。より広範で網羅的で、ひそやかだ。われわれは平和的手段によって世界に真実を信じさせようとしている。その真実とは、アメリカは平和な世界、誰もが自分の能力を最大限に伸ばせる世界を求めているということだ。そのためにわれわれが使う手段は、よく「心理的」と形容される。専門用語だからと心配しないでほしい。「心理戦」は知性と意志を使う戦いである。

――ドワイト・D・アイゼンハワー　一九五二年[1]

われわれが西側の価値観を誇示しようとしていることはまちがいない。ただし、言葉よりも行動によって。

——ヘンリー・キッシンジャー　一九五四年[2]

1

人間というものはどうやら生まれつき儀式が好きらしい。だが現代は伝統的な通過儀礼を嫌うため、大方の人が人生の節目に経験するのは形式的な儀式にすぎない。たとえば婚姻届を出して結婚し、殺菌された火葬場で死者に別れを告げる。こうした中、大学の卒業式は別格である。学業課程を修了して公式に学位（これは高給取りになるためのパスポートである）を授与されることより何より、時代遅れも甚だしいお祭りに参加できる稀有な機会だからだ。この点でハーバードの上をいく大学はほとんどない。

ハーバードには独特の隠語がたくさんあるが、学業の終わりである「卒業」を“Commencement”（はじまり）と呼ぶのもその一つだ。だが一日がかりの儀式の奇抜さに比べたら、この呼び名などましなほうである。一部の学生寮では、バグパイプが吹き鳴らされて卒業生が招集され、教授陣との朝食に向かうところから一日が始まる。法と秩序を代表してミドルセックス郡とサフォーク郡の保安官が騎馬でハーバードヤードに入って来る。卒業生たちは集合して学長の入場を出迎える。参加者はガウンに角帽といった伝統的な礼装である。入場行進の先頭を務めるのは保安官で、モーニングコートを着用し剣を吊っている。そのあとに大学の儀典長、学長、歴代学長、マサチューセッツ州知事、名誉学位取得予定者が続く。そして学部長、教授、その他の教員がしんがりを務める。

午前の卒業証書授与式はハーバードヤード中央の野外広場（現在はターセンテナリー劇場になっている）で行われる（卒業生は晴れることを祈るほかない）。学長が着席すると、儀典長がミドルセックス郡保安官に開式の号令を求め、続いて学生三名がスピーチをする。うち一名はラテン語で行う。その後、学科ごとにまとめて卒業証書が授与され、続いて名誉学位の授与が行われる。校歌斉唱もラテン語で行う。式典が終わると学長らは退出し、バンドの演奏が始まり、メモリアル教会の鐘が鳴り響く。昼食は学科や寮で供される。学生が一人ずつ名前を呼ばれて証書を渡されるのはこのときになる。ただしこの日最大のイベントは、何と言っても午後の同窓会の集まりである。学長の祝辞や記念講演もこのときに贈られる。

卒業式は、たとえ天気が悪くてもよろこばしいものである。近年では浮ついていると言われることもあるが、キッシンジャーの頃はそうではなかった。彼が入学する前年の卒業式で記念講演をしたのは、国務長官のジョージ・マーシャル元帥である。一九四七年六月五日のことだ。しかも、マーシャルプランをこのときに発表したのである。だから、キッシンジャーが卒業する年の講演者がマーシャルの後任のディーン・アチソンだと発表されると、誰もが重厚な内容を期待した。

キッシンジャーは優れた学業成績（それに分厚い卒業論文）にもかかわらず、一九五〇年六月二二日に執り行われたハーバード大学第二九九回卒業式で目立った役割は務めていない。五人の学生で構成される実行委員会のメンバーにもならず、学生代表としてスピーチもせず、三〇〇〇人の卒業生の一人にすぎなかった。ファイ・ベータ・カッパの文学の集いに出席できる選ばれし学生の一人ではあったが（この年ロバート・ローウェルが新しい詩を朗読した）、ダンスやクルーズ、イエール大学との野球の試合、バンドやグリークラブのコンサートといった、卒業式に先立つ特別行事に参加したとは思えない。どれも子供っぽくて、まじめで既婚の復員軍人はお呼びでなかった。だがもちろん卒業式は別である。アチソンの記念講演は、旧弊な尊大さと不屈の精神が混ざり合っていたが、その場に厳粛な趣をもたらした。なおこの日に名誉博士号を授与される中に、ジョン・フォン・ノイマンが含まれていたことを付け加えておこう。*原子爆弾開発で重要な役割を果たし、またコンピュータの基本原理を開発するあの天才科学者のノイマンである。

卒業式ではアチソンの講演の前に、フィリピンの外相、国連代表、国連総会議長を歴任するカルロ

＊　ノイマンはハンガリー生まれのユダヤ人である。規格外の天才科学者で、一九三〇年にプリンストン大学に招かれる前にすでに量子力学や幾何学の分野で先駆的貢献を成し遂げ、プリンストンではエルゴード理論、演算子理論、格子理論、量子論理などに関する論文を次々に発表して数学を大きく進歩させ、ゲーム理論を経済学に取り入れた。

ス・ロムロ将軍が講演している。二〇年近くフィリピン外相を務めた人物だが、いまでは覚えている人もほとんどいないだろう。しかし、卒業式での彼の言葉はアチソンよりずっと先見性に富んでいた。「アジアをアジア人の目から見ること。これが、欧米のアジア政策において何よりも重要である」とロムロは明言した。「ヨーロッパのための政策が……アジアでうまくいくと考えるべきではない」「アジアの民族主義運動を共産主義的と決めつける傾向は、ある種の思い込みに基づいており、鵜呑みにすべきではない……たしかにアジアでは、共産主義者が主導あるいは煽動する民族主義運動が存在する。だからといって、本来的な意味での民族主義運動がこの地に存在しないということにはならない……そうした運動は、もともとは自由を求める人々の自然の欲求から生まれたにもかかわらず、狡猾で非情な共産主義者に乗っ取られてしまった。運動を支えていた自由主義者は組織化されておらず、臆病だったうえ、西側から有効な支援をすみやかに得られなかった[3]」

アチソンもその後の国務長官たちも、深く肝に銘じるべき言葉だった。

アチソンはイギリス生まれの牧師の父とカナダ人の母を持ち、イエール大学を卒業後、ハーバード大学ロースクールに進学している。それに民主党を支持していたから、列席者が講演を好意的に聴くことは保証されたようなものだった。コチコチの反共主義者ジョゼフ・マッカーシーに敵視されていたのだから、なおのことである。なにしろマッカーシーは、国務省が「共産主義者に汚染されている」と言ってのけたのだ。だがアチソンは対ソ強硬路線に転換しつつあり、一九五〇年には政権内で強硬なタカ派の一人となっていた。ハーバードにやって来たときには、平和団体の敵対的なデモに出迎えられたほどである[4]。プラカードには「爆弾より平和を」、「戦争の話はするな」などと書かれていた。

アチソンがタカ派に転じたのは、マッカーシーの圧力に屈したからではなくスターリンの行動に対応するためだった。記念講演でも、一九四五年以降にソ連がいかに敵対的だったかを列挙している。イランやトルコを威嚇し、ブルガリア、ルーマニア、ポーランドに親ソ政権を押しつけ、ギリシャで共産ゲリラを支援し、ドイツの東半分をソビエト化し、ハンガリーをついに共産支配し、フランスとイタリアの政治的・経済的復興をストライキなどの破壊行為によって邪魔した、云々。だからこそトルーマン政権は、一九四七年にギリシャとトルコ、さらに西ヨーロッパへの援助を決定したのである。その後チェコスロバキアで共産政権が成立するにいたって、アメリカは北大西洋条約を締結し、これに基づいて北大西洋条約機構（ＮＡＴＯ）が発足するにいたる。アチソンは、この条約はマグナカルタやアメリカの独立宣言に匹敵すると誇っている。とはいえ彼の講演の結びの言葉は明快とは言いがたい。「ソ連の指導者が不干渉主義を本音で受け入れない限り、自由世界からの働きかけは……両国間の問題解決にはつながらないだろう。ましてや共産主義運動がトロイの鳩を飛ばしても役に立つまい」。残念ながら意味不明の比喩のせいで、メディアはこの一節に食いつかなかった[5]。外でデモをしている連中に配慮したのか、アチソンは付け加える。「戦争は不可避ではない」[6]。

それからわずか三日後の一九五〇年六月二五日未明、北朝鮮軍が三八度線を越える。朝鮮戦争が始まった。

2

冷戦が記憶から歴史へと退くとき、忘れてはならない最も重要なことは、あれは戦争だったということである。冷戦《コールドウォー》は、熱い平和《ホットピース》ではない。もう一つ忘れてはならないことがある。もともと「冷戦」という言葉はジャーナリストのハーバート・スウォープがオーウェルの小説から借用し、それを政治評論家のウォルター・リップマンが広めたのだが、この言葉を聞いて多くの人が予想したような戦争ではなかった、ということである。後知恵という歪んだレンズを通してみれば、あれは二つの帝国の古典的な確執、あるいは二つの相容れないイデオロギーの二元論的闘争、あるいはその両方だとわかる。だが仔細に点検すると、古典的どころか奇妙なことが起きていたと気づく。一九四〇年代後半に米ソ対立を予言した人たちの多くは、この対立が全面的な第三次世界大戦に発展し、核戦争であれ通常戦であれ、またもやヨーロッパが主戦場になると考えていた。そして東西両陣営の軍部は、一九八〇年代にいたるまでこの種の戦争を想定し、準備を整えていたのである。だがこの戦争は起きなかった。冷戦は世界のあちこちで地域紛争として戦われたが、ヨーロッパはその中に含まれていない。主戦場となったのはアジアである。また、米ソの軍隊は一度も直接交戦していない。ただし、一九五〇～九〇年に戦われたすべての戦争で、少なくとも一方の側は大国の代理だった（あるいはそう思われていた)。

歴史学者のジョン・ギャディスは、冷戦は最も必然性に乏しい戦争だったと主張する。[7] まず、第二次大戦中に同じ連合国側にいた米ソがあれほど急激に敵対する事態は、いま思うほど必然的ではなかった。[8]スターリンは柔軟な姿勢で戦後世界に臨むように見えた。スターリンはなにしろ、社会主義は別の政治体制でも実現しうる、「たとえば民主制や議会共和制でも、いや立憲君主制でも」可能だ、などと述べていたのである。[9] 一九四四年六月にはポーランドのルブリン委員会で、この国は「西側諸国、イギリス、フランスとの同盟と、アメリカとの友好的関係が必要だ」と語っている。[10] トルーマンにも大戦中の連合を維持する理由があった。スターリンに初めて会ったあと、「あの男は気に入った」と妻への手紙に書いている。「率直な男だ。彼が何を欲しがっているかを見抜き、それを与えられない場合は譲歩すればいい」。[11]

ではなぜ連合国側は、ドイツの戦利品の分配を友好的に維持できなかったのか。一九四四年一〇月にモスクワでチャーチルとスターリンが合意した「パーセンテージ協定」は、バルカン半島をまずまず平等に切り分けており、不当には見えなかった。ヤルタ会談においてルーズベルトがポーランドを暗黙の裡に犠牲にしたのは恥ずべき行為ではあるが、平和的共存のためだったと言えなくもない。スターリンはかつて「他国の領土を占領する国は、自国の社会制度を押しつけることになる」と語ったことがあるが、この言葉は大国の対立が不可避であることを意味しない――すくなくとも、それぞれの影響圏が認識され尊重される限りにおいては。

結局原因はしぶとい疑念にあった。それを最初に表明したのは、アメリカ海軍長官ジェームズ・フォレスタルである。フォレスタルは、スターリンは合意されたパーセンテージには満足しないだろうと述べている。そしてトルーマンも一九四五年一〇月二七日には、「ソ連にガツンと食らわさない限り、新たな戦争が起きかねない」[12]とメモした。こうした疑念は四ヵ月後に戦略的な裏付けを得ることになる。ジョージ・ケナンが、アメリカ外交史上最も有名なあの長文電報を打電して来たのである。[13]

スコットランド長老教会派信徒の息子としてウィスコンシンで生まれたケナンは、粛清のさなかにモスクワのアメリカ大使館にいて、スターリン主義を間近に見ている。彼はルーズベルトと後任のハリー・トルーマンがスターリンの真意を見抜けなかったことに幻滅し、「終わったばかりの戦争という多大な犠牲を払って勝ち得た政治的優位を浪費し、わが国の勝利を政治的に維持できないことに深い失望を感じる」として、一九四五年八月に辞表を提出した。[14]それでも二度目のモスクワ赴任が終わる頃、最近のソ連の行動について国務省から意見を求められ、回答として打電したのがあの長文電報である。この電報は、その後一世代のすべての外交戦略担当者にとって大前提となる。もちろんキッシンジャーにとっても、だ。今日読むと、電報の文体上やむを得ない面はあるとしても、ずいぶんとわかりにくい。ケナンは、「ソビエト連邦はいぜん敵対的な〈資本主義者の包囲網〉の中にあり、長い目でみれば資本主義との恒久的平和共存はあり得ない……国際問題に関するクレムリンの神経過敏症的な見解の底には、ロシアの伝統的、本能的な不安感がある」と主張した（ケナンは一九四六年三月の報告書で、スターリンの「根深い不安」を和らげるには「完全な武装解除、アメリカ空・海軍のロシアへの引き渡し、内閣総辞職と共産党政権樹立しかない」と指摘している）。[15]よってイデオロギー的な理由からも歴史的見地からも、ソ連の政策は以下のようになるという。

「国際社会の一要素としてのソビエト連邦の相対的な力を増進させるために、あらゆることがなされるはずである。逆に、資本主義列強の力と影響力を……減じるあらゆる機会を逃すまいとするはずである……要するにわれわれがここで問題にしているのは、アメリカと永続的な協定などは結ばず、ソビエト権力の安泰のためには、われわれの社会の内部調和がかき乱され、われわれの伝統的生活様式が破壊され、わが国の国際的権威が打ち砕かれることが望ましく、また必要だという信念を狂信的に信奉する政治勢力なのである[16]」

ケナンは、ソ連がヨーロッパのみならず全世界への影響力拡大を狙っていると確信しており、長文電報では標的になりうる地域としてイラン北部、トルコ、中東、アルゼンチンを挙げている。「国際経済に関しては、自給自足経済の追求がソビエト政策の中心となる」から、経済面でアメを与えても効き目はない。モスクワが反応するのは力だけだとケナンは断言する。「(ソビエト権力は)理性の論理に鈍感なくせに、力の論理にはきわめて敏感である……強力な抵抗に出会えば容易に後退することができるし、またたいていはそうする」。

戦略をめぐる議論に横から割り込んでうまくいくのは、他の論者がすでに考えていたことを具体的に示す場合に限られる。そしてケナンの主張は、ヨーロッパ大陸を横切る「鉄のカーテン」が降ろされたというチャーチルの明快な警告と完璧に符合した。長文電報の数カ月後には、クラーク・クリフォードとジョージ・エルジーが「ソ連は……世界を支配しようと決意した[17]」とさらに強い調子で警告している。トルーマンがこうした分析を信頼したのは、スターリンが東ヨーロッパに親ソ政権を樹立しようとしたからではないし、一九四六年八月にトルコに対してボスポラス・ダーダネルス両海峡の航行の自由と海軍基地の建設を要求したからでもない。トルーマンが第六艦隊を東地中海に派遣すると、スターリンが引き下がったからである。[18] まさにケナンの予想したとおりだった。これで大統領は納得する。商務長官ヘンリー・ウォレスは強硬路線に反対して辞任に追い込まれた。ケナンの表現を借りるなら、もはや「形だけの有和政策」をとる余地はなくなったのである。[19]

とはいえケナンはけっして戦争を挑発したわけではない。一九四七年一月七日に開かれた外交問題評議会では、アメリカと同盟国がソ連を「封じ込める」ことは、「挑発的にならないように慎重に行う限りにおいて」可能であり、長期にわたってこれを継続すれば、ソ連内部に変化を引き起こせると述べている。[20] その年の後半には、「ソビエトの行動の源泉」と題する論文を「X」の署名でフォーリン・アフェアーズ誌に発表し、「封じ込め」の理論的根拠をあきらかにした。「ソビエトの権力は……その内部に自分を滅ぼす種を含んでおり、この種の発芽がかなり進行している可能性が存在する」とケナンは主張する。そしてクレムリンのいかなる「神秘的で救世主的な運動も」、「挫折」に直面すれば崩壊か「温和化」のどちらかに出口を求めざるを得ず、そうした事態の論理に「なんらかの形でやがて適応する」だろう。したがってアメリカの対ソ政策は、「ソビエトの膨張傾向に対する長期の、辛抱強い、しかも断固として注意深い封じ込めでなければならない……ソビエトの圧力は、ソビエトの政策の変化や術策に照応して、絶えず変化する地理的・政治的な争点に巧妙かつ注意深く対抗力を適用することによって、封じ込めることができる」。[21] 外交官であるケナンは、封じ込めを軍事戦略ではなく外交戦略と捉えており、決意を示したのも武力ではなく電報によってである。だが一九四七年当時は、封じ込め戦略について彼が行った説明のすくなくとも一つ、すなわち「もしロシアが平和な安定した世界の利益を侵食する兆候を示すならば、それがどこであろうと、断固たる対抗力をもってロシアと対決する」は、ソ連の侵食のただの「兆候」に対しても武力行使で対応するつもりだと読むことは十分に可能だった。[22]

当初の封じ込めは、結果的には経済的な性格となる。財政難に陥ったイギリス政府がギリシャとトルコへの軍事援助打ち切りを発表すると、アメリカが肩代わりすることを議会に説得すべく、「トルーマン・ドクトリン」が表明された。実際に必要なのは予算だったが、マーシャル、アチソン、国務次官補ウィル・クレイトンに励まされたトルーマンは大上段に構え、この予算要求は世界で繰り広げられる「二つの生き方」の抗争の一部だと主張する。「武装した少数者あるいは外部の圧力による征服の企てに抵抗する自由な諸国民を援助することこそが、アメリカの政策でなければならない」と（じつはケナンはトルーマン演説の救世主的なレトリックに反対した。しかしリップマンのように鋭い論客でも、ケナンの「封じ込め」との区別はつかなかった）。[23] 封じ込めの次の段階はマーシャルプランであるが、こちらも経済政策だった。アメリカがヨーロッパに送る必要があったのは、ここでもまた資金である。一九四六年から五二年まで、アメリカの国内総生産（GDP）の一・一％相当が毎年ヨーロッパに投じられた。ただしこのときは、封じ込め戦略に一ひねりが加えられている。ソ連と東ヨーロッパの衛星国に「ヨーロッパ復興計画」への参加を呼びかけたのである。スターリンの拒絶を見越してのことだったが、実際そのとおりになった。さらにもう一ひねりとして、ドイツの西側占領地域に関して経済復興に加えて政治的再編も行うとしている。スターリンは熟慮の末、武装した東西ドイツより非武装の統一ドイツのほうがましだと判断し、再び過剰反応する。形勢逆転を狙ってベルリン封鎖を強行し、英米による大空輸作戦の成功で封鎖解除を余儀なくされた。

ヨーロッパ、ドイツ、ベルリンという入れ子になった三層構造の境界線は、ドイツ連邦共和国（西ドイツ）が成立した一九四九年五月にはほぼ固まるが、ちがう結果になった可能性も十分に考えられる。ケナン自身は中立の統一ドイツを熱望し、ソ連も繰り返しこれを提案した[24]。思うにこれがアチソンの言う「トロイの鳩」なのだろう。東ヨーロッパの共産支配には何ら必然性はない。残酷なやり方で押しつけられたのである。そして場合によっては（一九五三年の東ベルリン、五六年のハンガリー、六八年のプラハ、八一年のポーランド）再び押しつけられることになった。また、西ヨーロッパで共産主義が軒並み権力掌握に失敗することも、必然ではなかった。フランスとイタリアでは選挙での共産党の得票率が二〇％に達し、アメリカが密かに共産党排除の手を打っている。おそらく驚くべきは、ヨーロッパではグレーエリアに該当する国がほとんどなかったことだろう。「グレー」と言えるのは、結局はフィンランド（資本主義、民主制だが、親ソとは言わないまでも中立）やユーゴスラビア（共産主義、非民主制だが、ソ連圏には属さない）だけだった。

二極化がこれほど進んだのは、封じ込めが一九四八年を通して外交あるいは経済戦略にとどまらず、ケナンを大いに困惑させたことに、軍事戦略へと発展し始めたからである。そうなった原因の一つは、一九四八年二月のチェコスロバキア政変へのソ連の厚かましい介入と親ソ政権の発足である。もう一つの原因は、このことに衝撃を受けたイギリスなど五カ国による西ヨーロッパ連合条約（ブリュッセル条約）の締結である（この条約は翌年には北大西洋条約に発展する）。とはいえ最大の理由は、かつての植民地帝国だった西ヨーロッパの国々が予想外に脆く、これではソ連にとって東ヨーロッパ以上においしい獲物になってしまうとアメリカが気づいたことだった。一九四八年三月にスターリンは政治局に「従属国や植民地の抑圧された人々が、アメリカ、イギリス、フランスの帝国主義に対して行う革命闘争を積極的に支援せよ」と命じるが、これも西ヨーロッパの状況に気づいたからにほかならない。もっとも中東では、ソ連はアラブ民族主義を懸命に後押ししたものの、イギリスやフランスによる支配からアメリカが主導権を握る時代への移行は食い止められなかった。

しかし対照的にアジアでは、共産主義の拡大はとどまるところを知らないように見えた。一九四九年夏から五〇年夏にかけて、この地域の戦略バランスがどれほど劇的にスターリンに傾いたかは、いくら強調しても足りないほどである。上海は一九四九年五月に毛沢東率いる共産勢力の手に落ち、一〇月一日に毛沢東が中華人民共和国設立を宣言。一二月一〇日には蔣介石が台湾に逃れる。毛沢東はこの時点ですでにソ連との連携をほのめかしていた。一二月一六日に毛沢東はスターリンとモスクワで会談し、相手に翻弄されながらも、翌年の相互援助条約締結の約束をとりつける。一九四八年に思いがけず再選を果たし、四九年にはベルリン大空輸作戦で勝利を収めたトルーマンも、五〇年前半は災難続きだった。中国が「失われた」直後に政府高官アルジャー・ヒス（長らくソ連のスパイだった）が偽証罪で有罪判決を受け、物理学者クラウス・フックスもソ連のスパイだったと判明。こうしてマッカーシーによる赤狩りの下地が整う。ヒスと交友関係があったことに狼狽し、またソ連の脅威に心底不安を感じたアチソンは、急遽封じ込め戦略を軍事戦略に転換し、アリューシャン列島から日本海を経てグアムにいたる防衛線（アチソン・ライン）を設定して、日本、沖縄、フィリピンは守ると一九五〇年初頭に宣言する（台湾と韓国が防衛対象から外れていることがひどく目立った）。さらに政策企画本部長がケナンからポール・ニッツェに代わり、ニッツェは一九五〇年四月に作成された国家安全保障会議報告書「国家安全保障のためのわが国の目的と計画」（ＮＳＣ六八号）で、大規模な軍備増強を提案する。その根拠は、中国が失われたことよりも、もっと気の滅入る情報にあった。ソ連が諜報活動や自前の開発努力により原爆製造能力を獲得したというのである。それだけでなく、アメリカが開発中の水素爆弾をしのぐ破壊力を備えた水素爆弾も製造できるという（もっとも報告書では、核兵器だけでなく通常兵器の増強も提案されている）。

ＮＳＣ六八号（キッシンジャーの国務長官時代にようやく機密解除された）では、「自由世界は政治・経済制度および軍事力をすみやかに強化」すべきだとしている。[25]この提言は、ソ連が「ソビエト圏外の国の政府機構と社会構造を転覆・破壊し、傀儡政権の樹立を企図している」ことが前提になっていた。アメリカはこの企図の最大の障害であり、ソ連にとって「その総合力と活力を何としても打破すべき主要敵国」だという。[26]そのうえソ連は軍事支出を拡大しており、ＧＤＰ比でも、ものによっては絶対額でも、アメリカと同盟国の水準を上回っていた。「ソビエト圏と自由世界との軍備の格差が……拡大している」という現実に直面し、アメリカは国防予算の大幅増を迫られる。ニッツェの見積もりでは対ＧＤＰ比で六～七％にする必要があった。このようにＮＳＣ六八号の提言は、外交戦略としての封じ込めを終わらせるとともに、国防予算の削減分を福祉に回すトルーマンのフェアディール政策にも終止符を打つことになる。当然ながら政権内でも抵抗があった。急先鋒となったのは、新国防長官ルイス・ジョンソン、ケナン、国務省のソ連専門家などである。だがそれも、ソ連が後ろ盾となった北朝鮮軍が韓国に侵攻した時点で立ち消えになった。

このように一九五〇年のハーバード大学卒業式は、三〇〇〇人の卒業生の門出であると同時に、危険な時代の幕開けでもあった。このときの卒業生は、その後四〇年近くにわたって第三次世界大戦の脅威とともに生きることになる。いまとなっては、冷戦が米ソ全面戦争に発展しなかったことがわかっているが、一九五〇年の卒業生には、ギャディスが「長い平和」と呼んだ冷戦が一九八〇年代後半まで続くことも、それがケナンの予測したソ連崩壊とともに終わることも、まず予想できなかった。ドイツや日本と戦った世代にとって、朝鮮戦争は次の世界大戦の前奏曲としか思えなかったのである。ダグラス・マッカーサーが再び指揮をとり、仁川上陸に成功して形勢を逆転し、ソウルを奪還すると、第二次世界大戦の勝利を思い出して国民の熱狂は頂点に達し、その後に中国が参戦してアメリカ軍を押し返し、ソウルの放棄にいたると、今度はパニックに陥る。一九五一年五月、トルーマンは命令違反を理由にマッカーサーを解任。その年の七月から休戦協議が始まった。それでも一九五〇年代前半を通じて米ソ関係は険悪で、一九五二年一〇月には駐ソ大使のケナンがアグレマンを取り消され、アメリカの外交官としては史上最短の赴任期間で不名誉な国外退去処分を受けている。たしかに「ソ連の首都での隔離状態は……対米宣戦布告後の……ナチスドイツで外交官研修をしていたときよりひどい」とベルリンで記者相手に口を滑らせたのは、らしからぬ不注意だった。だが冷戦のこの新局面を体感して、これは局地戦が世界戦争に発展するいつものプロセスだとケナンが考えたのはもっともだったし、そう考えたのはケナンだけではなかったのである。

3

冷戦期間中、アメリカの一流大学は国家安全保障戦略に深く関与していた。この事実に今日の多くの知識人が困惑し、容認しがたいと考えている。対ソ戦略を担うさまざまな連邦政府機関と学界との関係を論じる文章の多くに義憤がにじみ出ている。教授が国防に貢献するのはまちがいだと言わんばかりだ。[27] だがもう一度言おう。冷戦は戦争だった。たしかにソ連はアメリカに侵攻はしていないが、核ミサイルで狙い、スパイを放ち、暴言を吐いた。さらに、反自由主義的イデオロギーや政府機構を他国に輸出してもいる。キューバのように地理的にアメリカに近い国に対しても、である。ハーバードが国防総省や中央情報局（ＣＩＡ）への協力を辞退すべきだったという議論は、ソビエト共産主義の脅威と、大学が提供できる支援の価値の両方を過小評価している。

文学士号を授与されたばかりのキッシンジャーも、科学で名誉博士号を得たノイマンと同じく、全体主義に迫害されてヨーロッパを離れざるを得なかった経験をしている。彼らがアメリカ政府への貢献を申し出るのは当然のことだった。個人の自由を守ると世界のどの国より明確に約束しているのはアメリカだったからである。そう考えたのは難民だけではない。コナント学長は卒業式の祝辞で、「かつてはあたりまえだった前提を否定する思想の急速な浸透」を批判し、「私が批判するのは、いうまでもなく、弁証法的唯物論として知られる思想のソビエト流解釈に従う人々……つまりは共産党中央委員会が解釈した権威主義的ドグマに従う人々の姿勢である」と補足している。[28] アメリカ原子力委員会一般諮問委員会や総合研究開発審議会のメンバーでもあるコナントは、戦時中に開発された原子力技術の軍用・民生用の応用に関して、政府顧問としてロバート・オッペンハイマーに次ぐナンバーツーだった。しかし共産党への関与が疑われたオッペンハイマーとは異なり、コナントには共産主義と疑われる余地はまったくない。早くも一九四八年九月には、共産主義者の教員採用を禁止している。[29]

CIAの仕事をしたという意味での汚れ仕事を冷戦期に引き受けたのは、ハーバードではなくイェール大学のほうである。イェールの研究者たちは、戦時中の戦略諜報局（OSS）と揺籃期のCIAで重要な役割を果たした。[30] おかげで歴史学者のシャーマン・ケントは「マフィアよりうまくナイフを投げる方法」を習得したと言われる。* このほかにも少なからぬ教授がCIAに協力した。[31] またプリンストン大学も情報活動の面で貢献している。[32] それでも、冷戦初期の情報活動においてハーバードが果たした役割を過小評価すべきではあるまい。歴史学者ウィリアム・L・ランガーはOSSの調査分析局長を務め、同局がCIA国家評価室に移行後も指揮を執っている。イェール卒業だがハーバードで教授となったマクジョージ・バンディは、ハーバードの戦後国家・地域研究プログラムを「指導、運

＊　ケントの「クーデターの法則」によれば、「あらかじめわかっているクーデターは起こらない」、「諜報の法則」によれば、「国家が他の国家について知りたいことの約九〇％は公の手段で知ることができる」という。

営、推進したのはＯＳＳ出身者だった」と誇らしげに語っている。* バンディによると、ＯＳＳは「半分は警官と泥棒、半分は教授で編成されたものすごい組織」だったという。彼はある講演でも「国家・地域研究を行う大学と情報収集機関の相互浸透」が望ましいと述べている。[33]

政府と大学の相互浸透を斜に構えて解釈することは、いまならかんたんである。たとえばハーバードは「政府の出先機関」に成り下がり、野心的だが将来に自信が持てない若きキッシンジャーは国家安全保障に関わって出世しようと躍起になっていた、というふうに。[34] だがこのような見方は正しくない。キッシンジャーは政治学を専攻した。彼が主に師事した二人の教授は、アメリカの対ソ戦略構築に強い関心を抱いていた。となれば、キッシンジャーが同じ道をたどってもふしぎはない。カール・フリードリヒは一九四一年一一月の時点ですでに、次のように予見している。

「戦後世界は、米英の影響圏とソ連の影響圏に分断されるだろう。もちろんイギリスが共産主義にならない限りにおいてだが（可能性はきわめて低いがゼロではない）……南北アメリカ大陸と西ヨーロッパの大多数はアメリカを中心とする集団を形成し、アジアと東ヨーロッパの大多数はモスクワを中心とする集団を形成する……ワシントンとモスクワのものの見方の乖離は各地で緊張を高め、周縁地域は内戦状態になりかねない」[35]

フリードリヒはまた『普通人の新しいイメージ』の中で、冷戦の予想外の性質を論じている。

「歴史には、複数の国家が均衡していた時期がある。世界を股にかける帝国が存在したこともある……だが、それぞれに国防と自給自足が可能な二つの大陸国家が対立した状況はかつて存在したことがない。さらに異例なのは、この二大国がいずれも信条を持っていることである。どちらも教会に似ており、万人を自分の宗派に改宗させたいと思っている点も教会と同じだ。つまり両大国は布教者であり、布教活動をやらずにはおれない」[36]

とはいえ、フリードリヒ以上に大きな影響をキッシンジャーにおよぼしたのは、やはりエリオットである。エリオットはアメリカの安全保障に一役買いたくてうずうずしていた。はやくも一九四六年には、国連を強化してソ連に対抗すべきだと提案したほか[37]、軍拡競争を回避するために核兵器を国際機関の管理下に置く提案にも賛同している。[38]世界人権宣言には、カントの「永遠平和」の第一歩として強い関心を示した。[39]エリオットは一九四〇年代後半まで、CIA計画本部副部長フランク・ワイズナー（前身のOSS時代には有能な諜報員だった）の非常勤顧問を務めている。[40]だがそれ以上の地位を得ることはできず、[41]一九五一年にはCIAを休職扱いとなり、以後の顧問業務も無報酬となる。それでもエリオットはワシントンから離れず、民主党下院議員ウィリアム・M・コルマーが委員長を務める戦後経済政策・計画委員会のアドバイザーとなったほか、下院外交委員会および、共和党下院議員クリスティアン・ハーターが委員長を務める対外援助特別委員会（いわゆるハーター委員会）の事務方としても活動。戦後ヨーロッパの状況に関するハーター報告の大半を執筆している。これは、マーシャル・

＊　一九四九年秋にハーバードに来る前、バンディは戦時中に陸軍長官だったヘンリー・スティムソンの回想録を共同執筆した。キッシンジャー同様、バンディもエリオットから貴重な庇護を受けている。エリオットは、政治学を修めてもいない当時三一歳のバンディを教員として採用した。

プランの重要な資料となった報告書である。エリオットが初めてリチャード・ニクソンと出会ったのも、この委員会だった。当時のニクソンは新人議員で、アルジャー・ヒスの執拗な追及で注目を集めていた。[42] ニクソンがフランク・リンゼイと、さらにCIAと初めて接触したのも、ハーター委員会の場だった。約二〇年後に重要な意味を持つことになる交友がこのとき始まったのである。[43]

エリオットは疲れを知らないようだった。発展途上国向け対外援助について論文を発表し、[44] 朝鮮戦争中は国防動員局の次長を務め、ウッドロー・ウィルソン財団の外交政策研究会やアメリカの教育と共産主義に関する委員会で座長を務めた。またバンディ、ケナン、シュレジンジャーとともにウッドロー・ウィルソン財団の別の研究会にも所属し、「アメリカの責任と義務を効果的に果たすために政府組織と業務をどう改善すべきか」を研究した。そして、相対的に大統領の権限を強化すべしとの結論に達している。[45] これに関連してエリオットは「外交政策に影響するような議会質問を制限する」イギリスの慣行を賞賛した。[46] 彼はまた、「大統領に任期中一回、自身で選んだ問題について国民の総意を問う」機会を与えるよう主張している。[47]

エリオットのイギリスかぶれはときに滑稽なほどで、[48] たとえばベリオール・カレッジで知った「円卓会議」のアメリカ版を創設すべく、一〇年以上もロビー活動をしている。[49] スエズ戦争（第二次中東戦争）の際は、イギリスを支援しないというアメリカの決定を嘆き、運河を国営化したナセルを侵略者呼ばわりした。[50] 一九五〇年代後半になってもなおアラブ、アジア、アフリカの民族主義を敵視し、旧植民地には「近代国家の責任」を果たす用意がないと述べている。[51] そんなエリオットではあったが、外交政策に関して大統領の権限を強化すべしという主張は、意外に影響力があったことがわかっている。

トルーマン大統領の任期が終わる頃、後任のアイゼンハワーは、戦略的意思決定のプロセスをどのようにして改善するかを考えあぐねていた。エリオットは、「大統領府の各機関……予算局、国家安全保障会議（NSC）、国家安全保障資源委員会、大統領経済諮問委員会などの横の連絡をとる」ことが急務だと考え、「予算局長の地位を首席補佐官や首席大統領報道官並みに引き上げる」よう助言する。[52]その後にこれを修正し、国家安全保障会議の活用を提言している。

「主な閣僚の間で意見が割れるような状況では、大統領はいかなる高官にも決定権を委譲することはできないし、決定権を持つ大統領補のようなポストを創設することも現実的ではない。［だが］大統領が、国家安全保障会議の最高責任者に閣僚以上の地位を与えることは可能だし、そうすべきだと私は考える。十分な外交スキルとスタッフの運用能力を備えた適格者がその任に就けば、省庁間の合意も容易になるし、政策の選択肢に関して公正な評価が大統領に提示されるようになるだろう……国家安全保障会議の提言に基づいて大統領が策定する政策綱領は、もはやただのお題目ではなくなる……大統領は最高責任者の後ろ盾となると同時に、この者につねに大統領の名において行動する自由を与えなければならない」[53]

エリオットの弟子であるヘンリー・キッシンジャーは、一六年後にまさにこの役割を果たすことになる。エリオットが、副大統領により重要な役割を与える可能性を検討していたことも注目に値する。一九五二年の大統領選でアイゼンハワーの副大統領候補に選ばれたニクソンは、この点に興味を示している。[54]

エリオットはアイデアの宝庫だった。一九五五年にはウッドロー・ウィルソン財団の別の研究会の座長を務め、アメリカとカナダが何らかの形で欧州経済共同体（ＥＥＣ）と連携することを提案した。[55]果たして両国は六年後に、パリに本部を置く経済協力開発機構（ＯＥＣＤ）に加盟する。エリオットは大西洋主義者ではあったが、すでに政治闘争がソ連との主戦場になっている状況で、第三世界が「政治闘争における決戦の場」になると早くから見抜いていた。[56]そして第三世界の一部に「新たに生まれた体制を支える治安部隊、さらには軍隊」にアメリカが「ある種の訓練」を施すよう主張している。[57]これは、実情に疎い評論家のような主張と言わざるを得ない。とはいえ彼が好むのは、「心理戦」と呼ばれる戦法である。はやくも一九五〇年代には生産管理局向けに作成した報告書を上院に提出し、軍事介入に代わる手段として「平時の心理戦」を提唱している。[58]

「心理戦」とは何だったのか。エリオット自身の多彩な活動からわかるのは、一言では定義できないということである。彼は一九五一年に「ロシア国民の解放のためのアメリカ委員会」の創設メンバーとなり、ソ連向けの放送を行うラジオ・リバティにも関わっている。また留学生を支援する文化交流プログラムにも肩入れした。[59]一九六〇年には国防大学での講演で、「一国を率いるような人材を発掘し、その人物が国を動かす前に、いや何かをできるようになる前に、彼らを訓練しなければならない」と述べている。もっとも心理戦は、国内で関係筋に働きかける際にも活用された。たとえばエリオットは一九五三年四月に「アメリカにおける心理防衛組織の編成」に関するメモを作成し、「公開コンペで出てくるようなアイデア」は役に立たないから、[60]国務省は知識人による諮問機関を設立すべきだと助言している。[61]

「心理戦」の起源は戦時下の戦略諜報局にあり、同局には心理戦や宣伝戦の専門部署があった。[62]戦後の一九四七年には、イタリア総選挙において共産党に対抗する裏工作を指示したNSC指令第一・一号が出されている。[*] さらに指令第四A号は、「秘密裏の心理戦によりソ連の行動を妨害する」ことをCIAに命じた。[63] その直後にCIAの一部局として特命計画局（のちの政策調整局）が設置され、秘密工作を担当することになるが、[64] うまくいったとは言いがたい。心理戦が大流行してあちこちの部局がやりたがったこと、関係者の調整がつかなかったことなどが原因である。心理戦関係を一元管理する省庁間機関として一九五一年に心理戦略委員会（PSB）が新設されたが、[65] それでも不協和音は消えなかった。PSBの一部が国際共産主義運動の破綻とソビエト・ブロックの空中分解を望んだのに対し、国務省とCIAは慎重に「共存」を勧告した。「君は政策のことは忘れろ」と国務省政策企画本部のニッツェはPSBのゴードン・グレイに苛立って言ったことがある。「政策を策定するのはわれわれだ。それを君たちが例のラジオで流す」[66]。もっとも、ケナンの言う「友好的な外国分子の秘密支援、ブラック・プロパガンダ、敵対国での地下抵抗運動の奨励」などを含む国務省やCIAの取り組みはほとんど成功していない。[67]

* ケナンは共産党の脅威に神経を尖らせ、一九四八年三月一五日にマニラから不出来な「短文電報」を打電し、イタリアの選挙の阻止と共産党の禁止を提案した。同国で内戦の勃発や軍事基地のアメリカによる再占領の危険を冒してもかまわないという。

4

戦略理論から心理戦の実行にいたるこれらすべてのことに、キッシンジャーは魅せられた。いやキッシンジャーだけでなく、一流大学を卒業したベスト・アンド・ブライテストは、こぞってこの新たな「グレート・ゲーム」に憧れたのである。中東におけるソ連の脅威だとか、トルーマンのイスラエル承認のリスクについて学生同士で討論するのも結構だが[68]、単なる傍観者でなく参加者になるにはどうすればいいのか。最短のルートは社会科学分野または法学の博士号をとることだが、キッシンジャーは最初からそれを選んだわけではなかった。

キッシンジャーが最初に考えたのは、エリオットに倣い、オックスフォードの大学院で政治学を学ぶことだった[69]。だがエリオットは、キッシンジャーには「ノックス研究奨学金を得る資格」がないとして難色を示した。既婚であることも不利だった[70]。だが最終的にキッシンジャーがオックスフォードを断念した理由は、別にある。「残念ながら、国際情勢により私はアメリカを離れることを許されていない。陸軍予備役として、現役復帰を期待されている」からだった[71]。これは一九五〇年卒業生の多くが抱える現実だった――大学卒業と同時に陸軍への復帰が待っている。キッシンジャーがこの運命を恐れたと考えるのは、彼が軍務で得た満足を過小評価し、勉学への熱意を過大評価することになる。ハーバードの知っている堅苦しくよそよそしい勉強家は、仲間の復員兵だけが知っているエネルギッシュなもう一人の自我を持っていたのである。このもう一人のキッシンジャーを誰よりもよく知っていたのは、フリッツ・クレーマーだった。キッシンジャーに宛てた一九五〇年九月の手紙にはこう書かれている。「君が突然の衝動に駆られ、夜中に窓に石を投げて私を起こすとしよう。それが、作ったばかりの詩を読み聞かせ、恋人の美しい瞳について語るためだとしたら――いや、君がすでに結婚していて浮気をするつもりがないことは承知しているが、ちょっとばかり想像をたくましくしてほしい――きっと私はすぐに扉を開け、酒を用意し、心から楽しむだろう」[72]

二人はずっと固い友情で結ばれていた。クレーマーはキッシンジャーを情報関係の仕事に推薦した。「本部でのデスクワークと現場での任務遂行を交互にやることにも耐えられる男である」[73]。お返しにキッシンジャーは、クレーマーの息子スヴェンが私立学校に通う奨学金をもらえるよう尽力している。[74]一九五〇年三月、つまり朝鮮戦争勃発の三カ月前に、キッシンジャーは九〇日間の「現役任務訓練」に志願して参加した。[75]訓練はボルティモア郊外のキャンプ（のちのフォート）・ホラバードにある対敵諜報部隊（CIC）の情報学校で行われ、反逆・煽動・政府転覆行為の探知、破壊活動・スパイ活動の探索と防止といった内容である。[76]相変わらず彼は目立っており、CIC上官の一人は、「キッシンジャーは現実的、客観的かつ倫理的な価値観の持ち主である」と、めずらしく思慮深い評価をしている。「めったにないタイプではあるが、だからと言って、自分の価値基準とかけ離れた生活を送る個人や集団に対して不寛容あるいは無理解ということはない」。

「キッシンジャーは、アメリカの本質と真の目的を理解するために意識的に努力し、わが国に忠誠を尽くしてきた。かといって、アメリカの政策ややり方をことごとく認めてしまうということはない。彼の洞察力は知性の勇気を伴っており、アメリカの過ちを客観的に批判してきた……［しかし］私は、彼が不毛な批判を行ったとか、わが国の最も高い倫理規範の定義や精神に反するような問題解決を提案したというケースは寡聞にして知らない[77]」

かくしてキッシンジャーは、心理戦を含む冷戦期の情報活動に、ハーバードではなく陸軍を通じて関与することになる。彼は一九五一年初めに陸軍オペレーションズ・リサーチ・オフィス（ORO）の顧問となった。OROは、もとはジョンズ・ホプキンズ大学の一部だったが、ワシントンのフォート・マクネア陸軍基地に本部を置くハイブリッド機関である[78]。陸軍の定義によれば、オペレーションズ・リサーチとは「司令官や関連機関に対し、軍事作戦改善のための科学的な判断材料を提供する目的で行われる軍事領域の分析的研究」である[79]。実際にはOROの行った研究の大半が兵器に関するもので、スタッフの半数以上が理工学系の教育を受けていた。だがOROに上級オペレーションズ・リサーチ・アナリストとして加わったC・ダーウィン・シュトルツェンバッハが必要としたのは、別種の専門家だった。当時進行していたOROのプロジェクト一七件の一つは「占領地域における軍政府の行動」に関するもので、陸軍はアメリカ占領軍が韓国民に与える「心理的影響」のフィールド調査を望んでいたのである[80]。キッシンジャーは東アジアの専門家ではなく、太平洋方面で戦った経験を持つ退役軍人のほうが適任だったはずだが、なぜか彼に白羽の矢が立った[81]。まあ、軍隊というのはそういうところである。

キッシンジャーは、韓国での任務開始前に日本に立ち寄っている。軍用機のルートの関係上、東京経由となったためで、東京で専門家、ジャーナリスト、国会議員などから話を聞いた。日本訪問自体は興味深く、たとえば東京で会った一人からは、「アメリカが中国をソ連から引き離してくれることを強く望む」といった本音を聞き出している。だが、日本での意見聴取が韓国で役立つとキッシンジャーが期待したとすれば、それは一九一〇年から四五年まで日本の植民地だった国の反日感情を過小評価していたと言わざるを得ない。彼にせいぜいできるのは、日本と韓国における占領を比較することだった。一九五一年夏に韓国に入ると、キッシンジャーはいつものように思慮深くアメリカ人と韓国人を対象に聞き取り調査を実施した。質問事項は、戦闘地域から逃げてきた難民への食糧配給、有能な通訳の不足、韓国官僚の腐敗など多岐にわたる。[82] 四九ページにおよぶ最終報告書は、占領統治のやり方についての具体的な改革、とくに退去を余儀なくされた民間人の待遇の改善を提案している。[83] ただし結論部では、より一般的に、軍部と民政部の担当者の連携強化、民政に関する軍部の責任の所在の明確化、現地語のわかる士官など民政を担当できる士官の派遣、軍事・政治目的を達成するうえでの民政の重要性を軍部に理解させる必要性が強調されている。

この報告書は二つの点で重要である。第一に、あきらかに陸軍の関心は、韓国それ自体ではなく、占領の問題全般にある。このことは、国防総省の誰かが、近い将来に軍事介入以上の行為におよぶ腹づもりでいることを暗に示す。それはおそらく、フランスが戦前の植民地支配の復権を狙っているインドシナだろう。第二に、最終稿をめぐるシュトルツェンバッハとの議論の中で、キッシンジャーは自らがきわめて有能な理論家であることを見せつけた。

「データの裏づけのない提言はしたくないという気持ちはよく理解できるし、私自身もそう思う。だが、完全にデータに裏づけられた提言を作成することは、方法論的に不可能だ。データに完全に裏付けられているなら、それはもはや提言ではなく、データの説明にほかならない。言い換えれば、提言は必ず解釈が含まれるのであり、ある種危険な領域に踏み込むことは避けられない。われわれが作成したのはこれ以上譲れない最小限の提言であり、このうえ骨抜きにしたら、攻撃はされないかもしれないが、意味がなくなってしまう。われわれの調査が進めば、結論の一部が変わる可能性はある。そのことになんら問題はない。何かを言う前に、完全なことを言えるまで待つとしたら、永久に何も言うことはできない……一番頭の悪い大佐でも理解できる報告書を書かねばならないなら、その報告書は、一番頭の悪い大佐が自分でも書けると思うようなものになるだろう」

そしてキッシンジャーは闘争本能を上回る忍耐を示し、「提言の主要部分を変えろと言うなら、軍がインドシナで戦っている間も議論を続けることになるだろう」とシュトルツェンバッハに言い放った。[84]ものごとは、一つ起きればそれがきっかけに次が起きるものだ。韓国に関する報告書がうまくいって気をよくしたキッシンジャーは、『どこにでもある前線』を書いたウィリアム・キントナー大佐に手紙を書き、「極東における心理戦」の一部となる「日本向けプログラム」の原稿書きを申し出ている。[85]

一方クレーマーは、アヴェレル・ハリマンの強い推薦により心理戦略委員会のドイツ関係の顧問となる。この仕事は、のちに国家心理戦略計画のパネルFに吸収された。[86]ほどなくキッシンジャーもクレーマーに続いて同委員会の顧問となり、ドイツへ行く機会が得られることになった。数週間のドイツ滞在後に書かれたメモでは、誕生したばかりの西ドイツに広がるアメリカ不信が分析されている。

キッシンジャーにとって、心理戦とは、人々が語った不満や怒りのヴェールを剝ぎ、本音を見抜くことを意味した。西ドイツ市民は、表面的には、永遠に分断国家となりそうな自国の未来、戦争犯罪者の扱い、自国の再軍備が引き起こしかねない結果を不満に思っている。だがキッシンジャーは、「より本質的な恨みの症状と捉えるのはよいが、個々の不満にかかずらうのはまちがいだ」とし、まして具体的な問題で譲歩するのはもっとまちがっていると主張した。

「表面的な不満は、ドイツ人の心の内をアメリカが理解していないことのもう一つの表れと捉えるべきだ。ドイツ人が歴史体験を話しているのに、アメリカは法的手段を考えている。

このためドイツとアメリカの関係は悲劇的なものとなっており、解決がきわめてむずかしい。ドイツ人は過去三〇年間にドイツ帝国、ワイマール共和国、ナチスドイツの崩壊という三度の激変を経験した。年長世代は何事にも懐疑的になっており、次こそ勝ち馬に乗りたいという衝動にだけ駆り立てられている。若年世代は混乱し、暗中模索状態にいる。共産主義の危険をアメリカが言い立てるのは、彼らからすればゲッベルスのプロパガンダを聞かされるようなものだし、彼ら自身が対ソ関係で経験したことからすると、底が浅すぎる……ドイツ人の大半は、一九五〇年の［ドイツ再軍備に関する］アメリカの突然の政策転換を寛大とは受け止めず、単なるご都合主義とみなしている。要するにドイツ人は疲れ切ってノイローゼ気味になっており、励まされるだけでも不快になる状態だ。彼らは新たな戦争、新たな爆撃、新たな占領をとにかく恐れている」

＊　キントナーをキッシンジャーに紹介したのはクレーマーである。

西ドイツ市民がロシア人よりアメリカ人に悪感情を持っているという、直感に反するような調査結果をキッシンジャーは引用している。この調査によると、アメリカ人はロシア人より残酷で傲慢と受け取られているという。「ソ連の強さに対する賛美は、アメリカに対する軽蔑の裏返しである。傲慢、乱暴、軽薄で感受性に乏しく、浮ついたシニシズムを装うアメリカ人というステレオタイプが定着しつつある」。ではどうすればいいのか。キッシンジャーの答は、彼流の心理戦である。彼の考えでは、ドイツが「共産主義国になったとしても、実質的に危険はない」。本当の脅威は、「教条的な反米感情に裏打ちされた国粋主義的反動が、ソ連の力を借りて西側から自立しようとする政府を勢いづかせることだ。このような言わば逆チトー主義は、けっしてあり得ないことではない」。アメリカは「法的関係の枠組み作り」には努力したものの、「法的関係を実り多いものにするための心理的な環境作りを怠った」。しかもアメリカのやり方では、ドイツ再軍備はアメリカの都合でどうとでもできる問題のように見える。対照的にソ連は、「最小限の目的であるドイツの中立化を追求し、しかもこのときにドイツの利益を強調した」。「ソ連はドイツ統一を支持し、再軍備を恐れるドイツ人の感情を刺激し、韓国の惨状を強調して、中立主義の実現にはアメリカに反抗するしかないと思わせる状況を作り出した」

キッシンジャーの結論ははっきりしていた。アメリカは政治戦略において心理面に軸足を移さない限り、ドイツにおける地位を修復できない、というのである。だが心理戦は、「公的機関や公職者」に遂行できるものではない。「あらゆるレベルでの非公式な」取り組みがモノをいう。具体的には、「適格者数名を選抜してドイツに送り込み、各地を自由に移動し協力者を得るために偽装の地位を与える。大学、著名財団、新聞社などがいいだろう……重要なのはドイツ人とアメリカ人が協力して取り組むことだ。そうすれば、ある種の利益共同体が形成されるだろう。たとえば研究会、文化交流会、交換教授、インターンプログラムなどが考えられる。これらはすべて、非政府組織でできることだ[87]」

要するに、表向きは陰謀のかけらもない文化交流を陰謀めかして記述したものが心理戦だと言ってよかろう（この点はアイゼンハワーものちに認めている）。

このときのドイツ行きで、故国への相反する思いがキッシンジャーの中に蘇った。オーバーアマガウを離れて五年が経っており、ドイツ経済は驚くべき復興を遂げている。「ドイツをどう思うにせよ、経済復興がすばらしいことはまちがいない」と両親に伝えている。それでもドイツ人自身は不思議なほど変わっていない。まるでナチス時代の悪夢などなかったかのようだ。「バイエルンの人たちは昔と変わらずよく飲むし、ヘッセンの人たちは昔と変わらずいじわるだ」。デュッセルドルフでクルップの武器製造工場を見学し、ドイツ人経営者と会ったときには、「私などに敬意を表して一席設けてくれるとは」と感動している[88]。

それ以上にキッシンジャーにとってうれしかったのは、東京オフィスに転勤したシュトルツェンバッハの後任として、ＯＲＯの常勤ポストを提示されたことである。じつに魅力的な申し出だった。キッシンジャーは大学を懐かしむどころか、軍の情報活動への復帰を心から楽しんでいた。韓国で「戦闘地域」の近くに戻ったのはわくわくする体験だったし、乱暴な言葉遣いもきわどいジョークも許される職場に復帰してほっとしてもいた（キッシンジャーは経費を請求するときでさえ、シュトルツェンバッハの秘書をからかわずにはいられなかった。「領収証がないと君の人生がむなしいことはわかってるよ。でも経費をもらえないと僕の財布がむなしいんだ[89]」）。男っぽい軍隊生活には抗しがたい魅力があった。「言葉ではなく行動で自分を示す男たちといるときは……いつもすがすがしい気分だ」と友人に打ち明けている。対照的にハーバードに戻ることは、「留保や条件付きの発言があたりまえの日常」に戻ることを意味した。「ハーバードの雰囲気は、自分にとっていまだに現実離れしている。とくに、何か深遠なテーマで大真面目に討論するときなどにそう感じる。大学でのセミナーより、議政府市《ウィジョンブ》の北で起きている事態からのほうが学べることは多い[90]*」。

キッシンジャーは一九五〇年代前半の手紙で、度々こうした比較をしている。たとえば一九五二年一〇月の手紙には「学界も、多くの兵士を鼓舞する忠誠心をすこし学んだらいいのに」とある[91]。また別の手紙には、「キャンプの連中がどうあれ、ここ［ハーバード］の連中よりずっと人間的だ」とある[92]。

ではなぜキッシンジャーはシュトルツェンバッハの後任のポストを断り[93]、生きた現実に触れる情報機関ではなく「現実離れ」した学問の世界を選んだのか。彼は一九五二年末までに「ワシントンでの仕事を最小限まで」減らし、ＯＲＯの顧問からも退いている。どうしてだろうか[94]。

5

結婚した男に完全な自由はなくなるものだが、キッシンジャーに大学に残る決心をさせたのが妻だったとは思えない。アンは夫にロースクール進学を望んでいたらしい[95]。ワシントンハイツで好まれそうな安全な選択肢ではある。ところがキッシンジャーは、最も寛大な庇護者だったエリオットの指導の下で哲学博士号の取得をめざすことにした。学部時代の指導に対して表明した感謝の念が、心からのものだったことはまちがいない。

「ハーバードに来たとき、私はいくらか怯えていた。これからは知識に基づく解決の探求が、戦争を経験したばかりの無知な若さの情熱に取って代わるのだと感じたからだ。世界のあらゆる希望が経済的に明るい未来という表層的なことの中に雲散霧消し、心にニヒリズムを抱いた若者が精神的空白を満たしてくれる独裁者の腕に身を投げるような思いを抱いていた。

このとき私が、教義ではなく事例によって教え、言葉ではなく行動で価値観を示す師の影響を受けるという、人生で二度目の経験をできたことはじつに幸運だった。過去三年間の私の精神的成長の多くは、エリオット教授の指導の賜物である。教授の指導は、大学での権威を笠に着ることなく有望な方向性を示唆するにとどめるものだった。やり甲斐のあることはどれもそうだが、最後までやり遂げるのは個人の仕事なのだから、この指導法は非常に効果的だった」[96]

とはいえ、エリオットから研究上の助言を受けたいとキッシンジャーが本心から思っていたとしても、論文の書き方まで指導されたいと思っていたとは、考えられない。厳密に学問上の関係に限って言えば、エリオットとキッシンジャーは奇妙なほどうまくいかなかった。すくなくともあるゼミの記

＊　議政府市はソウルの北に位置し、現在も米軍が駐留している。

録を見る限り、ぎくしゃくしている。このゼミでは、座っている指導教官の前でキッシンジャーが「形而上学、認識論、経験的知識の関係」と題する論文を発表することになっていた。ところがエリオットがのべつ口を挟むため、冒頭の数行からいっこうに先へ進めない。しかもエリオットの横槍の多くは、揚げ足取りか的外れにしか見えなかった。

「キッシンジャー：この論文では、形而上学、認識論、経験的知識の関係を扱う。真理の形而上学的概念の検証は行わず、経験主義の批判も行わない。ここで扱うのは……

エリオット：ヘンリー、私からの質問だが、ゼミのみんなも考えてほしい。君たちは、論理実証主義と、たとえば一九世紀のコントの実証主義のちがいを理解しているだろうか。どちらも形而上学的推論を排除した点では似ているが、ちがいもある。ヘンリー、君の論文ではこの点をあとで取り上げるのかな？

キッシンジャー：それについては、ブリッジマンとライヘンバッハのちがいとして取り上げるつもりです」

続いてエリオットは最初の質問に答えるようキッシンジャーを促し、彼が答え終わる前にまたもや口を挟んだ。

「キッシンジャー：たとえば神性に対して抱く畏怖の念は、論理実証主義の観点からすれば意味がないが……

エリオット：いや、そうとは言えない。……ウィトゲンシュタインの試みは……非常に重要だ。カントがやったように、彼はヒュームに答えようとした。それは、学問、思うに学問と自然主義を救おうとしたからだ。ちがうかな?

キッシンジャー:のちほど指摘するつもりですが、彼は実際には観念論的解釈に近づいています。というのも、依拠しているのは……

エリオット:そうだな、中断させてすまない。しかし、この種の枠組みはゼミの共通認識として必要だと考えている」

途中でエリオットは、ハイゼンベルクの不確定性原理について大雑把な説明を始め、誤りを正すようキッシンジャーに丁重に求めた。しかし、キッシンジャーの誤りを正そうとひんぱんに口を挟むのはエリオットのほうだった。ほとんどの場合、キッシンジャーは「そのとおりです」とそっけなく答えて先へ行こうとする。記録を読む限り、発表されたのは論文のごく一部にとどまったらしく、エリオットが口を出し過ぎ、キッシンジャーはユーモアで応じるほかなかったという印象を受ける。[97]

ではなぜキッシンジャーは、このような不毛なやりとりを我慢したのか。答は、キッシンジャーにもエリオットにも他にやりたいことがあったからである。キッシンジャーは心理戦略委員会の仕事でドイツへ行った際に、心理戦を遂行する最適の方法は非公式な文化交流だと気づいた。そしてハーバードのキャンパスほどそうした交流に適した場所はない。この単純かつ有効なアイデアに基づき、エリオットの肝いりで、ハーバード国際セミナーが一九五一年に発足する。セミナーの公式の目的は、「アメリカが友好関係の構築を望む国々における文化的リーダーたちの理解を高める」ことにある。そのために、夏休み中のハーバードに三〇～四〇人の「若いリーダー」を招くことになった。このセミナーを企画したのはキッシンジャーであり、エリオットは教授として許可しただけである。この取り組みの真の目的は、キッシンジャーによれば、アメリカ人は「傲慢で、物質主義的で、文化的には野蛮人だ」というソ連のプロパガンダを真に受けたヨーロッパ人の偏見を取り除き、「民主主義的価値観の理解と、共産主義に対する心理的抵抗」の土台作りをして、「アメリカに好意的な心理傾向を促す」ことにある。当初の募集対象をヨーロッパとし、すでに「確たる民主主義の伝統」を持つイギリス、スカンジナビア、スイスは除外したのもキッシンジャーである。彼は審査委員会を設けて何百通もの願書を審査し、ヨーロッパで十数人の面接も行っている。[98] カナダ生まれの歴史家ジョン・J・コンウェイは、この計画が「ヨーロッパで大流行中の中立主義の核心に迫る」試みだと見ていた。[99]* エリオットはこのアイデアを大いに気に入り、「どれほどプロパガンダを行うより効果的だ」と夢中になる一方で、[100] キッシンジャーのことを「セミナー運営の天才」だと認め、[101]「私がやったのは、構想をまとめ、初期資金をいくらか調達し、会議への参加や参加者の接待の視察にすこしばかり時間を費やしたことだけだ」と控えめに述べている。[102]

国際会議を運営したことのある人なら知っているとおり、数日とはいえ世界中から優秀な若者を集めてくるのは容易なことではない。ところがキッシンジャーはそのうえに、二カ月間の学術・文化交流プログラムを毎年開催することや、セミナー対象国の拡大も計画していた。はやくも二年目の一九五二年には、参加者の半数をアジアから招いている。セミナー参加者は政治学、経済学・社会学、人文科学の三グループに分かれ、各グループの議長はアメリカ人教授が務め、アメリカ人一名がオブザーバーとして参加する。グループは月曜、火曜、木曜の午前中に順番で論文を発表し、午後はゲスト講師が講演を行う。司会を務めるのはいつもキッシンジャーだった。

夏休みとあって大方の教授が出払っているため、適切な講師を探すのは一苦労だった。それでもキッシンジャーは、第一回のゲストにロシア史を専門とするトロント大学のレオニード・ストラコフスキーを呼ぶことに成功している。ただし、セミナーが専門的になりすぎないよう配慮した。たとえば一九五四年のゲスト講師には、バンディ、フリードリヒ、シュレジンジャーのほかに、漫画家のアル・キャップが含まれている。二度以上講師を務めた中には、エレノア・ルーズベルト**、労働組合指導者のウォルター・ルーサー、作家のソーントン・ワイルダー、ジャーナリストのジェームズ・レストンなどがいた。水曜の夜の公開討論会では二名の参加者が自国に関連する問題を取り上げ、そのあとに「パンチ・パーティー」が開かれる。パーティーは一一時を回っても終わらないことが多かった[103]。キッシンジャーは、「プログラムを対話形式で行うよう……入念に計画した」と一九五三年に語っている。「優秀な人の多くが……受け取るだけでなく与えたいと考えている」からだ[104]。セミナー参加者には、自動車工場やボストン美術館などの見学、公営住宅団地の訪問といったツアーも用意された。「海外からの来訪者が目にすることのないふつうのアメリカ人」と接するためで、地元の黒人たちと話す機会も設けられた[105]。

＊　コンウェイは、カナダ軍歩兵連隊に所属していた一九四四年にイタリアで片手を失った。一九五七〜六三年にはレヴェレットハウスを管理し、学部生の指導に尽力した。カナダ史に関する著書も多い。

＊＊　国際セミナーの件でキッシンジャーがニューヨークのハイドパークにエレノア・ルーズベルトを訪問した際、愛犬スモーキーが熱射病で死ぬという事故が起きた。不注意にも車の中にスモーキーを閉じ込めてしまったためである。

国際セミナーに参加するのは格別快適な経験とは言いがたい。自国ですでにかなりの地位にある人も、みなと同じく蒸し暑い学生寮に泊まり、倉庫のようなハーバードユニオンで食事をしなければならない。[106] だが彼らはたびたびキッシンジャーの自宅での食事に招かれ、「政治を中心に何時間も語り明かした」という。セミナーの運営を手伝ったスティーブン・グラウバードは、「セミナー参加者は到着したその日から、マサチューセッツ州ケンブリッジで夏を過ごせるのはキッシンジャーのおかげだと知っていた」と話している。[107] 一九五四年の参加者の一人にインドの文学者、P・S・スンダラムがいた。彼はオール・インディア・ラジオで、「セミナーの事務局長を務めたキッシンジャー氏は、能率と魅力的な人柄を兼ね備えた稀有な存在である」と感謝している。[108] 国際セミナーは徐々にヨーロッパ中心ではなくなり、国際的な色彩を帯びるようになった。ドイツから参加したマリアーネ・フォイヤーゼンガーは、キッシンジャーが人種や性別を問わず誰とでも平等に接していたと話す。「彼が注意を払ったのは……発言内容だけだった。彼がおいしそうに食べながら熱心に議論していたことを覚えている」。[109] 別のドイツからの参加者は、キッシンジャーのみごとなショーマンシップに感心している。[110]

ところが一九六七年からニューヨーク・タイムズ紙が「CIAの支援を受けたハーバードのプログラム」という特集を組み、ハーバードの多くのプログラムとともに国際セミナーもCIAから「補助金をもらった」ことに対する衝撃が広がる。[111] エリオットがCIAにいる知己に支援を求めるようキッシンジャーに指図したことはまちがいない。それだけでなく、キッシンジャーをCIAの仕事に就けるべく運動していた。すでに一九五〇年一一月に、CIA副長官に任命されたばかりのH・ゲイツ・ロイド・ジュニアにキッシンジャーを推薦している。[112] 翌年には工作本部長のフランク・ワイズナーに手紙を書き、「自分と同じような非常勤顧問のポスト」をキッシンジャーに与えてくれないか、と持ちかけた。[113] それまでにキッシンジャーはロイドに会っており、国際セミナーの各段階の説明もしていた。最も急を要するのが参加者選抜の費用で、二万八五〇〇ドルにのぼる。[114] その後に手紙も書き、「心理分野の取り組みの必要性」を強調している。[115] 最終的にセミナーに資金援助したのはフォード財団やファーフィールド財団だが、これらの財団はただCIAの資金の受け渡しをしただけだった。

この件には二つの問題がある。第一は、フォード財団が「財政面でも運営面でも政府から完全に独立していることがこのプログラムの最大の利点」だと認識していたことである。さらに「参加者の質が高いのも、おそらくはこのためだ。多くの参加者の立場からすると、アメリカ政府が部分的でも助成していたら参加できなかったはずだ」と承知していた。[116] キッシンジャーも同じ考えで、「表向きの独立」では不十分だとし、「情報関係者の多くは、アメリカ政府が後援していたら来なかったと率直に述べた」と、一九五二年一〇月に当時CIA副長官だったアレン・ダレスに説明している。[117]

第二の問題は、たしかに資金援助の仕方は不誠実だったとしても、そもそもセミナーは資金集めになぜあれほど苦労したのか、ということである。現にフォード財団は、国際セミナーの支援を一度断っている。このため、初年度は小口の寄付をかき集めて資金手当てした。一九五二年夏の終わりにエリオットがフォード財団から六万六〇〇〇ドルの調達に成功したものの、これは二年分として求めた額の半分であり、[118] エリオットは「友達にまで金をせびる」ようになったと嘆いている。[119] 一九五三年の予算は六万四七八〇ドルだったが、年末が近づくにつれてキッシンジャーとエリオットは資金繰りに苦労することになる。[120] エリオットはカーネギー財団に依頼し、[121] さらにスローン、ホイットニー、メロン、ペイリー財団などにも足を運ぶ。一九五三年末には、エリオットは「物乞いに疲れた」とバンディにこぼし、「もう降参しようかと」考え始めていた。[122] キッシンジャーも意気消沈し、クレーマーに苦々しい思いを吐露している。

「来年はまず確実にセミナーは開かれないだろう。無形の価値に対する理解がないせいで、資金調達がままならない……いわゆる大物連中にはわれわれが何をしたいのか理解できず、自分たちの好みに合わせてやり直させればいいと考えている」[123]

頼んだ先からことごとく断られたキッシンジャーは、再びフォード財団に頼み込む。[124] 今度はハーバード大学教養学部長に就任したばかりのマクジョージ・バンディの後押しがあり、[125] 一九五四年一〇月に二年分八万ドルを出してもらえることになった。[126] だがロックフェラー財団からは断られたため、節約するほかなく、一九五四年の国際セミナーの年間予算は五万五〇〇〇ドルに切り詰められている。[127] 翌年には、アジア協会が四万五〇〇〇ドルの支援を約束してくれた。[128] フォード財団に資金提供を申し込むのは、「門の前で何年も座って待ち続けるうちに、門の向こうに何があるか忘れてしまい、ただ自分がそれを手に入れたかったことだけを覚えているカフカの登場人物」になった気分だとキッシンジャーはぼやいている。[129] 挙句にフォード財団は、セミナーは「支援者の裾野を広げるべきだ」として一九五六年九月に資金提供をきっぱり打ち切ったため、キッシンジャーはまたもや資金調達に奔走する羽目に陥る。一一月までに三〇ほどの財団、企業、資産家に手紙を出してみたものの、返事はすべてノーだった。これが国家安全保障に力を入れる国の話とは思えない。ＣＩＡの資金がフォード財団などの組織に渡っていたことはまちがいないだろう。だが国際セミナーは、昨今の研究者が政府の助成金を競い合うように、フォード財団の支援を競い合わねばならなかった。

キッシンジャーはとかく高すぎる目標を設定して自ら苦労を招くきらいがある。このときもセミナー運営だけでは満足できず、向こう見ずにも季刊誌コンフルエンスの発行を企てた。やはり「欧米の知識人にできるだけ高レベルで現代の問題を論じる機会を提供する」ことが目的である。セミナーと同じく、エリオットとキッシンジャーは幅広い意見（ただし反共産主義の）を掲載しようとした。「最善の布教は布教をしないことだ……だからわれわれは、意見を異にする人たちの寄稿を意図的に奨励している」とエリオットは、フォード財団のミルトン・カッツに説明している。コンフルエンス誌は一見すると学術誌にみえるが、「共通の政策立案に不可欠な道徳的合意を、痛みとともにゆっくりと確立する」ことを意図していた。[130] だが雑誌に対しても、セミナーと同じような反応しか得られなかった。ロックフェラー財団は相変わらず冷淡である。[131] フォード財団のシェパード・ストーンは共感し、[132] 財団の異文化出版局を通じて資金を提供してくれたものの、財団が唯一の後援者となることには難色を示した。[133]

フォード財団を運営していたのは、けっして素人ではない。幹部の一人であるフランク・リンゼイは第二次世界大戦中には戦略諜報局（OSS）のヒーローで、[134] CIAに移行してからも、強硬な「巻き返し戦略」を主張した人物である。[135] つまり、単に資金を動かす以上のことをしていた。じつは彼らは創刊間もないコンフルエンス誌を見て落胆し、「もうすこしましにする」ために「編集顧問」をつけてはどうかと助言している。[136] 乗り気になってくれたのはジェームズ・ラフリンだけで、キッシンジャーのことを「理想の実現に真摯に取り組む非常にまじめな（いかにもドイツ的な）タイプ」だと感銘を受けた。[137] 一九五四年にフォード財団が出版物への資金援助を中止すると、キッシンジャーは「もうコンフルエンス誌は死なせよう」と考える。説得されて続けることになったが、[138] 細々と刊行されたのち、一九五八年夏にひっそりと廃刊になった。

こうした経緯からも、「文化冷戦」と呼ばれるものの実態がうかがえる。全米学生協会にＣＩＡが提供した支援などと比べたら、ハーバード大学国際セミナーに流れた政府資金は微々たるものだ。またエンカウンター誌やパーティザン・レビュー誌などに比べたら、コンフルエンス誌など吹けば飛ぶようなもので、ＣＩＡからも「時間と金ばかりかかる無駄な事業」とみなされていた。後援者がいないうえに、読者もいない。最初の二号は、キッシンジャーが苦労して二〇〇〇人分の名簿を作り、無料で送っている。発行部数をその一〇倍に増やし、さらに有料にするという目標にはいっこうに近づかなかった。[139] 一九五〇年代には心理戦が幅広い領域で展開され、ＣＩＡの資金は大学や雑誌のほか、労働組合、女性団体、カトリック組織、現代美術の展覧会、アニメ映画などにも提供されている。[140] そうしたものに比べれば、キッシンジャーのハーバードでの活動はひどくつまらないと言わざるを得ない。現代の言葉で言えば、ソフトパワーの中でも重要度が低かった。

キッシンジャーは、自分の役に立つような人材を選んでセミナーに招待したり雑誌への寄稿を頼んだりしていた、という批判をよく聞く。だがこのような批判は公平とは言えまい。一九五一年から最終回の一九六八年までに国際セミナーに参加した外国人六〇〇人のうち、実際に自国の指導者になった人もたしかにいた。日本の中曽根康弘（一九五三年にセミナー参加）、フランスのヴァレリー・ジスカール・デスタン（同一九五四年）、トルコのムスタファ・ビュレント・エジェヴィト（同一九五八年）、マレーシアのマハティール・ビン・モハマド（同一九六八年）などだ。[141] しかしほとんどの参加者は無名に終わっている。キッシンジャーが「脅威にさらされた世界において、理論の実践と文明の擁護を信条とする……エリート集団」を出現させたと主張する人は、国際セミナーが資金集めの際に掲げた目的をすべて達成したとでも信じているのだろう。[142] それに、キッシンジャーが「有力な金持ちに引き寄せられた」と主張する人は、会議の運営や雑誌の編集という地味な仕事には金が要らないと考えているのだろう。[143] セミナーや雑誌の創設に関わったおかげで、ふつうなら一介の大学院生など歯牙にもかけなかった人々に会えた、というのは当たっているだろう。とはいえ一九五三年前半のヨーロッパ行きでキッシンジャーが会ったのは、政界の大物などではなく、知識人である。パリではレイモン・アロン、アルベール・カミュ、アンドレ・マルロー、ジャン＝ポール・サルトルに、オックスフォードではマックス・ベロフ、アイザイア・バーリン、アラン・ブロック、ウィリアム・ディーキンなどに会っている。[144] こうした労力をかけたからといって、キッシンジャーの大学院生活が楽になったわけではない。したがって、セミナーと雑誌に関して最も妥当な結論は、こうだ。キッシンジャーはこの二つの試みを、ソ連共産主義に対抗する心理戦において自分にできる最も効果的な貢献だと信じていた、ということである。

キッシンジャーのこの活動に関連して一つ言っておかなければならないのは、一九五〇年代前半を、一〇年後まして現在の視点から判断するのは非常に危険だということである。当時はジョゼフ・マッカーシー上院議員だけが狂気じみた反共主義者だったわけではなく、一九四六年七月に実施された世論調査では、回答したアメリカ人の三分の一以上が、国内の共産主義者は死刑または刑務所送りにすべきだと答えている。[145] ＦＢＩ長官エドガー・フーバーは下院非米活動委員会において、共産主義者を「特定し、氏名を公表する必要がある。これは、国民が共産主義者を隔離し、害悪を封じ込める第一歩だ」[146]と述べた。一九五〇年までに「赤狩り」は猛威を振るい、ほとんど手がつけられなくなっていた。そしてハーバードは格好の標的になっていたのである。

一九五〇年三月からシカゴ・トリビューン紙は、ハーバード大学は共産主義の温床だとする特集記事の掲載を始める。一九五一年四月七日には「超左翼の教授がいるハーバードは赤狩りに絶好の場所」という見出しで、ハーバードは「共産主義者、教条的左翼、ありとあらゆる過激思想の持ち主がうようよいる猟場」であるとし、大学が「破壊的な思想の煽動」を許可しているなどと匂わせた。この偏向的かつ下品な記事に対し、ハーバード・クリムゾン紙は「シカゴ・トリビューンの記者、第四回赤狩り大会に復帰」との揶揄で応酬する。[147] だがトリビューン紙の報道には全米教育協議会も注目しており、気安く無視してよいものではなかった。「ハーバード大学の赤い教育者」なるリストには、疑わしい政治団体に所属する教職員の氏名が列挙されており、トリビューン紙によればすくなくとも六八人が「赤系のグループ」のメンバーだという。さらに同紙は、政治学のカール・フリードリヒ、建築家のヴァルター・グロピウス（当時ハーバード大学デザイン大学院で教えていた）、三人の歴史学者、クレーン・ブリントン、サミュエル・エリオット・モリソン、アーサー・シュレジンジャーを名指しで挙げている。シュレジンジャーは少なくとも一〇の疑わしい団体に加わっているという。[148]

もちろんシュレジンジャーは共産主義者ではない。進歩的自由主義者で、戦前にスペイン共和政を支持したのとほぼ同じ理由から公民権運動を支持していた。だが朝鮮戦争で国中が熱に浮かされるような状況の中、マッカーシズム支持者たちは、自由主義も「国際主義」も非米活動だとみなしたのである。じつはトリビューン紙のハーバード攻撃は、マサチューセッツ州での共産党大会の開催を禁じる法案通過の動きと時を同じくしている。著名な化学者のアルバート・スプレイグ・クーリッジは、「市民の自由」に名を借りたこのやり方に反対した結果、赤のリストに加えられることになった。[149]コナント学長も、軍事演習に賛成したというので「赤がかった介入主義者」だと非難された。中国専門家のジョン・キング・フェアバンクも標的にされている。

一九五三年七月の出来事へのキッシンジャーの対応は、こうした背景を考慮して判断すべきだろう。このとき、国際セミナーの参加者全員に同じ郵便物が送られてきた。キッシンジャーが開封すると、中から出てきたのは「原爆禁止」のビラで、アメリカの外交政策を攻撃している。当惑したキッシンジャーはすぐにFBIに連絡した。[150]この行動は違法だし倫理に悖《もと》ると後日批判した人もいるが、「赤狩り」旋風のさなかだったことを思えば、分別のある行為だったと言える（なにしろこの年にケナンは、ソ連共産党の機関紙プラウダを購読する前に、賢明にもFBI長官の許可をとっているのである[151]）。

当時のキッシンジャーの政治観をうかがわせる文章を紹介しよう。マッカーシズムに関する寄稿論文を送ってきたアーサー・シュレジンジャー・ジュニアへの返信である。

「アメリカ、とくに陸軍情報部を始めとする重要部署に共産主義が浸透している問題を理解している人間は、ヨーロッパには一人もいない――例外がいるとすれば、レイモン・アロンぐらいだろう。同様に、アルジャー・ヒス事件、それにローゼンバーグ事件が持つ意味もまったく理解されていない……マッカーシーや［仲間の上院議員パット・］マッカランの攻撃の仕方が悪いからといって……問題そのものが存在しないと考えるのは、重大な誤りだ[152]」

その一方でキッシンジャーは、全体主義支配を実際に経験した人間として、マッカーシーのような人間が何を意味するかをあまりによく知っていた。カミュに「忠誠の倫理」に関する原稿を依頼した際には、マッカーシズムをめぐる問題を次のように整理している。

「問題は……集団の主張から個人をどう救うか、集団の倫理観と個人の倫理観が衝突するときにどうするか、ということである。アメリカでは十分に理解されていない問題について、ヨーロッパの寄稿者は自身の経験に照らして語るべきことを多く持ち合わせている。ヨーロッパは、外国に占領され、あるいは全体主義の支配を受けた結果、忠誠心の葛藤を経験したと私は考えている……そのような状況では、自らの価値観を大切にする個人はただちに堂々と反対意見を述べるべきだろうか。それとも組織の中に入って内部から突き崩していくほうが有効だろうか。悪党と英雄を分けるのは往々にして行動よりも動機であり、全体主義支配の時代においては、このことが倫理的制約を弱めかねない[153]」

キッシンジャーは一九五四年三月にも、マッカーシズムについてシュレジンジャーに手紙を書いている。

「われわれがいま、重要な分岐点にいることは疑いない。いま目の当たりにしているのは、マッカーシーなどをはるかに上回る全体主義的民主主義の出現だ。民主主義の本質は、敗者が鷹揚に敗北を受け入れることができる点にある。これに対して全体主義の本質は、勝者に敗者を追放する権利があることだ……選挙で負けることを恐れすぎると、選挙運動は敵対的になり、民主的プロセスを蝕むことになる。問題が政治から司法に持ち込まれれば、政治的対立は内戦の様相を帯びる……物理的な戦いは一時的に先送りされるにしても、だ。多くの人、とくに保守的な人は、アメリカでそんなことが起きるはずはないと信じている。これはこの国の健全さを示すものではあるが、全体主義にとっては狙いどころでもある。ドイツの善良な人々が、自分たちの国を支配しているのは犯罪者だと気づいたときには、ヒトラーが権力を握ってから六年が過ぎていた。彼らは自分たちの国をあまりに誇らしく思っていたがゆえに、実際に何が起きているのかを理解できなかったのだ。

思うにいま具体的にやるべきなのは……現時点における真の保守主義者は最低でもマッカーシーに反論すべきだと、保守派を説得することだろう[154]」

キッシンジャーがコンフルエンス誌に幅広い政治的見解を掲載しようとしたことは次節に譲るとして、ここでは、彼が即座に却下した数少ない論文の一つが、マッカーシー擁護論だったことを指摘しておこう。筆者は、超のつく保守派の論客ウィリアム・F・バックリー・ジュニアである（バックリーは却下を受け入れた[155]）。

6

コンフルエンス誌は失敗に終わったが、けっして悪い雑誌ではなかった。大口の資金援助を獲得すべく、キッシンジャーは豪華な編集顧問を揃えている。バンディとシュレジンジャーに加え、ロースクールのアーサー・サザーランド、弁護士のハンチントン・ケアンズ、フロイト派の政治心理学者ハロルド・ラスウェル、ブルックリン・カレッジの学長ハリー・D・ギデオンスなどだ。[156] また、欧米の一流の専門家にしつこく原稿を依頼した。もちろん全員が応じてくれるはずもなく、カミュ、グレアム・グリーン、E・M・フォースターなどは一度も寄稿していない。それでも、一大学院生がハンナ・アーレント、レイモン・アロン、ラインホルド・ニーバー、シーモア・M・リプセット、ハンス・モーゲンソー、ポール・ニッツェ、ウォルト・ロストウから書き下ろしの原稿を受け取ったのだから、たいしたものである。そのうえキッシンジャーは、単に原稿を書いてもらうのではなく、興味深い論文を書いてもらうことに成功している。寄稿者に度々書き直しを要求し、アーサー・シュレジンジャーにもアメリカの保守主義についての論文の書き直しを求めた。[157]「掲載論文はひどく漠然としていて独善的かつ冗長で、ときに混乱している」とあるイギリス人読者は批判したが、これはいくらか当たっている。この読者は「一部の論文に散見される反共主義的な決まり文句」も鋭く指摘した。[158] 構成にも問題があり、一部の執筆者は、立派ではあったが少々ひんぱんに登場しすぎた。その一方で、東アジアについての論文はほとんど掲載されない。毎度原稿が締め切りに間に合わないため、一つの号で論じる予定だったテーマが、次号や次々号にはみ出すことも多々あった。だがこうした欠点はあるにせよ、コンフルエンス誌を読むと、公開討論はなやかなりし時代の興奮を今日でも味わうことができる。

第一巻第一号の巻頭では、エリオットが「西洋文明の底流となる真に共通の価値観は存在するのか」と問いかけ、ラインホルド・ニーバーが深遠な答を寄せている。[159] 第二号ではキッシンジャーが「民主的手法は現代が抱える問題の解決として適切なのか」と問うた。[160] こうした問いかけは幅広いテーマにおよび、たとえば「イデオロギーの拡散」では、「生活条件の向上により革命を抑制」しようとするアメリカの野心に対し、アロンがいかにもフランス的な疑義を表明している。[161] 一方ロストウは、アメリカモデルを採用すれば暮らし向きがどれほどよくなるかを大衆に示すべきであるとの意見だった。[162] アーレントは「政治に再び宗教的情熱を吹き込んで」共産主義に対抗する動きに警鐘を鳴らし、[163] シュレジンジャーは「アメリカの新保守主義」への懸念を表明した。[164]

キッシンジャーは、コンフルエンス誌を政治専門にするつもりはなかったらしく、「芸術と哲学の社会的役割」、「マスメディア」、「科学の役割」、「宗教の問題」、「現代の教育」、「社会における都市」など、政治から離れたテーマでの寄稿も依頼している。とはいえ彼自身の関心や雑誌の発行目的からして、やはり中心的なテーマは政治だった。「マイノリティの問題」、「核時代の問題」、「リベラリズムの問題」、「国際情勢」、一九五八年の最終号「社会主義政党と労働運動の展望」などである。最も大きな反響があったのは、「忠誠の倫理」というテーマに寄せられた原稿だった。ただし、キッシンジャーの狙いとはちがう反響だったが。

反共と一言で言っても、じつは元共産党員、社会民主党員から、古典的自由主義者、進歩主義者、キリスト教民主党員、保守派、反動主義者、さらにはファシストにいたるまで、幅広い層にまたがっている。これらをバランスよく代表しようとすれば、右派を無視するわけにはいかない。ドイツ生まれのユダヤ人でナチスから逃れてきたキッシンジャーとしては、ドイツの右寄りの知識人にも紙面を割きたかったのだろう。エルンスト・ユンガーやエルンスト・フォン・ザロモンを載せたら読者がどんな反応を示すか、考えなかった。

第一次世界大戦の英雄ユンガーは、戦争体験を描いた小説『鋼鉄のあらし』（佐藤雅雄訳、先進社）を一九二〇年に発表し、一躍有名になった人物である。反ナチスを貫き、一九四四年のヒトラー暗殺計画に関与したとして軍から追放された。それでも、若い頃に戦争が人格を変える力を賛美したせいで、戦後はずいぶん疑惑の目で見られている。コンフルエンス誌に寄稿した小論「森への隠遁」では、彼は現代社会の「自動化に抵抗」する「森の放浪者」を自称し、「エリートたちは新しい自由のための闘争を始めようとしており、多くの犠牲を強いることになろう……だが自由の今日的概念にいまなお滋養を与え続けるバスティーユ監獄襲撃と比べたら……この闘争は日曜日のピクニックのようなものだ」と予見している。[165] この小論は、第二次世界大戦が終わって一〇年足らずのアメリカでは刺激が強すぎた。

これに比べれば、ドイツ人のヒトラーへの抵抗を擁護したザロモンの論文はおだやかに見える。[166] だがザロモンの存在自体が言語道断だった。ドイツ外相ヴァルター・ラーテナウ暗殺の共犯者として懲役五年の有罪判決を受けていたのである。さらに一九二七年にも再び政治家の暗殺を企てて刑務所送りになった。ナチ党には加わらなかったものの、民主主義も認めていない。一九四一年には植民地を支持するプロパガンダ映画の脚本を書き、戦後に発表した小説『身上調書』は、非ナチ化政策の拠りどころである調書を皮肉っている。ザロモンの論文がコンフルエンス誌に掲載されると、フォード財団のシェパード・ストーンや歴史家のアダム・ウラムを始め、読者から怒りの手紙が次々に届いた（ストーンからの手紙は読むに耐えない調子で書かれていた）。[167]

キッシンジャーは窮地に陥るが、クレーマーへの手紙の中では気にしない風を装っている。「私はいま……悪魔研究をする悪党として手紙を書いている。ザロモンとユンガーの原稿を掲載したせいで、全体主義やナチスに共感しているとみなされ、アメリカの民主的価値観の擁護者を自認する人たちから総攻撃を受けている」[168]。だがこれは深刻な問題だった。ウラムはキッシンジャーと同じくユダヤ系移民で、社会主義・共産主義思想史の専門家であり、同世代ではソ連の権威となりつつあった。しかもキッシンジャーが所属する政治学部で終身在職権を得たばかりであり、若い大学院生が敵に回すには最悪の相手である。この時点までキッシンジャーは意図的に黒子に徹し、意見を述べることも顔を出すこともなかった。公開討論の本気度が「騒音計で測定」され、「真の対話」が軽んじられる時代にあって、キッシンジャーは「異なる視点をできるだけ多く」示そうとし、「そのために……編集後記も書かず、論文の形で意見表明することも差し控えた」からである。だがザロモン問題で、キッシンジャーは表に出ざるを得なくなる。そしてウラムに対する返事の形で、持論を開陳した。

キッシンジャーはザロモンを弁護しようとはしなかった。彼はかつて殺人の共犯だったのだし、いまでは「私が個人的に最も憂慮するシニカルなニヒリズム満載の」著作を発表していて、「どの著作も、われわれの倫理規範の高い基準を満たしていない」。そうは言ってもザロモンは、「第一次世界大戦で価値観を覆された」世代の反応という、ドイツの重要な現象を体現する人物でもある。「日和見主義の道」を選んだ者もいれば、幻滅の果てに「すべての信念は無意味であり、すべての信仰は偽善である」と結論した者もおり、ザロモンは後者だった。ニヒリストにキッシンジャーが好感を抱くはずはないが、彼らが忠誠の問題に何らかの材料を提供してきたことは否定できない。「忠誠は彼らの人生だった。

いや正確にはジレンマだった。というのも彼らは……忠誠という私的な立場からしか義務について考えられなくなっていたからだ」。かんたんに言えば、「忠誠の倫理」を論じるからには、ザロモンのような意見も加える必要があるということである。

ザロモンの論文の掲載を「問題の一側面に光をあてる」手段と位置付けたキッシンジャーは、次にウラムに反論するが、その冒頭で彼は驚くべき譲歩をする。「私がやりすぎたと……あなたは感じておられるだろう。私は、自分がときに誤って寛容でありすぎることも認めるつもりだ」と。そのうえで、ザロモンが改悛の情を示していないとのウラムの批判に次のように応えている。

「悔い改められないことというものも存在する、というのが私からの回答だ。共産主義からフロイト主義、宗教にいたるまで、つねに主流に乗ろうと豹変する知識人は少なくない。彼らが言い立てる感情的な自己正当化のほうが道徳的に上だとは言えまい。ザロモンは怒りに任せて行動する悪党だし、政治的、道徳的立場からしても、彼のことは好まない。それでも、彼の主張が単なる個人的な発想だとは考えていない。彼の主張は、現代のある種の思想を代弁するものだ。私は、彼が賛成することに反対するが、多くの敵対者と同じやり方で反対するつもりはない。彼らは感情に翻弄される結果、どんどん敵に似てきてしまっている[169]」

この言葉は、ジョージ・ケナンが長文電報で示した先見性のある警告に相通じる。「ソビエト共産主義という問題と取り組むにあたり、われわれに降りかかりかねない最大の危険は、われわれが取り組んでいる当の相手のようになるのを、自らに許すことだろう」。

ハーバード国際セミナー事務局長として、またコンフルエンス誌編集長として、キッシンジャーは

「行動よりも言葉で」西側の価値観を示そうとしていた。だがウラムの批判を受けて、編集長としての中立の立場を捨てざるを得なくなる。かくしてキッシンジャーは自らの意見を表明した。となれば、次に何を言い、何をするか。

　キッシンジャーが博士論文のテーマに選んだのは、「一九世紀ヨーロッパの外交」である。なぜ最初の学術論文のテーマに、「心理戦」ではなく、コンフルエンス誌で特集した現代的テーマでもなく、退屈とは言わないまでもひどく地味なテーマを選んだのか。キッシンジャーを冷酷に出世の階段を昇ろうとした男とみなす人には、説明できまい。

CHAPTER 9

Doctor Kissinger

第九章　キッシンジャー博士

偉大な政治指導者がどう考えたかを分析したら、心理学者が認める以上の一貫性が見られるだろう。

――ヘンリー・キッシンジャー[1]

「われわれにはメッテルニヒにくわしい政治学者が必要だろうか」と同僚に尋ねると、みな一様に「とんでもない」と答えた。

――チャールズ・キンドルバーガー[2]

1

キッシンジャーは一九五四年に博士論文「平和、正統性、均衡（カースルレイ子爵とメッテルニヒの政治的手腕の考察）」で哲学博士号を取得し、さらにチャールズ・サムナー上院議員賞も受賞した。同賞は、「戦争防止と普遍的平和を実現する手段または方策を法学、政治学、歴史学、経済学、社会学、倫理学的アプローチから論じた」その年の最優秀の博士論文にハーバード政治学部から授与される。[3]この論文は、三年後にほとんど修正なしで『回復された世界平和』（伊藤幸雄訳、原書房）として出版され、キッシンジャーの政治的業績の前奏曲として読み継がれている。フランシス・フクヤマは同書を「キッシンジャーの政策を特徴づける勢力均衡外交の一般原則」を概説した「政治的リアリズムの古典」と呼べる書の一つだと評価した。フクヤマによれば、未来の国務長官が「世界平和は、法律や国際機関よりも、強国の野望を抑制するような勢力分布を通じて最もよく保障されるという持論」を初めて述べたのは、同書の中だという。[4]ロバート・カプランは同書を「ホロコーストと現代ヨーロッパの歴史に関する知識がキッシンジャーを現実主義者にしたことを裏付ける資料」とみなした。カプランによれば、キッシンジャーは反宥和論者という意味での現実主義者であり、勢力均衡について「非人間的・非人道的に」考え、「自国の死活的利益は……必要とあらば……暴力に訴えてでも」守ろうとしたという。[5]その後の評伝作家たちも、キッシンジャーの未来の行動の予兆を『回復された世界平和』の中から せっせと探し出した。[6]ある評伝には、「同書には、世界秩序の維持をめざす保守的な政治指導者が、勢力均衡を巧みに図ることによって……対処することを学ぶ過程が示されている。この学習を通じて、レアルポリティークと保守的観点というキャリアを貫く思想的基盤を確立したのである」とあり、[7]別の評伝には、「キッシンジャーにとって、外交史の研究は政策決定の有効な道具となった」[8]とある。

だが現実はだいぶちがう。論文の題材に歴史を選ぶという選択には、研究職や公職に就くうえで有利かどうかという計算はほとんど働いていない。仲間の大半が同時代の問題を取り上げているのに、ナポレオンのモスクワ退却から一〇年間のヨーロッパ外交史を丸四年間かけて研究するというのは、ほとんど自殺行為である。*このテーマを選んだのはキッシンジャー自身であり、彼の強力な庇護者であるエリオットの関心とはまったく無関係だった（『回復された世界平和』はエリオットに献呈されたが）。その道の権威に相談もしていない。この方面の泰斗といえば、たとえばオックスフォードにA・J・P・テイラーがいる。彼の『ヨーロッパにおける支配権争い、一八四八年〜一九一八年』は一九五四年に出版されているのだ（厳密にはキッシンジャーの論文完成の数カ月後だが、テイラーがこの本を一九四二年頃から執筆していることは周知の事実だった）。またハーバードにも、ヨーロッパ外交史の権威ウィリアム・ランガーがいる。だがランガーにも相談しなかったようだ。キッシンジャーの友人スティーブン・グラウバードは、「彼があれを書いたのは、主に自分で自分を教育するためだった」と語っているが、状況証拠からすると、この発言が当たっている可能性が高い[9]。扱っている題材があまりに専門的だからだろう。『回復された世界平和』を出版してくれる大学出版局はアメリカでは見つからず、次の著作でいくらかキッシンジャーの名が売れてからも、状況は変わらなかった。名乗りを上げたのは、ロンドンの野心的な出版者ジョージ・ワイデンフェルドである。ウィーン生まれでナチスから逃れてきたワイデンフェルドは、キッシンジャーの才能に早くから気づいていた一人だった（キッシンジャーの原稿の綴りを英国風にしたのも彼である[10]）。

キッシンジャーの博士論文は、それ自体としてもすぐれた作品だが、一九五〇年夏から原稿がほぼ完成した一九五四年初めまで彼が抱えていた他の多くの仕事を考えれば、なおのこと驚嘆に値する。たしかに、当初の予定よりカバーする期間が短くはなった。なにしろ最初の計画では、ウィーン会議から第一次世界大戦勃発までの「約一〇〇年続いた平和期」を網羅するつもりだったのである[11]。だが一

＊　一九五四年には一三人がハーバード大学から政治学博士号を授与されており、うち六人は日本占領期の労働政策、イランの民族主義、イギリスの国民健康保険（二本）、国連の平和維持活動と国際難民など国際問題をテーマとしていた。一九世紀を題材に選んだのは、キッシンジャーのほかは、一八四八年のキリスト教社会主義者を取り上げたゴードン・ルイスだけである。

九五三年末の時点で、キッシンジャーはビスマルクについて書くつもりだった章に着手すらしていなかった[12]。そうした裏事情はあるものの、刊行物と二次資料に関して、キッシンジャーの該博な知識には文句のつけようがない。口うるさい論文審査官も、参考文献の漏れを二件指摘しただけだった[13]。何より印象的なのは、みごとな文体である。主要人物は、印象深い壮麗な文章で紹介される。オーストリアの外相メッテルニヒは「ロココ風の人物で、全面が複雑に美しく彫刻され、精巧に磨かれたプリズムのようであった。顔立ちは繊細ながら深みはなかった。会話は才気煥発だが、つきつめたまじめさを欠いていた[14]」。「本国では誤解されていた」イギリスの外相カースルレイ子爵は「習い性となっている几帳面なまでの慎み深さと晦渋な説得術を備え、表現能力よりも直感のほうが確実で、つねに後者に従って行動した[15]」。ロシア皇帝アレクサンドル一世は「期待の中でしか願望が実現しない」人生を送った[16]。フランスの外交官タレイランが「究極の偉大の域に到達しえなかったのは、つねに優勢なほうにつこうとしたからであり、自己の栄達を犠牲にしてまで身を捧げることがなかったからである。これは、物事を穏便に処理しようとする真摯な気持ちから出た流儀だったかもしれないが、第三者から日和見主義と受け取られても仕方がなかった[17]」。

オックスフォードのテイラーもそうだが、キッシンジャーも、一九世紀の多くの外交官が好んだ警句の影響に染まっている。「立場上の無形の利得より有形の利得を好むことこそ、凡人の凡人たる所以である[18]」、「矛盾の連続は哲学者にとっては興味深くても、政治家にとっては悪夢である。政治家はそれについて考えるだけでなく、解決しなければならないからだ[19]」、「限定的な局面で成し遂げられることは、たとえそれが限定されないことであっても、無制限への恐怖も誘惑も失わせる[20]」、「政治においても他の活動と同様、偶然はもとの構想からすれば瑣末な要素にすぎない」[21]、「創造性のない人間にとっては、あらゆる問題はどれも等しくむずかしいと同時に、等しく易しい」[22]。これらの言葉は、博士論文にはいささか場違いではあったが、今日もなお『回復された世界平和』の魅力となっている。

論文中で最も衝撃的なのは、外交術に関する箇所である。そこにはキッシンジャーの初期の、その時点では完全に理論的な見方が示されているので、一部を引用しておきたい。「外交における完璧な柔軟性という考え方は、素人の幻想にすぎない」と、当時素人だったキッシンジャーは書いている。「あらゆる偶発事がどれも等しい確率で起きるとの前提で政策を立案するのは、政治指導者の仕事を数学と混同している。起こりうるあらゆる出来事に備えることは不可能であり、敵が完璧な柔軟性を備えていると仮定すれば、こちらは行動不能に陥ることになる」[23]。この行動不能という概念に、キッシンジャーは度々言及している。「絶対的な力を計算しようとすれば、行動不能に陥る……国力というものは、国家の相対的地位に依存するのだ」[24]。彼はこの時点ですでに、計算に時間をかけすぎることの危険性と、危機の渦中にあることとの逆説的な利点に気づいていた。「おだやかな海で針路を決めるほうが、大嵐の海で針路を定めるよりむずかしいかもしれない。自然の猛威は、生き延びるための創造性を与えるからだ」[25]。さらにキッシンジャーは、メッテルニヒから学んだ教訓として、冷静を保つことの重要性を強調する。「国民の熱情は……交渉においては危険な要素になりうる。というのも、駆け引きの最も効果的な武器である選択の自由を交渉者から奪うことになるからだ」[26]。

『回復された世界平和』で第一に注目すべき論点は、外交における力の役割である。ヨーロッパにある種の均衡を回復させたのは、メッテルニヒの非凡な才能によるところも大きいが、同時にナポレオンが戦場の外では無能だったおかげでもある。「長らく指揮をとってきた者が交渉術を学ぶのはほとんど不可能である。なぜなら交渉は、力は有限だと認めることにほかならないからだ」とキッシンジャーは書いている。[27] 戦争から講和へ、あるいはその逆への政策転換の困難さについて、キッシンジャーは次のように考察する。

「戦争はそれ自体としての正統性を持っており、その正統性とは勝利であって講和ではない。全面戦争のさなかに講和の条件を口にすることはほとんど冒瀆であり、あさましい計算ずく同然に見える。力のうえで圧倒的優位に立っている場合、いかなる講和条件も、軍隊行動の活気を損ね、脅かすように見える……勝利を収めた側が穏健姿勢を示すことは、後世からのみ正しく評価されるのであり、同時代の人々からは無用の譲歩と見られがちだ[28]」

軍隊経験のあるキッシンジャーは、軍人に政治的目標を達成する能力があるのか、つねに懐疑的だった。「勝利を得たときに傲慢になり、敗北を喫したときに恐慌状態に陥るのは、軍事的考慮にのみ基づいた政策の特徴である[29]」。そして「いかなる交渉においても、最後の拠りどころは力であることが了解されている」と認めながらも、次のようにつけ加えている。

「力の行使を可能な選択肢として維持し、その大きさをあきらかにせず、最後の拠りどころとしてのみ使うのが外交術である。力が実際に行使されれば、正しい意味での交渉はその時点で終わるからだ。使えもしない力を行使すると脅せば、威嚇する前の時点に交渉を引き戻すことはできなくなり、交渉開始時の立場は完全に失われる。というのも、そのような威嚇は有限の力を持つことの暴露ではなく、無能力であることの暴露になるからだ[30]」

しかも、この手の威嚇を行えない弱小国は、「信念に基づくコンセンサスを醸成する」ことで、「自国の資源を浪費せずに現状を維持する」という目的を達成できる。[31] 言い換えれば、究極的に重要なのは、軍事力よりも心理的要因である。すでに見てきたように、心理的要因は当時のキッシンジャーにとって主要関心事だった。

したがって『回復された世界平和』を、未来の実務家が将来を先取りして書いた国政術の案内書と捉えるのはまちがっている。この本の真の意義は、当時の時流に逆らったことにある。キッシンジャーがまず標的にしたのは、政治学そのものだった。「社会決定論は、政治指導者を『歴史』と名付けられた機械の歯車に、つまりは運命の代理人の地位に貶めた。政治指導者はそのことにおぼろげながら気づいていても、結局は自己の意志とは無関係にその役割を果たすほかない」。韓国に関する報告書（一九五二年）をめぐるダーウィン・シュトルツェンバッハとの議論からもわかるように、思考よりも唯物論（正確には実証データ）を持ち上げる社会科学の主張に対して、キッシンジャーは強い嫌悪感を抱いていた。『回復された世界平和』では、「政策がそれを制約する条件や材料を生み出すわけではないが、だからといって、そうした条件や材料が自ずと政策を生み出すわけでもない」と述べている。一九世紀前半の場合、いや、一般論としてもそうだが、「政策の選択は……事実ではなく事実の解釈に依拠していた。解釈は、本質的にはある精神的行為、すなわちある種の推定を伴う。推定の有効性は、手元にある材料の解釈と目標の設定に左右される。推定は知識に基づくとしても、知識と同一ではない」。[32]

唯物論を否定するキッシンジャーの思想は、国家のアイデンティティ、とくに国民が自己の利益について考える際に歴史が果たす役割を論じた一節によく表れている。

「国家の過去の記憶は、その国の政策の試金石となる。過去の経験が根源的なものであるほど、過去に照らした現在についての国家の解釈に大きな影響をおよぼす。あまりに深刻な経験をした国が過去の虜になることとさえある……一国の国民が過去の経験をどう解釈しようと、それに異議を唱えることは誰にもできまい。国民の経験は、将来に立ち向かう唯一の手段なのだから。とはいえ、実際に起きたことが、起きたと思われていることほど重要ではないケースはめずらしくない[33]」

第三者（またはアメリカの政治学者）にとっては、「国家は……安全保障に関する取り決めの一要素にすぎないと映るかもしれない」。しかし実際にはどの国家も、「自国が歴史的な立場を表現していると考えている。彼らにとって重要なのは、目的としての均衡ではなく……相対的な安全を求める歴史的な願望を実現する手段としての均衡である[34]」。

キッシンジャーの博士論文において第二に注目すべき点は、保守主義の本質が論じられていることだ。当時、キッシンジャーが保守主義者を自認していたことは指摘しておくべきだろう。自由主義者のアーサー・シュレジンジャーとアメリカの政治について議論したのも、保守主義の立場からだった。共和党の大物が多かれ少なかれ公然と反ユダヤ主義を標榜していることもあり、ユダヤ人移民の大半が民主党支持に回っていた当時、キッシンジャーがなぜ保守主義だったのかは、説明が必要だろう。『回復された世界平和』にその答を読み取ることができる。同書の中心となる出来事は、一言で言えば、革命が、すなわちフランス革命を継承したナポレオンと革命的な人物アレクサンドル一世がヨーロッパに突きつけた挑戦である。キッシンジャーは革命のどの点に反対なのかを明示していないが、無秩序や混沌《カオス》に関係があることはまちがいない。ある重要な一節では、二通りの自由の定義が区別されている。すなわち、「制約がないという意味での自由と、権威を自発的に受け入れるという意味の自由である。前者の立場は自由を権威の範囲外にあるものと考え、後者は自由を権威の一属性と考える」[35]。これを読んだ人はみな、著者が好むのは第二の定義だと考えることだろう。キッシンジャーは、動機の分類もしている。革命期（別の言い方をすれば、自由とは制約がないことだと解釈される時期）には、「忠誠」が重要な動機となる。「この時期には他の選択肢がいくらでもあると思われるだけに、相手の意志に従う行動が、象徴的、儀式的な意味を持つ」。これに対して秩序の安定した時期には、「義務」が重要な動機となる。「義務の概念においては……他の行動の選択肢を拒絶するわけではなく、考えが及びもしないのである」。

「〝正しかろうと正しくなかろうと、祖国は祖国だ〟という言葉が忠誠を表すとすれば、〝汝の行動が、汝の意志によって普遍的な自然法となるように行動せよ〟という言葉は義務を表す。義務は普遍性の一面を、忠誠は偶発性の一面を表している」

この一文にはカントの影響が見て取れる。

だが、「権威の本質に疑問を抱くのは正しくない」というのが現代の保守主義者の「基本的立場」だとすれば、「そうした疑問に向き合った時点で、疑問を抱くことの正当性を暗に認めたことになる」という矛盾が生じる。「保守主義が何を主張するかではなく、保守主義とは何かということによって、言わば名を秘して革命と戦わなければならない。これが、保守主義のジレンマである」[36]。このジレンマには三段階の定義が与えられている。「革命を打倒するのではなく予防することが保守主義者の仕事である。革命を防げない社会、言い換えれば、革命が起きたという事実によって社会的価値観の崩壊を露呈した社会では、保守的な手段によって革命を敗北させることはできまい。そして一度崩壊した秩序が回復するまでには、必ず混乱期を経ることになる」[37]。バークのように歴史の力を掲げて革命に抵抗するにせよ、メッテルニヒのように理性を前面に押し出して革命に抵抗するにせよ、保守主義は一義的には言葉ではなく行動で表すものでなければならない。論争を呼んだ言葉の多くが革命から生まれたからだ。ここで重要なのは、キッシンジャーがバークに近かったと思われることである。彼はメッテルニヒの「硬直性」を指摘し、国家と国民は歴史的に形成されたとするバークの思想に度々言及している。だがこのような保守主義はアメリカには根付いていなかった。一般的なアメリカ保守主義とキッシンジャーとはあまりなじみがよくなかった。

『回復された平和』で第三に注目すべきは、歴史を本質的に悲劇の領域に属すものとみなす古風な歴史観である。「歴史が復讐の女神ネメシスと関連づけられるのは、理由のないことではない。ネメシスは人間の望みをわざと違った形で叶えたり、あまりに額面通りに叶えたりして、人間に罰を与えるからだ」。もしキッシンジャーが一八一五年から一九一四年までの一〇〇年をカバーする三部作を計画通り完成させていたら、全体のストーリーは次のようになっていたはずだ。すなわち、ウィーン会議においてヨーロッパ列強の指導者たちが持続可能な勢力均衡を確立したことが、一九一四年の悲劇を不可避にした、というものである。ウィーン会議の、そして一九一四年七月の危機の主役を務めたのは、オーストリアだった。「クレメンス・フォン・メッテルニヒの成功は、結局はあれほど長い間苦労して守ってきた国の最終的な崩壊を避けられないものにした――まるでギリシャ悲劇のように[38]」。

「二つの悲惨な戦争からようやく回復しつつあった老帝国は、生存を賭して戦おうとする時に国内改革を実行できるはずもなかった。政治指導者は、どの針路も等しく選択可能なものとして政策を決めることはできない。たとえば多民族国家のオーストリアは民族戦争を戦うことはできなかったし、財政が逼迫していたから長期戦を戦うこともできなかった。しかも多民族帝国の存続は、時代精神に逆行していた。だがだからといって、その国の政治指導者に対し、国家の自殺を政策指針にせよと要求するのは、無理な注文である[39]」

メッテルニヒの政策は、その最終的な失敗によってではなく、「避けがたい破局を食い止めた歳月の長さ」で判断すべきだとキッシンジャーは結論づけている[40]。そしてメッテルニヒのケースを一般化し、政治指導者はおおむね「悲劇の要素」を備えると主張する。なぜなら、「思い通りにならない要因、一生かかっても変えられない要因[41]」と戦うことを運命付けられているからだ。キッシンジャーが論じた（そして忘れなかった）ように、外交政策は「破局の予感とともに」実行する必要がある[42]。このことが最も自然に当てはまるのは、近い過去に悲劇を経験し、まだその記憶が生々しい強国である。「国内政策のきっかけとなるのは直接の社会的経験だが、外交政策のきっかけとなるのは現実の経験ではなく潜在的な経験、端的に言えば戦争の脅威である。政治指導者は、その脅威が現実になるのを防ごうとする」。ところがだいたいにおいて、「成功した政策には、その政策がなかったら事態はまったくちがっていたかもしれないことを後世の人々に忘れさせるという特徴がある[43]」。悲劇の記憶が少ない強国にとって、これは慢性的な問題だった。

キッシンジャーの考える政治指導者の頭には、つねに反事実仮定が浮かんでいる。政治指導者が実現する平和とは、本質的には最悪の事態の回避である。「だから政治家は、古典劇の英雄のようなものだ。将来を見通すことはできても、それを直接国民に伝えることも、その正しさを証明することもできない。国民は自己の経験を通じてしか学べない。そして行動するにはもはや手遅れになってから、ようやく理解する。これに対して政治指導者は、自分の直観が経験に裏付けられているものとして、めざす目的が正しいものとして、行動しなければならない」。さらに悪いことに、政治指導者が自らの意図をあきらかにできない場合がひんぱんにある。そのような場合に「目的をあからさまにすれば災厄を招きかねない」。たとえば、ある国が抵抗する力を備えていないために敵をなだめなければならない時期には、協調を装う必要がある。だが「このような時期には、悪党と英雄、反逆者と政治家は、行動によってではなく動機によって区別される[44]」。別の言い方をすれば、敵を征服するためなら政治指導者がへりくだってもよいということだ。安定期と対比される革命期には、大方の外交活動は茶番じみてくる。国際秩序を脅かす国（キッシンジャーはこうした国を革命勢力と呼んでいる）との会議には、心理的な価値しかない。「会議は行動のための動機を確立することが目的となり、まだどちらにつくか決めかねている国に見せつけるために行われる……革命期には、革命勢力はまさしく革命勢力であって、その目的には際限がないことを、どっちつかずの国に納得させることがきわめてむずかしい[45]」。

『回復された世界平和』の第四の、そしておそらく最も重要な論点は、冷戦期の世界には先行事例があり、一九世紀ヨーロッパを研究すれば、類推によって有益な知見を得られるということである。この歴史的アプローチに対して同時代人から当然出てくる反論を見越して、キッシンジャーは「ナポレオンはヒトラーと必ずしも同じではなく、カースルレイはチャーチルと必ずしも同じではないと指摘しても、それは歴史的観点から国際問題を研究することに対する反論とはなり得ない」と先手を打っている。ナポレオン云々の比喩でキッシンジャーが言おうとしたのは、現在直面する問題が過去と正確に一致しなくても、類似性は持つということである。

「歴史は類推によって教訓を与えるのであって、一致によってではない。このことは、歴史の教訓は自動的には得られず、経験の幅の重要性を認める基準によってのみ理解しうること、歴史は、提起した問題以上にすぐれた答は出せないことを意味する……国際問題の研究、すなわち最小単位として行動する国家の研究において、有意義な結論を導き出すためには、歴史的文脈を理解することが欠かせない」

歴史は二重の意味で重要である。一つには政治指導者に類推の材料を提供し、もう一つには国家のアイデンティティの決定的要因となる。「実証主義哲学者」は、「国家はいかなるときも個人の集合にすぎない」と主張するだろう。だが現実には、人々が自身のアイデンティティを規定するのは「共通の歴史の自覚」を通じてである。「歴史とは国家の記憶なのである」。

キッシンジャーは『回復された世界平和』で、観念論的方法論、保守思想、歴史哲学、悲劇の感覚を語っている。とはいえ多くが暗に示されるだけなので、その豊穣な議論を類推して評価するのは、現代の読者にとってはむずかしい。

一方、率直に語っている箇所はわかりやすい。たとえば議会制度が一八一五年以降の「正統的な秩序」の形成に成功したことは、一九一九年以降の秩序に関して同じことを試みたパリ講和条約（通称ヴェルサイユ条約）が失敗したことと好対照をなす。革命の指導者、すなわちヒトラーとスターリンは、正統的な秩序に挑戦した——ちょうどナポレオンや、続いて意外にもロシア皇帝が、一七八九年以前の旧秩序に挑戦したように。一九世紀のイギリスは、海洋国家であり島国の国民性を持つ点でアメリカと似ている。[46]この歴史的視点から、キッシンジャーは直感的に、アメリカはナポレオン戦争が終わった一八一五年以降のイギリスと同じ役割を果たすべきだと考えていた。具体的には、勢力均衡を図る役割である。だが実際には、アメリカが演じた役回りは、メッテルニヒのオーストリアのほうに近い。メッテルニヒは大陸の戦いに積極的に参加し、革命勢力に対抗する同盟の維持という困難な課題に取り組んでいた。これは、ぜひとも押さえておくべき重要なポイントである。というのも、メッテルニヒについてのキッシンジャーの説明に見受けられるアンビバレントな感情（このことは度々見落とされてきた）をあきらかにしてくれるからだ。

キッシンジャーはメッテルニヒに自分を重ね合わせていたのだろうか。敬意を抱いていたことはまちがいない。「二人の人間が、自分の参加したあらゆる連合を支配し、二人の外国の君主から彼ら自身の大臣以上に信頼され、三年にわたって事実上ヨーロッパの首相だった。そんな人間が平凡であろうはずがない」[47]。しかし次のような文章を誤解すべきではない。

「メッテルニヒがやろうと決意したゲームは……すべてを賭けてすばやく王手をかけるような大胆な計略ではなかった。慎重かつ狡猾に状況を徐々に変化させて優位に立つことを狙う戦略だった。味方を結集させておき、敵の動きを利用して無力化し敗北させるのである。敵味方双方の無理解と暴言に耐えながら遂行せねばならず、孤独の中に大胆さを必要とするゲームだった。メッテルニヒの勇気は、冷静さにあった。一つの誤った行動が敗北につながるかもしれず、信頼を失えば孤立しかねない状況での冷静さである。そして彼の偉大さは、着想の独創性ではなく、行動の巧みさにあった」[48]

この一節における重要なポイントは、最後の文章にある。メッテルニヒの戦略的構想に創造性が欠けていることは、キッシンジャーからみれば致命的欠点だった。別の重要な一節には、こうある。「[メッテルニヒは]自分が成功したのは、理論が道義的にすぐれているからだと言いたがるが、じつはほとんどの場合、非凡な外交術に拠っていた。彼の天分は、創造力ではなく技術にあった。生み出すことより操ることに長けていたのである」[49]「[メッテルニヒは]理論を重んじるが……迂遠な方法を好み、自分の信念の正しさを確信していたからこそ、手段の選択においては融通無碍で、率直で超然としており、冷静に国政術を実行した。メッテルニヒの特徴的な資質は、臨機応変の才と、微妙な違いに敏感なことである……戦略家としては凡庸でも戦術家としては非凡で、枠組みが決まっているか目的が外から強いられる時期に、与えられた土俵で戦うことに関しては名手だった」[50]

彼の強みは「創造性ではなく……手当たり次第にやっているように見えるが、実際には状況に最適に適応する能力」にある。[51]『回復された世界平和』で重要なのは、キッシンジャーが「メッテルニヒの能力の限界」を強調していることだ。「政治指導者を評価する際には、その行動だけでなく代替策を考え出す能力も考慮しなければならない。究極の偉大さに達した政治指導者は、いかに十分な理由があったにせよ、辞任だけはしていない」[52]。こうして下されたメッテルニヒに対する最終判決は、ひどく手厳しい。

「メッテルニヒは、自身の外交術の技巧に自己満足してしまったために、到達していたはずの悲劇的な偉大さの域に達することができなかった……歴史上の数多くの危機において、窮地を打開してきたのは強靱な精神であるが、メッテルニヒにはそれが欠けていた。奈落の底を見つめる能力、それも学者然とした現実逃避の姿勢ではなく、打開できなければ破滅するほかない挑戦と受け止めて、目を逸らさない勇気が欠けていたのである」[53]

『回復された世界平和』の真のヒーローは、メッテルニヒではなく、均衡の追求のうちに自ら命を絶ったカースルレイ子爵である。不器用で愛されず、孤高の人だったトーリー党出身のこの外相は、「ヨーロッパの安寧が最優先」であり、「理論より国際社会の安定を優先すべきだ」と理解していた[54]。メッテルニヒとは違ってカースルレイは正真正銘の悲劇の政治指導者だった。というのも、ヨーロッパに恒久的な同盟を作れば「平和を維持できる」とイギリス国民に伝えようとしなかったからである。「善意によってヨーロッパの統合を成し遂げるという［彼の］ビジョンは……蜃気楼のようなものであり、提唱者自身を破滅に導いた[55]」。ただし、両者のちがいは個性のちがいから来るのではない。『回復された世界平和』の中でも最も筆鋒鋭い一節では、二人の主人公の置かれた状況が対比されている。地政学の研究者でもあるキッシンジャーは、カースルレイが外相を務めた島国と、メッテルニヒが外相を務めた中央ヨーロッパの帝国の地理的条件が根本的にちがうと指摘するとともに、政治体制のちがいも見逃していない。

「いかなる政治指導者も、正義と信じたことと可能と考えられることの折り合いをつけるべく努力しなければならない。しかし、何を正義とするかは自国の国内体制に拠るし、何が可能かは自国の資源、地理的条件、決意、および他国の資源、地理的条件、決意、その国内体制に拠る。したがって、島国であるイギリスの安全性をよく認識しているカースルレイは、明白な侵略にのみ反対する傾向があった。一方、大陸の中心に位置する国の政治家であるメッテルニヒは、何よりもまず動乱を未然に防ごうとした。自国の国内体制の盤石さに自信を持つ島国は、他国の国内問題には〈非介入〉の原則を打ち出した。逆に、民族主義が強まる中で国内体制の脆弱さに悩まされていた多民族国家であるオーストリア・ハンガリー帝国は、国内外を問わず内乱鎮圧のために介入する幅広い権利を主張した[56]」

2

『回復された世界平和』が多くの読者に時代遅れという印象を与えることを、キッシンジャーは承知していた。序論の書き出しには、「熱核兵器による人類絶滅の脅威にさらされている時代から見れば、外交がそれほどひどい結末につながらなかった時代、戦争が限定され、絶滅など想像もできなかった時代に懐かしさを感じたとしても、驚くにあたらない」とある。たしかに一八一五年から一九一四年までの一〇〇年間は、申し分ないとは言えないにせよ、「健全」で「均衡」がとれていた。この時期の政治指導者が提出した解決は、「理想を追う世代の希望をすべて叶えはしなかったとしても、もっと貴重なものを与えた。それは、大戦争や革命を引き起こさなくとも希望を実現できるような安定した時代である[57]」。なぜ、どのように、安定した時代はもたらされたのか。キッシンジャーは、逆説の中に答を求める。「いま考えると、最も平和だったと思われる時代には、平和の探求が最も少なかった。平和の探求が果てしなく続くようにみえた時代には、平和の実現の可能性が最も低かったと思われる」。キッシンジャーがカースルレイとメッテルニヒの時代に意義を見出した理由は、まさにここにある。両人は、永遠平和ではなく、実現可能な安定を追い求めた。次の一文は、おそらく『回復された世界平和』の中で最も印象的なものと言ってよかろう。

「一つの国、または数カ国のグループが、戦争の回避という意味での平和を第一義的な目標にした場合にはつねに、国際システムは国際社会の中で最も冷酷な国に翻弄された。一方、国際秩序の観点からして、たとえ平和のためであってもある種の原則は譲れないというときには、力の均衡に基づく安定だけは考えられた」。この文章は一九三〇年代における宥和主義の失敗を暗示し、五〇年代が同じ轍を踏んではならないと示唆している。だが、そのためにはどうすればいいのか。

『回復された世界平和』で論じられたことのうち、冷戦初期と最も直接的に関連するのは、革命期をどのように終わらせ安定を回復するかを述べたくだりである。安定は、「あまねく受け入れられた正統性」によってもたらされる。ここで言う正統性は、「実行可能な解決の内容、外交政策の目的と手段についての国際的な合意を意味するにすぎない。つまり、すべての主要大国が国際秩序の枠組みを承認すること、最低でも、革命的な外交政策を打ち出す形で不満を表明する国はないことを意味する」[58]。一八一五年以降の一世紀におよぶ安定は、正統的な秩序が確立されたことの証と言えよう[59]。一方、キッシンジャーの執筆時点の世界はそうは言えない。一九五四年のソ連はまだ国際秩序を脅かす国に見えた。そうした国が「自国を守るという動機から行動しているのはよくわかるし、国外からの脅威を感じるとの言明も嘘ではあるまい」とキッシンジャーはいう。しかし、

「主権国家で構成される国際関係においては、他国の脅威を感じることがあってもおかしくない。だから、脅威を感じさせることが、革命勢力の顕著な特徴とは言えない。何を以てしても彼らを安心させることができない、これが最大の特徴だ。彼らが満足するのは、絶対的な安全保障、すなわち敵の中立化だけである。一つの国が絶対的な安全保障を望めば、他のすべての国は絶対的な危険に直面する……そのような状況では、力の行使を制限する技術である外交は機能しない……国際秩序が攪乱される革命的状況においては、対立する陣営は忠誠心の喪失を恐れて意見相違の調整をないがしろにするため、外交は戦争か軍拡競争に取って代わられる[60]」

持って回った言い方ながら、この一節は第二次世界大戦前の一九三〇年代のみならず、戦後の一九五〇年代の外交政策に対する批判となっている。とくにキッシンジャーが暗に批判しているのは、対ソ対話路線を主張する宥和論者だ。「それぞれの基本的立場を無意味に繰り返し、悪意に満ちた非難を応酬し、不合理かつ破壊的な主張」をしているだけだという表現は、宥和論者に当てはまるだろう。革命勢力すなわち国際秩序を脅かす国が野放しである限り、会議は「まだ態度をあきらかにしていない国をいずれかの陣営に抱き込もうとする巧妙な仕掛け」に成り下がる。とりわけ、「革命勢力のあれこれの主張は単なる戦術にすぎないとか、本音では既存の正統性を受け入れているのに交渉上の駆け引きとして問題をことさら大きくしているとか、何か特定のことに腹を立てているのだからその件で譲歩をすればよいなどと決め込んで対処する」姿勢をキッシンジャーは軽蔑する。[61]一九五六年の論文では、当時の大国の首脳会議との類似点を挙げたうえで「ウィーン会議の交渉官は、会議場の雰囲気と、国際関係を安定させる要因を混同することはなかった」と指摘している。[62]

だがこの箇所からは、封じ込め政策（提唱者ケナンの相互譲歩型封じ込めか、ニッツェの軍事的封じ込めかを問わない）支持論者とキッシンジャーとのちがいは読み取れない。キッシンジャーの真の独自性を知るには、一八一二〜二二年の出来事についての彼の記述を注意深く読む必要がある。『回復された世界平和』の前半は、オーストリアの立場が最も弱かったときはフランスと協調し、やがて同盟、仲介、中立、対立にいたるメッテルニヒの方針転換を扱っている。メッテルニヒの目標は、正統的な秩序の再構築にある（自由主義はそもそも正統ではない）。これは、カースルレイとは根本的にちがう。カースルレイは五大国の均衡をめざし、その中でイギリスが「バランサー」として働くことを望んでいた。[63] イギリスはオーストリアとはちがい、「主義のためではなく安全保障のための、革命ではなく征服に対抗するための戦争」を戦っていたのである。[64] オーストリアもイギリスも、それぞれがめざす目標は他国にも利益をもたらすのだと納得させる必要があった。言い換えれば、「自己利益の表明とみなされていたものを、まごうかたなき正義の表れと見られるようにする」わけだ。[65] メッテルニヒにとって、これをやってのける唯一の方法は、「まわりくどく慎重な外交」を通じて「同盟の道義的枠組み」を確立することだった。メッテルニヒは、「調停の正統化という本質的に道義上の問題」をカースルレイ以上に重視していたからである。[66]

キッシンジャーはメッテルニヒの「名人芸のような熟達した外交術」に驚嘆している。[67] もっともメッテルニヒが成功したのは、ナポレオンが自分の能力の限界をわかっていなかったことが大きい。[68] とくに重大なのは、義理の父であるオーストリア皇帝が義理の息子と戦うはずがないという錯覚である（第五章）。メッテルニヒの政策をいっそう込み入ったものにしたのは、ロシア皇帝が潜在的に国際秩序を脅かしかねないことだった。ナポレオンがロシアで敗北したことを受けて、皇帝は「ヨーロッパの調停者」たらんとしたのである。こうしてナポレオンの錯覚とアレクサンドル一世の野望という二つの要因が重なった結果、メッテルニヒとカースルレイはフランスに平和を実現するために奔走する羽目になる。キッシンジャーは一八一四年のウィーンと一九一九年のヴェルサイユを対比させており、そのくだりは戦後ヨーロッパ政治に対する彼の見方を示唆するものとして重要である。全面戦争は必ず懲罰的な講和に終結するのであって、選べるのは過去を振り返って報復する回顧型講和か、未来を見据えた寛大な展望型講和か、という二者択一になる。[69]ヴェルサイユは前者だった。回顧型講和は、「敵が二度と再び戦えないところまで、敵を破滅的立場に追いやる」ことを意味する。反対に展望型講和は、「敵にもう二度と戦いたいと思わせないように、敵と折り合いをつける」ことを意味する。回顧型講和は、どうかすると新たな革命的状況を引き起こしかねない。「なぜなら敗戦国は、完全に分割された場合は別として、そのような屈辱的立場を受け入れないからである」。これに対して展望型講和は、「政治指導者の仕事は罰することではなく、まとめ上げることにある」という認識に、また正統的な国際秩序の基盤となりうるのは負けた国が受け入れた調停だけだという認識に基づいている。[70]そのような調停を求める限りにおいて、戦勝国も敗戦国も「絶対的安全保障」は得られない。そもそも、そんなものは幻想である。

「安定した秩序の基盤は、当事国の相対的な安全、つまりは相対的な危険にある。安定した秩序とは、当事国すべての主張が満たされた状態を指すわけではない。不満はあるとしても、それは講和の枠組みの中で調整できる程度であって、成立した講和を覆すほどではない、という状態を意味する。主要国すべてが受け入れた秩序は、正統的である」

正統的な国際秩序は、機械的あるいは数学的均衡にも、調和をめざす共通の意志にも基づかない。秩序を支えるのは、多数のプレーヤーによる不断の調整プロセスである。プレーヤーたちは、ゲームの主なルールに同意したうえで、それぞれに固有の歴史観に従って行動する。[71]

ここに、メッテルニヒ以上にカースルレイが『回復された世界平和』のヒーローだという理由がある。[72]カースルレイがザクセンの帰属問題で譲歩を引き出したからこそ、講和が可能になったのだとキッシンジャーは主張する。カースルレイは、努力して築き上げた対仏同盟を崩壊させるという勇気ある決断も下し（第九章）、ナポレオンのエルバ島脱出とワーテルローの敗戦を受けてフランス分割を求める声が高まったときには、粘り強く穏健策を押し通した（第一〇章）。対照的にメッテルニヒはますます教条的になり、旧秩序の回復という幻想にのめり込んでいく（第一一章）。[73]メッテルニヒはヨーロッパにおける反動的秩序を望んだが、イギリスがこの構想を支持するはずもなかった。メッテルニヒはスペイン、ナポリ、ピエモンテの政治危機を新秩序を危うくする重大な脅威とみなしたが、イギリスから見ればこれらは局地的なトラブルにすぎず、下手に介入すれば新秩序の均衡を破りかねない。[74]メッテルニヒがその外交手腕を最もよく発揮したのは、ナポリ問題をめぐって一八二〇年に開かれたトロッパウ（現チェコのオパヴァ）会議である。この会議で彼は、勝ち目のない「民族主義と自由主義に対抗する戦い」を、オーストリアの戦いではなくヨーロッパの戦いにすり替えてみせた（第一四章）。[75]次の一八二二年に開かれたヴェローナ会議ではギリシャ独立問題が議題に上るも、物別れに終わる。オスマン帝国と対決する方向に誘導されたら、ロシア皇帝が民族主義の側につくことをカースルレイはよく承知していた（第一六章）。ヨーロッパの協調という理想と国内世論との乖離に疲れ果てたカースルレイは、一八二二年八月一二日に短刀で喉を突き、自身の悲劇に終止符を打つ。ヴェローナ会議が終わると、かつて反革命・反フランスを謳った正統主義理論は、神聖同盟（オーストリア、プロイセン、ロシア）を支える理念になり変わっていた。[76]

『回復された世界平和』は、第一次世界大戦後に結ばれた講和条約に対する批判にもなっている。[77]戦間期の国際秩序を構成する多数の要素のうち、集団安全保障（それを代表するのが国際連盟および後継の国際連合である）をキッシンジャーは酷評していた。それだけでなくこの本は、第二次世界大戦後のアメリカの政策も遠まわしに批判している。アメリカはウィーン会議から何を学ぶべきか。「不満を持つ国があっても、あくまで講和の……枠組みの中でそれを解消しようとし……枠組みを壊してまで解決を求めるほど大きな不満を抱く国はない」ような国際秩序をアメリカは作り出すべきだ、というのがキッシンジャーの考えである。「その秩序の枠組みには革命勢力を含めないので……破滅的な混乱は起きないという確信が次第に強まり……国際関係はしだいに自然で自主的なものとなる」[78]。だがこのような国際秩序が可能だったのは、メッテルニヒの手腕とカースルレイの知恵があったからである。第二次世界大戦が終わったとき、ドイツに無条件降伏を強要し東西ドイツに分断したことは、すでにまちがいだった。怨恨を抱くドイツが再び革命勢力として台頭し、国際秩序の転覆をもくろむ事態になりかねない。それが杞憂だったといまわかっているからと言って、その危険性を無視してよいということにはならない。こうした考えから、キッシンジャーは歴史を扱った次の著作で「ドイツ問題」とビスマルクの対応に多くの章を割いている（『回復された世界平和』第一三章にその予兆が見られる）。重要なのは、同種の勝利を、アメリカ人に受け入れられる程度の犠牲でもってソ連から収めることは考えられないことだ。したがって国際秩序を確立する唯一の方法は、ソ連を革命勢力（スターリン体制はまちがいなく国際秩序を脅かしていた）から現状維持勢力に変えることになる。ここに、のちにデタントと呼ばれるようになる政策の萌芽がみられる。そしてこの芽はキッシンジャーの頭の中で着実に育っていった。その背景として、ソ連指導部はもはや真の革命家ではなく、「予言者」（キッシンジャーは予言者こそ政治指導者の不俱戴天の敵とみなしていた）でもないことを示す証拠が、スターリンの存命中からすでに積み上がっていたことが挙げられる。[79]

3

『回復された世界平和』の最後の章では、政治家と二種類の革命家（征服者と予言者）の対比が論じられており、この箇所は個人的な心情の吐露になっている。「予言者が口にするのは完全無欠の助言であり、完全性は均質性を含意する。［だが］予言者の求める理想郷の実現には、いわば地均しや土壌の入れ替えが必要であり、この過程であらゆる形態の責任や義務は打ち消される。征服者と予言者は正統的な秩序に対する攻撃の二通りの象徴であり、前者は普遍性を希求し、自分以外の一切のものを無力化して平和を実現しようとする。後者は永遠性を希求し、神の祝福による平和を求める」。キッシンジャーは征服者にも予言者にも与しない。「政治指導者は、こうしたやり方に対してつねに懐疑的でなければならない。指導者たるものは、術策を弄するのではなく、最悪の事態に備えることが仕事だからである」。しかし指導者は、つねに少数派にならざるを得ないという悲劇を抱えている。というのも、「人々を高揚させるのは均衡ではなく普遍性であり、安全ではなく永遠性だからである」[80]。人々はつねに何か超越的なものを渇望しているので、予言者の言葉に影響されやすい。そのうえ自分の国が定義する「正義」に強い愛着を感じる。ここでキッシンジャーが念頭に置いているのがアメリカ人であることはまちがいない。アメリカ人は、自分たちは普遍的なものさしと思い込んでいるが、その実ひどく特殊なものさしで世界を判断しがちだとキッシンジャーは見ていた。

「ある社会が普遍的かつ排他的な理論で自らの正統性を裏付けるなら、言い換えれば、その社会における正義の概念が異なる正統性理論の存在を認めないなら、その社会と他の社会との関係は力に依らざるを得なくなる……これほど多くの国民が、無意識のうちに外交政策に強い反感を抱くのも理由のないことではない……このため政治指導者は往々にして……自国で尊敬されず、自分の構想を国内的に正統化するという困難な仕事に絶えず直面することになる……国民の経験を大幅に超えるような政策を打ち出す指導者は、その政策がいかに賢明であっても、国内的な合意を醸成することはできない」[81]

政治家の悲劇には、もう一つの側面がある。それは、政策の実行を官僚に委ねなければならないことだ。キッシンジャーがキャリアを通じて論じることになるテーマが、ここで初めて登場する。それは、政治指導者と、政策の実行を任された官僚との緊張関係である。

「政策立案者の精神と官僚の精神は、互いにまったく相容れない。前者は起こりうる事態への対応を旨とし、その成否は、憶測も混じった予想の正確性に懸かっている。一方、後者の本質は安全の探求であり、その成否は予測可能性に懸かっている……官僚的に政策を実行する場合、計算可能であることが好まれるが、計算可能性はすでに起きた事象に左右される」[82]

キッシンジャーが理想としたのは、端的に言えばアメリカ版カースルレイだった。すなわち、むやみに理想にこだわる大衆を教育し、無気力でリスクをとりたがらない官僚組織に活を入れる一方で、国内事情の異なる国同士の勢力均衡に基づく正統的な国際秩序を追求する保守的な政治指導者である。[83]

いまならば、大統領特別補佐官、国務長官となる人のキャリアのプロローグとして『回復された世界平和』を読むことができる。[84]だが出版された当時はもちろんそうではなく、大方の人が純粋な歴史書とみなしていた。イギリスの歴史家（カースルレイ研究の第一人者である）チャールズ・ウェブスターは、「仰々しい」と一刀両断で片付けている。「すべてを予見して操った」というメッテルニヒの「虚栄に満ちた」主張を「キッシンジャー博士は額面通りに受けとっている」という。

「メッテルニヒの影響を強く受けすぎており、ときに先入観にとらわれた説明や偏った見方をしている。メッテルニヒのまわりくどいスタイルまで真似し、学術的研究で用いられる専門用語の頻出も鼻につく。数行で済む考察に何ページも費やしている」[85]

ドイツの歴史家エルンスト・ビルケはもうすこし丁重ではあったが、参考文献の漏れをここぞとばかり指摘した。[86]キッシンジャーの意図を理解したのは、ごく少数のアメリカ人だけである。ある書評家は「きわめて刺激的」と評価し、ステーツマンシップに関する最終章は「たいへん意義深い」と述べている。[87]歴史家のハンス・コーンも、ニューヨーク・タイムズ紙に肯定的な書評を寄せた。[88]またシカゴ大学のクインシー・ライトは、洞察力に富む書評を歴史専門誌に寄稿している。ライトは、キッシンジャーが意図したのはメッテルニヒの時代と冷戦初期の対比だと見抜き、「国際政治の研究者と実践者の双方」に同書を推奨した。[89]

初めて本を出した著者にとっては、じつにありがたい書評である。だが研究者としてのキャリアにとってそれ以上に重要だったのは、本の元になった博士論文がハーバードで認められたことだった。サムナー賞を受賞したのだから、政治学部の有力教授のすくなくとも一部に評価されたことはまちがいない。やり手の教養学部長マクジョージ・バンディも論文を読んで、キッシンジャーに感想を書き送ったらしい。バンディの手紙は保存されていないが、キッシンジャーの返事から判断すると、文体のみならず全体的にメッテルニヒの影響を受けすぎているとバンディも感じたようだ。「メッテルニヒを論じるのは非常にむずかしい。彼の中では創造性に乏しい政治指導力と卓越した外交術が共存しているからだ」とキッシンジャーは反論し、自分はけっしてメッテルニヒの虜にはなっていないと強調した。メッテルニヒが成し遂げたのは、「砂上の楼閣のように壊れやすい偉業だった」とキッシンジャーはいう。

「その脆弱性を示すために、まずどれほどの偉業だったかをあきらかにすべきだと考えた。思うにメッテルニヒの政治指導力の問題点は、短期的構想ではなく長期的構想の欠如にある。時代の流れを見極められずに失敗したと論じるのはたやすい。だがその見方は単純にすぎよう。メッテルニヒは時代の流れを理解していたが、それを堰き止めようとしたのだ」

バンディが指摘した点はもう一つある。論文を読む限り、カースルレイとメッテルニヒの扱い方からみて、キッシンジャーが政治指導者に一つの共通した特徴を想定していることはあきらかだ。このような前提はいかがなものか、というのである。これに対しては、キッシンジャーは次のように返信した。

「すべての政治指導者が一つの型にはめられるわけではない、という抽象命題に異存はない。だがある所与のケースを取り上げたら、たぶんこの原則は当てはまらない。偉大な政治指導者の思想を分析したら、きっと心理学者が認める以上の一貫性がみられるだろう……アチソンのような人物と、本書で取り上げた政治指導者とのちがいは、後者のほうが賢明だということではなく、政権内の地位を長く維持し、国内から受ける圧力が少なく、したがって自らの主義主張を一貫して実行できたことにある」[90]

4

では、一九世紀初めのヨーロッパについて研究したことで、キッシンジャーがディーン・アチソンのような人物を見る目はどう変わったのだろうか。この疑問にはかなり正確に答えることができる。幸いにも、博士論文を書いていた時期の手紙やメモが多数残っているからだ。最初の手紙は、朝鮮戦争勃発直後の一九五〇年七月に（まだ論文執筆には着手していない）、指導教官エリオット宛に書かれている。

朝鮮半島の事態は思いがけない進展を見せていた。北朝鮮は、ソ連の暗黙の了解を得て韓国に侵攻。トルーマンは国連の承認を得て介入するも、当初は北朝鮮軍の南下の勢いを止めることができない。キッシンジャーは手紙の冒頭で、官僚機構の変化を指摘している。アメリカ側は「情報部門の機能不全」を起こしており、具体的には、「起こりうる事態のおおざっぱな予測と明白な脅威の予測が大幅に乖離していた」という。このようなことは、従来はなかった。

「官僚機構のやり方にくわしい人なら、あきらかに選択肢が限られている状況では、不測の事態をできるだけ多く予測して安全策をとろうとすることを知っているだろう。だがそれらは何ら特別な情報を必要としない予測であり、結局はあまり信用できない。安全のためということは不出来な予測の口実になりやすく、うわべを取り繕うために想像力が駆使されている」

だがそれよりも重要なのは、「反共同盟の結成を試みたアメリカの手法が完全に失敗したこと」だとキッシンジャーは考えていた。この見方は、「現在の戦線の状況（これはすぐに逆転するだろう）ではなく、原状回復がほとんどアメリカ軍によってのみ達成されるだろうという見通し」に基づいている。北朝鮮の奇襲を受けた韓国は、なすすべもなかった。

「現在の事態は……外交政策のあり方を考えさせる。アメリカの支援を受ける国は、われわれが彼らを必要とする以上にわれわれを必要としている。だが譲歩を重ねて〈友人〉を獲得しても、自国の基本目標の確立と自覚の代わりにはならない……いかなる政府も精神的支柱なしには長く存続できないが、アメリカの資金援助はその代わりにはならない。だから、アメリカが韓国でどんな成果を上げようと、その本質を見誤らないことを願う。軍事的勝利は唯一の目標ではなく、これまでのアプローチを見直す条件にすぎない。多少の圧力を受けたとたんに屈するような政府の要求に応じ続けるのは意味がない。西ドイツや西ヨーロッパの抵抗が、韓国人の抵抗とたいして変わらない事態を危惧する」[91]

経済援助は、受け手に自衛能力がなければ戦略的に価値がないというのである。学位を取得したばかりの学生にしては、大胆な発言と言わねばなるまい。

五カ月後の一九五〇年一二月に、キッシンジャーはエリオット宛の手紙で再び朝鮮戦争を話題にし、封じ込め政策を一段と踏み込んで批判している。このときまでにマッカーサーは仁川とソウルで北朝鮮軍を撃退し、三八度線を越えて平壌を陥落させたが、見くびっていた中国軍にすぐさま奪還され、南へ押し戻されていた。キッシンジャーは若さから来る自信たっぷりの調子で、「アメリカの外交政策の根本的な失敗は、ソ連の狙いと戦術を適切に評価できなかったことと、解決への道筋を見誤った心理状態に起因する」と書き出している。

「講和、会議、交渉といった発言は、現在の危機が誤解または具体的な事柄に対する不満に由来し、それは歩み寄りの精神を備えた理性的な人間によって解決できるとの期待の表れだ。しかし直截な事実を言えば、ソ連の拡張主義の標的はアメリカの存在そのものであって、単にアメリカの政策ではない。よって譲歩は新たな紛争のきっかけになるだけだろう」

封じ込め政策が「深刻な思想の萌芽を封じ込めた」ことは、キッシンジャーも認めている。だがこの政策を実行することは「本質的な臆病さを露呈し、ときに政策理念の底の浅さまでさらけ出したため、実際には対ソ政策の一手段に成り下がった」という。

「封じ込めが有効だということは、アメリカとの大規模戦争の脅威によってソ連を牽制できるということだ。だからと言って、ソ連周辺で起きたすべての行動にアメリカがいつ何時でも物理的に対抗しうるわけではない（アメリカ軍のマンパワーからしてそれは不可能だ）。ソ連の動きを軍事問題として扱うようになった結果、われわれはソ連に、アメリカをできるだけ苛立たせるような地点、すなわちアメリカの戦力を分断し、戦略上意味のない地域に誘導できるような地点を選んでことを起こす自由度を与えてしまった。われわれの対応があやふやであることに加え、世界の世論を考慮してアメリカの政策を決定することが奨励されているため、結局は無難な政策しかとれない。こうした状況を見て取ったソ連指導部は、どんな戦いも彼らの選ぶ地域に限定できること、アメリカとの大規模戦争（実質的な抑止効果を持つのはこれだけである）は、アメリカが重大問題での対決を迫る形では起きないことを、確信するにいたっている……アメリカがソ連の動きを全体の中の一部とは捉えず単発の行動とみなし、その場しのぎで対応するという姿勢をあきらかにした結果、ソ連軍指導部に、戦略的な意味でアメリカの資源を展開すること、戦術的な意味でアメリカ軍を終わりのない戦いに誘い出すことを可能にした」

この箇所でキッシンジャーが述べていることは、ウォルター・リップマンらがすでに行っていた封じ込め批判の蒸し返しにすぎない。彼の独創性は、「対ソ戦略の総合的再評価」を提示したことにある。ソ連との戦争は「避けられない」とキッシンジャーは主張する。「アメリカの政策ではなく、アメリカの存在が民主主義を奉じる資本主義経済の象徴だからだ」。マルクス＝レーニン主義を掲げるソ連は、彼らにとって「最善の状況で戦争に突入する」ことには熱心でも、「平和の幻想のために努力する」気はない。となれば、アメリカも同じアプローチをとらざるを得ない。つまり自国に有利な条件で戦うべく、「制海権、技術的優位性、通信能力」に裏付けられた機動力の優位を活かし、かつソ連がマンパワーと冷酷さの優位を活かせるような衝突を避けるということである。ソ連が大規模な陸軍同士の戦いへとアメリカを誘い込もうとするのであれば、アメリカは次の方法で対抗すべきだ、とキッシンジャーは指摘する。

「一　この一線を越えたら大規模戦争になるという境界線をはっきりさせる。

二　戦争となった場合には、アメリカは、ヨーロッパが緒戦の攻撃可能地点に展開するまでの間、こちらに有利な場所での戦闘に持ち込む。有利な場所とは、大規模な陸軍の展開がしにくい地形、あるいは最新技術がモノをいう状況であり、具体的にはたとえば中東である。初期段階（または半戦争状態においてアメリカ軍の配置を確定するまでの間）での壊滅的損害を回避できさえすれば、以下が可能になるはずだ。（一）ソ連周縁部での地域的優位の確立（ソ連の通信システムの破壊がとくに有効）、（二）奇襲攻撃によるソ連の士気低下、（三）ソ連軍を分散させ、最終的な陸上戦までに敵を弱体化させる」[92]

一九五〇年一二月という時期を考えると、驚くべき提言と言えよう。越えてはならない一線を引き、ソ連がそれを越えたら米ソの全面戦争だというのである。戦場は、アメリカに有利な中東が望ましいという。この主張から、キッシンジャーがこの時点では、ソ連がいかなる譲歩もしない妥協しない革命勢力であって、ソ連相手にいかなる平和的均衡も望めないという一般的な見方に同調していたことがわかる。この主張はまた、キッシンジャーがひどく悲観的だったことも示している。当時の多くの人々と同様、彼もまた朝鮮半島の出来事は世界戦争の序曲であって、ソ連との直接対決は避けられないと考えていた。そして「去年の八月から、悲劇の予言者カッサンドラになったような気分」だとエリオットに打ち明けている。[93]

一九五一年三月のエリオット宛の手紙で、キッシンジャーは再びこの議論に立ち戻り、くわしい説明を加えている。おそらく空軍長官トーマス・フィンレターの「グレーエリア」発言に刺激されたのだろう。フィンレターは、アメリカから地理的に遠く、かつアメリカ陸軍が常駐しておらず、かつ共産圏でも同盟国でもない国がグレーエリアだと述べた。キッシンジャーは、封じ込めとは「ソ連周縁部のすべての地点において戦力的優位を確立し、物理的にソ連を封じ込めることだ」と改めて強調するとともに、ソ連の武力侵略の意志を挫くのは「アメリカとの大規模戦争の脅威」のみであり、ソ連周縁部における限定戦争に抑止効果はないとの主張を繰り返している。さらに、「封じ込め政策の条件としてソ連周縁部のどの地点でも戦力的優位を実現しようとすれば、結果的には、ソ連軍指導部がアメリカ軍を彼らにとって望ましい形に展開し、終わりのない戦いに引きずり込むことを可能にする」と再び主張した。アメリカが罠に落ちようとしているソ連周縁部での局地戦では、ソ連側は通信が確立されていて当然有利であるうえ、局地戦は世界戦争にエスカレートしかねない。キッシンジャーは明確な一線を引き、「それを越えたら全面戦争になる」ことをあきらかにすべきだと繰り返している。そしてアメリカは、「ソ連の心臓部を攻撃可能な距離に機動性の高い緊急即応・戦略予備部隊」を置く基地として、トルコのほかに中東も活用すべきだと改めて強調した。この手紙でキッシンジャーが新しく付け加えたのは、韓国の悲惨な状況を見たら、グレーエリアの他の国は、超大国の軍事力の試験場にはなりたがらないだろう、ということである。アチソン流の封じ込めは、「脅威にさらされている国に心理的圧迫を生じさせ、ソ連の目を逸らすために中立化を図る」という意図せぬ結果を引き起こした。そのような愚策よりはるかに望ましいのは、アメリカの同盟国、とくにヨーロッパの同盟国に

「防衛能力の大幅拡張と維持」を促すことである。防衛力の整備は「戦う意志を反映するものであり、そうした意志は、アメリカの限定的な地上支援、自律的かつ一貫性のあるアメリカの外交政策、その他の心理的効果のある措置によっていっそう強固なものとなろう」[94]。

この机上の戦略論議の多くで歴史的文脈は暗黙のうちに語られているにすぎないが、一九五一年一一月にウィリアム・キントナー大佐宛に書かれた手紙はちがう。キントナーは、CIAの心理戦を担った理論家である。その頃には朝鮮戦争は膠着状態に陥っており、第一次世界大戦に近い様相を呈していた。キッシンジャーは一九五一年と一八一五年の類似点と相違点を指摘し、「勢力均衡は……以下の要因に依存する」と述べている。

「(一) 地理的に限定された地域、(二) その地域内の戦力の均衡、(三) 戦略的思考ができイデオロギーに邪魔されない外部のバランサー、(四) 協調的な国々の基本的価値観に基づくおおざっぱな合意……。勢力均衡を実現する前に、均衡すべき勢力が存在しなければならない。バランサーは局面を変えるときを除き、均衡の一部となってはいけない。戦争は限定された目的の実現手段にすぎないが、政策は継続的プロセスと捉えなければならない。勢力均衡は絶対的価値観とは相容れない」[95]

しかしキッシンジャーが強調したように、「現状はこれらの条件のどれにも合致しない」。ヨーロッパに限定すればともかく、世界的な勢力均衡は困難で、不可能に近い。しかもアメリカは、伝統的にイギリスが引き受けてきたバランサーの役割を果たす立場になかった。

「ヨーロッパは士気を回復し、独立勢力となるだろう。台頭する東洋はおそらく別の勢力となる。となればアメリカはユーラシアとの関係において、陸塊に対する島国という伝統的な役割を果たすべきだ。それは、ユーラシア大陸が単一の主義主張の下に統合されることを防ぐためである。［だが］当面アメリカは世界レベルでのバランサーではなくゲームの参加者であり、しかも好んでそうなったのではない」

この最後の点は、キッシンジャーにとって重要なちがいだった。アメリカはヨーロッパとアジアの軍事同盟にすでに深く関わりすぎており、一九世紀イギリスのように行動する選択肢を失っていた。しかも世界は多極化していて、イギリス流の戦略は機能しそうもない。

「イギリスの伝統的な役割に突如としてアメリカの知恵を加えなければならないとなれば、それだけでも重圧である。だがさらにおそろしい責任が待ち受けている。イデオロギー的要素を持ち込んだ瞬間に、政策を自ら抑制することはまず不可能になる。なぜなら政策は、継続的関係を規定する手段としてではなく、絶対的な主義主張を実行する手段として受け止められるようになるからだ。そうなれば相互不信は避けられず、どの国も絶対的な安全保障をめざすようになる。ある国の絶対的安全は、相手国の絶対的危険（すなわち中立化）を意味する。一方の側だけがイデオロギー的要素を持ち込んだ場合でも、このことは成り立つ」

そしてキッシンジャーは手紙の終わりで驚くべき展望を披瀝した。

「宗教戦争後の宗教的寛容に相当するものが、イデオロギー的紛争後に成り立ちうるとの見方がある。だが、あの均衡が三〇年戦争後に初めて実現したという事実を忘れてはならない……現代が一七世紀のパターンをなぞるとは思えない。おそらくアメリカは、ポエニ戦争後のローマに自らの役割を見出すことになるだろう。わが国の未来を描くにあたって、私が先ほど〈おそろしい〉という形容詞を使ったのはこのためだ[96]」

別の言い方をすれば、キッシンジャーはカルタゴ役のソ連に対するローマ役のアメリカの勝利を確信していた。彼が懸念したのは、勝利の後のことである。「一世代と経たないうちに、アメリカは自分の中から困難な課題を引き出すことになるだろう。長い目で見ればこれこそが真の問題であり、解決には堅固な信条を必要とする[97]」。つまりアメリカがソ連に勝利した後に帝国主義的な退廃が始まるというのだから、一九五一年にしてはめずらしい見方だと言えよう。

キッシンジャーはケナンとはちがってソ連の専門家ではないから（もちろん論文は読んでいたにちがいないが）、一九五一年一二月のメモ「ソ連の戦略——アメリカがとりうる対策」ではごく標準的な議論に終始している。ロシア人は歴史的・イデオロギー的背景から戦争を不可避と考える傾向があり、防衛上（と彼らが考える）の必要性から自国の安全保障の強化拡大に努めてきた。当面は全面戦争の脅威が抑止力になるとしても、いずれ事態は変化しよう。彼らが戦略空軍と核軍備を強化しているのは、西ヨーロッパでの対決を望んでいるからだ。この観点に立つと、朝鮮戦争は、アメリカ陸軍を地球上に分散させる戦略の最初のフェイントのように見えてくる。アメリカ政府は、アチソン流の「物理的封じ込め」から、「心理的要素」を考慮した「総合的軍事戦略」（キッシンジャーが主張する戦略予備部隊の中東配備もここに含まれるはずだ）へと早急に転換する必要があった[98]。

5

キッシンジャーが次にこの問題を論じたのは、二年近くが過ぎてから小論「ソ連の平和攻勢」を書いたときである。その頃には彼は歴史から現代の戦略研究に立ち戻っていた。世界はその間に大きく変化している。ハリー・トルーマンがホワイトハウスを去り、アイクことドワイト・アイゼンハワーが第三四代大統領に就任した。軍司令官から大統領になったのは、二〇世紀にはアイゼンハワーしかいない。大方の大統領とは異なり、彼はとくに最高権力者になりたかったわけではない。NATO軍最高司令官まで務めたのだから、一九五二年に完全に引退しても何の問題もなかっただろう。第二次世界大戦における連合国軍勝利の立役者としての評価が揺らぐはずもない。だが共和党大統領候補の指名争いで最有力だったロバート・タフト上院議員がNATOに敵意を抱いていたことから、出馬を決意したのだった。温厚なやさしいおじいちゃんといったイメージで、ゴルフや西部劇を楽しみ、趣味で絵も描くアイゼンハワーだが、なかなかどうして冷徹な戦略家である。彼は朝鮮戦争の拡大を拒否する一方で、手詰まり状態に決着をつけるためには核兵器の使用もありうると、ソ連と中国を脅した。その結果、朝鮮半島を二分する形で休戦交渉がまとまっている。彼は国内でもいかんなく決断力を発揮した。たとえばジョゼフ・マッカーシーがアメリカ陸軍を赤狩りの次の標的にしようとすると、副大統領にマッカーシーの「無責任な発言と問題のあるやり方」を非難させたものだ。

ソ連にも大きな変化があった。一九五三年三月一日未明にスターリンは発作に襲われ、四日後に死亡。後を継いだラヴレンチー・ベリヤ、ゲオルギー・マレンコフ、ヴャチェスラフ・モロトフは緊張緩和へと動く。スターリン死去の公表からわずか九日後に、マレンコフは、「現代において、当事国の合意によって平和裡に解決できない紛争や問題というものは存在しない。このことは、アメリカを含むすべての国とわが国との関係に当てはまる」とソビエト連邦最高会議で述べている。[99] ソ連のプロパガンダも、いわゆる平和攻勢の到来とともにトーンダウンした。これは現実の戦争ではないが、心理戦という新たな脅威である。たとえばドイツ問題に関しては、ドイツ再統一の提案という形をとった。アメリカの政策当局には冷ややかな一般のドイツ人も、この提案には心惹かれたらしい。ドイツ再軍備を要求してきたアメリカ人は、しかるべき「心理的環境」を整える必要性も、キッシンジャーが「逆チトー主義」と名付けた危険性も、過小評価していた。逆チトー主義とは、アメリカからの自立をめざす政府が次第に親ソに傾くことを指す。キッシンジャーから見れば、「ソ連の懐柔的な姿勢」は「冷戦の継続以上に危険」だった。

とはいえ、好ましい変化もあった。スターリンの死後、冷戦のイデオロギー対立の側面がいくらかやわらぎ、より扱いやすい地政学的要因の重みが増してきたことである。一九五一年には成り立たないと考えていたことが、いまでは成り立つ可能性が出てきた、とキッシンジャーは考えた。「アメリカとユーラシア大陸の関係は、一九世紀におけるイギリスとヨーロッパ大陸の関係に相当する。アメリカは島国で、資源の点で大陸に劣る。いまのところ人口でのみ劣っているが、そのうち工業生産力でも後れをとるだろう。* となればアメリカとしては、ユーラシア大陸が一つにまとまり、統治形態はどうあれ一国の支配下に置かれることは容認できない……アメリカは、ユーラシア大陸で勢力均衡を実現する戦略をとるべきだ。言い換えればソ連圏の拡大をぜひとも食い止め、むしろ縮小させる必要がある。中国・ソ連・東欧衛星圏が結束するようなことがあれば、アメリカの安全保障にとって深刻な危険となるからだ」

一九五一年には、アメリカは当面バランサーにはなれないと主張していたのだから、重要な立場の転換である。もっとも、アメリカがいまやイギリス型のバランサーになれるというのは結構だが、では具体的に何をすればいいのか。ソ連圏の主要部分の縮小を迫るなどということは、戦争にほかならず、論外である。一方、「中国を含むソ連衛星国とソ連との分断」は可能だ。この発想は、二〇年後に別の戦略構想として結実することになる。

以上の分析を踏まえて、キッシンジャーは具体的な提言をしている。スターリンの死は、アメリカ外交にとって「貴重な機会」だと彼は主張した。四カ国（米英仏ソ）会談を呼びかけ、ヨーロッパとくにドイツ問題の協議を通じて「平和攻勢をかける」好機だというのである。この会談でアメリカはドイツの再統一を提案すべきだとキッシンジャーは主張し、その際にロカルノ条約の国境線を保障する

＊　冷戦期の大半を通じて、キッシンジャーを含むアメリカの専門家の圧倒的多数は、ソ連の経済力と潜在性を一貫して過大評価していた。実際には一九五三年には、ソ連の経済規模はアメリカの三分の一にすぎない。

必要はあるにしても、「アメリカはソ連ほどドイツ再統一を恐れる必要はない」と述べている。こうした行動が欧州防衛共同体（ＥＤＣ）構想に支障を来す恐れはあるが、ＥＤＣは「いずれにしても成立の可能性は低い」とキッシンジャーは妥当な判断を下していた。一方、この試みがうまくいけば、アジアで実質的な利益が得られる。「四ヵ国会談が中国を無視して行われたという事実は、中国に深刻な影響をおよぼすだろう。今後アジアで開かれる会議が成果に乏しければ、なおのことだ……四ヵ国による国境線の相互保障を会談で取り上げれば、彼らの不信感はいっそう強まるにちがいない」。キッシンジャーは、ソ連が会談に賛成する可能性は低いと認めたものの、「たとえ開催にこぎつけられなくても、ＥＤＣ協議と冷戦が再開される政治環境はより健全になるはずだ」と付け加えている。[100]

キッシンジャーのこの小論は広く配布され、おおむね高く評価された。バンディは「これほど短期間でやってのけるとは」と激賞し、政策企画本部の友人ロバート・ボウイに送っている。[101] しかし元同僚でオペレーションズ・リサーチ・オフィス（ＯＲＯ）のジョージ・ペティは納得せず、的確な批判をした。「過去の事例や知識を活用するプロセスでは、過去には正しくても未来にはそうではないことまで、未来に当てはめがちだ。たとえばロカルノ条約のようなものが重要になるという指摘は、その一つである」[102]。

キッシンジャーは、一九二〇年代の失敗を繰り返すつもりはないと強調し、条約というアイデアを盛り込んだのは「強い心理的効果」があるからに過ぎない、と述べた。「いずれにせよ私の提言はどれも、主導権を取り返すことが狙いだ。ソ連の官僚制がわが国と同じようなものであるなら、われわれが次々にアイデアを投げかけるほど、彼ら自身で考える時間がなくなり、柔軟な対応ができにくくなるだろう」[103]。それでもペティは、キッシンジャーが歴史上の事例との比較にこだわりすぎ、現在は過去とは必ずしも同じではないことを認めたがらない、と述べた。おそらく他の多くの人も同意見だったにちがいない。

一九五三年夏には、キッシンジャーは在野の戦略家が遅かれ早かれ感じることになる苛立ちを覚えていた。アイデアはいくらでもあるのに、誰も耳を傾けてくれない。ボウイはドイツ統一に関するキッシンジャーの論文を見ただろうし、おそらく読んだだろう。なにしろこの論文はじつにタイミングよく、東ベルリンで一九五三年六月一六日に始まった一連のストライキがソ連軍に鎮圧されたときに発表されたのである。ところが誰も、キッシンジャーをワシントンに呼んでくれない。キッシンジャーは、シュレジンジャーのような気の合う友人と私信をやりとりする日常に戻るほかなかった。冷戦初期の心理戦でアメリカ最大の成功とみなされたイタリアの民主化は、キッシンジャーに言わせれば感心できる代物ではない。一九五三年のイタリア総選挙で、一九四八年と同じくキリスト教民主党がCIAの支援を得て勝利したが、これは「策略で外交政策を行うことの無益」を証明するものだという。「法廷では、いったん陪審員の評決が出てしまえば、ついた嘘をもはや追及されることはない。だが残念ながら外交政策は、そういうものではないのだ」[104]。一方、一九五六年の大統領選挙では、民主党の大統領候補アドレー・スティーブンソンがアイゼンハワーよりましとは思えなかった。キッシンジャーはシュレジンジャー宛の手紙にこう書いている。

「たとえイタリアが共産化してもモスクワに爆弾を落とすべきではないという点では、スティーブンソンに同意するが、いかなる場合もモスクワを爆撃しないと事前に宣言するのは意味がない。それに、これ以上朝鮮半島で戦うことが賢明とは思えない。

候補者には、〝勝ち取るべき平和〟などと言うのをいい加減やめてもらいたいものだ。これではまるで、ある日突然〝平和が出現〟して緊張関係が瞬時に解けるように聞こえるが、ローマ帝国以外で歴史上そのような例がないことはあきらかだ。対ソ関係でも、もはやいかなる緊張も存在しないと言える日が来るとは考えられない。たとえクレムリンが大天使に支配されるとしても、だ。主権国家の時代に二つの超大国が君臨する世界では、緊張は避けられない」[105]

これは、カール・フリードリヒが一〇年前に行った主張とさして変わらない。それにしてもキッシンジャーは、ここでローマ帝国を持ち出す必要があったのだろうか。

6

一九五四年のハーバード大学では、博士課程の優秀な学生に、博士論文の完成からほどなく准教授の地位が与えられる例が少なからずあった。だがエリオットの奔走にもかかわらず、キッシンジャーにオファーは来ない。オックスフォードのオール・ソウルズ・カレッジとよく似たエリート研究者組織ソサエティ・オブ・フェローズへの申請も却下されてしまう。[106]その理由については、あれこれと説明されてきた。まず教授会の中には、キッシンジャーは名誉欲が強すぎると考えるメンバーや、サミュエル・ビアーの「社会科学2」講座の助手より国際セミナーやコンフルエンス誌に熱心だと不快感を抱くメンバーがいたという。[107]もっともキッシンジャーは、一九五三年春学期にバンディの「政治学180」の助手も断っていたのだから、後者をあまり信用すべきではあるまい。[108]その一方で、アダム・ウラムを筆頭に、同世代に近い教授からすでに嫌われていた可能性はある。[109]だがそれよりももっともらしい説明を、金融史で名高いMITのチャールズ・キンドルバーガーが与えている。それによれば、「エリオットから、ハーバードに空きがないのでMITにポストはないかと聞かれた。そこで、われわれにはメッテルニヒにくわしい政治学者が必要だろうかと同僚に尋ねると、みな一様にとんでもないと答えたものだ」[110]。他の新米博士同様、キッシンジャーは博士課程修了者に与えられる研究奨学金でやりくりするしかなかった。キッシンジャーの場合、「一九世紀の政治原則が守られなくなった現象」の研究のためにロックフェラー財団から四〇〇〇ドルが与えられている。[111]この奨学金は、ロックフェラー財団の法哲学・政治哲学分野における新規プログラムから提供されたもので、ハーバードがキッシンジャーを政治学の客員研究員に任命するには十分な額だった。[112]

キッシンジャーが落胆したことはまちがいない。思いあまった彼は、一九五四年六月八日にバンディに手紙を書くという暴挙に出る。「高等教育機関、とくにハーバード大学が直面する主要課題の一つ」として「大学院生と若手教員の心理状態」を論じる形をとり、一般論として書かれてはいたが、どう見ても彼自身の失望の吐露だった。手紙の書き出しでは、大学院生の心理状態を次のように大胆かつ暴露的に定義している。

「不安と独善、育ちのよさと不正なごまかし、過度の集中と怠惰な無気力が混在しており、ユーモアやよろこびはかけらもない。博学を装っているが、不安定で危うい。普遍性を追求しながら孤立している。たまさか生み出される立派な成果は、環境に打ち勝った粘り強さを証明しているだけで、環境から刺激を得たことの証明ではない。なにしろ現在の環境からは、創造性、自発性、ひらめきなど生まれるはずもないのだ。逆に、服従、凡庸、安全を選ばせるような圧力がかかっている」

このように大学生活にはよろこびがないので、「研究者としてのキャリアを断念し、ロースクールに進学しようかと真剣に考えている」とキッシンジャーは続けている。経済的理由からではなく、「大学改革が進まない限り、教授職は報酬がどうあれ、魅力に乏しい」からだった。

「同僚による評価や承認にこれほど依存する職業はほかにない。にもかかわらず、自分の中からこれほど大きな価値を生み出す職業もほかにないし、創造する行為と受け取る行為の間にこれほどの乖離がある職業もほかにない。だから教授職には並外れた熱意と献身が必要であり、学問それ自体のために学問に取り組まなければならない。研究を左右するのは、自由な発想を促す環境である。大学はそのような環境を維持し、環境を劣化させるような圧力には断固抵抗しなければならない。とはいえ客観的な基準が存在しないため、あるいは真の創造性は必ず既存の基準を超えてしまうため、衰退の危険性はつねに潜んでいる。意識的に質が押し下げられるのではないが、質を感じる感性が失われてしまうのである」

キッシンジャーは、「次第に狭量になり、知的活力が失われている」ハーバードの雰囲気と、人間を消耗させる物質主義的な考え方を手厳しく非難している。「他人の研究にも人間的成長にも誰も注意を払わない」。メンターのエリオットは稀有な例外で、「学識ではなく人間性によって私を成長させてくれた。彼は、尊敬する人が自分の成長を気にかけていると感じさせてくれた」。それでもキッシンジャーは次の非難の対象からエリオットを除外せず、大学院生の生活が政治学部の「イーグル」（上級教員）を中心に回っていると不満を述べている。ハーバードの大学院生はみなハーバードで終身在職権を持つ教授になりたがっているので、卑屈な服従者にならざるを得ない。キッシンジャーは長い手紙の最後に三つの具体的提言を掲げた。第一に、プリンストン高等研究所のような研究機関を創設し、高度な学際的研究を奨励する。第二に、教授の任命権を学部から学部長（たとえばバンディ）に移す。第三に、終身在職権をもっと早い段階で与える。[113]

控えめに言っても、新米博士から教養学部長に宛てた手紙としては常軌を逸している。しかもこの教養学部長は、学長に次ぐ影響力を持っているのである。バンディとは、コンフルエンス誌などを通じて比較的親しかったとはいえ、このような物言いは危険だし、無謀でもあった。キッシンジャー自身、自己の利益に関わる提言であるからして、受け入れられると本気で考えていたわけではあるまい。それでも博士論文が完成してしまうと、不満のはけ口を求めずにはいられなかったのだろう。バンディの返事がハーバードのアーカイブに保存されていないところをみると、口頭で伝えたのかもしれない。二人の関係はその後も円満で、バンディはキッシンジャーからのサマースクールでの講演依頼に応じたし、キッシンジャーは著名人との昼食会にバンディを招いている。

とはいえ、この手紙ですこしは教授への道が拓けると期待をかけていたなら、キッシンジャーはがっかりしたにちがいない。一九五四年の秋にバンディが何らかのポスト（おそらくは一番下のインストラクター）を提示したようだが、これはとうてい受け入れられるものではなかった。[114]シカゴ大学から教授のオファーをもらって交渉しても、母校からは同等のオファーは得られない。一九五四年が終わる頃には、ハーバードでのキャリアは冴えない終わりに近づいているように見えた。

7

それから二〇年近くが過ぎた一九七二年三月のこと。キッシンジャーは学問の世界の病理について、それも大統領執務室で、再び考えることになる。リチャード・ニクソン大統領がアメリカの学者の話題を取り上げたことがきっかけだった（当時の知識人の多くがニクソンの外交政策に批判的だったからである）。両人の会話から、二〇年近い歳月と世間的な成功を経ても、キッシンジャーの見方がほとんど変わっていないことがわかる。

「キッシンジャー：ですが、研究生活というのは気の滅入るものです。だから……

ニクソン：なぜだ？　みな卓越した業績を挙げているのだろう？

キッシンジャー：そうですね。第一に、十代の若者たちといつも一緒にいるでしょう。そうすると、彼らと同じように無責任になってしまう。本来なら彼らの成長を手助けすべきなのに。第二に、大学の教員というのは不安定な職業なのです。トップの連中を除けば……

ニクソン：ほお。

キッシンジャー：シュレジンジャーや、あるいは私もそう言ってよいと思いますが、国内で評価を得ている場合は別として、現状ではハーバードの平均的な教授でさえ、終身在職権を獲得するまでの一〇年ほどは不安で気が狂いそうな時間を過ごします。しかも終身在職権をとれなければ、そこで終わってしまう。二年目には自分が優秀かどうかがはっきりするロースクールとは、そこが全然ちがいます。

ニクソン：なるほど。

キッシンジャー：ロースクールでは優秀なふりをしても始まらない。

ニクソン：ふむ。

キッシンジャー：法律事務所で雇ってもらえるかどうかは、かなり正確に予測できます。

ニクソン：ははあ。

キッシンジャー：ところがアカデミックな世界で昇進するには、ひどくプライドの高い人物に推薦してもらわなければならない。若手研究者がどれほど優秀でも、誰もそれを知りません。私はハーバードの一九五四年卒業生ですが、いつも型破りで、その意味ではアウトサイダーでした。だから苦しい時間を過ごさなければならなかった。初めての著作は一九世紀の外交についてでしたが、そんなものに興味を持つ人はいません……練りに練った著作だったのですがね……一八一五年にどのように平和が実現したか……

ニクソン：ああ、そうだった、たしかに。

キッシンジャー：ほんとうに……ほんとうに考え抜いて書いたのです。だがとにかく、あの世界で食べていくのは大変です。そのうえ社会主義思想に侵されている。おまけに……

ニクソン：だが、なぜだ？　そこが知りたい。どうして学者たちはいつも……

キッシンジャー：巧妙な操作を鵜呑みにしているのです。そして、この社会では知識人があまり尊敬されていないという考えに囚われ、苛立っているのでしょう[115]」

学者同士の水面下の駆け引き、いわゆる学内政治に対する嫌悪感は、意外にも当の学者自身が抱いている。ハーバードを卒業し一八九〇年から一九一二年まで哲学を教えたジョージ・サンタヤーナは、「教授仲間に親友はいなかった」と語り、「それは嫉妬からか、友達になりたくないとひそかに思っていたからか、教授は多かれ少なかれみな見掛け倒しだと感じていたからか……。出世競争の落伍者に軽蔑と憐憫を感じるのはどうしてか」と自問している[116]。ハーバードの教授だけがこうした感情を抱くわけではない。「学内政治が苦々しいのは、獲物があまりにつまらないものだからだ」と言ったのは、コロンビア大学で行政学を教えるウォラス・スタンリー・セイヤーである。セイヤーには『ニューヨーク市を治める』という著書があるが、なるほどニューヨーク市のほうが懸かっているものは大きい。「いかなる論争においても、論者の感情の激しさは、懸かっているものの価値に反比例する」というセイヤーの「法則」をキッシンジャーは気に入っただろうし、ハーバードの学内政治はその典型だと考えたにちがいない。

そう強がってはみても、一九五四年の夏のある日、うなだれてハーバードヤードを歩くキッシンジャーには、獲物をつまらないものとみなすことはできなかったはずである。かつては前途洋々だった研究者としてのキャリアも行き詰まってしまった……。ばったり出会った友人シュレジンジャーは、うらやましくもすでに歴史学教授として終身在職権を獲得し、ピュリッツァー賞も受賞している。これから交わす会話が人生を変えようとは、キッシンジャーは夢にも思わなかった。「メッテルニヒにくわしい政治学者」は、核戦略へと舵を切るのである。

CHAPTER 10

Strangelove?

第十章

ストレンジラブ博士?

キッシンジャーは、第一にアメリカは全面攻撃にも限定的侵略にも対応できる準備をすべきであるとし、第二に全面攻撃には全面反撃で、第三に限定的侵略には限定的武力衝突で応じるべきだと考えている。いずれの場合にも戦い方に最も適した兵器を用いるべきであり、だいたいにおいて核兵器が最適である。

——エドワード・テラー　一九五七年[1]

キッシンジャーが政策決定や戦略の問題を、一九世紀の国際紛争との類似性を踏まえて国力の観点から考えることは、もちろん正しい。だが世界には何か理解しがたいものがあって、そうした考え方がいずれ足をすくわれるのではないかと感じる。ソ連が不変の強国であり続ける限り、そうした事態はすぐには起きないし、簡単にも起きないだろう。それでも私は、いずれ国際機関や地域共同体が世界の政治において重要な役割を果たすようになり、国家による力の行使にも影響をおよぼすだろうと考えている。

――J・ロバート・オッペンハイマー　一九五七年[2]

1

一九五四年の夏にヘンリー・キッシンジャーは一九世紀初期の外交史研究で博士号をとったものの、その後何の進展もなかった。ハーバードで准教授になれるものと思い込んでいたが、そうは問屋がおろさず、かといってシカゴ大学のオファーを受ける気にはならない。ペンシルベニア大学がよこしたのは「報酬はよいが地位の低い」オファーだった。[3]彼はロックフェラー財団から少額の奨学金を得て何とかやりくりし、博士論文を切り分けて専門誌に投稿しようと時間を無駄に費やしていた。そのキッシンジャーがたった三年後には、核戦略の専門家、ベストセラー作家、トークショーの花形ゲスト、ワシントンでは議論の的、モスクワでは非難の的となる。そして『未知への飛行』（シドニー・ルメット監督）に登場する冷酷な政治学者グロテシェル教授や、『博士の異常な愛情』（スタンリー・キューブリック監督）の主人公ストレンジラブ博士のモデルはキッシンジャーだ、と囁かれた。* いったいどうしてそうなったのか。答は、ハーバードヤードでのシュレジンジャーとの立ち話にある。ストレンジラブ博士の登場より一〇年も前のことだった。

アーサー・シュレジンジャー・ジュニアとキッシンジャーは、政治的立場はちがっても親しく友達付き合いをしていた。シュレジンジャー家とお隣のガルブレイス家が毎年開く卒業カクテルパーティーに、キッシンジャーは必ず顔を出す。飲み物はカクテルだけ、タバコは吸い放題というパーティーである。** お返しにキッシンジャー夫妻がシュレジンジャー夫妻を自宅に招き、「胃にもたれる食事、胃にもたれる思想」をふるまったという。「なにもかもが白かった。お皿はもちろん食べ物も」とシュレジンジャー夫人は回想している。[4] フリッツ・クレーマー以後、キッシンジャーが最も重要な（最も心の奥底の、とは言わないまでも）考えを打ち明けられるのは、シュレジンジャーだった。シュレジンジャーのほうも、この才気煥発な友人を政界のリベラルな大物によろこんで引き合わせている。たとえばエレノア・ルーズベルト、アドレー・スティーブンソン、ケネディ兄弟などだ。[5] キッシンジャーによれば、ハーバードヤードでの立ち話のあと、シュレジンジャーが「オルソップ兄弟（ジョゼフとスチュアート）*** や国家安全保障会議のポール・ニッツェとの議論」にキッシンジャーを引き入れたという。[6] そもそもなぜ立ち話をしたかと言えば、シュレジンジャーが持ち歩いていた元空軍長官トーマス・フィンレターからの手紙をキッシンジャーに見せたからだった。フィンレターはアイゼンハワー政権の大量報復戦略を擁護していたが、これに納得できないキッシンジャーは、「アメリカの政策と予防戦争の行き詰まり」と題する小論を急いで書き上げる。この小論が、戦略研究という新しい領域でのキャリアの第一歩となったのだった。****

アイゼンハワー政権の外交政策は、発足から一年半ですでに失敗しつつあるとの指摘から、小論は始まる。

* ストレンジラブ博士の当初のモデルはハーマン・カーンで、彼の考えの多くがキューブリックの台本に反映されている。カーンはキッシンジャーと同じくユダヤ系だが、キッシンジャーとは違ってアメリカ生まれだった。ストレンジラブはあきらかに元ナチスで、この点ではロケット科学者のヴェルナー・フォン・ブラウンに近い。

** キッシンジャー自身は飲酒癖はなかった。しかし一九五〇年代のアメリカでは、いま考えると信じられないほど大量のアルコールが消費されていた。この点についてはバーナード・デボトの『カクテルアワー』を参照されたい。

*** オルソップ兄弟は一九四五～五八年にニューヨーク・ヘラルド・トリビューン紙に「ありのまま」と題するコラムを週三回執筆していた。ハーバードを卒業しWASPの血筋を引く二人は、「代々の共和党員、政治信条は保守」と自称していた。

**** 何年ものち、キッシンジャーはシュレジンジャーにこう語った。「アーサー、僕を表舞台に連れ出したのは君だよ。君がこの国にもたらした損害については、自分を責めるしかないね」。キッシンジャーはシュレジンジャーが亡くなるまで、感謝を忘れなかった。そのことは、シュレジンジャーの息子アンドリューの未発表の日記に一度ならず記されている。キッシンジャー自身も二〇〇七年のシュレジンジャーへの追悼の辞の中で言及した。

「東南アジアの混乱、とくにディエンビエンフーでのフランスの決定的敗北、西側同盟国の煮え切らない態度、日本が抱く不満、兵力均衡の変化といったことすべては危機の予兆である。政府の公式発表では否定されているが、実際にはかなり深刻な危機だ。ここ一五カ月にわたりソ連が平和攻勢をかけてきた結果、世界中でアメリカこそが平和の障害物だと見られるようになった。ソ連は核開発で急速に進化しており、これを目の当たりにした西ヨーロッパは、共産化とは言わないまでも中立化へと傾きつつある。ソ連は世界中どこでも外交で主導権を握り、アメリカは強硬路線と柔軟路線の間で逡巡し、どちらをとるにせよ効果が乏しくなっている」

欧州防衛共同体（EDC）は「アメリカの威信を担保にとった」だけ、東南アジア条約機構（SEATO）は「弱小国に弱小国が加わった」だけの結果に終わるだろう、とキッシンジャーは切って捨てた。そして失敗が続く理由を三つ挙げている。第一に、アメリカは「ソ連の脅威にとらわれすぎ」、他の国々が平和を望み「東西の断絶を認めたくない」感情を軽視した。また心理戦では、ソ連の「平和攻勢」で足元をすくわれた。第二に、アメリカの政策当局は、同盟において馬鹿正直にどの加盟国にも重きを置いた。だが「同盟がその本質的な目的として統合化をめざすなら、必ず自己破壊に終わる。同盟が全加盟国の合意とイコールであるなら、その政策を決定づけるのは最も弱い加盟国になるからだ」。よってアメリカは主導権を握り、同盟国を導くべきである。

この二つはキッシンジャーが以前から主張していたことで、シュレジンジャーもよく知っていたにちがいない。だが第三の理由として挙げられたのは、心理戦ではなく現実の戦争についての新しい主張だった。「ヨーロッパの中立化の可能性に直面したら、戦争が……好ましい選択肢に見えてくるかもしれないし、予防戦が、こちらが圧倒的に不利になる前に敵に手札をさらさせる手段に見えてくるかもしれない。しかし戦争というきわめて重大なことを怒りに任せて行ってはならない」。問題は、アイゼンハワー政権の「ニュールック戦略」なるものが、「冷戦を戦うための戦略なのか、武力戦争で勝利する手段なのか」はっきりしないことだった。前者であるなら、発想自体が誤りである。では後者なら——キッシンジャーは明言していないが、この小論をちゃんと読んだ人なら理解できたはずだ。[8] キッシンジャー自身が読者に宛てた手紙に、「局地戦は可能だと申し上げている」と書いている。[9] これは二重の意味で挑発的だと言えよう。というのもアイゼンハワーは、朝鮮戦争が局地戦の危険を露呈したと考え、全面核戦争の威嚇でソ連を封じるほうが安上がりで効果的だと判断していたからだ。キッシンジャーはこの小論で、アメリカが両方の戦略のいいとこ取りができると示唆しているように読める。すなわち限定核戦争である。

リベラルで楽観論者のシュレジンジャーは、以前より「柔軟な」モスクワの新路線をキッシンジャーよりはるかに容易に信じがちだったが、[10] それでも小論の草稿を読むとひどく興奮し、「現在の外交政策の行き詰まりについて、これまで読んだ中で最も興味深く有意義な議論」だと評価している。[11] そして、アドレー・スティーブンソン（二年前の大統領選挙でアイクに敗れた）やトーマス・フィンレター（小論執筆のきっかけを作った）などの大物に見せると言ってくれた。* キッシンジャーのオペレーションズ・リサーチ・オフィス（ORO）での旧友ジョージ・ペティは、皮肉たっぷりにこんな感想を書いてよこした。

「この小論は、誰にとっても耳が痛いという致命的欠点がある。アチソンかダレスのせめてどちらかは優秀であってほしいというのは（支持政党の関係から）誰もが望むところだ。たしかに一九世紀であれば、二人ともつねに一流の専門家に見えただろう。その二人を［核兵器に関する限り］的外れだと指摘しているのは正しい。この小論は、ある意味でよい試金石になるだろう。なぜなら、どの政党のどの派閥、どの立場にとっても何の魅力もないので、もしこの小論に賛同する人物がいたら、もうそれだけで、その人物と知り合う価値があるとわかるからだ[12]」

フィンレターは強硬に反論し、キッシンジャーの軍事的な分析に異議を唱え、「全面戦争」の威嚇こそがソ連の膨張を抑制する最善の方法だとするアイゼンハワー政権の方針を擁護した。キッシンジャーは再反論でめずらしく経済的要素に言及し、「鉄鋼生産量が五〇〇〇万トン以下の国［ソ連はそうだった］に無制限の軍事力を想定するのはおかしい」と述べている[13]。彼は、ソ連の実際の軍事力の程度を別にしても、フィンレターの論理を疑問視していた。「全面戦争をする気があるぞという意志表示だけでは、攻撃の抑止力としては不十分だ。アメリカの決意のほどをソ連圏が知らなければ、探りを入れる行動に出て、それが結果的に、避けられたはずの全面戦争を引き起こす可能性がある。避けられたはずというのは、ソ連がこちらの決意のほどを十分にわかっていれば、探りなど入れなかったと考えられるからだ」。よって、真の問題は信頼性にあると、キッシンジャーは主張した。

「アメリカが最重要地域を指定し、そこは守るという意志を明確にするとしよう。すると、どうなるか。次の二つのうち一つが必ず起きるだろう。一つは、ソ連圏がアメリカを信じる。この場合必然的に、アメリカが最重要と指定しなかった地域はすべて、せいぜい現地の抵抗を受けるだけで併合できると考えるはずだ。もう一つは、アメリカの発表をはったりと考える（大量報復戦略を二年も続けたいまとなっては、考えにくいが)。この場合には、アメリカがディエンビエンフーのフランスと同じ運命になる」[14]

キッシンジャーは軍事専門家ではなく外交史の研究者であるし、この種の主張をしたのは彼が初めてでもない。それでもアイゼンハワー政権の抑止策批判は、有力な軍人に歓迎された。リチャード・G・スティルウェル大将によれば、陸軍士官学校では、キッシンジャーの論文は「熟読した教官全員に熱烈に支持された」[15]。空軍大将のジェームズ・マコーマックも賛同した。[16] こうした反応に力を得たキッシンジャーは、自分が行き当てた限定核戦争というアイデアは、全面核戦争という威嚇に十分代わりうる選択肢かもしれないと考え始める。当時大流行だったさまざまな軍縮計画にはどれにも否定的だったキッシンジャーは、シュレジンジャーに次のように語っている。**

「限定戦争と核兵器の戦術的使用の組み合わせは必然的に全面核戦争につながる、なぜならロシア人は両者を明確に区別できないからだ、という考えはまちがっている。これは私には、論理的推論と戦略的現実を混同しているように見える。実際にはソ連には、両者を峻別せよとの圧力がかかるにちがいない。モスクワの破壊と戦場での核爆発がちがうことぐらい、彼らは知っていると信頼してよかろ

＊　フィンレターは、スチュアート・サイミントンの後任として空軍長官になる前は、トルーマンの空軍政策委員会の議長を務めていた。

＊＊　「私は、心理的影響は別として、軍縮の提案にはそれほど賛成ではない。歴史を振り返れば、軍縮は緊張緩和の前ではなく、後に行われていることがわかる。国家が軍縮に同意できるなら、他のことにも同意できるので、軍備の必要性は消滅する」

う」

キッシンジャーは新しいテーマに熱を入れ、「現在の［戦略的］核兵器の破壊力」はきわめて大きいので、「官僚的手続きの惰性」によらない限り使われないと主張した。

「私の見るところ、戦略空軍（核攻撃を任務とする空軍部隊）の主な用途は、こちらの思い通りの条件で局地戦を戦えることにある。別の言い方をすれば、核兵器の破壊力は、相手側がそれを使わない限り抑止できない程度に大きい。したがって核兵器と代替兵器を持つ側は、相手を牽制する抑止力として核兵器をとっておくことで、全面戦争を回避できる。アメリカが核兵器の戦術的使用を可能にし、限定戦争のできる兵器システムを備えるとともに、外交政策では国家の無条件降伏ではなく局地的変革にのみ関心を持つことを明確にして両者を統合的に運用するなら、戦略空軍の存在は、ソ連が大規模戦争に突入することを抑止できよう[17]」

これが、どう見ても直感に反する主張の骨子である。そしてこの主張がキッシンジャーの名を世に知らしめることになったのだった。

一九五五年四月には「軍事政策と〈グレーエリア〉の防衛」と題する論文がフォーリン・アフェアーズ誌に掲載され、キッシンジャーは戦略研究という萌芽期の領域に、いわば公式に名乗りをあげる[18]。外交問題評議会が一九二二年に創刊したこの専門誌は、ジャーナリスティックで読みやすく、しかも学術的水準が高いことで敬意を払われており、それは今日も変わらない。キッシンジャーはこの雑誌のスタイルをあっという間に習得したらしく、シュレジンジャー宛に急いで書いたメモが、アメリカの戦略思考に対する大胆で洗練された批判へと変貌を遂げている[19]。とはいえこの論文は、二年後に発表される代表作の前触れにすぎない。

論文は辛辣な調子で始まる。「今後わずか二年間でソ連がアメリカを核攻撃できる能力を持つという事実に、アメリカの戦略思考がいささかも影響を受けていないことは驚きだ」。ある種の予防的先制攻撃の概念（「これはそもそも国家の良識に反するし、外交政策が従うべき憲法上の制約にも反する」）[20]を別にすれば、アイゼンハワー政権は、ジョン・フォスター・ダレスが主張する「大量報復」という冷酷な脅し以外、何も妥当な策を持っていない。となれば、「戦略空軍の整備と核兵器の増強に……過度に依存する」ほかない。これが要するに、ニュールック戦略の実態である。その一方でアイゼンハワー政権は、フィンレターが「グレーエリア」と名付けた地域、具体的にはユーラシア周縁部のＮＡＴＯ非加盟国において、地域紛争に巻き込まれたくないと考えていた。[21]

大量報復戦略についてキッシンジャーは五つの問題点を指摘した。第一に、ソ連の核戦力の急拡大により、全面戦争となった場合のアメリカのコストは大幅に膨らむ。第二に、朝鮮半島で戦われたような限定戦争はけっして好ましくはないが、「全面核戦争に比べればまだましなモデル」かもしれない。ソ連の核戦力が拡大している以上、アメリカ本土への直接攻撃でもない限り、アメリカが全面戦争のリスクを冒す可能性は減っている。[22]第三に、ソ連にしても、全面戦争に何のメリットもない。ソ連は「究極の目標であるアメリカの中立化を、周辺地域を徐々に侵食し、アメリカに公然と挑戦せずにバランス・オブ・パワーを変化させることによって、はるかに小さいリスクで」実現できるからだ。[23]
「ソ連の核戦力が比較的小さい時期に、限定戦争が全面戦争に拡大する危険を理由にインドシナで戦うことを拒否していたら、ビルマやイラン、あるいはユーゴスラビアのために核攻撃のリスクを冒す用意があるとはとても言えない」[24]

第四に、大量報復の脅しだけに依存していると、「同盟国が自国の軍備の拡充は不要だと考えたり、どれほど犠牲を払うことになっても戦争より平和を選ぼうと考えたりするようになる」ため、アメリカの同盟システムが弱体化しかねない。[25] そして第五に、抑止力で抑止できないという逆説的なリスクが存在する。「相手が、即時報復の脅しがはったりだと確信するにいたったら、核戦力の増強に伴いグレーエリアの併合を決意し、グレーエリアの放棄かアメリカの都市の破壊かという選択をわれわれに迫る可能性がある。中ソの指導者が、こうした選択肢に直面したときのアメリカの対応を読み誤る確率は高い。その結果、全面戦争を防ごうとしているアメリカの現在の軍事政策が、逆に全面戦争を引き起こすことになりかねない」[26]

キッシンジャーの考えでは、アイゼンハワー政権は地球滅亡という可能性の低いリスクを冒しているのではなく、孤立という可能性の高いリスクを冒している。ここで彼は、大好きな歴史上の類似性をフォーリン・アフェアーズ誌の読者に示す。

「ユーラシアとの関係において島国であるアメリカは、資源の点で劣っている。いまのところ劣っているのは人口だけだが、そのうち工業生産力でも後れをとるだろう。われわれは、イタリアに対するカルタゴ、ヨーロッパ大陸に対するイギリス同様、〝島国〟に固有の問題に直面している。それは、相対する陸塊が公然と敵意を示す単一勢力の支配下に入ることを阻止しない限り、島国は存続できないという問題だ。ユーラシア大陸が単一の強国、あるいは単一の同盟の支配下に入り、かつこの敵対勢力に資源を活用する十分な時間的余裕があるなら、アメリカは圧倒的な脅威に直面することになる。控えめに言っても、現在〝アメリカ的〟と考えられている戦略とは相容れない戦略をとらざるを得まい。アメリカが〝要塞国家〟に閉じ込められる事態となれば、あるいは〝グレーエリア〟でのソ連の勢力伸張がアメリカの同盟国から抵抗の意志を奪うだけでも、アメリカは人類の四分の三と対決し、資源の対比はもっと甚だしくなるだろう。したがって存続すら危うくなる」[27]

では、どうすればよいのか。答は二段階で構成される。第一に、アメリカは次の朝鮮半島型の限定戦争を戦う準備をし、決定的に勝利しなければならない。そもそも朝鮮戦争自体、勝てる戦争だった。「アメリカがさらに四個師団を投入していたら、停戦交渉に時間制限が設けられた場合でも、圧倒的な軍事的勝利を収められたはずだ」[28]。しかも朝鮮半島は「中国に有利な立地」だったが、東南アジアはちがう。「インドシナで徹底的に戦えば、最低でもラオスとカンボジアは救える」とキッシンジャーは指摘する。[29] ただし、「ソ連が公然と攻撃しない限り転覆させられないだけの安定した現地政府と、時間稼ぎのできる現地の軍隊」が存在することが条件になる。この条件が満たされるなら、アメリカは「均衡を回復する能力を備えた戦略的予備部隊（たとえばフィリピン、マレー半島、パキスタンの駐留軍）および……アメリカの技術的優位を現地で誇示できるような兵器システム」を維持するだけでよい。このような局地戦を戦う準備ができていれば、中ソに圧力をかけられるという利点もある。当時のような冷戦初期でも、中ソの古くからの反目が両国の同盟を自ずと決裂させるという希望的観測があった。キッシンジャーは、そのような亀裂が「自然に生じる」ことはないと主張する。

「両国は手を組むほうが得るものが多く、今後もまだ多くを得られるはずだ……われわれは、ソ連の判断ミスを当てにすることはできるだろう。ソ連と衛星国、さらには中国との分断は、外部からの圧力によってのみ、すなわち両国の立場のちがいを表面化させるような緊急事態を作り出すことによってのみ、実現しうる[30]」

ここには、朝鮮戦争のもう一つの教訓が活かされている。「一九五一年に朝鮮半島で中国軍を撃退しておけば、すべてを危険にさらした挙句に中国の力を伸長させる結果になってよいのか、というジレンマにソ連を直面させることができたはずだ。また中国に勝利したうえで、同国に融和的な講和を提案しておけば、ソ連につくより、アメリカの善意のほうがよりよい防御になるかもしれない、と考えさせることができたはずだ」。さらに、「中国がアメリカとの初めての軍事衝突で決定的な敗北を喫していたら、インドシナ問題は現在ほどの規模に拡大することはなかっただろう[31]」。朝鮮戦争は、同盟に固執すべきではないという教訓も残した。「局地戦では、直接的な利害を持たない同盟国は必要ないし、その支援を強要すべきではない[32]」。これだけでも大胆かつ独創的な見解であり、キッシンジャーがキャリアの初めの頃から、中ソの分裂やフランス撤退後のインドシナについて熟考していたことを示している。

とはいえ、より重要なのは第二の主張である。こちらには、あえて議論を巻き起こそうという計算があった。核戦争による地球滅亡と屈服の中間を探ることと、その中間の選択肢に「戦術核兵器」を含めることは、別問題である。前者の場合、「限定戦争のための戦力拡充」を提言したところで論議を呼ぶということはないし、すでに多くの論者がこれを提唱している。最も有名なところでは、バジル・リデル＝ハートが一九四六年から、「核兵器を伴う全面戦争は双方の自殺行為となる」としてそうした主張をしてきたし[33]、ロバート・E・オズグッドは『限定戦争』と題する著作を執筆中だった[34]。これに対してキッシンジャーは、その戦力の中に「戦術核兵器」を含むべきだと主張したのである。これは一段と踏み込んだ提言だった。たしかに、純粋な軍事標的（したがって大都市圏は除外する）に対してなら小型核爆弾は使用可能だとする見解は、過去に発表されたことがある。[35] たとえばバーナード・ブローディが、やや曖昧ながらこのテーマで論文を二本発表していた。[36] またアイゼンハワー政権でも議論されたが、大統領に拒否されたという経緯がある。こうした背景を踏まえれば、戦略核の使用を是とする論文がハーバードで博士号をとった外交史の専門家によって書かれ、フォーリン・アフェアーズ誌に掲載されたのは、かなり衝撃的だった。

キッシンジャーは一カ月後には、リベラルの牙城と言われるニューリパブリック誌に「外交政策の限界」と題する論文を発表する。この論文では、同年七月にジュネーブで開催予定の四巨頭会談に懐疑的な見解を示した点で注目に値する。* 外交史を長年研究してきた彼は、巨頭会談にまったく期待していない。「閉じられた扉の向こうで、緊張を緩和しさらには排除するために話し合う国際会議というイメージ」は「魅力的」かもしれない。しかし一九五五年当時の外交は、「二極化した世界に……固有の硬直性」によって、また、会談に参加する革命勢力が国際会議の枠組みそのものに異議を唱えてい

＊　これは、ポツダム会談以来、すなわち戦後初めての米ソ首脳会談である。一〇年前のポツダム会談の出席者は、トルーマン、チャーチル（途中からアトリー）、スターリン。ジュネーブでは、アイゼンハワー、ソ連のニコライ・ブルガーニン首相、イギリスのアンソニー・イーデン首相、フランスのエドガール・フォール首相らが出席する予定だった。とはいえ四巨頭会談はすでに時代錯誤であり、一九五九年以降の冷戦期の主な首脳会談は二国間で行われ、米ソ首脳会談は二〇回以上を数えることになる。

るという事実によって、二重に束縛されていた。「われわれはこの会談で現状が直ちに劇的に改善されるという幻想を持つべきではない」とキッシンジャーは結論付ける。会談でせいぜい実現できそうなのは、会談の提案を拒絶すれば「相互支援の枠組み作りといらわれわれの火急の目的を遅らせ」、交渉を決裂させれば最終的に「わが国の同盟システムを崩壊」させるという点で、「アジアにおける同盟国や中立国に会談がおよぼす影響の条件を特定すること」ぐらいだという。[37] ソ連との首脳会談など歌舞伎とさして変わらないというこの主張は、アメリカの政策当局は限定核戦争の選択肢を残しておくべきだとするフォーリン・アフェアーズ誌での主張を補完するものと言えよう。

キッシンジャーのデビューは成功だった。彼は年下の同僚サミュエル・ハンチントンに、「あの反応にはびっくりした」と打ち明けている。

「あの［フォーリン・アフェアーズ誌掲載］論文は、空軍大学、陸軍大学、国防大学の必読文献になった。陸軍士官学校のジョン・H・マイケレス少将は主な報道協会に配布し、参謀本部研究開発本部長のジェームズ・M・ギャビン中将は国防総省の必読文献に指定した[38]……」

さらに驚いたのは、ハンチントンも含めハーバード大学の同僚にもこの論文を気に入った人がいたことである。[39] バンディも感銘を受けたという。政治学部の彼の人気講座「国際情勢とアメリカ」では、ミュンヘン危機の際にとられた有和政策批判が中心テーマの一つで、バンディは、慎重な武力行使のほうがはるかに有効だった可能性があると述べている。[40] だからキッシンジャーの主張は、彼にしっくり来た。そしてこれをきっかけに、バンディはキッシンジャーをキャリア地獄から救うことになる。ハーバードに来る前の一時期、彼は外交問題評議会の仕事をしたことがあったので、キッシンジャーが関心を示すと、強く推薦してくれたのである。フォーリン・アフェアーズ誌の編集長ハミルトン・フィッシュ・アームストロングは、副編集長としての採用には難色を示したものの、核戦略に関する研究会のディレクターのポストを提示してくれた。*41

2

キッシンジャーは外交問題評議会のあるニューヨークに移ってくると、難問に取り組むことになる。なぜアメリカは、トルーマン時代の一時的な核の独占をもっと活かせなかったのか、という問題である。広島と長崎で原爆を落としてから一九四九年夏のソ連の原爆実験までの間、核兵器を保有していたのはアメリカだけだった。水爆を持っていたのも、一九五三年八月まではアメリカだけ、メガトン級の核爆弾を持っていたのも、一九五五年まではアメリカだけだった。ソ連は技術的に追いついてからも、量的には後れをとっていた。ソ連通のケナンが一九四七年四月に、「原爆を一〇回命中させれ

＊　キッシンジャーはのちにアームストロングについて、「彼は神が七日目にフォーリン・アフェアーズ誌を創設したと考えている」と語った。

ば」ソ連の産業を消滅させられると保証したほどである。「現時点では、わが国と友好国の優位は揺るがない」[42]。これほどの優位が、結局活かされなかった。なにしろこの時期にソ連は一連の地政学的勝利を収め、ユーゴスラビアを除く東ヨーロッパのほぼ全域を支配下に収め、中国の共産党支配を後押しし、朝鮮半島でアメリカ軍と代理戦争を戦っているのである。ワシントンは自信を持つどころか、次第に恐れ始める。そして国家安全保障会議であの名高い報告書（NSC六八号）が作成される一九五〇年には早くも、ニッツェらはソ連の核兵器保有数を大幅に過大評価し、一九五五年までにソ連は「こちらが察知できないうちにすばやく攻撃する」気になればできるようになると考えていた[43]。

軍拡競争は、その気になれば止められたはずである。実際、ロバート・オッペンハイマーとデービッド・リリエンソールが、核兵器の国際管理を呼びかけている。だが国連原子力委員会米国代表だったバーナード・バルークによる国際管理案は、ソ連に拒絶された[44]。一九四九年七月にはトルーマンは国際管理を断念し、「国際管理は永遠に実現できまい。となれば、核軍備においてアメリカは最強になる必要がある」と述べている[45]。オッペンハイマーが主宰したパネルもこの見方を支持し、「不毛」な取り組みだという理由で、国連軍縮委員会からの脱退を提言した[46]。いまなら、冷戦が「ある種の自動制御システムへと進化した」ことがわかっている。「このシステムは、長期的継続を意図した人も、予想した人もいない。このシステムは……人為的かつ恣意的に世界を二大勢力圏に分断し、現代史において戦争以外では最も深刻な敵対関係を内包する」にもかかわらず、「はるかに周到に準備されたヴェルサイユ体制の二倍も長続きした」[47]。なぜだろうか。事後的には、二極化に固有の単純さ、両大国の本質的な分離、両者に課される国内的な制約、相互抑止のカギとなった「疑心暗鬼と思慮分別」の共存、情報活動による一定の透明性の確保、双方による無条件降伏の拒絶、対立を抑制する「ゲームのルール」作りの進化といった要因が挙げられよう。核による地球滅亡が避けられたいまとなっては、歴史家は、「恐怖の均衡」が相互抑止装置として機能したと判断しがちだ。[48]

しかし当時は、このようなおだやかな結末を予想した人はほとんどおらず、大方の事情通は、超大国の対立をきわめて不安定だと考えていた。アイゼンハワーは第二次大戦中から、戦後世界は「共産主義や無政府状態が……急速にはびこる一方で、何らかの戦闘が行われている地域は、犯罪と無秩序、個人の自由の喪失、絶望的な貧困に見舞われるだろう」と懸念していた。[49]大統領として、全面戦争をすればどうなるかも明確に理解しており、一九五四年には韓国大統領李承晩に、「万一戦争となれば、恐ろしいことになる」と語っている。「核戦争は文明を破壊し……数百万単位の人々を殺す……その結果は考えるのもおぞましく、想像もはばかられる」。それから一年半後に行われた最高機密扱いの評価報告には、全面核戦争になった場合、「[アメリカの]総人口の六五%が治療を必要とする状態に陥るが、その大半が放置されるだろう……文字通り灰の中から立ち上がることになる」とある。[50]

トルーマンは、ニッツェの影響もあって、核兵器のみならず通常兵器を増強し、さらには朝鮮戦争まで遂行しようとしていた。だがアイゼンハワーは、このやり方は持続不能だと考える。国防費が四倍になるなど予算が途方もなく膨張しているのだから、なおのことである。「精神力に経済力と軍事力を掛けたら安全保障費に匹敵する」と彼は日記に書いている。[51]軍拡競争のコストが生活水準や経済の健全性を侵食するのは自滅行為だ。しかもソ連はそれを承知のうえで、「軍事的脅威を示して……アメリカと自由世界に過大な国防費を負担させ、経済的破綻に追い込もう」としているのである。[52]いずれにせよ、全面戦争を自ら経験したアイゼンハワーは、通常兵器を使うにせよ核兵器にせよ、ソ連との限定戦争という発想にきわめて懐疑的だった。いかなる限定戦争もエスカレートするものだと確信していたからである。[53] 彼が大量報復戦略に固執した理由は、ここにあると考えられる。アイゼンハワーは、「いかなる紛争も誰も望まないレベルまでエスカレートしうる」とあらゆる敵を納得させることで、敵を思いとどまらせ、ついでに自分の顧問たちも思いとどまらせようとしたのだった。[54] 表面的には、国務長官のジョン・フォスター・ダレスがひどく敵対的に表現したように、ニュールック戦略は大量報復の恫喝と「瀬戸際政策」を乱暴に組み合わせただけのように見える。だが実際には、もっと微妙なニュアンスがあった。アイゼンハワーの戦略には七本の柱がある。核による人類絶滅の阻止、実行可能な抑止力の整備、報復能力の確保、ソ連の後退をアメリカの目標とすることとの放棄、冷戦は長期的に続くという認識、ヨーロッパとアジアにおける同盟強化、現実的な軍縮の推進である。刷新された国家安全保障会議では、大統領自身がほぼすべての会合の議長を務め、これらの戦略課題を徹底的に討論している。[55*] そして目的を達成するための手段は、戦略空軍にとどまらず、外交、心理戦、隠密作戦まで総動員するものとされた。

　これらはすべて封じ込め政策の精緻化にほかならないが、その一方でアイゼンハワーは、スターリン後のソ連の「平和攻勢」に対抗する努力も惜しまなかった。一九五三年四月一六日に新聞編集者協会で行った講演「平和の機会」では、軍拡競争のコストに率直な疑問を投げかけている（「最新式の重爆撃機一機の費用で、三〇以上の都市に新しいレンガ造りの学校を建てることができる」と語った）。[56] イギリスがこれに賛同し、チャーチルが四巨頭会談を要請するにいたる。[57] だがいったい、平和は何に基づくべきなのか。アイゼンハワーは講演の中で、「恐怖と力の八年間」についてソ連を真っ向から非難し、「統一朝鮮の自由選挙実施に向けた政治的議論の開始」と「インドシナおよびマレー半島の安全保障に対する直接間接の攻撃の停止」を提案する。だがどの提案にもソ連が同意する可能性はまずなかった。モスクワの新指導部はトルコなどに関して譲歩の意志はあったものの、戦後の重要課題であるドイツ問題は、相変わらず解決の糸口も見えない。そもそもアメリカもソ連もドイツ再統一を願ってなどいなかった。現にアメリカは、再軍備を果たした西ドイツをNATOと欧州防衛共同体に組み込もうと躍起になっている。

真実を言えば、ワシントンはハト派的雰囲気とは程遠かったのである[58]。実際、ダレス国務長官がアイゼンハワーの二日後に行った講演は、大統領より相当強硬に聞こえた。一九五三年半ばにアイゼンハワーは三つのタスクフォースを発足させ、新戦略の選択肢を検討させる（プロジェクト・ソラリウム）。結果は、最も穏健なシナリオが現状維持、中間が中ソ圏を取り巻く防衛線の完成、そして最も過激なシナリオは、中ソ圏を後退させ領土を縮小させるというものだった。これらの検討をまとめた最終報告書NSC一六二・二号では、「戦略的攻撃力によって大規模な報復的損害を与える能力」が新しい戦略の要となっている。ただしアメリカと同盟国のそれ以外の戦力も、重要地域へのソ連の膨張に対抗すべく引き続き配備されることになった。ここで重要な問題は、そこに核兵器を含めるかどうかで

＊　アイゼンハワーの秘書官だったアンドリュー・J・グッドパスター大将が、会議の刷新で重要な役割を果たした。

ある。[59] 政府高官以外誰も知らなかったが、アイゼンハワーは核兵器の配備を完全には除外していない。それどころか就任直後には、西ヨーロッパに秘密裡に戦術核兵器を配備しようとした。一九五三年一〇月七日の国家安全保障会議では報告書一六二・二号の最終稿が承認されたが、そこには「戦争行為が発生した場合、アメリカは核兵器を他の兵器と同じく使用可能なものと考える」という一文が含まれている。[60] それから六日後に大統領は、この一文が何を意味するかを明確にした。統合参謀本部議長アーサー・ラドフォードからの質問に対し、中国が「再び侵略を企てた場合、われわれは朝鮮半島で核兵器を使うべきだ」と答えたのである（統合参謀本部はこの発言から、標的には中国も含まれると判断した）。[61] 同年一二月には、アイゼンハワーは英国首相アンソニー・イーデンの説得を試みている。「アメリカでは、原子爆弾とそれ以外の核兵器をもはや区別していない……そもそも両者は論理的には何のちがいもない……核兵器を使えば中国の基地をローコストで容易に破壊できるのに、なぜ数千機の爆撃機を必要とする通常の爆弾に限定しなければならないのか。原爆の小型化や核弾頭の使用が進んだ結果、両者の区別は不可能になっている」[62]

副大統領のニクソンも翌年同じような論拠に基づき、インドシナ半島でフランスを窮地から救うために核兵器を使おうとした。[63] そしてアイゼンハワーは一九五五年初めに「核兵器の使用によって侵略を迅速かつ確実に阻止でき、また政治的配慮と軍事的配慮を天秤にかけたとき、核兵器の使用がアメリカの安全保障上の利益を最大化するのであれば、アメリカは局地戦においても核兵器を使う可能性を排除しない」と述べている。[64] アイゼンハワーは、いかなる限定戦争も全面核戦争にエスカレートしうるとの主張は変えていない。「対立の解決を力に訴えた瞬間に、もはや事態がどこへ向かうかわからなくなる……先へ行けば行くほど、力それ自体の限界以外に制約がなくなるからだ」[65]。それでも軍部には、「アメリカが関与する可能性のある戦争では、どれほど規模の小さい戦争であっても、軍事標的に対する戦術核兵器の使用を念頭に計画を立てる」よう繰り返し指示している[66]。

アイゼンハワー政権で悩ましいのは（そして今日でも歴史家が困惑しているのだが）、公的な発言がこのような私的な発言としばしば食い違うことだ。イーデン首相に中国への核攻撃を訴えた同じ月、彼は国連総会の場で（つまり世界に向けて）「平和のための原子力」として知られる有名な演説を行い、アメリカをはじめ核保有国の政府は、国連の支援の下で「標準ウランならびに核分裂物質の各国の備蓄から、国際的な原子力機関に対してそれぞれ供出を行い、今後も供出を継続する」べきだと述べたのである[67]*。もっとも、原子力の平和利用を呼びかけたこの演説は、見かけほど矛盾していたわけではない[68]。実際にアメリカは、海外の原子炉建設に核分裂物質を提供するという大統領の約束を実行している。だがじつは演説は、国防三カ年計画の策定と時期を同じくしていた。計画では、戦略空軍の予算増強のほか、ソ連の弾道ミサイル攻撃に対処するための弾道ミサイル早期警戒システム、二万メートルを超える超高空に滞空可能なロッキードU2高高度偵察機など多様な防衛システムの導入が予定されている[69]。

＊　「平和のための原子力」は、歴史上最も多く取り上げられた演説の一つで、アメリカの新聞、ラジオ、テレビ、ニュース映画などでも報道されたほか、海外向けラジオ放送「ボイスオブアメリカ」が演説を三〇言語以上で生中継した。記念切手まで発売されている。

その一カ月後にダレスが外交問題評議会で講演するが、このとき明確にされた大量報復戦略にはニッツェも驚いたという[70]。もっともほどなくアメリカは、ソ連の動向も受けて[71]ダレスが核実験禁止に軸足を移し、アイゼンハワーもこれを支持するようになるのだが[72]。

いずれにせよ当時の問題は、国防戦略の策定に閣僚だけでなく膨大な人間が関わるようになっていたことである。かつて核兵器は物理学者の領域だった。科学者の重要性はその後も変わらなかったし、大統領直属の科学諮問委員会に影響力もあったものの、科学者は一枚岩ではない[73]。原子力の平和利用に傾く科学者もいれば、軍縮や核実験禁止に反対する科学者もいる[74]。しかも当然ながら軍部にも意見がある。陸・海軍は戦略空軍偏重の方針に憤激していた。こうした状況では、軍縮担当大統領特別補佐官であるハロルド・スタッセンの立場はひどくむずかしかった[75]。軍縮に公然と反対することは誰もできないにせよ、では軍拡競争をどう打ち止めにするかの合意もできない。ジュネーブ会談が迫る中、一九五五年春にはアメリカは手詰まり状態に陥っていた。もっともらしい軍縮提案を打ち出すソ連に対して、アメリカには実行可能性のある対応策が存在するのだろうか。ここに、閣僚、科学者、軍部に加えて専門家という第四のグループが政策決定プロセスに入り込むチャンスがあった。アイゼンハワー政権で閣僚以下の合意が形成できていたら、学問領域としての戦略研究の誕生はもっと遅れていたにちがいない。

3

ワシントンで繰り広げられた核戦略をめぐるバトルをハーバードで逐一追いかけるのは容易ではない。もちろん演説は誰でも読むことができる。だが国家安全保障会議（NSC）での議論は外部にはほとんど知らされなかった。情報自由法が制定されるのは一〇年も先のことである。外交問題評議会に関わるようになるまで、キッシンジャーにせいぜいできるのは、政府の重要人物を招いて国際セミナーで講演してもらうことぐらいだった。副大統領のニクソンは一九五五年七月の基調講演を断ったが（これから何度もある両者のすれ違いの第一回である）、大統領特別補佐官のスタッセンは来てくれた。[76] 彼の講演は「大成功」だったとキッシンジャーは考え、[77] バンディはスタッセンを「非常に謎めいた興味深い人物」だと述べた。[78] まったく、ハーバードの連中ほどワシントンの情報に疎い人間はそうそういなかっただろう。

この窮状を救ってくれたのがバンディだったことは、すでに述べたとおりである。外交問題評議会の仕事は、象牙の塔を離れて新聞で読むだけだった世界へとキッシンジャーを招き入れてくれた。この評議会の前身は一九一八年に財界人が中心になって設立されたサロンで、一九二一年に、ウッドロー・ウィルソンが第一次世界大戦終結後の和平案策定のために発足させた調査団の元メンバーと合流して再構成された。イギリスの王立国際問題研究所のアメリカ版に相当するシンクタンクである。[79]同評議会の戦争と平和に関する研究は、アメリカが世界新秩序についてどう考えるべきかに重要な影響を与えていた。メンバーは全員男性で、アイビーリーグ出身者が多い。アメリカの外交政策に直接関わっていないメンバーは、パークアベニュー六八丁目の優雅なクラブハウスにいるときに我が家のように感じるらしかった。[80]*評議会が影響力を持っていたことはまちがいないが、ときおり言われるような決定的な力は持っていなかったし、陰謀を画策したこともない。[81]

キッシンジャーにとって最初の核戦略研究会の会合は一九五五年五月五日に開かれた。メンバーのほぼ全員が、政府か軍での実務経験を持つ「インサイダー」である。まず政府関係から言うと、原子力エネルギー委員会の委員長だったゴードン・ディーン。彼が議長を務めた。国務省政策企画本部長を務め、この会合の時点ではジョンズ・ホプキンズ大学高等国際関係大学院にいたポール・ニッツェ。トルーマン政権で陸軍長官を務めたフランク・ペース。やはりトルーマン政権で国際安全保障担当国防次官補を務めたフランク・C・ナッシュ。次に軍関係者では、第二次大戦中にマーケット・ガーデン作戦で第八二空挺師団を率いたジェームズ・ギャビン中将。彼は陸軍で研究開発を担当しており、装甲車両や火砲を空輸する斬新なアイデアを考案した（キッシンジャーはのちにこれを採用する）。**第二次世界大戦中は陸軍航空軍参謀総長、のちにNATOの南部欧州連合空軍司令官を務めたリチャード・C・リンゼイ大将。心理戦についての著作があり、一九五三年には『地上戦における核兵器』を発表しているウィリアム・キントナー陸軍大佐。そして原子力関係の研究者は、生物学者でハスキンズ研究所の創設者キャリル・P・ハスキンズ、放射能の生理学的影響の権威シールズ・ウォレン、研究者ではないが、原子力エネルギー委員会初代事務局長を務めたキャロル・L・ウィルソンなど。最後に国際関係論の研究者として、イエール大学国際関係学教授のアーノルド・ウォルファーズ、のちにハーバード大学ケネディスクールを創設するドン・K・プライスらがいた。***

このような会で、キッシンジャーは具体的に何をするのか。外交問題評議会事務局長のジョージ・S・フランクリンは、「研究会で提起された問題のいくつかについて一五カ月間考え……それから本

＊　一九四五～七二年に政府の要職に就いていた五〇二名のうち、半数以上が外交問題評議会のメンバーだった。この期間中のどの時点にも、メンバーに占める政府職員の割合は五分の一に近かった。ニューヨークを拠点としていたため、メンバーの多くは金融、メディア、大学関係者だった。

＊＊　ギャビンはパラシュート降下が大好きで、「ジャンピング・ジム」と呼ばれていた。彼はアメリカが軍拡競争で後れをとったと考え、一九五八年に陸軍を離れる。

＊＊＊　この日の他の出席者は、実業家のフランク・アルツシュール、ニューヨーク・タイムズ紙のハンソン・W・ボールドウィン、ベン・T・ムーア、チャールズ・P・ノイエス二世、ヘンリー・L・ロバーツだった。研究会のメンバーで欠席していたのは、フォーリン・アフェアーズ誌編集長のハミルトン・フィッシュ・アームストロング、近代美術館長ウィリアム・A・M・バーデン、元空軍長官トーマス・K・フィンレター、トルーマン政権で空軍次官だった弁護士のロズウェル・ギルパトリック、カーネギー国際平和基金理事長ジョゼフ・E・ジョンソン、オッペンハイマーの後任として原子力エネルギー委員会委員長になった物理学者のイジドール・イザーク・ラービ、アイゼンハワーの首席補佐官を務め、当時はCIA長官兼国務次官だったウォルター・ベデル・スミス、原子力エネルギー委員会の委員だったヘンリー・デヴォルフ・スマイスである。スマイスは、オッペンハイマーが国家機密に関与する資格を奪われ公職から追放されると、抗議して委員を辞任した。

にまとめる。興味深く重要な原稿になればなおよい」と説明している。彼らは、新参者が素人であることを十分に承知していた。「キッシンジャーが他の候補者に比べてこの分野での経験が豊富だったとは言えない」とフランクリンも認めている。「だが会ってみれば、彼の能力と客観的分析力が経験不足を補ってあまりあると感じるにちがいない」[82]。キッシンジャー自身も、自分の経験の乏しさにすぐに気づく。「仕事に就いてしまってから謙虚さを示すような人間を私はふだん信用しないのだが、今回ばかりはテーマの膨大さに圧倒された」[83]とオッペンハイマーに打ち明けている。バンディは皮肉交じりに励ました。「このテーマは、どんな学生にも自分はバカだと思い出させるような代物だ……となれば、知識を総動員するまでもなく重要なことを証明できるだろう。つまり、研究会のどの仕事も君に謙虚になることを促す仕掛けになっていたと実証するチャンスというわけだ」[84]。だが研究会との初顔合わせでキッシンジャーが謙虚になったとは思えない。なにしろこのときの会合は、傑出した人物の集まりが各人の合計をあれほど下回ることはめったにないという結果に終わったからだ。

核戦略研究会の会合は、このときすでに六回目になっていた。そこでキッシンジャーは、それまでの会合の議事録を読み、参加者から話も聞いて、「これまでの流れ」を会議の冒頭で提示した。新参者にしてはじつに大胆なふるまいと言えよう。彼のまとめは、こうだ。第一に、アメリカ軍の核依存度は高まっている。第二に、限定戦争における戦術核兵器の使用は次第に不可能とみられるようになっている。理由としては、核兵器の戦術的使用と戦略的使用の明確な線引きがむずかしいこと、敗色濃厚になった相手は、破壊力を使い尽くすまで降伏しない可能性が高いことが挙げられる。第三に、「アメリカの核攻撃の可能性を恐れるあまり、ソ連が先制攻撃を試みる現実的な危険性」が存在する。そのうえでキッシンジャーは、「限定的軍事作戦を行ってアメリカの目標が限定的であることを明確にする」ために、政府はその前に「政治的スキームをどのように整えるべきか」と問題提起した。[85] するとその後は、外交問題評議会ではかつてなかったような侃々諤々の大論戦が展開されたのである。

ニッツェはキッシンジャーの見解の大半を否定し、「研究会ではアメリカ軍が通常戦で勝ち目が薄くなっているとのコンセンサスができている」ことを認めず、限定戦争のルールにソ連のように信用できない相手が事前に同意することにも懐疑的だった（これには他のメンバーも同調した）。ウォルファーズは、ヨーロッパで限定戦争を始めても急速にエスカレートして遂には戦略兵器を使うことになると述べ、ニューヨーク・タイムズ紙のハンソン・ボールドウィンはこれに同意し、ヨーロッパ大陸の人口密度の高さを考えれば、ヨーロッパでの戦争を限定的にとどめるのはきわめて困難だと指摘した。

軍人の意見はちがった。リンゼイは、未来の戦争は長期化すると見込まれ、「攻撃のためであれ防御のためであれ、あらゆる種類の武器」を使うことになると主張した。ギャビンはさらに踏み込んだ意見を述べた。

「ギャビンの見通しでは、アメリカは火力で勝るので、核兵器を使わなくてもソ連に圧勝できるという。したがってアメリカに通常戦を戦う意志のある限りにおいて、兵器として核を使わずにとっておくことが自国の利益になりうる……このことを彼は警察が社会で果たす役割になぞらえた。巡査は究極の武器として銃を持っているが、一般人のいるところでは銃を使わずに棍棒で犯罪者に対処する。同様にアメリカは、ヨーロッパ文明を破壊せずに地域紛争で勝利するだけの武力と選択肢があるのだと誇示しなければならない」

このことは、ヨーロッパより人口の少ない中東にも当てはまるとギャビンは主張した。だがリンゼイは「通常兵器で済ませられるとは思えない」とし、限定核戦争に適しているのはヨーロッパよりむしろ中東だと述べた。ギャビンはアメリカ軍が「核戦争を引き起こさない限りにおいて自由に使える包括的な核軍備」を持つことを認め、「軍事標的に対して威力の小さい核兵器を使用できるなら、地域軍の戦力は大幅に増強される」と述べた。ただし、アメリカが核兵器で同盟国を守るつもりであることを公にする必要はないとした。

研究会の「素人」のメンバー二名は、中東をソ連の侵略から守るためには戦術核兵器が不可欠だと考えていた。その一人（チャールズ・ノイズ）は、「ソ連が公然とイランを侵略した場合で、イランの人々の利益のためにも、またおそらくは彼らから（核兵器の使用に対する国内の政治的反対の多くを排除してまで）要請を受けても、ソ連に対して戦術核兵器を使えないと判断するようなことがあれば、未来永劫使うことはできまいと指摘した」。議論の末に下された結論は、厳しいものだった。ニッツェは、「最終分析では、アメリカがソ連を攻撃せざるを得ない場合に何が起きるか、政治指導者は軍部の意見を聞かなければならない。われわれの知っているアメリカなら、ソ連に破壊されると軍部が答えたら、政治家は退却の屈辱を受け入れる覚悟をしなければならない」。あきらかな敗北勧告である。キッシンジャーは、議論が始まった時点ではニッツェの見解（「戦争がいったん核戦争に移行したら、それを有効に限定することは一段と困難になる」）を受け入れていたが、終わり頃には軍人の意見に熱心に耳を傾けていた。大量報復戦略に代わるものが何かあるにちがいない。大量報復が現実には空疎な脅しであって、実際には甚だしい屈辱を引き受ける可能性があるとなれば、なおのことである。

こうした議論に出席することについて、「浸透圧による勉強と呼ぶしかないようなプロセスを経験している。どうやら外交問題評議会は、偉大な人物、すくなくとも著名な人物の近くにいれば、それだけで人間はより努力するようになると考えているらしい」[86]。この考察をさらに裏付けるように、キッシンジャーはアメリカで最もよく知られた名前の男、ロックフェラーに近づこうとしていた。

4

ヘンリー・キッシンジャーとネルソン・ロックフェラー。この二人ほど生まれも育ちもちがう人間はそうはいないだろう。一〇代で移民としてアメリカにやってきたキッシンジャーは、チェルシーの搾取工場で働き、陸軍に入り、GIビルの奨学金をもらって大学を卒業し、ようやく外交問題評議会にたどりついた。生まれ持っていたのは、頭脳と向上心と愛情あふれる両親だけである。これに対してロックフェラーは、生まれたときから何一つ欠けるものがなかった。石油王ジョン・D・ロックフェラーの孫として生まれ（母方の祖父は上院議員ネルソン・オルドリッチ）、特権階級として成長する。フィリップス・エクセター・アカデミーとダートマスカレッジを卒業するとロックフェラー帝国の仕事に就き、JPモルガン・チェース銀行、ロックフェラーセンター、スタンダード・オイルのベネズエラの子会社、クレオール石油で働いた。もっとも、実際にはロックフェラーの仕事は政治であり、次が慈善、ビジネスはかなり優先度の低い三番目にすぎない。だが本業が何であれ、ロックフェラー家の一員だというだけでワシントンでは歓迎される。ルーズベルトは、ロックフェラーに北中南米問題の調整を担当させ、その後にラテンアメリカ担当国務次官補に任命した（これを契機に中南米と終生関わることになる）。トルーマンは国際開発諮問委員会の委員長に、アイゼンハワーは政府組織改革諮問委員会の委員長にロックフェラーを任命。この委員会は保健教育福祉省の新設を提言し、ロックフェラーは一時的に同省の次官に就任する。だが一九五四年にアイゼンハワーから大統領の特別補佐官としてホワイトハウスに呼ばれ、政権内の相互理解と協力の促進および作戦調整委員会（一九五三年に心理戦略委員会の後継として設置された）の仕事を任される。[87] 前任者のC・D・ジャクソンは心理戦に関する顧問だったが、ロックフェラーの役割はもっと広く、ソ連の「平和攻勢」に対抗することが期待された。その結果、政権内の大物の一部を敵に回すことになる。中でも国務長官のダレスは、自分の縄張りに首を突っ込んできた富豪の息子を、無理もないことだが不信の目で見た。

ロックフェラーは特権階級ではあったが、自分の限界はちゃんとわきまえている。母親からは、自分より頭のいい人に助言を求めるよう言われて育った（本を読む最高の方法は著者に会うことだと考えるような人間には、当を得た教えである）。そこでこのときも、新しい仕事での影響力を最大限に強化すべく、専門家を呼び集める。経済学者、社会学者、軍事や諜報活動の専門家などが馳せ参じ、バージニア州クアンティコにある海兵隊士官候補生学校で五日間缶詰めになって議論した。そこで出てきたアイデアの一つが、軍事施設の相互空中査察を行う「オープンスカイズ」構想である。ダレスは不賛成で国務省の保留案件としたが、アイゼンハワーはジュネーブ会談で議題に載せる。当時の情勢を考えれば時宜を得た提案ではあった[88]（なおロックフェラーは知己を得た専門家を民間企業に紹介している。たとえば元ＣＩＡ捜査官のフランク・リンゼイは、アイテック（スパイ衛星搭載用のカメラメーカー）の最高経営責任者になった[89]）。「オープンスカイズ」はアメリカの奥の手になるはずだった。世論はアメリカの透明性を歓迎し、ソ連が予想通り提案を却下すればソ連を非難すると考えられたからである。だが実際にはジュネーブでの心理戦に勝利したのはソ連だという印象があり、欧米で対ソ好感度が大幅に高まったと感じられたため、次の一手としてロックフェラーは「アメリカの未来戦略の心理的側面」という研究プロジェクトを発足させる。[90]キッシンジャーはこちらに招かれた。ハーバード大学の指導教官だったエリオットは、のちに「キッシンジャーをネルソンに推した」のは自分だと主張したが[91]、実際は最初に名前を出したのはウィリアム・キントナーである。[92]国防総省のフリッツ・クレーマーも推薦したかもしれない。[93]

プロジェクトの報告書の提出先は大統領をはじめとする政府高官だが、資金源はロックフェラー兄弟財団である。外交問題評議会の研究会と同じくこちらの会合も非公式な性格だったが、ここでもまたキッシンジャーは政界の大物と、しかもワシントンで直接接触することになる。[94]議長は、第二次世界大戦でドイツ空爆を担当した退役空軍大将フレデリック・アンダーソン。メンバーには、アイゼンハワーの心理戦担当顧問（ロックフェラーの前任者である）を務め、一九五五年にタイムライフ社に戻っていたＣ・Ｄ・ジャクソン、陸軍士官学校社会学科長のジョージ・Ａ・リンカーン大佐（ヤルタ会談をお膳立てした人物である）などがいた。このほかエリス・Ａ・ジョンソン、ポール・ラインバーガー、ジョージ・ペティとは、キッシンジャーはオペレーションズ・リサーチ・オフィス（ＯＲＯ）の仕事を通じて知り合っていたし、マックス・Ｆ・ミリカンとウォルト・ロストウとはＭＩＴで、社会学者のフィリップ・E・モズリーとは外交問題評議会で顔見知りになっていたはずだ。だがオーストリア生まれの戦略思想家スティーブン・ポソニーとは、このときが初顔合わせだったと思われる。*一九五五年八月末に開かれた第一回会合では、統合参謀本部議長とCIA副長官が講演した。[95] 厳密に言えば政府の仕事ではないものの、キッシンジャーはここで権力の回廊にさらに一歩近づくことになる。

キッシンジャーがロックフェラーから受けた第一印象は芳しくなかった。ロックフェラーは「部屋に入ってくるなり集まっていた研究者たちの背中を叩き、親しげに笑いながら、うろ覚えのファーストネームで呼んだ（どうしても名前を思い出せないときは「君」と呼びかけた）。[96] それにキッシンジャーが依頼された仕事は、核兵器に関する外交問題評議会の仕事に比べれば、やり甲斐に乏しかった。なにしろキッシンジャーは、すでに一〇年近く心理戦を研究してきたのである。彼は最初の会合後に「わが国の外交政策で最も重要なのは心理的要素だと、ここ数年ずっと主張してきた」とロストウに話している。[97] となれば、討論が核兵器に流れるのも無理はない。軍事関係のある発表は、「全面戦争以外の状況でなら核兵器が使われる可能性がある」と認め、「大規模戦争にエスカレートしなかった地域戦で戦術核兵器を使っていたら、世界はもっと幸福になっていたかもしれないという点で意見の一致をみている」とした。[98] キッシンジャーにとって、こうした発表が考えを深めるのに役立ったことはまちがいない。ただし彼が執筆を担当するのは軍事ではなく、自身が精通しているテーマだった。一つは「ドイツ再統一問題」、もう一つは「対ソ交渉の心理と圧力」である。

ドイツ問題は冷戦の中心テーマであり、その焦点はつねにベルリンにあった。第二次世界大戦が終結すると、ドイツは講和条約を結ぶ代わりに分割された。降伏という軍事的現実が分断国家の形で恒久的に固定されたのである。この取り決めは米ソ両国にとってきわめて好都合だったが、ほとんどのドイツ人、とくに西ドイツの社会民主党支持者には受け入れがたかった。ソ連は西ドイツのNATO加盟を強く非難し、アメリカの帝国主義者と好戦的な隠れナチスの共謀だと煽動したうえ、あえてドイツ再統一と中立化も提案している。東ベルリンの傀儡政権が追随すると承知しているからだ。アメリカにとって悩ましいのは、西ベルリンが陸の孤島であり、ソ連軍に完全に包囲されていて防御不能であることだった。[99] それでも政治的には西ベルリンはソ連の傀儡政権の正統性を脅かす存在であり、CIAが資金を出していたいかなる宣伝よりも効果的に自由を世界に発信していた。ドイツ分割自体は安定していたとしても、ベルリン分割はあきらかにそうではない。たとえば一九五三年には東ベルリンで起きた労働者の暴動が東ドイツ全土に拡大。台頭中だったニキータ・フルシチョフは、この機に乗じて第一副首相のラヴレンチー・ベリヤを失脚させている。もしまたベルリン危機が起きるようなことがあれば、今度は国内にとどまらず国際問題に発展するかもしれなかった。

キッシンジャーの分析は、こうだ。「ドイツの悲願である再統一を犠牲にした米ソ緊張緩和（デタント）」よりも、「ソ連との直接取引」のほうが好ましい、と西ドイツ国民が考え始める可能性がある。西

＊　ジョンソンは物理学者、ラインバーガーはアジア専門家である（コードウェイナー・スミスの筆名でSF作家としても活躍していた）。ポソニーはのちにレーガン大統領のために戦略防衛構想（通称スターウォーズ計画）を策定する。ミリカンとロストウ（正式メンバーではなかったが関わっていた）は、冷戦を有利に進める手段として経済支援を強く支持するようになった。

ドイツ国民の大半がそう考えるようになる前に、アメリカは主導権を取り戻さなければならない（ドイツ再統一問題は、その後ずっと彼を悩ませることになる）。よってワシントンは、「全ドイツ人による選挙および二国間の兵力削減に基づく安全保障」を基準とする再統一を提案すべきである。ソ連はおそらくこれを拒絶するだろう。そのときは次善の策として「経済統合」を提案する。手始めに、「全ドイツ経済議会」を中立化したベルリンに置く。これも拒絶されたら、第三案として東西ドイツの移動の自由を提案する。こうした提案をするのは、言うまでもなく、モスクワがいずれかに同意すると期待してのことではない。むしろソ連が拒絶すれば、ドイツでのアメリカの立場が、ひいてはコンラート・アデナウアー首相の立場が強化されることが眼目である。[100] これは心理戦としての外交にほかならず、一九五七年にジョージ・ケナンが行なった非武装に基づく再統一案（次章参照）とは対照的だった。ケナンは愚かにも、この案ならモスクワが同意するだろうと空想したのである。

対ソ交渉に関する論文はもっと範囲が広く、一九五五年の世界と大好きな一八一五年の世界とのいかにもキッシンジャーらしい大胆な比較から始まる。彼はソ連を「一世代以上にわたって社会正義こそがすべてだと自国民に言い続けた国、外の世界は永遠に敵だという神話に基づいて国内統治を行ってきた国、アメリカを破壊できるほどの核攻撃能力を持ちつつある国」と定義し、そのような国と対決する以上は、アメリカは従来の外交には頼れないと断じた。いまや問題は「基本的枠組みに基づく地域紛争の解決」ではなく、「基本的枠組みそのもの」である。キッシンジャーは、従来とは一線を画す外交を「新しい外交」と呼び、その要諦は「心理面」にあるとした。ソ連の「平和攻勢」を誠意あるものと考えることは理論上可能ではあるが、核戦力が「アメリカにほぼ匹敵」し、かつ「非共産圏に標的を定めた配備」が完了するまで「時間稼ぎをしている」可能性のほうが高い。その場合、「ソ連の餌につられる」のは破滅に等しい。問題は、ソ連の巧みな戦術が功を奏していたことである。モスクワは、西ドイツの再軍備という具体的な問題を取り上げつつ「平和について広く話し合う」姿勢を示して、いかにもアメリカを攻撃的に見せ、道徳的な優位に立っていた。その解決策として、アメリカ大統領が「武力による紛争解決に反対する」旨の四大国共同宣言ならびに「鉄のカーテンを開く具体策を話し合う会議」の開催をソ連指導者に呼びかけることを、キッシンジャーは提案した。学ぶべきは、ユーゴスラビアの指導者チトーである。チトーは「ソ連の数々の誘惑に対し、言葉ではなく行動で示せといつも答えていた。その結果、ついにフルシチョフはベオグラードに足を運んだ」。

論文の最後では、自分が提言した外交戦略が核軍備競争におよぼす影響を考察している。「巨額の国防支出を続けたうえに、ソ連が譲歩しないと交渉には応じないという態度を変えない限り、ソ連は先制攻撃に走りかねない。その一方で、ソ連は五分五分以上の勝ち目があると考えない限り、予防戦争を仕掛けてこないだろう。その五分以上の勝ち目があると彼らに思わせる状況こそ、アメリカが適正な戦力を維持して防がなければならない状況である。

おそらく核兵器は、それを使用するリスクを相手側にシフトする戦略をとることにこそ、真の意義があるのだ……もしアメリカが、平和か全面戦争かという軍事政策を掲げるなら、同盟国で次の二つのうちどちらかが起きることは避けられない。一つは、いかなる犠牲を払っても平和のほうがましだと考える。もう一つは、自国の戦力では事態は変えられないと考えて国防費を削減する」[101]

ロックフェラーが一九五五年一一月にアイゼンハワーに提出した論文は二〇本あり、キッシンジャーが執筆したのはわずか二本にすぎない。論文集には「アメリカの戦略の心理面」という表題がつけられ、結論は要するに国防費を増やさなければならない、というところに落ち着いている。キッシンジャーにとって、このプロジェクトは「ずいぶんと労力を使いはしたが、ここ数年で最も満足すべき経験の一つ」だった（すくなくともロックフェラーにはそう伝えている）。[102] 報酬もかなりよく、顧問料は一五三〇ドル（二〇一三年の六万ドル相当）である。[103] とはいえ、この取り組みが大きな影響をおよぼしたとは言いがたい。特別補佐官には組織的な権力基盤がなく、ロックフェラーはすでに国務省や財務省からの抵抗に遭っていた。ロックフェラーを委員長とする「政策企画調整委員会」が新設されると、ダレスは兄とともに水面下であれこれ工作し、うまいことアイゼンハワーに「アメリカの戦略の心理面」の提言を却下させる。ロックフェラーは政権を去り、一二月に入ってそれを知ったキッシンジャーはがっかりしたし、努力が水泡に帰したことに腹も立てた。[104]「先日スタッセンが講演をして、インドシナ休戦と朝鮮戦争休戦、それから一九一二年以降で初めて世界が戦争のない年を迎えたことを共和党の業績として挙げていた」とシュレジンジャーにぼやいている。

「この手の話がもっともらしくまかり通るのは、合理的な議論の基準が崩れてしまったからだとしか思えない。思うに講演ですべきなのは、アメリカがなぜ失敗したか、政策をどうすべきかを分野ごとに説明することだろう。それにはっきり言って、平和に向けて努力する、といった表現は大嫌いだ。これではまるで、ある日突然平和が魔法のごとく訪れるように聞こえる」[105]

キッシンジャーは保守的ではあったが、この時期には共和党の外交政策に反対していた。「不誠実な安全保障、国際関係に関する実現不能な公約」をよしとしなかったためである。アイゼンハワーが「広告代理店」にいいように操られているとも感じていた。[106] それでもキッシンジャーは、アイゼンハワーの政策に代わりうるものを真剣に考え続けた。たとえば「対ソ戦略――アメリカの対抗手段」と題する覚書を準備している。その冒頭では、トルーマン政権の封じ込め政策はアメリカをアジアなどでの「重要度の低い行動」に巻き込み、ソ連の優位性を強める結果になった一方、全面戦争の威嚇に過度に依存するアイゼンハワーの政策は、世界が「戦争になだれ込む」危険性を高めただけだと指摘。「大規模な戦争に発展する恐れのある行為との線引きを明確にすべきだ」としている。そのうえで再び緊急即応・戦略予備部隊の配備を持ち出した。当初は配備先を中東と考えていたのだが、このときにはイギリスと南アフリカも兵力を派遣し、ヨルダンかリビアに基地を置く案を出している。予備部隊の人員確保の必要上、日本の再軍備も検討すべきだとした。[107] ただし、この覚書は結局完成されていない。

5

海外の敵に対する心理戦は、選挙の年にはうかつに始められない。大統領選挙のある一九五六年には、キッシンジャーは政治家の集票目的の発言に度々幻滅することになる。「ダレスがライフ誌で披露した発言は最低だ」とシュレジンジャーに話している。[*]「だが民主党の大統領候補にしても、ほとんどちがいはない。台湾の金門島と馬祖島（一九五四年に中華人民共和国の砲撃を受けた）は核戦争をして守る価値はないと公言することと、アメリカは戦争をするつもりはまったくないと発言することとは別問題だ。『平和以外に選択肢はない』というスローガン（ジュネーブ会談でアイゼンハワーが述べた）は、ソ連に完全な行動の自由を与えたも同然である――少なくとも選挙の年である今年は」[108]

この年、キッシンジャーは半年の間にフォーリン・アフェアーズ誌に二本の論文「核時代の力と外交」、「アメリカ外交についての考察」を発表している。最初の論文では、冒頭で選挙運動を意識した発言をやり玉に挙げた。「大量報復」や「平和以外に選択肢はない」といった表現は危険だという。前者は「達成すべき目的に比してリスクが大きすぎ」、後者は「ソ連がアメリカの本気度を試そうとする」事態を招きかねず、かつ「ソ連に譲歩を促すインセンティブ」をなくしてしまうからだ。[109]続く本論では、彼の中で急速にまとまりつつあった限定核戦争の実行可能性を論じており、「核兵器、とくに低出力の核爆弾は、アメリカ軍の人員面の劣勢を補い、技術的優位を最大限に活かす可能性を拓くと考えられる」と述べている。[110]キッシンジャーが核の限定的な使用を公に論じたのは初めてのことだった。ソ連はこの種の主張の合理性を躍起になって否定し、限定核戦争は不可能だとして包括的軍縮に固執している。しかしこれは、アメリカの戦術核の活用可能性を阻止する策略にほかならない。ソ連の戦略は兵力の集中投入を伴う長期消耗戦を前提に立てられているが、「核戦争の戦場では分散が生死を分け、機動性が勝利の必須条件となる」。もちろん「上官の指導力、個人の判断力や機械操作能力」なども重要だが、「アメリカ軍はこれらすべての点でソ連軍を上回ると考えてよい」[111]。

限定核戦争が全面戦争にエスカレートする危険を防ぐためには、「われわれが全面戦争か平和かの二者択一ではなく他の選択肢もとりうること、その能力を用いる意志があることを、外交によってソ連に伝える」ことが重要になる。ただしアメリカは、無条件降伏は要求しない。[112] このメッセージは、ソ連だけでなく、アメリカの同盟国や、まだ同盟に加わっていない国にも伝わるようにする。同盟国には、戦争が「自国の不可避的な……壊滅的損害」を意味しないことを理解させ、安心させなければならない。非同盟国には「アメリカのスタンスをはっきり示し……行動能力を印象付ける」必要があった。論文の結論部では、次のような兵器システムを支持する主張を繰り返している。

「望ましいのは、緊張関係に対処できるような兵器システムである。緊張関係は中立的な地域で生じる可能性が高く、核兵器の大量投入には適していない。たとえば内戦、周縁部への攻撃、中立国同士の戦争などがそうだ。このような戦略は感謝されないし、不人気だ。だが不人気だからと避けることはできまい。当面期待できるのは、せいぜい敬意ぐらいだとしても」[113]

アイゼンハワーが「生き残りの条件」として再び大量報復戦略を主張していたときに、キッシンジャーは別の選択肢を示したのだった。[114]

もう一本の論文、「アメリカ外交についての考察」は一段と自信に満ちた調子で書かれ、アメリカの

＊　ダレスはライフ誌のインタビューで、「戦争に突入することなく崖っぷちに留まる能力」こそ「必要とされる技術」だと述べた。「その能力を習得できなければ、必然的に戦争に突入することになる。そうした状況を避けようとして、瀬戸際まで行くことを恐れるなら、そのときは負けだ」。これ以後、ダレスの名はつねに「瀬戸際政策」と関連づけられることになる。

外交政策は「アメリカ人のハッピーエンド好きのせいで行き詰まった」と断じている。アメリカ人は平和を喧伝するソ連のプロパガンダを信じたくてたまらないうえ、「その場しのぎの解決を好む」癖がある。外交は「何通りにも解釈しうる微妙なニュアンスを捉えて……それぞれの確率を天秤にかける技術」だというのに、アメリカ人は無邪気にも外交を科学のように実行できると信じている。[115] そのうえ、アイゼンハワーが国家安全保障会議を再編したにもかかわらず、アメリカの政策決定は官僚組織に邪魔されていた。いくつもの委員会が存在し、下級官僚が瑣末な知識で上司を圧倒し、反目する官庁が政策の取引を行い、紆余曲折の末にようやく下された決定はもはや見直しも修正もできない。さらに悪いことに、悲劇を経験したことのないアメリカ人は、とにかく楽観的すぎた。

「わが国で責任ある地位にいる人々、とくに経営者にとっては、危険や災厄の警告はインテリの大げさな悲鳴にしか聞こえない……国防長官も財務長官も、核時代の判断ミスの報いが国家的悲劇になるとは考えていないらしい。自分たちの築き上げた社会がローマやカルタゴのように消滅する可能性があることは、頭では理解できても心では受け入れられないのだろう。だがローマやカルタゴにしても、その住人は、自分たちの国は永遠だと考えていたにちがいない……それと同じで、取り返しのつかない失敗は、まだアメリカ人の経験にはない[116]」

こうした理由から、革命期（と彼がみなす時期）における外交政策の策定にアメリカ人は心理的に適していないという。「革命的秩序においては、会議の出席者は互いと話すより広く世界に呼びかける」べきだということを、アメリカ人はわかっていない。[117] 逆説的ながら、「われわれ経験主義者が想像力の欠如した硬直的な悲観論者だと世界から見られているのに対し、教条的な共産主義者のほうはこれ見よがしに柔軟かつ繊細な姿勢を示し、大胆な手を打っている」[118]。その結果、「わが国の同盟システムは危機を迎え……ソ連は世界の中立的な人々の間で大きな支持を得ている」。冷戦は「人道的主張を競う場」となり、この戦いにアメリカは敗れようとしていた。

論文の結論部では、キッシンジャーは軍事より外交に活路を求めている（なお、この論文が非常にうまく運営されていたアイゼンハワーの国家安全保障会議を過小評価していることは、それとして認めなければならない[119]）。まず、「核戦争を防ぐ最善の方法は、侵略が高いものにつくと敵にわからせること」であり、この点を同盟国に納得させなければならない。これはつまり、同盟国自身からの戦力的貢献を確保することを意味した。「中立地域」では、アメリカは人気より敬意を得るべきである。「中立国との関係においては、アメリカは思いやりだけではなく、威厳をもって行動すべきだ」という。「われわれは、自分のために好かれたいと願い、力よりも原理のたしかさによって勝利したいと願ってきた[120]」。

カントに傾倒した学部生時代から、長い歳月が経っていた。一九五六年のこの論文には、初めてマキャベリの影響が認められる。『君主論』第一七章でマキャベリはこう問いかける。「恐れられるよりも愛されるほうがよいか、あるいは逆であるか」。彼の答はこうだ。「両方であることが望ましいと人は答えるだろう。しかし両者を得ることはむずかしく、どちらかが欠けざるを得ない場合には、愛されるよりも恐れられるほうがはるかに安全である」。キッシンジャーの『核兵器と外交政策』は、まさにアメリカが愛されるよりも恐れられるために書かれた本だった。

6

キッシンジャーは一九五六年の秋いっぱい、コンフルエンス誌の編集、国際セミナーの資金集め、ロックフェラーの新しいプロジェクトなどの仕事をいっさい放り出して、この本の執筆に没頭した。「書いているときは、ほかのことは手につかない」とバンディに語っている。[121]「このテーマで書くのはむずかしい……重要なテーマにはちがいないが、わかっていることがあまりに少ないため、何を書くにしてもほとんど推定になってしまう。そのうえ外交問題評議会のみんなが期待しているという心理的重圧もある。この分野でどういうものが高い評価を得られるのか、基準すらわかっていない」[122]。これは、『回復された世界平和』を書いたときにはなかった重圧である。一一月半ばには、あの本には「嫌気がさした」と友人にぼやいている。この時点では、まだあと五章も残っていた。[123]年末には、「書き終わるのが先か、正気を失うのが先か」とジョークを飛ばす。[124]妻でさえ夫の姿をほとんど見かけなかった。書斎の扉の前に食事を置き、終わると下げる日が続いたのである。[125]

『核兵器と外交政策』の執筆に苦労した理由の一つは、取り上げるアイデアが必ずしもすべてキッシンジャーのものではないことにある。彼は、ときに矛盾するさまざまな研究会メンバーの意見をとりまとめなければならなかった。加えて、オッペンハイマーやメンターだったフリッツ・クレーマーなど、この分野の専門家にも助言を仰いでいる。クレーマーには、「あなたにとって驚くような内容はほとんどないと思う。多くの点が、すでに過去に誰かが指摘したものだ」と話した。[126] 研究会とキッシンジャーは、意図的に半ば独立した関係を保っていた。「コンセンサスを得ようとは考えなかった。著作については私が全責任を負い、研究会は助言するだけだということは、みな了解していた。本の後半は研究会で取り上げたこともないし、草稿も見せていない」[127]。

しかもこの本のかなりの部分は、すでにフォーリン・アフェアーズ誌などに発表された論文で構成されており、『回復された世界平和』の一部も手直しして収録されている。にもかかわらず、『核兵器と外交政策』が一貫性を保っていることには驚かされる。長すぎると（実際には四八二ページある）一般読者に読んでもらえないと考えたキッシンジャーは、なんとか短くしようと二カ月も悪戦苦闘した。そして出版に先立ち、一九五七年四月一五日にデトロイトの経済クラブで「兵器革命がわが国の戦略と外交政策にどのように影響をおよぼすか」と題する講演を行って、『核兵器と外交政策』のあらましを披露している。[128] 同時期にフォーリン・アフェアーズ誌に「戦略と組織」という小論も発表。[129] こちらは「本の要約のそのまた要約」になっていた。[130]

要約というものは、選択的にならざるを得ない。「戦略と組織」では、『核兵器と外交政策』の柱である限定核戦争よりも、むしろ戦争の前の政策決定や戦争中の外交に意図的に重点が置かれている。この論文の最初の論点は、アメリカが核時代の統合的なドクトリンを欠くということである。最上位の関係官庁の間でのコンセンサス醸成は可能かもしれないが、だいたいにおいて省庁間・部局間の論争で問題は先送りされ、「何らかの危機や予算編成上の必要に迫られ、切迫した状況で考えざるを得なくなるまで」ドクトリンは放置される。[131]「わが国の国防計画の立案においては予算上の配慮が優先されるため……ドクトリンは予算上の要求を満たすように調整され、必要とあらば発明されてきた……数字合わせはドクトリン放棄の表れである」[132]。その結果として、アメリカは核戦争が持つ意味を理解できていない。とくに、全面核戦争には勝者がいないことをわかっていない。「なぜなら、弱い側でさえ、どんな国も耐えられないほどの壊滅的打撃を与えられるからだ」[133]。限定核戦争についてのキッシンジャーのドクトリンは、次のように簡潔にまとめられている。

「核によるすさまじい破壊を踏まえれば、戦争の目的はもはやかつてのような軍事的勝利ではあり得ない。今後の目的は、双方が理解している特定の政治的条件の獲得になる。限定核戦争の目的は、紛争の原因に比して不釣り合いに甚大な損害を敵に与えるか、またはそのリスクを敵に知らしめることにある。目的が抑制されるほど、戦争の強度も下がる可能性が高い」[134]

この結論は、いくつもの現実的な条件を暗に前提としている。第一に、アメリカは「敵がリスクを計算するときの心理を理解し、戦争継続の結末より魅力的に見えるような和平案を時宜に応じて提示する能力」を身につける。[135]攻撃の合間に「計算尽くの中断」を入れる、戦争継続中でも双方が交渉を行う、などの能力も必要だ。第二に、敵の報復核戦力を無力化する。さもないと、どんな戦争も必ずエスカレートすることになる。第三に、アメリカ軍を再編する。陸・海・空軍は引き続き管理や訓練の単位となるが、今後は「戦略軍」と「戦術軍」という上位の組織に属することになる。第四に、国防予算の編成周期を現在の一年から二年に延長する。[136]

この要約からは、いったい限定核戦争とはどういうものなのか、ということがすっぽりと抜け落ちている。これに関する記述といえば、「戦争は、封建時代の定型化された勝負に近づく。そこでは、力を競うことに劣らず意志の強さを競うことが重視されていた」という一文ぐらいだ。これでは、未来の戦争が核時代前の通常戦ほど破壊的でないと示唆しているようにも聞こえる。[137] 後段で述べるが、キッシンジャーらしくないこの不明瞭な表現には理由があった。この小論でとにかく強調したかったのは、全面核戦争が引き起こす悲惨な結果だったのである。『核兵器と外交政策』の前宣伝のためにリポーター誌に寄稿した短い記事では、しっかりしたドクトリンがないと、人々が考える以上に全面戦争が起きる可能性は高まる、とキッシンジャーは論じている。*

「現状では、大国が意図せず戦争に巻き込まれることが起こりうる。スエズ動乱（第二次中東戦争）が起きることなど西側陣営はほとんど予測していなかったし、おそらくはソ連もそうだろう。ハンガリー動乱はクレムリンにとって青天の霹靂だった。どちらも、全面戦争に拡大しかねないような軍事介入を招いている。ソ連が東ドイツやポーランドで同じようなことをすれば、危険は一段と大きい」

もっともキッシンジャーのみるところ、悪夢は核戦争による地球滅亡そのものではなく、それに対する恐怖感のほうである。「戦争の歯止めとなるものが広く共有されていない場合、共産主義に対する

＊　リポーター誌は、ファシスト国家イタリアからの難民マックス・アスコリとジャーナリストのジェームズ・レストンが一九四九年に創刊したオピニオン誌で幅広いタカ派的反共産主義者の意見発表の場として、非常に影響力を持っていた。一九六八年にハーパーズ・マガジンに吸収された。

心理的抵抗の枠組みが弱体化する。戦争は国家的自殺行為だと考えられるようになったら、共産主義への屈服のほうがましだということになりかねない」とキッシンジャーは警告している。[138]『核兵器と外交政策』が出版されたのは、一九五七年六月二六日である。「全体の論調と……優越意識」にバンディは文句をつけたが、大方の読者は、アイゼンハワーの国家安全保障戦略に対する専門家の批判に感銘を受けたようだ。[139]とくに魅力的なのは、力強く揺るぎない論拠である。「最新兵器の圧倒的な破壊力を前にすると、戦争について考えることを避けたくなる。これが、核時代の悩ましい点だ。かと言っていかなるリスクもとるまいとすれば、ソ連指導部に無限の選択肢を与えることになる」。[140]要塞水爆の抑止力に期待するのは、マジノ線で安心するようなものだとキッシンジャーは断言する。要塞線でドイツ軍を食い止めようとしたフランスの失敗から一七年しか経っておらず、この比喩は十分にインパクトがあった。ところがアメリカの国防政策当局は、いまだに第二次世界大戦当時の考え方から抜け出せていない。次の戦争も真珠湾のように奇襲攻撃から始まると想定し、そうなったらアメリカ空軍が敵国の都市の破壊的な空爆で報復するという。第二次世界大戦当時とちがうのは、爆弾が核爆弾になることぐらいだ。空爆と並行して、核兵器を装備した海軍と陸軍が出撃する。だがこの前提は核時代には完全な時代錯誤であり、アメリカはソ連の新しい戦略に直面することになった。それは標的を周辺国にし、戦争の「賭け金」を低く抑えて大量報復が見合わないようにする戦略である（朝鮮半島がまさにそうだ）。となればアメリカに必要なのは「中間的な戦略」だということになる。[141]

核戦争を取り上げようとしている研究者はほかにもいたが、キッシンジャーの『核兵器と外交政策』は先駆的な研究だと言える。ベストセラーになったネビル・シュートの『渚にて　人類最後の日』（佐藤龍雄訳、東京創元社）が出るのは二年後、ハーマン・カーンの『熱核戦争』は三年後である。核戦争の影響評価では、ソ連との全面戦争でアメリカの五〇大都市が核攻撃を受けた場合、死者一五〇〇万～二〇〇〇万、負傷者二〇〇〇万～二五〇〇万、加えて放射性降下物による死者が五〇〇万～一〇〇〇万、罹病者が七〇〇万～一〇〇〇万と推定。生き残った者も「社会の崩壊」に直面するという。[142]とはいえアメリカも、ソ連に同等の損害は与えられるはずだ。よって「全面戦争の結末は戦争当事者双方の敗北しかない」。[143]ただしキッシンジャーは、核軍縮を訴えるために同書を書いたのではない。「核兵器の削減によって核戦争を回避できる可能性は低い」と明言し、核兵器査察システムにも効果はないとしている。[144]そして、「このように全面戦争が意味のある政策手段でなくなった場合にも、全面核戦争ほどの損害を与えない武力に訴えることは可能だろうか」と問いかける。[145]すでに見てきたように、彼の答はイエスだ。限定核戦争は可能な選択肢だという。

冷戦期に限定核戦争が起きなかったからと言って、キッシンジャーがまちがっていたという有力な証拠にはならない。いやむしろ、『核兵器と外交政策』の出版後に米ソが戦術核の装備を推進し、一九八〇年代前半までそれが続いたことを踏まえれば、同書の主張はあきらかに正しかった。戦術核兵器が一度も使用されなかったことは、ここでは問題ではない。重要なのは、戦術核は使えると米ソがともに考えたことである。

『核兵器と外交政策』の欠点はそこではなく、もうすこし微妙なものだ。その欠点は、同書がキッシンジャーの単著にはなっているものの、基本的には研究会の議論に基づいていることに由来する。同書の最初の二章で展開される大量報復戦略批判は以前から繰り返し行ってきたもので、大量報復の恫喝への依存はアメリカの同盟国、とくにヨーロッパとの同盟関係を損ないかねないという主張はすでに述べたとおりである。続く二つの章で示されるソ連と中国の戦略的思考の分析もすでにおなじみのもので、中ソの行動、ソ連の「平和攻勢」の分析に加え、アメリカ軍を再編し戦略軍・戦術軍に統合する提言が盛り込まれている。問題は、限定核戦争そのものを取り上げた第六章以降だ。研究会の軍人の力をとくに借りたのはこの部分であり、結果として論拠が弱くなっている。

第一の弱点は、限定戦争の可能性に関するもので、「米ソは限定戦争が全面戦争にエスカレートするのを防ぐことに強い共通の利害を持つ」との主張である。[146] ソ連の指導者も中国の指導者も、イデオロギー的価値観からして、「自国の存続が直接脅かされでもしない限り」リスクは冒さないというのである。[147] ただしキッシンジャーは、限定核戦争を可能にするために、多くの条件をつけている。「敵の戦略軍に対する攻撃は核による大惨事を引き起こしかねないため、攻撃してはいけない保護区域」を設ける必要があるという。たとえば、戦略空軍基地や一定規模以上の都市は攻撃対象外とする。[148] また、「戦略核と誤解されないよう」、戦術核の発射装置には特別な標識をつける。[149] さらには、配備する兵器の能力を規制し、一カ所の上限を五〇〇キロトンにするという。これではまるで、限定核戦争は暴力行為ではなくゲームのようだ。外交についても同じことが言える。

「あらゆる軍事行動は個別に完結する作戦の連続として設計し、一回ごとに政治目的を設定し、作戦と作戦の間に十分な期間を設けて敵に政治的・心理的圧力をかける……戦争中は外交的接触をしない、という思い込みは捨てるべきだ。むしろ、双方が戦争拡大の影響について正確な情報を共有し、政治的決着を提案できるようにするために、戦争中は直接コンタクトをとることがより必要になる」[150]

現代の読者なら、限定核戦争がいったん始まってしまったら、こうした手段が果たしてどれほど有効か、疑問を持たずにはいられないだろう。世界大戦の経験からすれば、敵対関係が始まってからも外交チャネルが開かれているとは考えにくい。現に、この頃すでに交渉理論の研究に取り組んでいたトーマス・シェリングは、部分的に脅しに基づく二人ゲームにおいて、エスカレーションがそれほど容易に避けられるのか、重大な疑義を提出している。[151]

第二の弱点は、限定核戦争自体の実行面に関するものだ。同書によれば、限定核戦争を遂行するのは「紛争地点に迅速に移動できる機動力と、標的を選択的に攻撃できる十分な能力を備えた部隊」だという。[152] 第六章では伝統的な海戦との類似点として、「十分な戦闘能力を持つ自己完結的な戦闘単位が敵を撃破し、占領や前線の確保もなしに戦場を支配する」点が挙げられている。また未来の戦争では、部隊が輸送ヘリコプターで戦場内を移動するだけでなく、兵士個人もワンマン用のフライングプラットフォーム（かつて米軍で開発されたことがある）を使って、空を飛んで移動するという。標的は都市や軍用飛行場や産業施設ではなく、敵の移動部隊となる。[153] これでは歴史小説とSFのごった煮だ。

第三の弱点は、アメリカはそのような戦いにおいて本来的に有利である、なぜなら「ソ連を上回る潜在的工業力、技術力、制度的適応力および……政府の指導力、個人の意欲や技能など、ソ連の統制型社会よりもすぐれた資質」を備えているからだ、との主張である。[154] たとえそうだとしても、そのことが限定戦争のルールをソ連が受け入れるインセンティブになるかどうかははっきりしない。ソ連がすでに限定核戦争の実行不可能性を主張する大量のプロパガンダを流していることは、キッシンジャー自身も認めている。

要するに、『核兵器と外交政策』の中心テーマである限定核戦争に関して、肝心の実行方法（ヘリコプターで移動する部隊が戦闘中に戦術核兵器を操る云々）が説得力に乏しい。ではなぜこの本は評価され、商業的にも成功したのか。原因の一つは、アイゼンハワーとダレスに対する批判が効果的だったことだ。もう一つは、軍拡競争でソ連に追いつかれそうだという不安が国民の間で強まっていた時期に出版されたため、悲観論を受け入れる下地が整っていたことである。さらにもう一つ、超然と達観した姿勢が挙げられるだろう。どういうことかというと、限定核戦争は嫌悪すべきものにはちがいないが、無条件降伏や人類滅亡に比べればましな悪だと『核兵器と外交政策』は言っているのである。同書の最終章では、悪の間の選択が一般的に述べられているが、これはキッシンジャーのキャリアを貫く一つの信条と読むことができよう。

「最低でも勢力均衡を維持できない限り……積極的な手を打つ機会は永久に訪れまい。だが均衡を維持するには、きわめて困難な選択を迫られることはまちがいない。たとえば内戦やクーデターなど、不確実性の高い状況に直面するだろう……内戦などを未然に防ぐ努力をすべきであることは言うまでもないが、いったん起きてしまえば、悪の中で選択するしかない状況で行動する意志を持ち、リスクをとらなければならない。われわれの原則をけっして放棄してはならないが、生き延びられなければ原則を維持することもできないと気付くべきだ……道徳的にも法的にも軍事的にも原則と完全に調和し、正統性と生き残りの条件が齟齬を来さない状況でのみ行動できるなら心は安らぐかもしれないが、世界最強の国として、もはやそのような贅沢は許されまい……不確実性に対処するためには、何よりもまず意志を持って行動する必要がある。状況が部分的にしかわからなくても、原則を完全には適用できなくても、リスクをとる意志を持つことだ……完全を求めたら……何も行動できない」[155]

ここにいるのは、学生時代から親しんだカント哲学に身を浸しているキッシンジャーだ。彼の解釈によれば、より小さい悪とより大きい悪との間で自由意志を持って選択することは、本質的に道徳的行為なのである。

7

「外交問題評議会のために最善を尽くさないなら、自分で自分を許せないだろう」――『核兵器と外交政策』が出版される一年前に、キッシンジャーはこう書いている。「単に本を完成させるだけでは不十分だ。最高の本を書かねばならない」[156]。自分の本が最高だとわかっている書き手などまずいないから、読者の評決をやきもきして待つことになる。最初に現れるのは、出版社が依頼した評者によるものだ。キッシンジャーが、本のカバーに印刷された推薦文を読んで安堵したことは想像に難くない。

「キッシンジャー博士のこの著作は、核武装の該博な知識に基づく過去に類例のない画期的なものである。事実の調査に関しては入念で緻密であり、主張においては強く揺るぎない。この著作は、戦争は思考を拒絶するものではなく、考えるべきものだということを教えてくれる。また、戦争を防止あるいは限定し、国益に適うよう、あるいは悲惨な結末を回避すべく誘導するためには、明晰かつ冷静で創造的な思考が必要であることも教えてくれる。わが国の未来に携るすべての人が本書を読むことを期待する」[157]

この一文を書いたのは、原子爆弾の生みの親ロバート・オッペンハイマーである。このことは、キッシンジャーの科学的専門知識の欠如が同書の価値を台無しにしてはいないと保証してくれた。オッペンハイマーは個人的にも同書を絶賛し、「非常にすぐれた本で、この分野の扉を開く重要な著作になるだろう……公的に世に出たものの中では抜きん出ているし、私自身が仕事上目を通さなければならなかった公式文書より断然よい」と語っている。本章冒頭に引用したオッペンハイマーの懸念は、当時はあまりに空想的だと片付けられた。一九五七年の時点では、パワーポリティクスの領域で地域共同体が国民国家に取って代わる兆しはほとんどなかったからである。刊行前の推薦文はキャリル・ハスキンズやクレア・ブース・ルース*も書いてくれたが、いちばん重要だったのはやはりオッペンハイマーのものだった。[158]

最初の頃の書評は「かなり好意的だった」[159]。ワシントン・ポスト紙のチャーマーズ・ロバーツは、「一九五七年のもっとも重要な書籍であり……緻密かつ知的で刺激的な議論が展開され……民間、軍部を問わずわが国の指導層が必ず読むべき書である」とし[160]、シカゴ・トリビューン紙のロバート・E・オズグッドは、著者の「鋭い洞察力、ゆたかな想像力、すぐれた分析力」を高く評価した。[161]ニューヨーク・ヘラルド・トリビューン紙は「きわめて示唆に富み、冷静で公平」だと評し[162]、クリスチャン・サイエンス・モニター紙はキッシンジャーを「精巧な理論家」と評価したうえで、「難解である。ただし比較的新しい分野で論理を突きつめようとすれば、どうしても難解になるものだ」と付言している。[163]理論物理学者のエドワード・テラーは「長いうえに読みづらい」としながらも、本の売れ行きを左右することの多いニューヨーク・タイムズ紙の書評では、好意的な意見を述べた。[164] テラーに加えてハンス・モーゲンソーも、「明晰な論理、該博な知識、すぐれた判断」を評価した。モーゲンソーは一九四八年の著作『国際政治　権力と平和』（原彬久監訳、岩波文庫）によってすでにアメリカ現実主義外交の重鎮とみなされていたから、強力な後押しになったと言える。[165] ロンドンではエコノミスト誌が、「冗長で、ときに不明確だが、きわめて独創的で示唆に富む」[166]と評している。

最初に疑問を投げかけたのは物理学者のラルフ・E・ラップで、ヘラルド・トリビューン紙の書評で、限定核戦争の可能性に疑問を表明した。[167] 本格的な反論の口火を切ったのは、ジェームズ・E・キングである。キングはニュー・リパブリック誌上で、キッシンジャーの核戦争へのアプローチは非道徳的だと攻撃し、「道徳的な根拠に依拠して結論を出そうとする姿勢」は本の中のどこにもないと述べた。[168] しかも同書の「出発点」はひどく「現実的」であるにもかかわらず、限定核戦争はただちに全面戦争にはエスカレートしない、限定核戦争は帆船時代の海戦に似ている、という主張はまったく現実的でないという。キング以上に痛烈だったのは、リポーター誌の書評を書いたポール・ニッツェである。全体に（彼自身が政策決定に直接関わっていた箇所はとくに）「単純化と誇張が甚だしい」うえに、「事

＊　クレア・ブース・ルースはウィットに富む魅力的な女性で、女性で初めて主要国（イタリア）の大使に任命され、帰任したところだった。タイム誌発行人ヘンリー・ルースの妻である。「善行は報われぬもの」という格言は彼女が作ったとされる。

実または論理が疑わしいか不明確なところが数百箇所」あるという。その一つが、核兵器の破壊力評価である。キッシンジャーは、核兵器の破壊力は爆発力の立方根に比例するとしているが、実際には立方根の二乗に比例するため、損害が過小評価されていた。

「一メガトンの核爆弾の破壊力は、一TNT換算トンの爆弾の一万倍であって、キッシンジャーの計算による一〇〇倍ではない。作戦実行区域の住民を絶滅させないよう設計された限定核戦略において、核兵器の上限を五〇〇キロトンとしたのは、おそらくこのためだろう。二桁もの計算ミスは重大だ」*

キッシンジャーの「オープンシティ」(核攻撃の対象から外される都市)構想にもニッツェはかみついた。それらの都市は、あらゆる軍事行動から遮断されるのか、それとも核兵器だけなのか。前者なら、攻撃開始前にこれらの都市に通常戦力を配備しようというインセンティブが働くだろう。後者であれば、「戦争は結局、核攻撃の対象外とされた地域を制圧するための通常戦になるだろう」。全体としてキッシンジャーは未来の戦争が通常戦になる可能性を過小評価しているとして、ニッツェは次のように結論付けている。

「核時代には、戦争自体を排除できなくとも、戦争を限定することは誰もが考えなければならない。だが、どれほど小さな戦争でも途方もない威力があり、限定戦争ではそれに耐えなければならない。だからこそ、恣意的な制限条件だの、超軽量兵器や燃料補給不要のフライングプラットフォームだの、攻撃目標もなければ兵站・通信上の脆弱性もないことを前提にした戦術だの、ゴールドバーグの漫画顔負けの仕掛けが必要になったのだろう」[169]

研究会に関わっていた人物からの異例の批判に、キッシンジャーは動揺した(ニッツェによれば、「反論の掲載されている一四七ページ目を読んだとき、これほど多くのページを要する反論があるなら、自分の主張にどこかまちがいがあるにちがいないと考えた」とキッシンジャーはジョークを言ったという[170]。

注目され発行部数も多い専門書にありがちなことだが、『核兵器と外交政策』は専門誌で厳しい批評の対象となった。核戦争問題の考察にキッシンジャー以上の時間を費やしてきた研究者が、新入りの野心に不快を感じることは避けられない。ニッツェにしてからが、先を越された一人だった。じつは限定核戦争をどう戦うかに関するニッツェ自身の論文（一九五六年一月にフォーリン・アフェアーズ誌に発表された）にも、キッシンジャーの著作に劣らぬ欠点が含まれていた[171]。おそらくキッシンジャーの本が手厳しい批判を受けたのは、国際問題に関してアメリカで最も権威あるシンクタンクの外交問題評議会によって出版された、ということもあるだろう。同じ分野で名乗りを上げた後発のシンクタンクの標的にされたわけである。たとえばランド研究所（一九四六年設立）、プリンストン大学の世界政治制度研究センター（一九五〇年）と国際研究センター（一九五一年）、ペンシルベニア大学の海外政策研究所（一九五五年）などがそうだ。これらの研究所に所属する研究者は、キングやニッツェ以上に攻撃的だった。プリンストンのリチャード・W・ヴァン・ワグネンは、限定核戦争と全面核戦争の区別を「独創的だが信憑性に欠ける」と片付けた（モーゲンソーの好意的な評価でも、この点は指摘されていた[172]）。ランド研究所のバーナード・ブローディは、キッシンジャーは限定戦争論の先駆者とは認められないと断言

＊　オッペンハイマーがこのまちがいを見落としたのは驚きである。

した[173]。スタンフォード大学のフーバー研究所に加わることになるスティーブン・ポソニーは、キッシンジャーの研究姿勢は「保守的」であって「現代戦略の複雑さ」を理解していないと批判し、アメリカは限定戦争で使える非戦略兵器すなわち「まさにキッシンジャー博士が主張する項目」に国防予算の約六〇%をすでに割り当てているのに、その事実を見落としていると指摘した[174]。

最も敵意ある反論は、ランド研究所のウィリアム・W・カウフマンからのものだった。彼は、戦術核兵器が実際に引き起こす損害、限定核戦争戦略を採用した場合のコスト、この戦略の採用がアメリカの同盟国に抱かせる警戒心という重要な問題の検討が不十分だと指摘した。カウフマンによれば、これら三点すべてをキッシンジャーは過小評価しているという。

「キッシンジャーは、大量の放射性降下物の危険なしに使える核兵器は最大五〇〇キロトンだとし、限定核戦争ではこれを上限とすべきだという。この上限をどうやって相手に強制するのかという問題はさておき、この種の爆弾をたとえ数個でも投下した際に、大量の放射性物質が降下することはないとなぜキッシンジャーが考えたのか、ふしぎだ。また、五〇〇キロトンの爆弾が空中爆発すれば、爆風によって爆心地から半径三〇キロの範囲内の鉄筋コンクリートの建物を破壊し、熱によってさらに広範な地域に深刻な被害を与えるのに、なぜこうした兵器を標的に合わせて選択的に使えるのかも、大いに疑問である」

さらにカウフマンは、キッシンジャーが限定核戦争を実際以上におだやかなものと考えるのは、軍事技術の進歩に関する非現実的な予想に基づいているからだ、とも指摘している。

「軍事技術にある程度通じていれば、垂直離着陸機が実戦投入可能になるのは一九六〇年代半ば以降だとわかったはずだ。また現時点で内燃機関の代わりになりうるものはなく、今後一〇年かそこらは、原子力で走るトラックが実現可能とは思えない。それに、陸軍はまだ補給基地と通信線なしでは成り立たない……限定戦争に関する章を読むと、どうやらキッシンジャーは、紐なしのヨーヨーのごとき兵器や軍隊が出現すると信じているらしい」[175]

8

カウフマンのような専門家の評価がひどく低かったのに、『核兵器と外交政策』が初版七万部を記録し、「ブック・オブ・ザ・マンス・クラブ」の一冊にも選ばれたのはなぜだろうか。理由の一つは、専門誌の書評を読む人は少ないことだが、大きな理由は、キッシンジャーの本がアイゼンハワーの大量報復戦略の批判者に、有効な「弾丸」を供給したことにある。さらに重要な要因として、出版後数カ月のうちに国内外で起きた出来事が、アメリカの戦略は危機的状況にあるというキッシンジャーの主張に思いがけず信頼性を与えたことが挙げられよう。

軍部関係者の見解は、当然ながら否定的だった。国防長官のチャールズ・E・ウィルソンは「ロシア人と小さい戦争をすることはあり得ない」と断言し、統合参謀本部議長のアーサー・W・ラドフォード大将も同意した。[176] 空軍大学のエフライム・M・ハンプトン大佐は、限定戦争と全面戦争に一線を引くことを「現実逃避の道具」であるとし、「苦い真実を隠す糖衣錠」だと非難した。[177] だがワシントンの指導層の意見は軍部と一致していたわけではない。研究会メンバーとしてキッシンジャーが最も重んじていたジェームズ・ギャビン中将は、「現代において最も重要とは言わないまでも……きわめて重要な本」だと評価したのだから、その本の主張を否定する可能性は低かったし、[178] ギャビンの上司の陸軍長官ウィルバー・M・ブラッカーも、限定戦争の考え方を支持した。[179] ワシントン・ポスト紙は、キッシンジャーの本が「国防総省、国務省、議会に反省を促す」ことになったと報じている。[180] そこにホワイトハウスを加えてもよかっただろう。副大統領のニクソンは、「非常に刺激的で建設的」だと評した。[181] 元上院議員で国連大使を務めるヘンリー・カボット・ロッジ・ジュニアは、「明晰で深淵で建設的」だと大統領に話している。[182] アイゼンハワーは、信頼する大統領付武官アンドリュー・グッドパスターがまとめた要約を読み、[183] 感銘を受けてダレスに薦めた。

「君が著者の主張に全面的に同意するとは考えていない。彼の議論には欠陥があり、もしその提言に従って軍を再編したら……現在遂行中のどの作戦よりも高くつくことになろう。だが著者の主張には、世間の一般通念や誤解に関わるものもある……だから少なくとも一部は君にも興味があるだろうし、読む価値があると思う[184]」

八月一一日付のニューヨーク・タイムズ紙は「政府の最高レベルの高官[185]」がキッシンジャーの本を読んでいると一面記事で報じたが、たしかにそのとおりだったわけである。

一九五七年の夏は、アイゼンハワー政権に変化が訪れた時期だった。財務長官のジョージ・ハンフリーに次いで、国防長官のウィルソンも、キッシンジャーの本の出版直後に離任している。後任はプロクター＆ギャンブルの社長のニール・マッケルロイである。また統合参謀本部議長も、ラドフォードからネーサン・F・トワイニング大将に交代した。マンチェスター・ガーディアン紙の敏腕特派員アリステア・クックは単なる再編ではないと察知し、キッシンジャーの与えたインパクトをケナンと比較する記事を書いている。[186] タイム誌も同じような分析記事を掲載した。[187]

政権内のこの大々的な変化の前に、一連の外交政策危機があったことに注意すべきだろう（だからこそ政策批判の機が熟したわけである）。その一つが、スエズ動乱である。エジプトのナセル大統領のスエズ運河国有化宣言を受けて、一九五六年一〇月二九日にまずイスラエル軍が、続いてイギリス、フランス軍が、アメリカに何の相談もなくエジプトに侵攻した。宣言取り消しのみならずナセル政権の転覆を狙った行動である。それから一週間も経たない一一月四日に、ソ連軍が暴動鎮圧と改革派ナジ・イムレ政権打倒のためにハンガリーに侵攻する。アラブ諸国がソ連陣営になびくのを恐れていたアイゼンハワーだが、ハンガリー侵攻を糾弾しながらエジプト侵攻を支持することはできないと感じる。情報通の部外者から批判を浴びることは避けられない。実際にも、キッシンジャーは次のような批判をスティーブン・グラウバード宛の手紙に記している。

「最近の出来事で私が最も抗議したいのは、わが国の政策のバカさ加減ではない（その愚かしさはほとんど反逆的ではあるが）。むやみに法規にこだわり信念に欠けることのほうだ。ワシントンの狭量な官僚たちはソ連より英仏に腹を立てているが、その理由は彼らの計画を台無しにしたからだという。彼らはハンガリー人に対してさえ、怒りを感じている。それというのも、ハンガリー人のせいで、一度も直面せずに済んできた決断を迫られたからなのだ」

キッシンジャーは、過度に法律遵守にこだわるアイゼンハワー政権の外交政策を度々批判するようになるが、その兆しをここに認めることができる。

「人生の悲劇的要素についても杓子定規に判断したがるわれわれの顕著な特徴は、結局はアメリカの破滅を招きかねない。政府を率いる賢明な法律家たちは、あらゆることに答を持っているらしい――心の内なる義務を除いては。使命感を欠いたまま、リスクを最小化することに躍起になる（これはアメリカ人の最大の特徴である）なら、西側陣営は野蛮なユーラシアに対していつまでも弱い飾り物のままだろう。現在の状況でひたすら道徳性に固執することは、最も道徳に悖る姿勢と言わざるを得ない。現にハンガリーは、われわれの道徳的立場に何の意味もないことを見せつけた。ヨーロッパの人々は、平和主義を長年唱え続けた結果として身動きが取れなくなっている点では、今回の事態にそれなりの責任がある。それでも彼らの反応のほうがわれわれよりも健全だろう[188]」

イギリスとフランスが国連決議に従い停戦を受諾してからしばらく経った一九五七年二月にも、キッシンジャーはアメリカの危機対応が「杓子定規で独善的」だと批判している。「侵略が高くつくことは証明できたかもしれないが、平和を損なう可能性が最も低い人々に対してそれを証明し、彼らの国家的威信を傷つけてしまったかもしれない。それがはっきりするまでにしばらく時間がかかるだろう……政府高官の仕事が高い道徳規範を求められるにしても、リスク最小化政策とああもひんぱんに一致しないとよいのだが[189]」

遠く離れたハンガリーやエジプトの出来事にキッシンジャーのように憤慨するアメリカ人が大勢いたとは思えない。一九五七年初めの時点ではまだ大方の市民が核の脅威に無頓着だったことは、ザ・

ファイブ・スターズの軽快なドゥワップ「アトム・ボム・ベイビー」からもうかがえる。* その一方で、一九五七年一月五日にアイゼンハワーが議会に宛てた特別教書で提案した中東政策、いわゆるアイゼンハワー・ドクトリンは、議会の広い支持を得て上・下両院で可決されている。このドクトリンによれば、「国際共産主義に支配された国の公然たる武力侵攻を受けた中東諸国から……援助を要請された場合、アメリカは軍隊を出動させる」という。[190] ソ連の膨張を食い止めるには大量報復の脅しだけでは不十分だ、という見解が次第に賛同者を増やしていることはまちがいなかった。

そしてさらに、キッシンジャーの名声を揺るぎないものにする瞬間が訪れる。一九五七年一〇月四日の夜、ソ連が世界初の人工衛星スプートニク1号の打ち上げに成功したのである。これで、ソ連は軍事力のみならず技術力や経済力でもアメリカに追いついたのではないかという国民の不安が急激に高まった。スプートニク（「旅の道連れ」という意味）はバスケットボールの二倍ぐらいの大きさ（直径五八センチ）で四本のアンテナがついており、楕円軌道を九六分で周回する。夜空で目視でき、音も聞こえ、衛星本体から発信された電波は各国で受信された。衛星自体は無害だが、ソ連が人工衛星を発射できるとなれば、アメリカ本土の標的に到達可能な長距離ミサイルも作れるということになる。** かくしてアメリカはパニックに陥り、メディアがそれを煽り立てた。[191]「ロシアの科学がアメリカの科学を圧

＊「アトム・ボム・ベイビー、ああ彼女は僕の心臓に／核分裂反応を起こさせる／猛烈にすごい大爆発／キノコ雲に乗って僕は雲の中に」といった歌詞が続く。

倒した」とボストン・グローブ紙は大々的に報道している。アメリカの衛星計画がはるかに遅れていることを知ったCIAは、ソ連の大成功に手っ取り早く肩を並べられるような離れ業を何とかやってのけようとした（その一つは、水爆で台風を止めるというものだった）[192]。とりわけ重要なのは、この危機に対するアイゼンハワー（彼は当初ソ連の人工衛星を「おもちゃ」だとバカにしていた）の熟慮の末の反応である。彼は、限定核戦争が可能でない限り、アメリカの兵器上の優位にはほとんど意味がないと述べたのだった[193]。

スプートニクは、キッシンジャーを文字通り新たな軌道に打ち上げ、彼は一夜にして有名人になった。ニューヨーク・ヘラルド・トリビューン紙は「要注意人物」として彼を取り上げ[194]、スプートニク打ち上げから一〇日後には、「キッシンジャーは語る」という見出しで緊急特集を組む。キッシンジャーはおそらくキャリアで初めて新聞の取材を受けたのである。彼は歯に衣着せずに語った。「ソ連はわれわれを凌駕した……われわれはいまや窮地に立たされている。アメリカは徐々に押され、一歩ずつ優位を侵食されてきた……基本的な趨勢は、われわれに不利だと言える」。とくに衝撃的なのは、スプートニクの成功で「ソ連の軍事プログラムの進捗状況」がはっきりしたことだ。「彼らはアメリカにはできない何らかの方法で、開発期間の短縮に成功している」。

「ソ連の技術は進歩のSカーブ上にあり、一つの発明の次には新たな発明が待ち構えている。それを遮るのはむずかしい……今回の件で懸念されるのは、ソ連のロケットエンジン開発状況が明示されたと同時に、わが国の情報活動のお粗末さも暴露されたことだ……ソ連の経済規模はわが国の半分にすぎず、専門的訓練を受けた人材資源も、拡大中とはいえ、わが国に劣る。となれば、ソ連は組織面、基本政策の面ですぐれているにちがいない」

対照的に、「国防総省は戦争を戦うためではなく、内部の調整のために組織されている」。キッシンジャーは止まるところを知らない。「このままにしておいたら、ユーラシア大陸からわが国のプレゼンスが排除されることは十分に起こりうる……八年前には、ソ連が中東に進出するなど考えられなかった。われわれはいままでこそボールドウィンやチェンバレンの有和政策を批判するが、彼ら自身は自分たちをタフな現実主義者だと考えていた」[195]。この発言が活字になったとき、いや自分の考えはこれではない、とキッシンジャーが愕然としたことはまちがいない。だが、いかにも学者然とした釈明（「長い会話を紙面に合わせて切り詰めたため、独断的な口調になっているが、それは私の本意ではない」）をしたところで、大げさに騒ぎ立てたという最初の印象を消し去ることはできなかった。スプートニクの前にキッシンジャーが公的な場に招かれたのは、本に関連するイベント一件だけだったが、一〇月四日以降は、リサーチ・インスティチュート・オブ・アメリカ、[196]合衆国陸軍協会、[197]さらにはＣＢＳのトークショーなどから次々に声がかかるようになる。

キッシンジャーがテレビに初登場したのは、一九五七年一一月一〇日放送のＣＢＳの「フェイス・

＊＊ 実際、そのとおりだった。スプートニクに転用されたロケットR7は、じつは世界初の大陸間弾道ミサイルで、水素爆弾を搭載してアメリカの標的都市を狙えるよう設計されている。これに匹敵するアメリカの大陸間弾道ミサイル、アトラスDが実験に成功したのは、スプートニクから約二年後の一九五九年七月である。この点に関する限り、一九五〇年代後半には米ソのミサイル・ギャップはたしかに存在した。

ザ・ネイション」である。日曜午前の報道番組で、一九五四年に放送を開始した（現在まで続く長寿番組である）。キッシンジャーは三人のジャーナリスト（シカゴ・アメリカン紙のジョン・マディガン、ＣＢＳニュースのリチャード・Ｃ・ホッテレット、ワシントン・ポスト紙のチャーマーズ・ロバーツ）相手に論戦を展開した。テレビではありがちなことだが、話の展開が早く、話題が目まぐるしく変わる。新米にしては、キッシンジャーはよくやったと言えるだろう。彼は「われわれは、アメリカは強いのだとあまりにも長い間信じ込んできた……敵は勝利優先なのにわれわれは平和重視で、心理的に対等ではなくなっている」とアイゼンハワーの政策を批判したのち、「核兵器を使う限定戦争は可能だ」と持論を展開し、その具体例として、中東でのソ連の攻勢を阻止するために限定戦争の準備をすべきだと述べた。「そのためには、強固な姿勢と意志、より多くのリスクをとる覚悟が必要になる」。そのうえで、アメリカは「ハンガリー動乱を鎮圧したソ連にツケを払わせるべきだった」とし、「たとえソ連に撃墜されるとしても」反ソ連勢力に物資を空輸すべきだったと指摘した。あなたは民主党なのか共和党なのかと問われると、キッシンジャーはぴしゃりと（しかし用心深く）「私はどの党にも属さない」と答えている。[198]

冷戦期のアメリカの知識人にとって最大の栄誉は、ソ連からの批判だったと思われる。ＣＩＡ外国放送情報部によれば、キッシンジャーが名指しで批判されたことはない。だが『核兵器と外交政策』の「出版直後から、限定核戦争を攻撃するプロパガンダが激増した」のは偶然ではあるまい。[199]とはいえ重要なのは、キッシンジャーの主張でアメリカの政策が実際に変わったかどうかである。表面的には、イエスだ。一九五八年一月の時点では、アイゼンハワーはＭ65アトミック・キャノン（核砲弾射撃を行う野戦重砲）と核弾頭搭載地対地ロケット弾「ＭＧＲ‐１オネスト・ジョン」の韓国への配備問題を棚上げしていた。だが一年後に空軍は、北朝鮮に加え中ソも射程に収める地対地巡航ミサイルMGM1マタドールを配備している。[200] だがこれは新たに計画されたことではない。アイゼンハワーは、いかなる地域紛争も全面戦争にエスカレートする可能性を孕むと公式には表明しながらも、戦術核兵器の使用という選択肢を密かにずっと捨てずにいたからだ。このこと一つとっても、知識人の役割に限界を感じざるを得ない。外交問題評議会やロックフェラーを通して、かつてないほど政府中枢に近づいていたキッシンジャーではあったが、依然として部外者であることに変わりはなく、機密文書へのアクセスも制限されていた。政府の官僚主義批判にしても、基本的には新聞記事に基づいている。CBSのスタジオで脚光を浴びたときでさえ、その数日前により包括的な戦略批判が大統領に提示されていたとは知る由もなかったのである。最高機密扱いとされたその報告書は「核時代の抑止と生き残り」と題され、科学諮問委員会委員長H・ローワン・ゲイサーにちなんで「ゲイサー報告」と呼ばれる。米ソの軍事力を徹底的に比較したその分析は、どの点をとっても『核兵器と外交政策』より警告的で、その提言は一段と悲観的だった。

キッシンジャーはまちがいなく、『核兵器と外交政策』がもたらした名声に値する。限定戦争の戦場で戦術核兵器が使われることがなかったからと言って、アイゼンハワー政権の戦略批判の有効性が減じることはない。スプートニク発射のタイミングはこれ以上ないほど完璧ではあったが、それだけでキッシンジャーの主張が正当化されたわけではない。それよりも重要なのは、一貫性のある戦略批判を確立する理論武装競争において、キッシンジャーが先制攻撃に成功したことである。

CHAPTER 11

Boswash

第十一章

北東部メガロポリス

卓越した知性と個性に恵まれた君は、やがて有名になり影響力を持つようになるだろう……思うにハーバードは、息子たち、つまり卒業生に、愛するもので自己形成を図る機会を与えている。卒業生である君もそうしてきた。一方、教員に対しては、憎むもので自己形成を図るという危険で破滅的な機会を用意している。

——マクジョージ・バンディからヘンリー・キッシンジャーへ　一九五六年[1]

ある意味で、知識人がこれほど求められる時代はない。にもかかわらずさしたる貢献が見られないのは……その役割が誤解されているからだ。多くの人が知識人を熱心に追い回すが、その理由も目的もまちがっている……だいたいにおいて政策担当者は、知識人の意見を聞きたいのではなく、お墨付きを得たいだけなのだ。

――ヘンリー・キッシンジャー　一九五九年[2]

1

キッシンジャーの外交問題評議会との契約期間は終わりに近づいていた。さて次にどうするか。ハーバードから足蹴にされ元同僚たちから同情されていたものの、[3] じつはシカゴ大学から「たいへん魅力的な」新たなオファーが来ていた。もちろんこれを無下に断るべきではない。[4] 一八九〇年にロックフェラー家の莫大な寄付で設立されたシカゴ大学は、改めて言うまでもなく、政治学や経済学では国際的に有名である。だがキッシンジャーは、オファーを受けるようバンディから助言されたにもかかわらず、相変わらずその気になれなかった。「シカゴが美しい街とは言い難いことは別にしても、あの大学では［研究生活の］理想と現実の乖離が……ひどく大きい」と感じる、とバンディに弁解している。[5] だが本音は別のところにあった。シカゴ大学の学問的水準はまちがいなく高いにしても、教授が公の場とくに政府で果たす役割は、ハーバードに比べるとはるかに小さい。だから他の多くの研究者同様キッシンジャーも、ワシントンへの道はハーバードから始まると考えていた。北はメイン州から南はバージニア州にまたがり、ボストン、ニューヨーク、ワシントンなどを含む北東部メガロポリスを、未来学者のハーマン・カーンとアンソニー・ウィーナーが「ボスウォッシュ（Boswash）」と名づけるのは一九六五年のことである。だが一九五六年にはキッシンジャーはすでにボスウォッシュの住人になっており、このときから生涯の大半にわたって、あるときは飛行機、あるときは列車や車でこの北東回廊を飛び回り、頭脳を金と権力に結びつけることになる。

東海岸にしがみつき、『核兵器と外交政策』を執筆するときもニューヨークにいたキッシンジャーに接近してきたのがネルソン・ロックフェラーである。彼はキッシンジャーの業績に感銘を受け、一九五六年五月に例のクアンティコの集まりに招くと、ロックフェラー兄弟財団で新しい特別研究プロジェクトを率いる仕事をフルタイムでやらないかと持ちかけた。[6] 二〇世紀後半にアメリカが直面する戦略的課題を洗い出して検討するという野心的なプロジェクトである。[7] だがこれは、キッシンジャーにとってはありがた迷惑だった。完全にロックフェラーの庇護下に入れば学問的にも政治的にも自由を失いかねないと正しく予見していたし、研究者のキャリアから離れるつもりはなかったからである。しかしロックフェラーのほうが一枚うわてだった。キッシンジャーが、外交問題評議会の本がまだ完成していないし、シカゴ大学からオファーがあるので、と断ろうとすると、ロックフェラーがすでに全部知っていて根回し済みであるとわかって驚愕する。「これはまったく無理強いというものだ」と彼はスティーブン・グラウバードに不満をぶちまけている。

「彼か兄弟が私の知らないうちに評議会やシカゴ大学にコンタクトして、私に三ヵ月の猶予をくれるよう頼んでいたのだ。シカゴ大学の事務局長から私に、ロックフェラーの仕事を引き受けるよう勧める手紙が来た。向こうから三ヵ月待つと言ってきているのに、こっちがいますぐ行くとは言えないだろう」[8]

結局、彼は妥協した。一九五七年三月まで、特別研究プロジェクトの主任を務める。そのあとは、ほかに行き先が見つからなければシカゴに行く、と決めた。[9]

その場しのぎのこの決断について、グラウバードにはこう言い訳している。「正直なところ、研究生活にとくに思い入れがあるわけではない。学界の内と外でこれほど評価がちがうのは、ばかげている……よほどありそうもない解釈をしない限り、この先、とくに取り組みたい課題も見当たらない」。だが日記にはこう書いている。

「四月にシカゴに行き、もう一度だけ研究生活を送ってみるつもりだ……研究生活に求めるのはただ一つ、課題を直接見つけるか、自分自身で課題を作り出す可能性を見つけることだ。冴えない人間に囲まれ、給料をもらい、尊厳を失ってまで出世したいとは思わない。それがいちばんいやなことだ。だがシカゴはちがうかもしれない。だから四月にシカゴに行く」

対照的に、ロックフェラーとの仕事には魅力を感じずにはいられなかった。「いろいろ欠点があるにせよ、彼は持てるリソースと地位の力を、個人的には何の得もない取り組みに注ぎ込んでいる」。「この国には貴族がいない」と友人とよく話していたキッシンジャーにとって、ロックフェラーは貴族に近い存在だった。

「社会はロックフェラーのような人間に多くを負っている。だから、少なくとも彼の意欲を挫くべきではないと感じた……ロックフェラーのプロジェクトは、内容はもちろん、社会学的観点からもきわめて興味深い。彼のような人たちは信じられないほどの力を持ち、魅力的なやり方を心得ている。よき貴族の役割にきわめて近いことをやっているといってもいいだろう。ゾンバルトが饒舌に論じたフランスの貴族以上に、だ」[10*]

そして最終的に、キッシンジャーのヘッジ戦略は功を奏した。ハーバードから「追い払われる」寸前に、バンディから救命具が投げられたのである。新設される国際問題研究所（CFIA）の手伝いに戻ってこないかという誘いだった。[11] バンディとしては、「一年前につれなくされた学部に果たしてキッシンジャーが戻って来たがるかどうか、一抹の不安」があったものの、「以前のことは忘れろと説得した」。政治学部は全会一致で、キッシンジャーを講師として採用することを承認する。期間は三年または四年だった（バンディもハーバードに戻るときに同条件を提示されているので、幸先がよかった）。同時に、新研究所の副所長にも任命される。[12] このときバンディは、教授に昇進し終身在職権を手にするまでそう長くはかからないとほのめかしたはずだ。それでもキッシンジャーは用心深く、ロックフェラーとハーバードのほかに、ペンシルベニア大学に新設された外交政策研究所（FPRI）の研究員として年間四〇〇〇ドルの契約を結ぶ。[13] ロックフェラーのプロジェクト終了後は、カーネギー財団の顧問として月に二日働く契約も交わしている。[14] これでもまだ足りないとばかり、統合参謀本部の顧問もしたらしい。少なくとも新聞一紙がそう報道している。[15] 一九五九年にキッシンジャーが返上したのは、予備役将校の任務だけである。「他の仕事で手一杯だし、非常時になっても軍務に就くより政府の役に立てると確信したからだ」という。[16]

長年鳴かず飛ばずだった若手研究者が突然引く手あまたになると、あれもこれもと手を広げすぎてしまうことが多い。キッシンジャーもそうだった。スケジュールが過密になり、一九五七年秋学期には学部生の個人指導もできなくなる。[17] グラウバードは「次第に収拾がつかなくなっていった……彼はいつも走っていて、いつも遅刻し、いつも困っているように見えた」と当時を回想している。[18] ハーバードをひんぱんに留守にしたことが、国際問題研究所長ロバート・ボウイとの軋轢の最初の原因になったと思われる。そのうえペンシルベニア大学の仕事はまったくできなかったため、ポソニーとの関係が悪化し、クレーマーが仲裁に入るにいたる。クレーマーは、表向きはキッシンジャーの味方をしながらも、かつての愛弟子にドイツ語の手書きのメモを渡して諭した。「君はどうかしている。君の友人として、また君の置かれた状況をおそらくは意識下で理解している者として、私は君が人として大切なことを忘れていると言わなければならない」。キッシンジャーは同僚だけでなく両親すら顧みなくなっている、とクレーマーはいう。「君のふるまいはもはや人間ではない。君を尊敬する人たちでさえ、

＊　ここで言及されているのは、著名な歴史社会学者ヴェルナー・ゾンバルトの放蕩息子ニコラウス・ゾンバルトのほうである。彼は社会主義思想家アンリ・ド・サン＝シモンについて博士論文を書いている。

君を冷たい、いや冷酷だと思い始めている……君の心も魂も、絶え間ない仕事で燃え尽きかねない。君は大勢の大物と会っているようだが、心の通った出会いはない」[19]。クレーマーがこのように説教したのも、世俗の権力と引き換えに魂を悪魔に売り渡したファウスト博士にキッシンジャーをなぞらえたのも、これが最後ではない。とはいえクレーマーは、キッシンジャーに対して強く出られる立場にはなかった。当時、彼が国防大学の教員に任命されたのは、キッシンジャーの後押しもあったからかもしれない。それにキッシンジャーが率いる特別研究プロジェクトへの寄稿者として、クレーマーもロックフェラーからなにがしかの援助を受けていた可能性もある。[20]

2

ロックフェラー兄弟財団の特別研究プロジェクトが発足した背景には、「アメリカが国内外で多くの困難に直面したのは……急速に変化し、過去の経験からは予測できない方向へ向かう状況に対処するコンセプトを見つけられないからだ」という認識があった。[21] プロジェクトのための論文執筆が行われたのは一九五七年だが、たしかにこの年にアメリカが直面していた問題は、これまでにないものだったと言えよう。核軍拡競争では、ソ連がアメリカに追いつき、さらには追い越したように感じられた。アジア、アフリカ、中東にあるヨーロッパの植民地は激動のさなかにあり、資本主義を掲げる欧米との協調を望む「新生国家」はほとんどなさそうである。アメリカ国内も揺れ動いていた。人種差別の象徴的な事件の一つであるリトルロック高校事件が起きたのはこの年だ。アーカンソー州知事が黒人生徒の登校を阻止するために州兵の派遣を要請。九名の黒人生徒を保護するためにアイゼンハワーが空挺師団を送り込むという騒ぎになっている。エルビス・プレスリーはこの年「エド・サリバン・ショー」に三度目の出演を果たすが、腰を振るアクションが卑猥だとされ、上半身だけが映されたのは有名な話である。そのプレスリー主演の『監獄ロック』が大人気になり、『ウェスト・サイド物語』がブロードウェイで上演され、ジャック・ケルアックの『オン・ザ・ロード』（青山南訳、河出書房新社）が出版され、アレン・ギンズバーグの詩「吠える」は猥褻罪で発禁になった。

もっとも、特別研究プロジェクトはそうした世相とは無縁だった。[22] 次の六つの分科会と全体会が設けられたが、各会のテーマと優先順位から、外交政策が最重要課題だったことはあきらかだ。

（一）アメリカの国際戦略と目的
（二）アメリカの国際的安全保障戦略と目的
（三）二〇世紀の対外経済政策
（四）アメリカの経済・社会政策
（五）アメリカの人的資源の活用
（六）アメリカの民主的プロセスの課題と機会

経済学者のロバート・ハイルブローナーが提案した七番目の分科会では、国家と道徳を取り上げる予定だったが、実現にはいたらなかった。プロジェクトを組織すること自体が難事業であり、合計一〇八名のパネリスト、合計一〇二名の顧問と研究者の寄稿（とエゴ）をとりまとめる仕事がキッシンジャーの両肩にのしかかる[23]（一九五五年五月の第一回会合を行えるだけの会議場は、ラジオシティのリハーサルホールしかなかったほどである）[24]。全体会は二六名で構成され、プロジェクト進行中に財務長官に任命されたロバート・B・アンダーソン、のちにダレスの後任として国務長官になるマサチューセッツ州知事のクリスティアン・ハーター、アイゼンハワーの科学顧問となったMIT学長のジェームズ・R・キリアン、タイム誌編集長のヘンリー・ルース、ロックフェラー財団理事長のディーン・ラスクらが含まれていた[25]。これだけの大物に嚙み応えのある検討材料を提供するため、キッシンジャーはかつてのメンターに助けを求める。クレーマーにはドイツに関する草稿、エリオットには「大統領の外交政策指揮権の連邦政府への統合」[26]と「アメリカの民主的プロセス」[27]の執筆を依頼した。当初はキッシンジャー自身も相当量を執筆していたが、一九五七年の途中からは編集、最後は全体のまとめが仕事の中心になった[28]。

各分科会の報告書は完成次第発表されている。キッシンジャーが並行して『核兵器と外交政策』を執筆していたため、第二分科会の報告書「国際安全保障――その軍事的側面」が先に完成した。エドワード・テラーがこの分科会のメンバーだったことも、報告書の早い完成に寄与している。テラーは、並み以下はもちろん並みの頭脳の持ち主にも我慢できないタイプだが、キッシンジャーとは意気投合し、限定核戦争に関しては「ほぼ完全に意見が一致」した[29]（テラーはルーズベルトのブレーンだったアドルフ・バーリに時計を投げつけたことがある）[30]。アイテックのセオドア・ウォーコウィッツも同意見で、彼の「技術競争時代に生き残るには」と題する悲観的な論文はキッシンジャーに強い印象を与えた[31]。ちがう意見を述べたメンバーはあっさり黙殺されている。軍事に関する報告書が優先されたのは、外的な要因の影響もあった。すでに述べたとおり、スプートニクで出し抜かれたことで、国民は恐慌を来していた。そこに追い討ちをかけたのが、ワシントン・ポスト紙の報道である。同紙は、アメリカが「史上最も危険な状態」にあるとする「秘密報告」が提出されたと報じた。

「この報告書は、アメリカの長期的展望がきわめて危ういと指摘する。ソ連の軍事力の急拡大と経済力および技術力の急成長は……自由に対する脅威だ……報告書は自己満足に冷水を浴びせ、不快な真実を暴露した[32]」

この秘密報告とはゲイサー報告のことであり、たしかにキッシンジャーの『核兵器と外交政策』以上に警戒警報を発したと言える。なにしろ、アメリカが大陸間弾道ミサイルと潜水艦発射弾道ミサイルを増産し、かつ反撃・迎撃兵器を広く分散化するとともに発射場を堅牢化して報復能力自体を保護し、かつ放射性降下物から国民を守るシェルターを大幅に増設しない限り、ソ連の奇襲核攻撃に対抗できないと指摘したのである[33]。この分析が予算におよぼす影響も重大だった。ゲイサー報告の提言に従うなら、従来の国防費三三〇億ドルに一九〇億〜四四〇億ドルを上乗せしなければならない[34]。アイゼンハワーは、これほど国防費を増やせば国家予算の膨張を招くだけでなく、アメリカを「要塞国家」にする恐れがあると考えた。とはいえ報告書を完全に無視するわけにはいかなかったし、公表は断固拒否したものの、存在を否定することもできなかった。ロックフェラー・プロジェクトの報告発表にとって、これ以上望めない舞台が整ったわけである。これは必ず評判になると察知したロックフェラーから急かされて、キッシンジャーは一九五七年の一二月はクリスマスも忘れて大車輪で報告書を完成させた。[35]

一九五八年一月六日に発表された「ロックフェラー報告」は、世論の動向に完璧にフィットした。人類は、「二つの陰鬱な脅威」に直面している。「世界の支配をめざす共産主義の脅威と……文明を消滅させられる新たな兵器技術」である。アメリカは軍事支出のみならず主要技術分野でもソ連に水をあけられている。「クレムリンが最優先に指定した分野では、ソ連が量的にも質的にもアメリカを追い越した」。[36]よって、国防予算の増額は必須である。また国防総省を全面的に再編し、国防長官の権限を強化するとともに、部局間の縄張り争いを排除しなければならない。[37]報告書は、核兵器を装備した大規模な「報復攻撃のための即応部隊」の創設を提案している。「必要とあらば核戦争に踏み込む意志は、自由を確保する代償の一部である」という。しかも、「強力な核兵器」を使用しても「民間人に与える影響はごく小さく、無視できる程度である」とまで述べている。[38]

報告書は、書いた本人が驚くほどの成功を収めた。委員会や評議会の類が執筆した本は売れないというのが通り相場だが、この報告書はベストセラーになる。ロックフェラーはNBCのニュース番組「トゥデイ」に出演し、報告書を読みたい視聴者には出版社がプレゼントするので、NBCに宛先を知らせてほしいと司会者が呼びかけた。「フォードV8でもおまけにつけないと」とプロデューサーがジョークを言ったが、これは完全に見当はずれだった。二五万件を超える申し込みがあり、出版社はプレゼント企画を中止せざるを得なくなる。[39]結局、三年間で六本の報告書計六〇万部が売れた。[40]この大成功の一部は、執筆者および編集者としてのキッシンジャーの能力に起因する。初期の草稿を何本か読んでくれたアーサー・シュレジンジャーは「刺激に欠ける」と手厳しかったが、[41]出版後に再び読んで「説得力がある」と評価している。[42] とはいえ成功の大きな要因となったのは、タイミングである。フィラデルフィア・インクワイアラー紙は次のように述べた。「公表されなかったゲイサー報告書も……公表されたロックフェラー報告書も……卓越した専門家で構成されたグループが執筆した……どちらのグループも、結論はおおむね同じで、わが国がロシアに遅れをとっている重大な危険があるという……全国民にとって由々しき事態だ」。[43] 第二分科会の報告書の刊行からわずか四日後に、ロックフェラーは上院軍事委員会準備小委員会への出席を求められる。そして二月三日には共和党上院議員プレスコット・ブッシュが、指揮系統の統合に関する報告書の提言に賛意を表明した。[44]

他の報告書は、第二分科会のものほどは評判にならなかった。第四分科会の報告書は一九五八年四月に発表されたが、「国家目標を達成するためには経済成長（年五％が望ましい）が重要である」ということ以外には、とくに見るべきものはなかった。[45] 第三分科会（マーシャルプランの責任者だったミルトン・カッツが議長を務めた）の報告書はその二カ月後に発表され、自由貿易と民間の国際的な資本移動を組み合わせることを提言した。[46] 第五分科会の報告書「教育とアメリカの未来」も、同じく一九五八年の六月に発表されている。最も優先順位の高かった第一分科会の報告書はようやく一九五九年一二月に発表され、第六分科会の報告書が翌年九月に掉尾を飾った。[47] ロックフェラーはこのプロジェクトを「最高に刺激的で知的な経験」だったと述べたが、誰もが同意見だったわけではない。[48] ロックフェラーと名のつくすべてのことを本能的に疑ってかかるウィリアム・F・バックリー・ジュニアは、一連の報告書は「リベラルがこれまでに描いた青写真」の寄せ集めだとナショナル・レビュー誌で酷評した。[49] なるほど、そういう面はある。だが報告書に影響力があったことは否定できない。たとえばアイゼンハワーが国防総省の組織見直しを命じたのは、第二分科会報告書を意識したからにちがいない。もっとも、統合参謀本部は躍起になってこの取り組みを骨抜きにしようとしたが。ロックフェラーのお気に入りの「国家目標」という言葉はすぐに流行になり、オスカー・ハンドリンやハンス・モーゲンソーの著作、タイム誌の特集にヒントを与えている。[50] 報告書の主目的は、「研究熱心な政治家としてネルソン・ロックフェラーをメディアに登場させ続けること」だったという見方もある。[51] たしかに、二年半の時間をかけたプロジェクトと、六本の報告書を『アメリカの展望』と題する一巻のダイジェストに要約する作業の間ずっと、ロックフェラーは全国レベルの重要人物となる。……

プロジェクトの影響を最も強く受けるのは、皮肉にも民主党政権だった。[52]

キッシンジャーにとって、特別研究プロジェクトは人生観が変わるような大きな経験だった。ハーバードの国際セミナーを除けば、生まれて初めて大きな仕事の運営管理を任されたのである。本や論文ではなく人を管理するのは初めてのことだった。研究者はみなそうだが、彼も一人で仕事をすることに慣れている。頭脳に自信はあっても社会的には未熟であり、最初はプロジェクトをどう運営すればいいか、戸惑った。大学の上下関係はさほど強力ではない。端的に言って、学長は上司ではないのだ。ところがロックフェラー・プロジェクトでは、キッシンジャーには上司がいた。しかも、自分の命令に他人が従うことに慣れた上司である。ロックフェラーの評伝を読むと、書き手によって二人の関係がずいぶんちがう。「外交政策を通じた気の合うパートナーの蜜月関係」と書く評伝作家もいれば、[53] 愛憎半ばし、ときに爆発したと書く作家もいる。[54] 後者によれば、キッシンジャーは「ロックフェラーの面前では媚びへつらうが……陰では軽蔑し……見下していた」という。これはほんとうとは思えない。二人の間柄は、喧嘩もする友人関係だったというべきだろう。あるときキッシンジャーはロックフェラーと食事中に、自分の草稿のコピーが意見や訂正を求めるためにあちこちに送られたことを知り、逆上したという。彼は当初から、自分の原稿には「誰も手を加えてはならない」と命じていたからだ。絵画の蒐集家でもあるロックフェラーに「あなたは絵を買うとき、手と足を別々の鑑定家に見てもらうのか」と怒って言うと、席を立って出て行った。翌日キッシンジャーが荷物をまとめるためにオフィスに戻ると、ロックフェラーが待っていた。「君は強い男だが、私だって弱くはない。いまここに二つの選択肢がある。互いに相手を叩きのめすか、でなければ一緒に力を合わせるか」。[55]ロックフェラーはキッシンジャーの知性を高く評価していたから、たまさかの癇癪《かんしゃく》も我慢した。そして「ヘンリー・キッシンジャーはこの国で待ち望まれている人材の一人だと思う」と一九五七年八月に元民主党上院議員のウィリアム・ベントンに語っている。[56]

もちろんキッシンジャーは、ロックフェラーから報酬を得ている。たとえば一九五八年に受け取った報酬は三〇〇〇ドルだった。だが、ロックフェラーの仕事をするために休んだ分をハーバードの給与から差し引かれることを考えれば、せいぜい穴埋めにしかならない。[57]お金のために仕事を引き受けたわけではないにせよ、散髪に行く時間もないほどの忙しさを考えれば、もう少しもらいたいところだった。とはいえ、アメリカで最も有名な大富豪の実業家の孫と親密な関係になるのは、なかなかに愉快でもある。「他に何も得るものがないとしても、社会研究としておもしろい」と一九五六年一一月のグラウバード宛の手紙に書いている。[58]三週間後にはさらに「ロックフェラー家にますます敬意を抱くようになった……彼らは、才能を育てるという、上流階級の最も有益な役割を果たしているように見える。彼らのやり方は、仕事の出来を判断できると言い張る官僚とはちがう」[59]。

ロックフェラーの仕事には、ふつうでは考えられない特典がある。クリスマスプレゼントとして、フランスのポスト印象派の画家ジャン・エドゥアール・ヴュイヤールのリトグラフがキッシンジャーに贈られた。キッシンジャーからのプレゼントは、トルーマン・カポーティの新作『詩神の声聞こゆ』（小田島雄志訳、早川書房）である。アメリカのミュージカル一座が冷戦下のソ連へ公演旅行に行ったときの様子をユーモラスに描いたルポルタージュ作品だ[60]。一九五七年まで、ロックフェラーはウェストチェスター郡ポカンティコ・ヒルズにある邸宅の一つをキッシンジャーに提供した。ポカンティコ・ヒルズは、ロックフェラー家の三六〇万坪もの広大な地所である[61]。一年後には、ニューヨークのマンハッタンにあって極上の美術品が飾られた宮殿のようなアパートも自由に使えるようになっていた。キッシンジャーが男性専用のプライベートクラブ、センチュリー・アソシエーションに入会できたのは、美術品蒐集で知られたロックフェラーとの関係のおかげである。センチュリー・アソシエーションは芸術家や作家好みのクラブとしてつとに有名だ[62]。両親がワシントンハイツで質素に暮らしているような男にとって、こうしたことは愉快だったにちがいない。とはいえ、神経をすり減らす生活でもあった。「悪気はないのですが、むやみに熱心なロックフェラーの論文につき合わされ、自分の論文よりたいへんでした」と、一九五八年三月の母親宛の手紙に記している。「ニューヨークのネルソンのアパートで三日間過ごしました。夫妻はとても親切でしたが、いまはとにかく一人にしておいてほしい気分です[63]」。

キッシンジャーが、要求の多い上司の鬱憤を部下で晴らしたとしても、とくに珍しいことではあるまい。ロックフェラー・プロジェクトのオフィスでは、彼の新しい一面が浮き彫りにされる——のちに政府で彼の部下になる人たちがいやというほど知ることになる一面だ。彼は叱りとばしたり怒鳴ったりするようになった。一九五〇年代にその最大の犠牲者になったのは、特別研究プロジェクト専任の秘書で、企画委員も務めたナンシー・ハンクスである。デューク大学出身のハンクスは、ロックフェラーが政府組織改革諮問委員会の委員長だったときに彼の下で働き始め、保健教育福祉省次官のときには個人秘書を務めた。彼女は両親に宛てた手紙で「好戦的なキッシンジャー」の愚痴をしきりにこぼしている。[64] ひどくやりあったあとの手紙には、「もううんざり」とある。「彼は精神病患者みたい……いや、まるで子供。プロジェクトの責任者なのに、ちゃんと連絡しないからなどと理由をつけては、全部ネルソンとオスカー［・ルーブハウゼン］の責任にして……二人とも頭に来ていた」。[65] 最後の報告書が発表されたあとの一九六一年には、「いまにして思えば、いいこともたくさんあったけれど、渦中にいるときは毎日が取っ組み合いをしているような感じだった」と振り返っている。[66] ルーブハウゼンは、キッシンジャーが「あらゆることを個人攻撃のように受け止めていた」と語る。「空港に迎えの車が来たかどうかとか、それがキャデラックだったか、といったことまで。誰かに無視されただけで悔し涙を流していたこともある……率直さとマキャベリ流の策略が混在した人物だった」。[67]

＊　ルーブハウゼンは、ダートマス大学でロックフェラーのルームメイトだった。キッシンジャーは彼を軽薄だとみなし、我慢できなかったらしい。つまり互いに嫌っていたわけである。

じつはプロジェクト・オフィスの内情は、見かけより複雑だった。一九五〇年代に仕事で成功したいと望んだ女性がみな直面した問題に、知性と魅力を兼ね備えたナンシー・ハンクスも直面していたことが、その一因である。彼女は、ロックフェラーが妻子と別居していた一時期、愛人になっていたのである。ハンクスは、彼が離婚すると期待した。[68] 期待通りにならないことが次第にはっきりするにつれ、*キッシンジャーは怒鳴る反面で思いやりを示し始める。一九六〇年のハンクスの手紙にはこうある。「ヘンリーは、以前の半分も不愉快ではない……それに、いまやネルソンに話ができるのは彼だけ。ヘンリーを逆上させないように注意さえすれば、私たちはうまくやっていける。私たちがチームとして機能できるかどうかは、彼の努力次第……いまはほんとうにひどい状況で、ロックフェラーは、誰の意見も聞こうとしない」[69]。キッシンジャーとハンクスの手紙のやりとりから、ロックフェラーがハンクスから遠ざかるにつれ、二人が親密になっていったことがわかる。キッシンジャーは、「私の不快なマナーは性格が悪いからで、スタッフの能力が足りないからではない」とみんなに伝えてくれとハンクスに頼みさえした。[70] また、広報担当のフランシス・ジェイミソンを困らせたことも謝っている。[71] 一九六〇年には、キッシンジャーはハンクスへの電報を「ヘンリーより愛をこめて」と結んでいるし、[72] 彼女もそうしていた。[73] 一九六〇年三月には「みごとなバラ」の花束を贈っている。[74] この頃の二人は、どう見てもいちゃついていた。「みんなに花束のことをばらして、あなたの評判を台無しにしてしまいたい。世界中が、あなたのことを親切で気配りのある男だと思うかも。あなたが与えたダメージを消すのに何年もかかる……あなたのあなたの花束をずっととっておきたい」[75]。

とはいえこの関係は、ハンクスへの同情に毛の生えた程度のお遊びでしかなかった。二人の手紙にしても、ロマンスよりはコメディに近い。ハンクスがネルソンとローレンスの署名の入った最後の報告書をキッシンジャーに送ると、彼はこんな返事を書いている。「君がロックフェラーのサインを偽造できることは知っていたが、ローレンスのまでできるとは、たいした芸当だ」[76]。一九六〇年六月には、ハンクスを「すてきな女性だ」と言っている人がいた、と報告してからかっている。「どうやら君はやさしくなったにちがいない……特別研究プロジェクトのときは、そうはできなかった。でなければ、私は戻っていただろう」[77]。

というのもその頃にはキッシンジャーはハーバードに帰っていたからである。外から見ればしあわせな結婚生活を送り、三五歳にして父親にもなっている。当初はフロストストリートの質素な二軒長屋に住み、犬を飼うだけで満足だった（スモーキーのあとはハービーという名のコッカスパニエルを飼っていた）。隣には歴史学者のクラウス・エプスタインと妻エリザベスが住んでいた。** だが大学での地位が安定するにつれ、上昇志向が強まっていく。新しいフレッチャーロード一〇四番地の家は、いかにも大

＊　ロックフェラーは、ニューヨーク州知事になったときにハンクスとの関係を断つ。だがすぐに、人妻のマーガレッタ・（ハッピー・）マーフィーと関係を持つようになった。マーフィーはもともと家族ぐるみの友人で、選挙運動を手伝い、オールバニでスタッフに加わる。一九六二年にロックフェラーは妻から離婚訴訟を起こされ、その翌年にはマーフィーも離婚する。一カ月後に二人は結婚した。その頃ハンクスは癌と診断され、乳房切除、子宮摘出の手術を受けている。

＊＊　ナチスドイツからの難民の一人だったエプスタインは、ワイマール共和国の政治家マティアス・エルツベルガーの評伝を刊行したばかりだった。

学教授らしい住まいだった。壁には本棚が並び、居間は同僚や学生、ゲストをもてなすのに十分な広さである。アンは夫の私信を管理し、夫の仕事用のスクラップブックを整理し、パーティーのためにチキンやライスを用意する生活を楽しんでいた[78]。一九五九年三月に長女エリザベス、二年後に長男デービットが誕生。キッシンジャー夫妻はもはやユダヤ教の熱心な信者ではなかったが、デービットには割礼を受けさせている。この機会にキッシンジャーは「長い苦難の歳月を誇らしく」振り返り、「ほとんどすべては家族のおかげだ。いいときも悪いときも家族で分かち合ってきた」と書いている[79]。

だが実際には家族の絆は風前の灯火で、フレッチャーロードで途絶えそうだった。アンはケンブリッジに根を下ろすものと思っていたが、キッシンジャーにとってハーバードは、北東部メガロポリスでもっと大きなことをするための足がかりにすぎない。ロックフェラーのプロジェクトを通じて、彼は富と権力がきらめく華やかな世界を垣間見ることができた。夫がそこへ足を踏み入れようとするにつれ、妻は取り残されることになる。『核兵器と外交政策』で名声を獲得したキッシンジャーは、自信をもってふるまうようになっていた。当時の新聞には、「身長一七五センチ、ずんぐりしていて角縁の眼鏡をかけたキッシンジャー博士は、テニスは並みの腕前、チェスはかなりの腕前だという」とある[80]。

だが弟から見ると、兄はアンを不当に「支配している」としか思えなかった。弟のウォルターは兄と異なる道を歩んでいた。仕事では、経営不振に陥った企業の再生請負人として、独力で評判を勝ち得ている。そしてゼネラル・タイア、エレクトロニクス部品のスペリー・ランドで経営スキルも磨き、自信をつけていた。彼は一九五八年にユージーン・ファン・ドルージと駆け落ちし、両親にショックを与える。ユージーンはラドクリフ女子大卒の二六歳で、ウォルターの経営する半導体企業にインターンとして来て知り合ったという。彼女は聖公会信徒であり、若い二人はもはやユダヤ教の伝統にとらわれていなかった。[81]

3

キッシンジャーは一九六〇年一月にロックフェラーに宛てた手紙の中で、「正直に言って、下っ端の研究者の立場は楽しいものではない」と書いている。[82] ハーバードに復帰したキッシンジャーがどんなふうだったかについては、二通りの見方がある。第一の見方では、彼が「アンチ・ハーバード」になっていったという。なお優勢なWASPに遠ざけられたことと、国際的な視野を持たない教員を軽蔑していたことが原因だ。[83] 第二の見方では、彼は「冷戦期の知識人」の典型であり、冷戦の専門家としてあらゆる機会を存分に活用したという。[84] ハーバードは急速に変化していた。ネイサン・M・ピュゼーの学長時代（一九五三〜七一年）には入学選抜方式の大々的な見直しが行われ、またカリキュラムの国際化と多様化が進んでいる。そして政府助成金への依存度が高まった。とくに化学、工学、医学がそうである。[85] ハーバードが受け取った研究助成金は、一九五三年は八〇〇万ドルだったのが、六三年には三〇〇〇万ドルになっている。[86] また戦前には教員の大半がハーバード出身だったが、この時期にあっという間に三分の一まで減少する。「学長自身が議長を務める採用委員会が採用・昇進を決めるようになった」ためだ。[87] ピュゼーの下で地域別・分野別の研究所が次々に設立された。ロシア研究センター、東アジア研究センターなどである。一九五〇年代初めにキッシンジャーとビル・エリオットは国際セミナーやコンフルエンス誌の資金調達に苦労したものだが、一九五八年の国際問題研究所の設立で、それも過去のことになった。国際セミナーは、エリオット曰く「やり甲斐がある仕事」として継続されたが、コンフルエンス誌のほうは、時間と資金不足で静かに消えていった。[88] 一九五九年に年刊に切り替えられたものの、新しい号は出ていない。[89]

国際問題研究所の設立が決まったのは一九五四年のことである。フォード財団肝いりの大学の行動科学分析委員会の場で決定された。当時のハーバードには国際政治に関連する講座が一三あったが、「現在進行中の出来事を扱うだけ」とか、「昨日のニューヨーク・タイムズ紙の記事を論評するだけ」などと軽んじられていた頃である。[90] バンディは、国務省政策企画本部長兼国務次官補のロバート・R・ボウイを所長にしたいと考える。ボウイは弁護士で、国務省に入る前はロースクールで反トラスト法を教えていたが、戦後ドイツのアメリカ占領区域でルシアス・クレイ大将の補佐官やジョン・マクロイ高等弁務官の顧問を務めた経験もあり、西ヨーロッパ事情に明るい。政府に留まりたいというボウイを、政府にも残れるよう取り計らうし、副所長にキッシンジャーをつけるから、とバンディは口説き落とす。

ボウイとキッシンジャーの関係は急速に悪化するのだが、最初は意見が一致していたようだ。一九五八年に発表された新研究所のプログラムを読む限り、少なくとも一部は共同で作成したと考えられる。

「今日では孤立した地域というものは存在せず、いかなる地域も無視することはできない。遠く離れた場所で起きたことが、瞬時に世界に影響をおよぼすことがある……その一方で、巨大な強国が猛スピードで世界を再編しようとしている。戦争、ナショナリズム、テクノロジー、共産主義の影響の下、旧秩序は破壊された。かつて支配的だった国は、影響力が低下する現状を受け入れざるを得ず、新しく出現した国々は生き残ろうと必死だ……そしてこれらすべてに、原子力の可能性と脅威が影を落としている[92]」

国際問題研究所の研究領域は、ヨーロッパ関係、政治・経済動向、戦力と軍縮の役割、国際機関、極東の五つである。研究所は教育を行わないので、ボウイとキッシンジャーは政治学部教授としての教育義務はほかで果たすことになる[93]。研究所の第一義的な目的は、「国際問題の基礎研究と、雑務から解放された優秀な研究員による高度研究とを結びつける」ことにあった[94]。

組織の縄張り争いの可能性にひどく敏感なキッシンジャーは、研究所が既存の学部、具体的には「国際関係学の有用性は認めながらも……この学問を政治学の下位領域とみなす傾向のある政治学部」の「付属物」に成り下がることを懸念し、研究所の「独立性を断固として主張」すべきだとボウイに強調した。研究所が独立性を確保することは、「プログラムを決めるうえでも……研究姿勢を定めるうえでも欠かせない。このような方針はハーバードでは忌み嫌われるが、研究成果を上げるための唯一の王道である[95]」。彼とボウイは、「他の研究機関がすでにやっていることをもう一度やるのは意味がない」という点で意見が一致していた。「優秀な研究者の数は少ないので、取り上げるべきテーマが……限られてしまう」。二人の意見が一致しなかった唯一の点は、「政府、産業界、メディアなどから招くフェロー（客員研究員）」の問題だった。ボウイは、半年から二年のスパンで研究に携わるフェローの受け入れに積極的だったが、キッシンジャーは、プリンストン高等研究所のような排他的な運営方式のほうがよいと考えていた。[96]

ボウイとキッシンジャーの関係がばかげた冷戦もどきになってしまったせいで、二人が当初はうまくやっていたことが忘れられがちだが、実際には研究所は上々の滑り出しを見せた。開設後にきわめて優秀な研究者二人を採用できたことも奏功した。一人は開発経済学のエドワード・メイソン、もう一人はゲーム理論で名高いトーマス・シェリングである。シェリングは一九三五年にトルーマン政権を離れてからイエール大学にいたのを引き抜いてきたのである。のちにキッシンジャーはシェリングと対立し疎遠になるのだが、かなり長い間二人は互いに敬意を払い、ヨーロッパ問題や核戦略について意見を交わしている。研究所には潤沢な資金援助が提供された（フォード財団から一〇万ドル、ロックフェラー財団から一二万ドル、ロックフェラー兄弟財団から一〇万五〇〇〇ドルのほか、ディロン家、スタンダード・オイル、ＩＢＭ、さらにはハーバードからも）おかげで、ボウイとキッシンジャーは資金集めに時間を費やさずに済んだ。キッシンジャーの予想に反してフェロープログラムは成功する。定期的なセミナーが学問領域の境界を取り払い、仲間意識を高めたことも、大きかった。[97] カフェテリアには、昼食をとりながら「知的他家受粉」ができるよう、ボウイが選んだ長いテーブルが備えつけられ、いつも賑わっていたものである。[98] 何にもまして研究所の成功に寄与したのは、ズビグネフ・ブレジンスキー、モートン・ハルペリン、サミュエル・ハンチントン、ジョゼフ・ナイといった一流の研究者を呼び込んだことにある。ほどなく研究所は、アメリカ外交政策をめぐる議論において重要な地位を占めるようになった。早くも一九六〇年には、二本の大部の報告書を発表している。「イデオロギーと外交問題」と題する報告書を上院外交委員会に、「北大西洋諸国」をハーター国務長官に提出した[99]。

では、どこでうまくいかなくなったのか。意見の些細なちがいが原因だとは考えにくい。たしかに、ボウイが提唱する多角的核戦力（MLF）にキッシンジャーは否定的だった[100]。多角的核戦力とは、NATO指揮下でアメリカが核ミサイルを、欧州の加盟国が艦船（多くが潜水艦）と乗組員を提供して艦隊を形成する構想である。だがあくまでもこれは学問上の対立であって、個人的な確執ではない。また、政治が原因でもない。右寄りだと「大勢を敵に回す」ことになるハーバードにあって、二人はどちらもやや保守的だった[101]。一つ考えられるのは、ボウイがキッシンジャーが軽蔑する「役人タイプ」だったことである。もう一つ、ボウイが「典型的なWASP」であって、したがって若い（しかもユダヤ人の）同僚にそもそも敵意を抱いていたという可能性もある（事実、ボウイはチェサピークの旧家出身である[102]）。

実際には、二人の関係が悪化したのは構造的な要因による。政府の要職を経験したボウイは、研究所が官僚組織のように運営されることを期待しており、キッシンジャーを自身の「補佐役」と考えていた[103]。だがキッシンジャーはそうは思っていなかった。自分はベストセラーの著者である、ネルソン・ロックフェラーに助言を求められる人間である、テレビにも出ている、それに私は忙しい。ケンブリッジのほかにニューヨークのロックフェラー兄弟財団にもオフィスがあるのだ、云々[104]。彼は一九六一年に最後の報告書が出るまでロックフェラー・プロジェクトに時間を取られていたし、そのうえ講演で各地を飛び回っている。それが全部、週に二回か三回の講義の合間に組まれていた。ハーバードでの新しい助手が、「何も文句はない――めったに会えないことを別にすれば」と言うほどである。[105]このことがすぐに、ボウイの数々の不満のタネの一つになった。「新聞に取り上げられようとして書いている」、「評判のせいで本が出版されるのだ」、「水準以下」の仕事をしていると、ボウイはキッシンジャーを非難した。[106]決裂は、大々的な口論がきっかけだった。キッシンジャーは一九五八年三月の母親宛の手紙で「凶暴なボウィと大喧嘩になってしまい、精力の大半をそれに吸い取られている」ことを誕生日に行けなかった言い訳にしている。口論の果てに口もきかない状態が続いた。あいにく二人のオフィスは隣同士で、「部屋から出るときに出くわさないよう、秘書に確かめていた」とシェリングは言うが、かなり誇張が入っているだろう。[107]

そうした状況でも、バンディは律儀に約束を守っている。一九五九年七月にフォード財団の寄付で政治学部に二つのポストを設けた。一つはキッシンジャーのため、もう一つはフランス出身のスタンリー・ホフマンのためである。[108]どちらも終身在職権付きの准教授で、学部と採用委員会の承認が必要になる。『核兵器と外交政策』を学問的でないと考えていたアダム・ウラムなど一部の教員が賛成票を投じなかったものの、二人とも承認された。[109]いまやキッシンジャーは究極の雇用保障を得たわけである。終身在職権を持つハーバードの教授だから、もはやクビになることはない。そうしたければ、生涯この仕事を続けることができる。

この仕事は、正確には何をするのだろうか。まず、教える仕事がある。キッシンジャーは大学院のゼミで指導するのが好きだった。招かれた専門家の論文発表を聞き、その後にキッシンジャーが主導して討論を行うというスタイルである。ホフマンと親仏派のラリー・ワイリーとともに、キッシンジャーは西ヨーロッパに関するゼミを主宰した。もう一つ、国防政策のゼミも主宰していた。こちらは防衛研究プログラムの一環である。このゼミでは、元軍人ばかりにならないよう配慮するとともに、外部から質の高い講演者を招いた（共和党下院議員ジェラルド・フォード〈ミシガン州選出〉、若いタカ派の上院議員ヘンリー・M・ジャクソン〈ワシントン州選出〉など）[110]。

このほかに、ハーバードとMITの合同軍縮セミナーの運営にも携わっていた。教員だけが参加するきわめてレベルの高いセミナーで、アメリカ芸術科学アカデミーが出資した軍縮研究を継承する形で一九六〇年に発足した。ハーバードの国際問題研究所とMITの国際問題研究センターとの共同運営により二、三週間に一度開かれ、参加者の未発表論文を題材に討論を行う[111]。たいていはハーバード教員クラブの二階の薄汚れた部屋で、夜に開催された。ツイードのジャケットにパイプを好む参加者もいるなど、雰囲気はひどく古臭かったが、議論の内容はきわめて革新的である。キッシンジャーとシェリングは、生化学者のポール・ドウティー、アイテックのリチャード・レグホーン、MITリンカーン研究所のマーク・オーバーヘイジなど科学技術分野の専門家とともに、必ず出席していた[112]。若手のモートン・ハルペリンは、発表者として参加したことがある（彼はキッシンジャーの国防政策ゼミでは指導助手を務めた）。参加者がみな、急発展中の軍縮研究の専門家だったこともあり、議論の質は高い。その典型例が、一九六〇年一二月の会合である。このときは、モスクワでの第六回パグウォッシュ会議に出席した研究者たちが報告を行った[113]*。

さらに、学部生も教えていた。キッシンジャーの「国際政治原論」（政治学１８０）は人気講座で、四ページにもおよぶ必読書リストにもかかわらず、毎期一〇〇名以上の学生が受講している。シラバスには、「国際政治の基本概念と現代の問題を扱う。とくに地理、戦略、パワーポリティクスなど力関係を巡る基本的な問題に重点を置く」とある。初回の必読書は、トゥキディデスの『歴史』、マキャベリの『君主論』、バークの『フランス革命の省察』、チャーチルの『大英帝国の嵐』、モーゲンソーの『国際政治』、キッシンジャー自身の『核兵器と外交政策』など一〇冊に上る（のちにトゥキディデスとマキャベリに代わり、アラン・ブロックやマイケル・ハワードなど主にイギリスの歴史学者の著作が指定された。そして一九六三年には、それらに代わり、ジョン・ハーズやケネス・ウォルツなどアメリカの国際関係論の専門家の著作が指定された）。推薦図書は国際関係論に関する書籍が中心で、一九世紀、二〇世紀のヨーロッパ史が多数挙げられている。学生が作成する極秘講座ガイドの一九六三年版によると、キッシンジャーの講義スタイルはこうだ。「もったいぶって教壇を行ったり来たりしながら、メッテルニヒを賞賛し、ケネディを酷評し、アメリカの外交政策の危機に対する自分の解決策を自画自賛する様子はまったくの見ものである」[114]。ハーバード・クリムゾン紙は、キッシンジャーとホフマンの人物像をパロディー仕立ての対話で浮き彫りにしている。

「Q　個人の論評に移ろう。ヘンリー・キッシンジャーは何をしているのかい？

A　複雑さの研究だね。

Q　何の？

A　状況の。

Q　ふーん。で、ホフマン教授は？

A　彼は、複雑な分類かな[115]」

学部生時代の指導教官だったエリオット同様、キッシンジャーはケンブリッジを離れることが多かった。彼はエリオットのスケジュール管理法を手本にしたものの、クラスの学生全員をきめ細かく指導することはできない相談である。だからといって、キッシンジャーが学生に不人気だったわけではない。「政治学180」を受講した学生たちの大半は、質問に対するキッシンジャーの当意即妙の受け答えや辛辣なウィットを楽しんだ。いまでもそうだが、大方の学生にとって、テレビに登場する著名な教授の講義を聴くのはなかなかに興奮する出来事だったにちがいない。北東回廊を飛び回る男に疑念を表明したのは、ひどくまじめな少数の学生だけである。たとえば学部四年のチャールズ・マイヤーは、「政府顧問を務める教授の役割」と題する記事をクリムゾン紙に発表した。記事には意図的にキッシンジャーの写真が添えられている。マイヤーによれば、「政府顧問兼教授の新しいクラスの今後は、有望でもあるが危険でもある」という。「傲慢で尊大」になり、「新たに発見された認識に夢中になるあまり……自己満足的、独断的」になりかねない。とくに、二足の草鞋を履く教授は「体制の批

＊　核廃絶をめざす科学者国際会議。バートランド・ラッセルとアルベルト・アインシュタインが第一級の科学者たちと連名で一九五五年に発した、科学技術の平和利用を訴えるラッセル＝アインシュタイン宣言を受けて開催され、五七年の第一回から現在にいたるまで続いている。大量破壊兵器の危険性の評価、核兵器の管理、科学者の社会的な責任について討議する。

判者という従来の役割から、体制のスポークスマンの役割に変貌する」危険があるという。[116]
　この記事が載ったのは、一九六〇年六月のことである。三年後のクリムゾン紙には、キッシンジャーとシェリングを無責任な「文民の軍事専門家」だと批判する記事が掲載される。二人とも、「論理でもって戦争を防ぐ術」をわかっていないというのである。国際問題研究所で彼らがやったことといえば、「データを集めてコンピューターに投入し、ソ連に爆弾を投下するにはこれこれの日がいいと決めることだった」[117]。ハーバードの教員と「国家安全保障」との関係に対するこうした疑念は、やがて一九七〇年代に入る前に、学生たちの暴力的な抗議運動へとつながっていく。

4

「顧問兼教授」は、一部の学生から政府に近すぎると批判されたけれども、ある意味では政府から非常に遠かった。冷戦は、ゲーム理論家の考えるようなゲームとはわけがちがう。公になっていることの多くは偽りであり（想像上のミサイル・ギャップを煽り立てるプロパガンダはまさにその代表例である）、真実であることの多くは隠されていた（情報機関同士の隠密戦はその一例である）。部外者は、いかに情報通であっても、嘘や真実をうすうす感じとるのがせいぜいのところだ。政府部内に入り「最高機密」文書に関与するようになって初めて、キッシンジャーは、一九五〇年代に自分のした外交政策批判が多くの点で無知だったこと、アイゼンハワー政権の狡猾さを大幅に過小評価していたと気づくのである。

冷戦に関しては、とくにそう言えた。第三世界での支配権を争う超大国間の対決は、「第三次世界大戦」と呼ぶに値するだろう。[118]相互確証破壊の脅威が、究極的にはアメリカ、ソ連、分断されたヨーロッパにギャディスの言う「長い平和」をもたらしたとしても、アフリカ、アジア、ラテンアメリカ、中東の多くに平和は訪れていない。これらの地域では、超大国の戦いがしばしば代理戦争の形で繰り広げられ、ぞっとするほど多くの人命が奪われていた。現在私たちはこの戦争について、当時の部外者以上のことを知っている。もちろん、第二次世界大戦終結直後の「脱植民地化」の混乱でヨーロッパ帝国が分裂、崩壊したためにソ連が優勢になったことは、秘密でもなんでもない。アイゼンハワーは、「新生国家の大半が他国政府による政治支配を容認するぐらいなら、共産主義でも独裁でも自ら奉じるほうがまだましだった」と嘆いている。「新生国家」は、次々に倒れるのを待っているドミノの列を思い起こさせた。*当時、このドミノ倒しは、一九三〇年代を呑み込んだ独裁者の大波以上のペースで進行しているように見えたものである。[119]「北朝鮮の侵攻、フィリピンにおける共産党系旧抗日人民軍フク団の活動、ベトナム全土の共産化をめざす動き、ラオス、カンボジア、ビルマにおける体制転覆の試

＊　アイゼンハワーがドミノ理論に初めて言及したのは、ディエンビエンフーの戦いでフランスが敗れたのちの記者会見でのことだった。「ドミノの最初の牌を倒したら、最後の一つに何が起きるかはあっという間にはっきりする」。フランスというドミノが倒れるのを彼がほとんど何もせず傍観していたことを考えれば、不可解な発言と言わざるを得ない。

み、イランのソ連接近、トリエステ問題、グアテマラの春」はどれも、「共産主義の浸透を加速しようとするソ連の圧力」の表れとされた。[120] アイゼンハワーとダレスは就任するとき、まるでソビエト帝国が撃退可能な敵であるかのように「解放」について語ったことだろう。だが彼らはすぐに（政権中枢から追い払われた男のやっかみでケナンがいじわるく指摘したとおり）、封じ込め政策という走り出した馬に「乗り続ける」しかないことに気づく。[121] アイゼンハワーの見るところ、共産主義の手に落ちたのはキューバとおそらく北ベトナムだけだが、モスクワからの勧誘はさかんで、一九六一年一月にはフルシチョフが「民族解放戦争」の支持を明言している。ソ連を革命の味方と位置づけ、アメリカに帝国主義のレッテルを張ることで、植民地解放の波に乗ろうというのである。この戦略がどれほどうまくいったか、いまではすっかり忘れられてしまったようだ。朝鮮戦争のような戦争を繰り返さずにアメリカがソ連の影響力拡大を遅らせることができたのは、グレーを通り越してブラックなプロパガンダや秘密工作などを大々的に展開したからにほかならない。[122] 第二次世界大戦中に開発された心理戦の手法が、共産主義に染まりやすいとみなされたすべての国に適用された。

冷戦の地理的範囲は広い。南ベトナムではアメリカ文化情報局（ＵＳＩＡ）作成の反共文書が配布され、*北ベトナムにはＣＩＡが訓練した破壊活動家や煽動工作員が入り込み、[123] インドネシア、ラオス、タイではプロパガンダが展開された。パキスタンをトルコ、イラン、イラクとともに親米陣営に留め、インドの中立主義を変えさせるために、アメリカはたいへんなエネルギーを注ぎ込んでいる。[124] またナセルの渉外顧問を務めたジェームズ・アイケルバーガーはＣＩＡの捜査官だった。[125] これはメディアを駆使した大作戦であり、経済・軍事援助だけでなく、見本市、交流プログラム、文化観光、図書館、移動映画館、ラジオ番組等々が動員されている。[126] この点で、心理戦は現代の商業広告のトレンドに乗っていたと言えよう。そこには、潜在意識に働きかける「隠れた説得者」は、セールスと同じく外交政策においても効果的だという前提があった。だが結果はせいぜい成否相半ばというところである。ヨーロッパ流の植民地主義に手を染めずに国外での影響力を強めるべく苦闘するアメリカ人は、一九五五年のグレアム・グリーン『おとなしいアメリカ人』や一九五七年のウィリアム・J・レデラーとユージン・バーディック『醜いアメリカ人』（細貝宰市訳、トモブック社）などで笑い者にされている。海外情報活動に関する大統領諮問委員会は、次のように報告せざるを得なかった。「大規模な経済・軍事援助、植民地主義に反対してきた経歴、よき意図、自由で多様な価値観にもかかわらず、アメリカは次第に現在および過去の悪い面ばかり認識されるようになっている。とくに若年層の間でそう言える」。[127] そもそも独立国をアメリカの思い通りに行動させることは困難だ。たとえばラジオ・カイロはアメリカの援助を懐に入れておきながら、相変わらずアメリカの同盟国を非難し続けた。事態を一層悪化させたのは、人材交流プログラムで第三世界の有望な人材がアメリカにやって来ると、自分たちが人種差別の対象だと気づくことである。ジョホール郵便労働者組合代表のマレー人のタヴァ・ラジャはその一例だ。[128]

＊　アメリカ文化情報局は、海外で活動する際には、広報文化局（ＵＳＩＳ）とも呼ばれた。一九九九年に国務省に統合され国際情報プログラム局に引き継がれている。

説得に失敗すれば、次なる手段は体制転覆である。ダレスら国務省の連中は第二次世界大戦中に巧妙な手口を学んでいたし、戦後はソ連が東欧の体制を情け容赦なく変えていくのを目の当たりにした。となれば、アメリカが同じルールでプレーしてどこが悪いのか。かくしてダレスのもと、ＣＩＡは「二つの外国政府の転覆をやってのけ……二つの政府の転覆を試みて失敗し……複数の国家指導者の暗殺計画に、直接手を下さなかったにしても、すくなくとも関与した」[129]。イランのモハンマド・モサデク政権の打倒を最初に試みたのは、イギリス資本のアングロ・イラニアン石油会社の国有化に憤慨したイギリスだったが、その後すぐにＣＩＡが関与し、クーデターの遂行に大金を出している。[130]グアテマラでは、ハコボ・アルベンス・グスマン大統領がアメリカ資本のユナイテッド・フルーツの土地を接収したことを受けて、ＣＩＡがアルベンスはクレムリンの傀儡だと宣伝工作を行い、軍事クーデターを組織して政権を転覆させた。[131]この種の作戦は、アイゼンハワーが一九五四年三月一五日に承認した国家安全保障会議報告書（ＮＳＣ五四一二号）で正当化されている。秘密工作の遂行はダレスに任されるが、ホワイトハウス、国務省、国防総省は承認権を維持していた。[132]一九五九年一月のキューバ革命でフィデル・カストロが権力を掌握すると、ＣＩＡは当然のごとく、彼を排除する工作を開始する。そしてカストロのみならず、ドミニカのラファエル・トルヒーヨ大統領、コンゴのパトリス・ルムンバ首相の暗殺も計画した。トルヒーヨとルムンバはいずれも一九六一年に殺害されており、手を下したのはＣＩＡのエージェントではないが、暗殺者が使った武器はＣＩＡが提供している。[133]秘密工作が明るみにでたときに（報道の自由が保障されている社会では避けられない）どのようなブローバック（意図せぬ反動）があるか、考慮された形跡はほとんどない。冷戦中はＫＧＢも汚い手を使っていたというだけでは、アメリカの行動は正当化できまい。アメリカが標的とした体制の多くが、共産主義に劣らず民族主義も奉じていたのだから、なおのことである。

5

一九五〇年代後半のキッシンジャーは、第三世界の戦争についてほとんど知らなかった。共産主義の拡大を阻止すべく、アイゼンハワー政権が公明正大な手段のほかに汚い手を使っていたことも知らなかったし、しかも自分の無知を過小評価している。それでも、冷戦下で第三世界の位置付けが次第に重要性を増していくことには気づいていた。一九五八年七月に行われたＡＢＣの三〇分のインタビュー番組で、聞き手のマイク・ウォレスは、大量報復と限定戦争の相対的利点について前年に行われた討論のときとはちがう見解を引き出すことに成功している。二人のやり取りからは、成功がどれほどキッシンジャーを変えたかがうかがえる。初めてテレビに出演したときよりずっと落ち着いており、ウォレスの質問が鋭くなっても、ときおり微笑む余裕を見せた。もっともだいたいは、身の毛がよだつようなことも感情を表さずに語るいつものスタイルだったが。[134]

「ウォレス：限定戦争という提言をよりよく理解するために、わが国の現在の軍事政策をどうお考えか、最初にうかがいたい。わが国の軍事政策はどのようなものか。

キッシンジャー：わが国の現在の軍事政策は、大量報復戦略に基づいている。ソ連がどこかの国に武力侵略を行ったら、ソ連に全面攻撃を仕掛けると脅しているわけだ。つまりアメリカの政策は、全人類を破滅させかねない威嚇に依拠している。これはあまりに危険だし、費用もかかりすぎる。

ウォレス：現在の政策は正しくない、わが国の安全を脅かす、ということだが、この点についてもうすこしくわしく話してほしい。正しくないのは、単に危険で高くつくからか。

キッシンジャー：いや、私が言いたいのは、実際にはアメリカの大統領は危機が起きるごとに、その問題がアメリカの都市を破壊されるほど重要かどうかを判断することになるだろう、ということだ。ベイルートにせよ、別の問題にせよ、三〇〇〇万のアメリカ市民の命と引き換えにする価値があるかどうかを決めなければならない。すると現実問題として、その価値はないと判断することになるだろう。となれば、結局はソ連が侵略によって徐々に世界を侵食していくのを促すことになりかねない。

ウォレス：それは、アメリカには全面戦争をする意志あるいは能力がない、いや、意志がないとソ連が承知しているからか。

キッシンジャー：ソ連は、わが国がこの種の戦争を避けたがっていると気づくはずだ。そうなれば彼らは、最後通牒にはいたらないような挑発を繰り返せばいい。だがそのような挑発も、度重なれば自由世界の破壊につながる恐れがある……いや、私は、戦争をしろと言っているのではない。戦争をするかどうかは、ソ連が攻撃してきた場合にだけ生じる問題だ。そしてソ連が攻撃を仕掛けてきて、じつはアメリカはソ連以上に全面戦争を恐れているとなったら、結局彼らは自由世界を屈服させることになるだろう。私の提言はすべて、われわれにはソ連と同程度にリスクをとる意志があるとの前提に基づいている。そうでないなら、アメリカは負ける。この事実を直視しなければならない。

ウォレス：では、戦争を有効な政策手段として復活させるために、アメリカの戦略を見直すべきだということか。

キッシンジャー：アメリカの戦略は、わが国が戦争に直面する可能性があり、ソ連が戦争を仕掛けてきてわれわれに抵抗の意志がなければわが国の自由は終わるという事実を直視すべきだ。これはつまるところ、価値の選択の問題である。その意味では、戦争は有効な政策手段であるべきだと考える」[135]

続いてウォレスが、限定戦争という選択肢は現実にうまくいくのか、例を挙げて説明してほしいと迫ると、対話は新たな展開を見せる。キッシンジャーは間髪を入れず、「ソ連がたとえばイラクを攻撃した場合」を例に挙げた。奇しくもこのインタビューは、バグダッドで軍事クーデターが起きるちょうど二四時間前に行われている。汎アラブ主義を掲げる将校らがハーシム王政を打倒し、共和制を樹立した、いわゆる「イラク革命」である。キッシンジャーは、イラクを挙げたのは、あくまで防衛のための通常戦力を常駐させていない国や地域の一例だと断っている。「アメリカがもっと多くの師団と空輸能力を持っていたら……そうした地域に数個師団を空輸し、現地軍と協力して防衛ができる」というこ[136]。あなたが言うのは「戦争のための政策」ばかりで、「積極的に平和をめざす政策」がないとウォレスが批判すると、キッシンジャーはそのような二分法は誤りだと反論した。

「キッシンジャー：国防政策は平和維持に欠かせないが、国防政策だけでは世界の政治的な問題は解決できない。国防政策は、言ってみればただの防護壁であって、そのうしろにいれば国民は生産活動に従事できるというだけだ。いま現在重要なのは、世界を呑み込もうとする巨大な革命を認識すること。そして、単に共産主義から世界を守るという以上の大きな動機でもって自由世界を建設するイメージを持つことだ。何に反対するか、ではなく、何をめざすのかを明確にすることが重要なのだ。どんな世界をめざすのかが明確になり、そのイメージを多くの人々と共有できるなら、われわれがつねに非妥協的で好戦的にみえるということはなくなるだろう。そして軍事同盟よりもっと建設的な手段を選べるようになるはずだ[137]」

ウォレスはまたもや具体的な説明を欲しがり、よくニュースで取り上げられる国としてフランスの植民地アルジェリアを挙げた。アルジェリアでは、のちにアルジェリア戦争と呼ばれることになるフランスとの激しい武力抗争が四年目を迎えており、さらに四年の流血の末に独立を勝ち取ることになるのだが、これについてもキッシンジャーの答は洞察力に富む。

「キッシンジャー：一般的に、植民地体制には反対すべきだが、その一方で、こう考えることもできる……アルジェリアは独立しても、純粋な独立国としては生き残れない、ということだ。今日では、独立をめざす動きが加速する一方で、純粋な独立国といったものはもはや存在しないというパラドックスが出現している。こうした状況で私が惹かれるのは、アメリカが北アフリカ連合といったものを支持するというアイデアだ。そうした組織と経済的に連携し、開発プロジェクトなどに関与することができるだろう。アルジェリアも、純粋な独立国家とはならず、そうした連合の中に居場所を見つけられると考えている[138]」

一九五八年は、ナセルのエジプトとバース党のシリアがアラブ連合共和国を結成した年でもある。この連合共和国は北アフリカ連合への参加を要請されるだろうか、という質問には、キッシンジャーはノーと答えている。そして、アメリカの対エジプト政策は、「ナセルを友とするほど友好的ではなく、彼を倒すほど敵対的でもない」と付け加えたうえで、「とはいえイブン・サウードが、アメリカが中東で組むべき勢力を代表していないことは言っておきたい」と、サウジアラビア国王に言及した。[139] 世俗の汎アラブ主義よりもイスラムの戒律を好む国王は、ナセル暗殺を命じたが失敗に終わっている。

植民地体制の敵視と連合形成という解決策はいずれもあきらかにロックフェラーの影響を受けているが、キッシンジャー自身の理想主義の表れでもあった。「完全な社会主義革命世界」とアメリカは共存できると思うかと質問されて、キッシンジャーは率直に答えている。

「キッシンジャー：まず、社会主義と革命を同一視するのは不適切だ。資本主義社会、いや、私がより強い関心を抱いているのは自由社会だが、ともかくそうした社会のほうが、一九世紀の社会主義などよりずっと革命的現象だと言うことができる。そしてこのことは、まさにわれわれが現在抱えている問題の一つを浮かび上がらせる。われわれはもっと思想的攻勢を仕掛けるべきだし、自分たちを革命家と考えるべきだ。自由を世界に広げることができれば、多くのことが実現できるだろう……われわれは建設的なことをしているときでさえ……共産主義の脅威でもって正当化している。本能的な活力に従ってやりたいことをやっているのだと言うことは、まずない。たとえば、私の考えでは、ラテンアメリカの反米デモに対するアメリカの反応はまちがっていた［前年五月に副大統領ニクソンがラテンアメリカを歴訪した際、激しい反米デモが行われ、とくにペルーとベネズエラでは暴徒化した民衆に襲われた］。あのとき、〝反米デモは共産主義者に煽動された行動であり、ラテンアメリカの共産化を阻止しなければならない〟と言うのではなく、こう言うべきだった。〝この状況は、われわれの義務を思い出させる。われわれは、共産主義を打倒したいからではなく、われわれの拠って立つ価値観のために行動する〞と[140]」

これはどうみても現実主義者の発言ではない。しかもキッシンジャーは、わざわざ脱線してまで国務長官のダレスをこう批判している。「外交政策の技巧だの駆け引きだのに拘泥し過ぎ、アメリカの価値観を発信できず、しばしば他国からの不信を招いた[141]」。

インタビューの途中でキッシンジャーが口ごもった場面が一度だけあった。インタビューの終わりのほうで国内政治が話題になったときである。ウォレスは、キッシンジャーが別の取材で言ったとされる「われわれの政権は、自分の人生に満足しきった古い人間で構成されている」という発言を引用した。キッシンジャーはにやりとして、動じずに応じた。

「キッシンジャー：その発言を否定するつもりはない。彼らはみな善人だし、まじめで人一倍国を愛している。問題は、自分たちの育った世界が正常だと考えていることだ。彼らには、危機が起きるととりあえずその場を取り繕い、様子を見る傾向がある……正常な世界の力が作用して自分たちの権威を回復してくれると期待しているのだろう。そのため彼らは、そう、小さな町の銀行家のように政策を実行する。景気がよければ必ず利益が上がると信じている銀行家のように」

だが次世代でこれはと思う政治家を挙げてほしいとウォレスが言うと、キッシンジャーはやや口ごもり、政治を二分する政党のどちらにもさして「精神的ダイナミズム」は感じられないとだけ答えている。ウォレスはしぶとくもう一度質問した。

「ウォレス：あなたが高く評価し、アメリカの指導者として期待しているのは誰か。

キッシンジャー：まずお断りしたいのは、私は無党派としてここに来ているということだ。私は中立で、どちらにも与しない。誰を評価するかは状況次第だ。多くの状況でアドレー・スティーブンソンを尊敬しているし、多くの状況でディーン・アチソンも尊敬している。だがアチソンに賛同できない点も多々ある……それに政権党でない場合、実行力を証明するのはきわめてむずかしい。

ウォレス：いまの発言からすると、あなたがすぐに思い浮かべた政治家、いまこの国を率いるのにふさわしいと信頼する政治家は、どちらも共和党ではなかった。

キッシンジャー：特定の個人に関わりたくないと思っている。最近の発言を聞く限り、ニクソン氏は状況認識にすぐれているようだ。だがあなたに聞かれても特定の個人には言及しないつもりだ」

キッシンジャーがネルソン・ロックフェラーと緊密な関係にあることはすでによく知られていたのだから、この答は奇妙と言わざるを得ない。とはいえキッシンジャーの政治教育は始まったばかりである。行く手にはなお長い道のりがあった。

130. Ruehsen, "Operation 'Ajax' Revisited."
131. Osgood, Total Cold War, 146ff.
132. Leary, *Central Intelligence Agency*, 62f.
133. Thomas, Very Best Men, 229-32; Grose, *Gentleman Spy*, 723f.
134. HAK, interview by Mike Wallace. The interview can be viewed at http:// c.pn/ 1GpkM0u.
135. American Broadcasting Company, in association with The Fund for the Republic, *Survival and Freedom: A Mike Wallace Interview with Henry A. Kissinger* (1958), 3-7.
136. Ibid., 5.
137. Ibid., 9f.
138. Ibid., 10.
139. Ibid., 11.
140. Ibid., 11, 13.
141. Ibid., 14.

写真のクレジット

(P273) **1**: The Kissinger Family/Yale University; **2**: Ferdinand Vitzethum/Wikimedia Commons (P274) **3**: United States Holocaust Memorial Museum; **4**: ©Shawshots/Alamy (P275) **5**: The Kissinger Family/Yale University; **6**: Melvin Thomason/Yale University (P276) **7**: The Kissinger Family/Yale University; **8**: ©Stadtarchiv Bensheim, Fotosammlung. Photographer Jerry Rutberg, U.S. Signal Corps. (P277) **9,10**: ©Vernon Tott (P278) **12**: ullstein bild/Getty Images (P279) **13**: courtesy of David Elliott; **14**: photographer unknown/Yale University (P280) **15**: Chrysler Corporation and U.S. Army publicity photo; **16,17**: Getty Images (P281) **18**: Nat Farbman/Getty Images; **19**: AP Photo/Marty Lederhandler, File (P282) **20**: photographer unknown/Yale University; **21**: Corbis (P283) **22**: Yale University/CBS; **23**: United States Army Military History Institute (P284) **24**: Keystone-France/Getty Images; **25**: Cecil Stoughton, White House photographs, John F. Kennedy Presidential Library and Museum, Boston (P285) **26**: Ed Valtman cartoon, from Valtman: The Editorial Cartoons of Edmund S. Valtman 1961.1991 (Baltimore: Esto, Inc., 1991). Originally in The Hartford Times (1962). Used by permission. (P286) **27**: Centre Virtuel de la Connaissance sur l fEurope (CVCE); **28**: Dr. Strangelove, or: How I Learned to Stop Worrying and Love the Bomb. ©1963, renewed 1991 Columbia Pictures Industries, Inc. All Rights Reserved. Courtesy of Columbia Pictures. (P287) **29**: Bettmann/Corbis/AP Images; **30**: Flickr (P288) **31**: Oliver Turpin/Yale University; **32**: Robert Lackenbach/Radio Free Europe/Radio Liberty; **33**: photographer unknown/Yale University

原注の略語一覧

FRUS (U.S. Department of State, Office of the Historian, Foreign Relations of the United States)：国務省『アメリカ合衆国の外交関係』 **HAK** (Henry Kissinger)：ヘンリー・アルフレッド・キッシンジャー **JFK** (John F. Kennedy)：ジョン・フィッツジェラルド・ケネディ **KL** (Isaacson, Kissinger)：ウォルター アイザックソン『キッシンジャー 世界をデザインした男』（別宮貞徳訳、日本放送出版協会） **LBJ** (Lyndon Baines Johnson)：リンドン・ベインズ・ジョンソン **LOC** (Library of Congress)：議会図書館 **MoH** (Henry Kissinger,"Meaning of History")：ヘンリー・キッシンジャー「歴史の意味」 **NAR** (Nelson Rockefeller)：ネルソン・アルドリッチ・ロックフェラー **NFC** (Necessity for Choice)：ヘンリー・キッシンジャー『選択の必要性』 **NWFP** (Nuclear Weapons and Foreign Policy)：ヘンリー・キッシンジャー『核兵器と外交政策』（森田隆光訳、駿河台出版社） **RMN** (Richard M. Nixon)：リチャード・ミルハウス・ニクソン **TTP** (Troubled Partnership)：ヘンリー・キッシンジャー『二国間の歪んだ関係 大西洋同盟の諸問題 』（森田隆光訳、駿河台出版社） **WHY** (Henry Kissinger, White House Years)：ヘンリー・キッシンジャー『ホワイトハウス秘録』（斎藤弥三郎訳、小学館） **WR** (Henry Kissinger, World Restored)：ヘンリー・キッシンジャー『回復された世界平和』（伊藤幸雄訳、原書房）

84. Suri, *Kissinger*, 133-37.
85. Smith, *Harvard Century*, 215f.
86. Schlesinger, *Veritas*, 209.
87. Smith, *Harvard Century*, 219f., 227.
88. Harvard Archives, International Seminar, Mar. 26, 1958. See also HAK to Don Price [Ford Foundation], Dec. 10, 1958.
89. LOC, Kent 64, Elliott to Bundy, Mar. 25, 1959.
90. Atkinson, *In Theory and Practice*, 7-10.
91. Bird, *Color of Truth*, 143. Cf. Kalb and Kalb, *Kissinger*, 57; Mazlish, *Kissinger*, 75f.
92. Bowie and Kissinger, *Program of the CFIA*, 1.
93. Atkinson, *In Theory and Practice*, 28f.
94. Bowie and Kissinger, *Program of the CFIA*, 4.
95. Atkinson, *In Theory and Practice*, 28-32.
96. Ibid., 28.
97. Ibid., 48.
98. Ibid., 44.
99. Ibid., 118.
100. Ibid., 119f.
101. Hoover Institution Archives, Elliott Papers, Box 166, Elliott to Raymond Moley, Mar. 30, 1960.
102. Mazlish, *Kissinger*, 77f.
103. Isaacson, *Kissinger*, KL 1807-10.
104. LOC, HAK Papers, E.1, Hanks to Corinne Lyman, Feb. 28, 1958.
105. Ibid., Corinne Lyman to Hanks, Mar. 3, 1958.
106. Kent papers, HAK to Bowie, n.d.
107. Isaacson, *Kissinger*, KL 1785-87; Thomas Schelling, interview by author.
108. Bird, Color of Truth, 143.
109. Isaacson, Kissinger, KL 1827-44.
110. LOC, Kent 64, HAK to Bundy, June 17, 1958; LOC, G.14 Supp (Kraemer), HAK to Kraemer, Dec. 22, 1961.
111. Atkinson, In Theory and Practice, 78.
112. See, e.g., Kennedy Library, Bundy Papers, Harvard Years Correspondence, Box 22, Joint Arms Control Seminar: Abstract of Discussion, Oct. 4, 1960; Second Meeting, Oct. 24, 1960.
113. Kennedy Library, Bundy Papers, Harvard Years Correspondence, Box 22, Joint Arms Control Seminar: Abstract of Discussion, Dec. 19, 1960.
114. Isaacson, *Kissinger*, KL 1844-52.
115. Fred Gardner, "The Cliche Expert Testifies on Disarmament," *Harvard Crimson*, Jan. 16, 1963.
116. Charles S. Maier, "The Professors' Role as Government Adviser," *Harvard Crimson*, June 16, 1960.
117. Charles W. Bevard, Jr., "Two Professors Called Militarists," Harvard Crimson, May 29, 1963.
118. Westad, Global Cold War; Ferguson, War of the World, 596-625.
119. Gaddis, Strategies of Containment, 128f., 179f.
120. Ibid., 138.
121. Gaddis, Kennan, 487.
122. Osgood, *Total Cold War*, 96.-113, 124f.
123. Ibid., 118ff.
124. Ibid., 132, 136.
125. Ibid., 138-40.
126. Frey, "Tools of Empire."
127. Osgood, Total Cold War, 124.
128. Frey, "Tools of Empire," 543.
129. Gaddis, *Strategies of Containment*, 156.

37. Reich, *Life of Rockefeller*, 665.
38. Andrew, "Cracks in the Consensus," 541.
39. Rosenberg, "Prospect for America," 2f. See Isaacson, *Kissinger*, KL 1739-42.
40. Rosenberg, "Prospect for America," 2f.
41. Kennedy Library, Schlesinger Papers, Incoming Correspondence, 1945-1960, Box P.17, HAK to Schlesinger, Jan. 13, 1958.
42. LOC, HAK Papers, E.2, Schlesinger to HAK, Jan. 28, 1958.
43. Rosenberg, "Prospect for America," 22.
44. Ibid., 27ff.
45. Andrew, "Cracks in the Consensus," 544f.
46. Ibid., 542.
47. Ibid., 538, 548.
48. LOC, Kent 13, NAR to HAK, July 2, 1958.
49. Andrew, "Cracks in the Consensus," 549.
50. Rosenberg, "Prospect for America," 7, 27ff.
51. Collier and Horowitz, *Rockefellers*, 195.
52. Rosenberg, "Prospect for America," 5.
53. Persico, *Imperial Rockefeller*, 77.
54. Reich, *Life of Rockefeller*, 661.
55. Ibid., 663.
56. Smith, *On His Own Terms*, KL 6514.
57. HAK, interview by author.
58. Harvard Archives, International Seminar, HAK to Graubard, Nov. 12, 1956.
59. Ibid., HAK to Graubard, Dec. 5, 1956.
60. Rockefeller Archive Center, HAK to NAR, Dec. 27, 1956; NAR to HAK, Dec. 31, 1956.
61. Ibid., HAK to NAR, Jan. 9, 1957; LOC, Kent 9, HAK to NAR, May 22, 1957; LOC, Kent 64, HAK to NAR, Aug. 10, 1957.
62. LOC, Kent 69, Milton Katz to HAK, Jan. 6, 1961.
63. Isaacson, *Kissinger*, KL 1812-14.
64. Straight, *Nancy Hanks*, 57f.
65. Reich, Life of Rockefeller, 662.
66. LOC, F.3(c), Hanks to HAK, Sept. 22, 1961.
67. Isaacson, Kissinger, KL 1730-32.
68. On the relationship with NAR, see Straight, Nancy Hanks, 47-55. She went on to serve as the second chairman of the National Endowment for the Arts (1969-77).
69. Ibid., 57.
70. LOC, HAK Papers, E.1, HAK to Nancy Hanks, Nov. 6, 1958.
71. Ibid., E.2, HAK to Jamieson, Nov. 7, 1958.
72. LOC, F.3(c), HAK to Hanks, Jan. 12, 1960.
73. LOC, E.1, Hanks to HAK, Mar. 17, 1960.
74. Ibid., HAK to Hanks, Mar. 21, 1960.
75. Ibid., Hanks to HAK, Mar. 23, 1960.
76. LOC, F.3(c), HAK to Hanks, Sept. 26, 1961.
77. LOC, E.1, HAK to Hanks, June 16, 1960.
78. "Summertime...Busiest Season of All. Traveler Visits One of Nation's Outstanding Young Men," *Boston Traveler*, July 7, 1959.
79. Isaacson, *Kissinger*, KL 1907. 18, citing HAK to his parents, Sept. 8, 1961.
80. "Man to Watch: Dr. Kissinger. Foreign Policy Expert," *Tribune* [?], March 21, 1958.
81. Walter Kissinger, interview by author.
82. LOC, Kent 64, HAK to NAR, Jan. 6, 1960.
83. Mazlish, Kissinger, esp. 84-88.

197. "U.S. Warned to Prevent More 'Syrias,' " *Los Angeles Examiner*, Oct. 30, 1957.
198. LOC, *Face the Nation*, Nov. 10, 1957, transcript.
199. Eisenhower Library, CIA, Foreign Broadcast Information Service, Current Developments Series, Radio Propaganda Report, CD.78, Oct. 1, 1957.
200. Jackson, "Beyond Brinkmanship."

第11章 北東部メガロポリス | *Boswash*

1. LOC, Kent 9, John Conway to HAK, Feb. 17, 1956.
2. HAK, "The Policymaker and the Intellectual," Reporter, Mar. 5, 1959, 30, 33.
3. LOC, G.13, Huntington to HAK, Apr. 14, 1956.
4. Ford Foundation Archives, Reel R.0492, Elliott to Don Price, n.d.
5. LOC, Kent 64, HAK to Bundy, June 14, 1956.
6. LOC, Kent 13, Rockefeller to HAK, Apr. 28, 1956.
7. LOC, F.3(c), HAK to Oscar Ruebhausen, June 11, 1956. On the genesis of the Special Studies Project, see Smith, *On His Own Terms*, KL 6096.
8. Harvard Archives, International Seminar, HAK to Graubard, June 25, 1956.
9. LOC, Kent 64, HAK to Bundy, Aug. 9, 1956.
10. Harvard Archives, International Seminar, HAK to Graubard, June 25 and July 9, 1956.
11. LOC, Kent 9, HAK to NAR, May 22, 1957.
12. Atkinson, In Theory and Practice, 18. Cf. Isaacson, Kissinger, KL 1762-70.
13. LOC, Kent 9, Robert Strausz-Hupe to HAK, July 24, 1957. On Strausz-Hupe, see Wiarda, *Think Tanks and Foreign Policy*, 14ff.
14. LOC, Kent 64, HAK to Bundy, Aug. 6, 1957; Bundy to HAK, Aug. 15, 1957. For evidence of Bundy's unease at the extent of Kissinger's extracurricular commitments, see HAK to Bundy, Sept. 11, 1957.
15. "Kissinger Talk Views U.S. Gov't Defense Program," cutting from unidentifiable newspaper, May 31, 1958.
16. LOC, E.2, HAK Resignation as Reserve Office (1959), Mar. 6, 1959.
17. LOC, G.13, HAK to Stanley Hoffmann, Sept. 13, 1957.
18. Graubard, *Kissinger*, 115.
19. LOC, HAK Papers, D.9, Kraemer to HAK, May 17, 1958.
20. Rockefeller Archive Center, Kraemer, Trends in Western Germany, June 1, 1958.
21. Ibid., HAK to Lt. Col. Robert Ekvall, July 7, 1956.
22. Andrew, "Cracks in the Consensus," 551.
23. Rosenberg, "Prospect for America," 2f.
24. Smith, *On His Own Terms*, KL 6096.
25. Rockefeller Archive Center, Special Studies Project, Oct. 31, 1956.
26. Ibid., Elliott draft, Nov. 1, 1956. See also the revised and retitled draft, Elliott to Robert Cutler, Nov. 2, 1956.
27. Hoover Institution Archives, Elliott Papers, Box 88, United States Democratic Process. The Challenge and Opportunity, Nov. 9, 1956.
28. See, e.g., Rockefeller Archive Center, HAK to Rusk, Nov. 27, 1956.
29. Reich, *Life of Rockefeller*, 653, 658f.
30. Smith, *On His Own Terms*, 6156.
31. Lewis, *Spy Capitalism*, 58.
32. Rosenberg, "Prospect for America," 20. Cf. Snead, *Gaither Committee*. See also Halperin, "Gaither Committee."
33. Gaddis, *Strategies of Containment*, 182f.
34. Osgood, *Total Cold War*, 345.
35. Lewis, *Spy Capitalism*, pp. 79ff.
36. Rockefeller Brothers Fund, *Prospect for America*, 96, 104.

162. Book Review, *New York Herald Tribune*, July 10, 1957.
163. "On the Problems of Preparedness in Today's World," *Christian Science Monitor*, June 27, 1957.
164. "A New Look at War-Making," *New York Times*, July 7, 1957.
165. *American Political Science Review* 52, no. 3 (Sept. 1958), 842. 44.
166. "War Without Suicide," *Economist*, Aug. 24, 1957.
167. "Dilemma of the Nuclear Age in a Keen, Many-Sided View," *New York Herald Tribune*, June 30, 1957.
168. James E. King, Jr., "Nuclear Weapons and Foreign Policy, I. Limited Defense," New Republic, July 1, 1957, and "II. Limited Annihilation," ibid., July 15, 1957.
169. Paul H. Nitze, "Limited War or Massive Retaliation?"
170. Isaacson, *Kissinger*, KL 1682.
171. Nitze, "Atoms, Strategy, and Policy."
172. Morgenthau, "Nuclear Weapons and Foreign Policy." See also the journalist Walter Millis's somewhat similar critique: *Political Science Quarterly* 72, no. 4 (Dec. 1957), 608ff.
173. Brodie, "Nuclear Weapons and Foreign Policy."
174. Possony, "Nuclear Weapons and Foreign Policy."
175. Kaufmann, "Crisis in Military Affairs," 585, 593.
176. William H. Stringer, "State of the Nation: Is Limited War Possible?," *Christian Science Monitor*, July 24, 1957.
177. "USAF Policy Theorist Brands Limited War Escapist Language," *Globe and Mail*, Sept. 16, 1957.
178. LOC, A.2, Gavin to HAK, July 15, 1957; HAK to Gavin, July 27, 1957.
179. "Can War Be Limited?," *Des Moines Sunday Register*, July 21, 1957.
180. Chalmers M. Roberts, "Headaches for Ike...," *Washington Post and Times Herald*, July 24, 1957. See also Roberts, "Kissinger Volume Stirs a Debate," ibid., Sept. 1, 1957.
181. Nixon Library, Pre-Presidential Papers, General Correspondence 414, RMN to HAK, July 7, 1958.
182. Lodge, As It Was, 202.
183. Eisenhower Library, Papers as POTUS, 1953—61 [Ann Whitman File], Box 23, Lodge to Eisenhower, July 25, 1957.
184. Ibid., Box 25, Eisenhower to Acting Secretary of State Herter, July 31, 1957. In a private memorandum, however, Eisenhower made his own objections more explicit: "This man would say, 'We are to be an armed camp. capable of doing all things, all the time, everywhere.' " Thomas, *Ike's Bluff*, KL 7243-45.
185. Russell Baker, "U.S. Reconsidering 'Small-War' Theory," *New York Times*, Aug. 11, 1957.
186. Alistair Cooke, "Limited or World War? U.S. Debates the Odds," *Manchester Guardian*, Aug. 12, 1957.
187. Russell Baker, "The Cold War and the Small War," *Time*, Aug. 26, 1957.
188. Harvard Archives, International Seminar, HAK to Graubard, Dec. 5, 1956.
189. LOC, A.2, HAK to Bundy, Feb. 7, 1957.
190. Gaddis, *Strategies of Containment*, 178f.
191. Osgood, *Total Cold War*, 336f.
192. Ibid., 344.
193. Mieczkowski, *Eisenhower's Sputnik Moment*. For the text of Eisenhower's Nov. 7 speech, see http:// bit.ly/ 1EnogkR.
194. "Man to Watch," *New York Herald Tribune*, Mar. 21, 1958.
195. "Kissinger Speaks," *New York Herald Tribune*, Oct. 14, 1957. See also "Dr. Kissinger Amplifies," ibid., Oct. 17, 1957.
196. Eisenhower Library, Records as POTUS. White House Central Files, Box 7, Leo Cherne to executive members of the Research Institute, Oct. 24, 1957.

113. Ibid., 365f.
114. Rosenberg, "Origins of Overkill," 42.
115. HAK, "Ref lections on American Diplomacy," 38.
116. Ibid., 41.
117. Ibid., 46f.
118. Ibid., 40.
119. Falk, "National Security Council Under Truman."
120. Ibid., 53, 42.
121. Kennedy Library, Bundy Papers, Box 19, HAK to Bundy, Nov, 1, 1956.
122. LOC, Kent 64, HAK to Bundy, Nov. 8, 1956.
123. Harvard Archives, International Seminar, HAK to Graubard, Nov. 12, 1956.
124. Ibid., HAK to Graubard, Dec. 31, 1956.
125. Isaacson, Kissinger, KL 1627.
126. LOC, A.2, HAK to Kraemer, June 24, 1957.
127. Ibid., HAK to Teller, June 5, 1957.
128. LOC, Kent 69, HAK speech, "How the Revolution in Weapons Will Affect Our Strategy and Foreign Policy," Economic Club of Detroit, Apr. 15, 1957.
129. HAK, "Strategy and Organization."
130. Eisenhower Library, Papers as POTUS, 1953. 1961 [Ann Whitman File], Box 23, Eisenhower note, Apr. 1, 1957.
131. HAK, "Strategy and Organization," 380.
132. Ibid., 383, 386.
133. Ibid., 387.
134. Ibid.
135. Ibid., 388.
136. Ibid., 390-93.
137. Ibid., 389.
138. HAK, "Controls, Inspection, and Limited War," Reporter, June 13, 1957.
139. LOC, A.2, HAK to Bundy, Feb. 7, 1957.
140. HAK, *Nuclear Weapons and Foreign Policy* [henceforth NWFP], 7.
141. *NWFP*, 60.
142. *NWFP*, 84.
143. Ibid.
144. *NWFP*, 211, 214, 219.
145. *NWFP*, 128, 131.
146. *NWFP*, 144, 170.
147. *NWFP*, 360.
148. *NWFP*, 227f.
149. *NWFP*, 183f.
150. *NWFP*, 226.
151. Schelling, "Essay on Bargaining"; Schelling, "Bargaining, Communication, and Limited War."
152. *NWFP*, 157.
153. *NWFP*, 180-.83.
154. *NWFP*, 194-201.
155. *NWFP*, 427-29.
156. LOC, F.3(c), HAK to Oscar Ruebhausen, June 11, 1956.
157. LOC, Box 43, Oppenheimer to Gordon Dean, May 16, 1957.
158. LOC, Oppenheimer Papers, Box 262, Kissinger Book, RO Statement, June 14, 1957.
159. Harvard Archives, International Seminar, HAK to Graubard, July 8, 1957.
160. "A Recipe Against Annihilation," *Washington Post and Times Herald*, June 30, 1957.
161. "An Atom Age Strategy," *Chicago Daily Tribune*, July 7, 1957.

76. Hoover Institution Archives, Elliott Papers, International Seminar, HAK to RMN, May 12, 1955.
77. LOC, Kent 64, HAK to Bundy, Aug. 17, 1955.
78. Ibid., Bundy to HAK, Aug. 23, 1955.
79. Grose, *Continuing the Inquiry*.
80. Wala, *Council on Foreign Relations*, esp. 229-43.
81. Shoup and Minter, *Imperial Brain Trust*. See also G. William Domhoff, "Why and How the Corporate Rich and the CFR Reshaped the Global Economy After World War II...and Then Fought a War They Knew They Would Lose in Vietnam," http:// bit.ly/ 1DFj0UG. For an especially fatuous version of the conspiracy theory, "Stuff They Don't Want You to Know. The CFR," http:// bit.ly/ 1JEm63t.
82. LOC, Box 43, Franklin to Oppenheimer, Mar. 28, 1955.
83. Ibid., HAK to Oppenheimer, Apr. 1, 1955.
84. Kennedy Library, Bundy Papers, Box 17, Bundy to HAK, Apr. 14, 1955.
85. Harvard Archives, Bundy Papers, UA III 5 55.26 1955-1956, CFR Study Group meeting, unedited digest, May 4, 1955.
86. Kennedy Library, Schlesinger Papers, Box P.17, HAK to Schlesinger, Oct. 3, 1955.
87. Smith, *On His Own Terms*, KL 5699.
88. Ibid., KL 5894. See also Reich, *Life of Rockefeller*.
89. Lewis, *Spy Capitalism*, 21.
90. Rockefeller Archive Center, Gen. Theodor Parker to Nelson Rockefeller [henceforth NAR], Draft of Letter to Eisenhower, July 29, 1955. See also Parker to NAR, Aug. 4, 1955; Aug. 8, 1955; NAR to Charles Wilson, Aug. 9, 1955; Memorandum of Conversation with John Foster Dulles and Allen Dulles, Aug. 11, 1955. On the failure of "Open Skies" as propaganda, see Osgood, *Total Cold War*, 194.
91. Hoover Institution Archives, Elliott Papers, Box 166, Elliott to Raymond Moley, Mar. 30, 1960.
92. Reich, *Rockefeller*, 614f.
93. Smith, *On His Own Terms*, KL 5995.
94. Rockefeller Archive Center, Panel Members, Aug. 16, 1955.
95. Ibid., Open Remarks to Panel by NAR, Aug. 23, 1955.
96. HAK, "Eulogy for Nelson Rockefeller," Feb. 2, 1979, http:// bit.ly/ 1DHvpb1.
97. Harvard Archives, International Seminar, Sept. 9, 1955.
98. Rockefeller Archive Center, Fourth Session, Aug. 28, 1955.
99. Gavin, *Nuclear Statecraft*, 57.
100. LOC, Kent 63, HAK, "The Problem of German Unity," Oct. 10, 1955.
101. Eisenhower Library, HAK, "Psychological and Pressure Aspects of Negotiations with the USSR," NSC Series, 10, "Psychological Aspects of United States Strategy" (Nov. 1955).
102. LOC, E.2, HAK to NAR, Nov. 8, 1955.
103. Ibid., HAK to Operations Research Office, Dec. 21, 1955. Here, as elsewhere, I prefer to adjust relative to GDP rather than simply using the consumer price index: details in Lawrence H. Officer and Samuel H. Williamson, "Explaining the Measures of Worth," http:// bit .ly/ 1I4ygkz.
104. LOC, E.3, HAK to NAR, Dec. 21, 1955.
105. Kennedy Library, HAK to Schlesinger, Dec. 15, 1955.
106. Ibid., Schlesinger Papers, Box P.17, HAK to Schlesinger, Jan. 25, 1955.
107. Ibid., HAK, Soviet Strategy. Possible U.S. Countermeasures, Dec. 15, 1955. See also LOC, Kent 13, HAK, Notes on the Soviet Peace Offensive, Apr. 4, 1956.
108. Kennedy Library, Schlesinger Papers, Box P.17, HAK to Schlesinger, Jan. 24, 1956.
109. HAK, "Force and Diplomacy," 350ff.
110. Ibid., 357.
111. Ibid., 360.
112. Ibid., 362.

30. Ibid., 425.
31. Ibid., 426.
32. Ibid., 427.
33. Hart, *Revolution in Warfare*, 99. See also Hart, "War, Limited."
34. Osgood, *Limited War*.
35. See, e.g., Richard Leghorn, "No Need to Bomb Cities to Win War," *U.S. News & World Report*, Jan. 28, 1955.
36. Bernard Brodie, "Unlimited Weapons and Limited War," *Reporter*, Nov. 18, 1954; Brodie, "Nuclear Weapons: Strategic or Tactical?," esp. 226-29. See Brodie's later article "More About Limited War." However, Brodie's book *Strategy in the Missile Age* did not appear until 1959. See in general Larsen and Kartchner, *On Limited Nuclear War*.
37. HAK, "The Limitations of Diplomacy," *New Republic*, May 9, 1955, 7f.
38. LOC, G.13, HAK to Huntington, Apr. 29, 1955.
39. Ibid., Huntington to HAK, Apr. 24, 1955.
40. Bird, *Color of Truth*, 107.
41. Ibid., 142. See also Isaacson, Kissinger, KL 1550.
42. Gaddis, Kennan, 374.
43. NSC.68, 56.
44. Gaddis, Kennan, 377.
45. Rosenberg, "Origins of Overkill," 22.
46. Bowie and Immerman, *Waging Peace*, 224ff.
47. John Gaddis, "The Long Peace: Elements of Stability in the Postwar International System," in Lynn-Jones and Miller, *Cold War and After*, 1f.
48. For a compelling critique of this view, see Gavin, *Nuclear Statecraft*, 60f.
49. Chernus, "Eisenhower: Toward Peace," 57.
50. Gaddis, *Strategies of Containment*, 171ff.
51. Ferrell, *Eisenhower Diaries*, 210.
52. Gaddis, *Strategies of Containment*, 137.
53. Gaddis, *Cold War*, 68.
54. Gaddis, *Strategies of Containment*, 174. Cf. Craig, *Destroying the Village*, 69.
55. Bowie and Immerman, *Waging Peace*.
56. See Soapes, "Cold Warrior Seeks Peace."
57. Fish, "After Stalin's Death."
58. See Osgood, *Total Cold War*, 57ff.
59. Bowie and Immerman, *Waging Peace*, 193.
60. Rosenberg, "Origins of Overkill," 31.
61. Jackson, "Beyond Brinkmanship," 57.
62. Ibid., 60.
63. Ambrose, Nixon, vol. 1, KL 12757.
64. Gaddis, *Strategies of Containment*, 147f.
65. Ibid., 133.
66. Thomas, *Ike's Bluff*, KL 2772-75.
67. Parry-Giles, "Eisenhower, 'Atoms for Peace.' "
68. Hixon, *Parting the Iron Curtain*, 223.
69. Thomas, *Very Best Men*, 165-69.
70. Paul H. Nitze, "Limited War or Massive Retaliation?"
71. Osgood, *Total Cold War*, 167.
72. Greene, "Eisenhower, Science and Test Ban Debate."
73. For the panel's report, see http:// 1.usa.gov/ 1OkG4DA.
74. William L. Borden to J. Edgar Hoover, November 7, 1953, http:// bit.ly/ 1ICqWfN.
75. Tal, "Secretary of State Versus the Secretary of Peace."

100. LOC, Kent 63, HAK, "The Soviet Peace Offensive and German Unity," June 3, 1953.
101. LOC, Kent 64, Bundy to HAK, June 23, 1953.
102. LOC, D.4, George Pettee to HAK, June 10, 1953.
103. Ibid., HAK to Pettee, June 12, 1953.
104. LOC, E.2, HAK to Schlesinger, June 10, 1953.
105. LOC, Kent 63, HAK to Schlesinger, Mar. 10, 1954.
106. Isaacson, *Kissinger*, KL 1518-23. According to Henry Rosovsky, it was the economist Carl Kaysen who blackballed him.
107. Mazlish, *Kissinger*, 50, 78f.
108. LOC, Kent 64, HAK to Bundy, Dec. 31, 1952.
109. Isaacson, *Kissinger*, KL 1456-99.
110. Blumenfeld, Kissinger, 93.
111. Harvard Archives, International Seminar, Leland DeVinney to Nathan Pusey, May 20, 1954.
112. The award is recorded in a card index held at the Rockefeller Archive Center.
113. LOC, Kent 64, HAK to Bundy, June 8, 1954.
114. Ibid., HAK to Bundy, Sept. 26, 1954.
115. National Archives, Nixon Presidential Materials, White House Tapes, Oval Office, Conversation Number: 699.1, Mar. 31, 1972.
116. Bentinck-Smith, *Harvard Book*, 24.

第10章 ストレンジラブ博士? | *Strangelove?*

1. "A New Look at War-Making," *New York Times*, July 7, 1957.
2. LOC, Box 43, Oppenheimer to Gordon Dean, May 16, 1957.
3. Isaacson, *Kissinger*, KL 1536.
4. Marian Schlesinger, interview by author.
5. Stephen Schlesinger's diary, Oct. 6, 2008.
6. LOC, Kent 64, HAK to Bundy, Sept. 16, 1954.
7. HAK, "Eulogy for Arthur M. Schlesinger, Jr.," Apr. 23, 2007, http:// bit.ly/ 1yWzxbl.
8. LOC, Kent 63, HAK, "The Impasse of American Policy and Preventive War," Sept. 15, 1954.
9. Ibid., HAK to Schlesinger, Dec. 8, 1954.
10. LOC, E.2, Schlesinger note on Harrison Salisbury's articles from Russia in New York Times, Sept. 23, 1954.
11. Ibid., Schlesinger to HAK, Sept. 22, 1954.
12. LOC, D.4, Pettee to HAK, Oct. 12, 1954.
13. LOC, Kent 63, HAK to Schlesinger, Dec. 8, 1954.
14. Ibid., Memorandum to Schlesinger, Dec. 8, 1954.
15. LOC, D.4, R. G. Stilwell to HAK, Feb. 25, 1955.
16. Ibid., HAK to Pettee, Mar. 1, 1955. Kissinger found McCormack "absolutely brilliant."
17. LOC, E.2, HAK to Schlesinger, Feb. 16, 1955.
18. HAK, "Military Policy and 'Grey Areas.' "
19. LOC, E.2, HAK to Schlesinger, Feb. 16, 1955.
20. See also HAK, "American Policy and Preventive War," *Yale Review* 44 (Spring 1955).
21. Finletter, *Power and Policy*.
22. HAK, "Military Policy and 'Grey Areas,' " 417.
23. Ibid.
24. Ibid., 418.
25. Ibid., 419.
26. Ibid., 428.
27. Ibid., 423f.
28. Ibid., 421.
29. Ibid., 422.

49. *WR*, KL 281-85.
50. *WR*, KL 295-99.
51. *WR*, KL 1336-37.
52. *WR*, KL 4336-39.
53. *WR*, KL 6526-39, 6542-45.
54. *WR*, KL 719-20.
55. *WR*, KL 5621-26.
56. *WR*, KL 181-95.
57. *WR*, KL 172-81.
58. *WR*, KL 102-19.
59. *WR*, KL 172-81.
60. *WR*, KL 140-48.
61. *WR*, KL 119-40.
62. HAK, "Congress of Vienna: Reappraisal," 280.
63. *WR*, KL 702-8.
64. *WR*, KL 847-48.
65. *WR*, KL 1188-92.
66. *WR*, KL 1248-54.
67. *WR*, KL 1270-71.
68. *WR*, KL 1606-8.
69. *WR*, KL 2837-61.
70. *WR*, KL 2923-33.
71. *WR*, KL 2974-3022.
72. For a sympathetic modern account, see Bew, *Castlereagh*.
73. *WR*, KL 4178-85.
74. *WR*, KL 5377.-78, 5389.
75. *WR*, KL 5396-99.
76. *WR*, KL 6398-400.
77. Most obviously in this passage: *WR*, KL 3685-98.
78. *WR*, KL 3478-505.
79. *WR*, KL 3812-19.
80. *WR*, KL 6416-43.
81. *WR*, KL 6633-53.
82. *WR*, KL 6604-29.
83. *WR*, KL 6633-53.
84. Fukuyama, "World Restored"; Kaplan, "Kissinger, Metternich, and Realism."
85. Webster, "World Restored."
86. Birke, "World Restored."
87. Maxwell, "World Restored."
88. Hans Kohn, "Preserving the Peace," *New York Times*, Oct. 13, 1957.
89. Wright, "World Restored."
90. LOC, Kent 64, HAK to Bundy, Jan. 28, 1954.
91. LOC, A & P, HAK to Elliott, July 10, 1950.
92. LOC, Kent 63, HAK to Elliott, Dec. 12, 1950.
93. Ibid.
94. LOC, Kent 63, HAK to Elliott, Mar. 2, 1951.
95. LOC, G.14 Supp. (Kraemer) HAK to Kintner, Nov. 20, 1951.
96. Ibid.
97. Ibid.
98. LOC, Kent 63, HAK, "Soviet Strategy. Possible U.S. Countermeasures," Dec. 1951.
99. Leff ler, *Soul of Mankind*, 91f.

第9章 キッシンジャー博士 | Doctor Kissinger

1. LOC, Kent 64, HAK to Bundy, Jan. 28, 1954.
2. Blumenfeld, *Kissinger*, 93.
3. LOC, MDC-101, Sargent Kennedy to HAK, June 2, 1954.
4. Fukuyama, "World Restored."
5. Kaplan, "Kissinger, Metternich, and Realism."
6. See, e.g., Kalb and Kalb, *Kissinger*, 46ff.
7. Isaacson, *Kissinger*, KL 1403-5.
8. Suri, *Kissinger*, 129.
9. Graubard, *Kissinger*, 17.
10. LOC, ORO & CIC-HAK Misc. Corr. (N.Z), HAK to George Pettee, Jan. 4, 1955. Cf. Weidenfeld, *Remembering My Friends*, 384-87.
11. Kalb and Kalb, *Kissinger*, 46.
12. Isaacson, Kissinger, KL 1445-50, citing HAK to Louis Kissinger, Jan. 31, 1954.
13. See, e.g., Birke, "World Restored."
14. HAK, *World Restored* [henceforth WR], KL 237-38.
15. *WR*, KL 3679-82.
16. *WR*, KL 3664-65.
17. *WR*, KL 2810-14.
18. *WR*, KL 349-50.
19. *WR*, KL 494-95.
20. *WR*, KL 2867-68.
21. *WR*, KL 3509.
22. *WR*, KL 4302.
23. *WR*, KL 1546-50.
24. *WR*, KL 1646-47.
25. *WR*, KL 1725-27.
26. *WR*, KL 1159-61.
27. *WR*, KL 948.
28. *WR*, KL 2300-2307.
29. *WR*, KL 2567-68.
30. *WR*, KL 3434-37.
31. *WR*, KL 5442-43.
32. *WR*, KL 6565-84. Emphasis added.
33. *WR*, KL 662-64, 747-48.
34. *WR*, KL 3472-74.
35. *WR*, KL 3939-76.
36. *WR*, KL 254-55.
37. HAK, "Conservative Dilemma," 1030.
38. *WR*, KL 230-31.
39. *WR*, KL 1701-5.
40. *WR*, KL 3521-24.
41. *WR*, KL 3802-3.
42. *WR*, KL 1803-4.
43. *WR*, KL 5741.
44. *WR*, KL 453-56.
45. *WR*, KL 1537-43.
46. *WR*, KL 2237-41.
47. *WR*, KL 281-85.
48. *WR*, KL 558-63.

127. Harvard Archives, International Seminar, Elliott to John Marshall, Dec. 1, 1954.
128. Ibid., UAV 813.141.10, Robert Blum to HAK, Oct. 21, 1955.
129. Ibid., International Seminar, HAK to Don Price, Dec. 10, 1955.
130. Ford Foundation Archives, Reel R.1057, Elliott to Katz, Mar. 17, 1952.
131. Harvard Archives, Elliott to Rusk, Apr. 30, 1952; Elliott to Marshall, May 12, 1952.
132. Ibid., International Seminar, Bowie to Stone, Mar. 5, 1953.
133. Ford Foundation Archives, Reel R.0492, Stanley T. Gordon to Shepard Stone, Sept. 1, 1954.
134. See Lindsay, *Beacons in the Night*.
135. Thomas, *Very Best Men*, 70-73.
136. Ford Foundation Archives, Reel R.1057, Shepard Stone to James Laughlin, May 13, 1953.
137. Ibid., Laughlin to Frank Lindsay, July 16, 1953.
138. LOC, Kent 64, HAK to Bundy, May 20, 1954.
139. Ibid., Marie Carney to Bundy, Aug. 20, 1952.
140. See in general Wilford, *Mighty Wurlitzer*. See also Cull, *Cold War and USIA*; Saunders, *Who Paid the Piper*?; and Von Eschen, Satchmo *Blows Up the World*.
141. Isaacson, *Kissinger*, KL 1328-32.
142. Suri, Kissinger, esp. 124. See also Mazlish, *Kissinger*, 71.
143. Isaacson, *Kissinger*, KL 1378-79.
144. LOC, Kent 64, Bundy to Lippmann, Feb. 20, 1953; Harvard Archives, International Seminar, Bundy to Byron Dexter, Feb. 25, 1953. See also HAK to Stone, Mar. 17, 1953.
145. Leff ler, *Soul of Mankind*, KL 1344-45.
146. Ibid., KL 1347-51.
147. William Fulton, "Harvard Makes It Easy to Air Red, Pink Views," *Chicago Tribune*, Apr. 10, 1951.
148. Boston Athenaum, National Council for American Education, "Red-ucators at Harvard University," ms.
149. William Fulton, " 'I Am a Red' He Said; 'Also a Harvard Grad,' " *Chicago Tribune*, Apr. 8, 1951.
150. Isaacson, *Kissinger*, KL 1310-16; Sigmund Diamond, "Kissinger and the FBI," *Nation*, Nov. 10, 1979.
151. Diamond, *Compromised Campus*, 138-50. See also Suri, *Kissinger*, 127f.; Gaddis, *Kennan*, 496.
152. Kennedy Library, Schlesinger Papers, Incoming Correspondence, 1945-1960,Box P.17, HAK to Schlesinger, Mar. 16, 1953.
153. Harvard Archives, International Seminar, HAK to Camus, Jan. 26, 1954.
154. LOC, Kent 63, HAK to Schlesinger, Mar. 10, 1954.
155. Isaacson, *Kissinger*, KL 1358--61.
156. Kennedy Library, Bundy Papers, Harvard Correspondence, Box 14, HAK to Bundy, May 8, 1952.
157. LOC, E.2, HAK to Schlesinger, Sept. 28, 1953.
158. "Letters," *Confluence* 3, no. 3 (1954), 360.
159. William Yandell Elliott, "What Are the Bases of Civilization?," Confluence 1, no. 1 (1952).
160. Harvard Archives, International Seminar, HAK to Hessenauer, Jan. 3, 1952.
161. *Confluence* 2,, no. 1 (1953), 10.
162. Ibid., 42.
163. *Confluence* 2, no. 3 (1953), 126.
164. *Confluence* 2, no. 4 (1953), 61.71.
165. *Confluence* 3, no. 3 (1954), 131f., 136.
166. Ibid., 295. 306.
167. *Confluence* 3, no. 4 (1954), 497f.
168. LOC, G.14 Supp. (Kraemer), HAK to Kraemer, Nov. 19, 1954.
169. *Confluence* 3, no. 4 (1954), 499f.

Germany, July 11, 1952. See also ibid., James W. Riddleberger memorandum, July 30, 1952. This paper may later have acquired the title "The Moral Failure of the Military Occupation of Germany."

88. Isaacson, *Kissinger*, KL 1513-17 [HAK to his parents, June 4, 1952].

89. LOC, D.4, HAK to Nancy Sweet, June 24, 1952.

90. Ibid., HAK to Richard Sherman, Oct. 19, 1951.

91. Ibid., HAK to Maj. A. M. Sears, Oct. 10, 1952.

92. Ibid., HAK to Otte Pribram, July 21, 1954.

93. Ibid., HAK to Stolzenbach, July 31, 1952.

94. Ibid., HAK to Stolzenbach, Nov. 12, 1952. See also Robert Sorensen to HAK, Oct. 22, 1952; HAK to Sorensen, Oct. 31, 1952.

95. LOC, A.18(a), Ann Fleischer to HAK, July 25, 1950.

96. LOC, A & P, HAK to Elliott, July 10, 1950.

97. LOC, A.1(a), transcript of a Harvard Government seminar, Mar. 2, 1953. See also the following week's transcript: Mar. 9, 1953. The later meeting was essentially taken over by Elliott for a reprise of the argument of his book *The Pragmatic Revolt*. Among the participants in the seminar was the young British political theorist Bernard Crick.

98. Wilford, *Mighty Wurlitzer*, 124f.

99. Ford Foundation Archives, Reel R.0492, John Conway to HAK, Apr. 19, 1951.

100. Ibid., Elliott to Carl B. Spaeth, Oct. 8, 1952.

101. Hoover Institution Archives, Elliott Papers, Box 2, HAK to Elliott, Aug. 22, 1951.

102. Ibid., Elliott to James Perkins, Oct. 20, 1953.

103. Ford Foundation Archives, Reel R.0492, Bernard L. Gladieux to Joseph M. McDaniel, Aug. 13, 1952.

104. Eisenhower Library, WHO. National Security Council Staff: Papers, 1942-1961, OCB Secretariat Series, HAK to Edward Lilly, Sept. 8, 1953.

105. Hoover Institution Archives, Elliott Papers, Box 2, Elliott to James Perkins, Oct. 20, 1953.

106. For grumbling on these scores, see Anne Cameron, "Seminar Is Crossroads for Diverse Ideas, Interests," *Harvard Crimson*, Aug. 6, 1963.

107. Graubard, *Kissinger*, 57f.

108. Ford Foundation Archives, Reel R.0492, Report by P. S. Sundaram, Nov. 22, 1954.

109. Blumenfeld, *Kissinger*, 98.

110. Ibid., 101.

111. Isaacson, *Kissinger*, KL 1310-16. Cf. Suri, Kissinger, 120ff.

112. Hoover Institution Archives, Elliott Papers, Box 110, Elliott to H. Gates Lloyd, Nov. 15, 1950.

113. Ibid., Elliott to Wisner, July 16, 1951.

114. LOC, HAK to H. Gates Lloyd, Apr. 20, 1951. Cf. Wilford, *Mighty Wurlitzer*, 123.

115. Ibid., HAK to H. Gates Lloyd, May 7, 1951.

116. Ford Foundation Archives, Reel R.0492, Bernard L. Gladieux to Joseph M. McDaniel, Aug. 13, 1952.

117. Kent papers, HAK to Allen Dulles, Oct. 28, 1952.

118. Ford Foundation Archives, Reel R.0492, Melvin J. Fox to Carl B. Spaeth, Aug. 1, 1952.

119. Hoover Institution Archives, Elliott Papers, Box 2, Elliott to Julius Fleischmann, Jan. 7, 1953, and Fleischmann's reply, Jan. 21, 1953.

120. Harvard Archives, 1953 Harvard International Seminar, Oct. 9, 1953.

121. Hoover Institution Archives, Elliott Papers, Box 2, Elliott to James Perkins, Oct. 20, 1953.

122. LOC, Kent 64, Elliott to Bundy, Nov. 3, 1953.

123. LOC, G.14 Supp. (Kraemer), HAK to Kraemer, Dec. 31, 1953.

124. Ford Foundation Archives, Reel R.0492, Elliott to Don K. Price, Feb. 13, 1954.

125. LOC, D.4, HAK to Stolzenbach, Feb. 25, 1954.

126. Ford Foundation Archives, Reel R.0492, Excerpt from docket, Oct. 29, 1954.

up...U.S. airlift capabilities by the subsidy of a commercial f leet": Nixon Library, General Correspondence 239, R. E. Cushman, Jr., to Robert Cutler, Feb. 11, 1953.

55. Elliott et al., *Political Economy of American Foreign Policy*, 322f.

56. Hoover Institution Archives, Elliott Papers, Box 93, Elliott, Memorandum for Under Secretary of State Christian Herter, Some Suggested Areas for the Development of Policy Planning in the Department of State, n.d., 5.

57. Ibid., Box 112, Elliott to Under Secretary Robert Thayer, June 10, 1960.

58. Elliott, *Mobilization Planning*, 35-40.

59. Hoover Institution Archives, Elliott Papers, Box 93, Elliott, Memorandum for Under Secretary of State Christian Herter, Some Suggested Areas for the Development of Policy Planning in the Department of State, n.d., 4.

60. Eisenhower Library, Elliott to C. D. Jackson, "Organization of Psychological Defense Measures at Home," Apr. 24, 1953.

61. Ibid.

62. For a skeptical view of its efficacy, see Schlesinger, *Life in the Twentieth Century*, 297.

63. Gaddis, *Kennan*, 295.

64. Wilford, *Mighty Wurlitzer*, 7.

65. Lucas, "Campaigns of Truth." See also Lucas, *Freedom's War*, 128-62.

66. Lucas, *Freedom's War*, 131.

67. Wilford, *Mighty Wurlitzer*, 25.

68. Mazlish, *Kissinger*, 59.

69. LOC, A.18(a), HAK to Advisor to Overseas Students, Oxford, Nov. 5, 1949.

70. Isaacson, *Kissinger*, KL 1282-89.

71. LOC, A.18(a), HAK to "Head Tutor," Balliol, Aug. 30, 1950.

72. LOC, G.14 Supp. (Kraemer), Kraemer to HAK, Sept. 13, 1950.

73. LOC, MDC-101, Kraemer letter of recommendation, Feb. 16, 1951.

74. LOC, G.14, HAK to George van Santwoord, May 4, 1954; Lawrence Noble to Kraemer, June 10, 1954.

75. LOC, A.1(a), HAK to Commanding Officer, Camp Holabird, Mar. 26, 1950.

76. Defense Technical Information Center, Fort Belvoir, VA, "History of Fort Holabird: December 1917 to 29 June 1973," MS.

77. LOC, MDC-101, Hirsch to Assistant Commandant, Evaluation of MRA (66th) for June 1950, Jul. 6, 1950.

78. Ibid., George Springer to George S. Pettee, Apr. 19, 1951, and Apr. 30, 1951.

79. Schrader, History of Operations Research, 1:v. The ORO relationship with Johns Hopkins persisted until 1961, after which it became the Research Analysis Corporation.

80. LOC, D.4, HAK to Darwin Stolzenbach, July 17, 1951.

81. Kalb and Kalb, *Kissinger*, 49.

82. LOC, K.69, More Korea Diaries 1951. For details of the interviews, see ibid., MDC-101, HAK to Stolzenbach, Nov. 17, 1951.

83. HAK and Darwin Stolzenbach, Technical Memorandum ORO.T.184: "Civil Affairs in Korea, 1950-51" (Chevy Chase, MD: ORO, [Aug.] 1952).

84. LOC, D.4, HAK to Stolzenbach, Feb. 7, 1952. Two years later, Stolzenbach was able to say that their report had proved very valuable in practice and was widely regarded as a benchmark by ORO.

85. LOC, G.14 Supp. (Kraemer), HAK to Kintner, Nov. 20, 1951.

86. For Kraemer's 1951 memo "U.S. Psychological Warfare Campaign for Political, Economic, and Military Integration of German Federal Republic into Western Europe," see LOC, G.14, Kraemer to Rentnik, Dec. 9, 1951; Truman Library, Psychological Strategy Board, Box 24, 334 Panel "I," Harriman to Allen, Apr. 16, 1952.

87. Truman Library, Psychological Strategy Board, Box 6, Folder 1, Kissinger's Analysis of

14. Gaddis, *Kennan*, 203.
15. Gaddis, *Strategies of Containment*, 20.
16. Kennan to Secretary of State, telegram, Feb. 22, 1946, http:// bit.ly/ 1DHuLu6.
17. Leff ler, *Soul of Mankind*, KL 1078-79.
18. Ibid., KL 1014-19.
19. Gaddis, *Kennan*, 243f.
20. Ibid., 250.
21. Ibid., 260.
22. Ibid., 261.
23. Ibid., 273.
24. Ibid., 329.
25. See in general May, *American Cold War Strategy*. The full text is on 23ff.
26. Ibid., 34.
27. Chomsky, "Cold War and the University"; Robin, *Making of Cold War Enemy, 57-71*.
28. President James B. Conant, "Report to the Alumni," June 22, 1950.
29. "Conant, Eisenhower, 18 Educators Urge Ban on Communist Teachers," *Harvard Crimson*, June 9, 1949.
30. Winks, *Cloak and Gown*.
31. Ibid., 119, 247ff., 450, 453, 457ff.
32. Wilford, *Mighty Wurlitzer*, 128f.
33. Winks, *Cloak and Gown*, 447.
34. Suri, *Kissinger*, esp. 93-99, 109f.
35. Friedrich, *New Image of Common Man*, 319f.
36. Ibid., 330.
37. Elliott, "Time for Peace?"
38. Ibid., 166. See also William M. Blair, "Declares Russia Plans Atomic War: Prof. Elliott of Harvard Says Loans and Scientific Data Should Be Denied to Soviet," *New York Times*, June 15, 1946.
39. Hoover Institution Archives, Elliott Papers, Box 110, Elliott to William Jackson, Oct. 11, 1950.
40. See Winks, *Cloak and Gown*, 54.
41. See, e.g., Hoover Institution Archives, Elliott Papers, Box 110, Jackson to Elliott, Dec. 27, 1950; Joseph Larocque to Elliott, Jan. 15, 1951.
42. Ambrose, *Nixon*, vol. 1.
43. Lindsay, *Beacons in the Night*, 330. On the Herter Committee, see Chris Barber, "The Herter ommittee: Forging RN's Foreign Policy," *The New Nixon* (n.d.), http:// bit.ly/ 1aYeZnj.
44. Elliott, "Prospects for Personal Freedom," 182.
45. Elliott and Study Group, *United States Foreign Policy*.
46. Stone, "New World Order," 187.
47. Hoover Institution Archives, Elliott Papers, Box 30, "How Can We Have an Effective Coordination for Foreign Policy Under the Constitution of the United States?," May 22, 1951.
48. Truman Library, Psychological Strategy Board, Box 7, Sidney Sulkin to Raymond Allen, Feb. 14, 1952.
49. Hoover Institution Archives, Elliott Papers, Box 14, Elliott to Frank Barnett, Mar. 28, 1956. See also Elliott, "Proposal for a North Atlantic Round Table."
50. Hoover Institution Archives, Elliott Papers, Box 77, Elliott to Samuel Beer, Aug. 25, 1961.
51. Ibid., Box 166, Elliott to Richard M. Nixon [henceforth RMN], Sept. 11, 1958.
52. Eisenhower Library, NSC Series, WHO OSANSA: Records, 1952. 1961, Box 6, Elliott to Charles Stauffacher, Nov. 19, 1952.
53. Ibid., Elliott, "NSC Study," Dec. 23, 1952; Memorandum for Arthur S. Flemming, Dec. 23, 1952. See also Edwin B. George to Elliott, Jan. 5, 1953.
54. Just three weeks after Eisenhower's inauguration, Elliott sent Nixon a proposal to "build

99. Heard Library, Vanderbilt, RG 300, 162, 21, Elliott to Harvey Branscombe, Apr. 14, 1952.
100. Ibid., RG 519, Elliott to Avery Leiserson, July 3, 1956.
101. Gunnell, "Political Science on the Cusp."
102. HAK, "Epics Are Prescriptions for Action," in Anon., *William Yandell Elliott*.
103. Ibid.
104. Blumenthal, *Kissinger*, 86ff. See also Kalb and Kalb, *Kissinger*, 43.
105. LOC, HAK, A & P, Elliott, letter of recommendation, Oct. 31, 1949.
106. Ibid.
107. "A Guide to Writing a Senior Thesis in Government," 36, http:// bit.ly/ 1DrBetP.
108. Blumenfeld, *Kissinger*, 92.
109. Suri, *Kissinger*, 29f.
110. Weber, "Kissinger as Historian," 3.
111. HAK, "Meaning of History" [henceforth MoH].
112. MoH, 1f., 4.
113. MoH, 10.
114. MoH, 112.
115. MoH, 142, 213.
116. MoH, 276.
117. MoH, 260f.
118. MoH, 288.
119. MoH, 321.
120. MoH, 123.
121. MoH, 123.
122. Dickson, Kissinger and Meaning, 59f.
123. MoH, 127f. Emphasis added.
124. MoH, 249.
125. MoH, 321.
126. MoH, 348.
127. Dickson, Kissinger and Meaning, ix.
128. Ibid., 8, 43, 72f.
129. Curley, "Kissinger, Spinoza and Genghis Khan," in Garrett, Cambridge Companion to Spinoza, 315f.
130. MoH, 323.
131. MoH, 333.
132. MoH, 348.

第8章　心理戦 | *Psychological Warfare*

1. Lucas, "Campaigns of Truth," 301.
2. *Confluence* 3, no. 4 (1954), 499.
3. John H. Fenton, " 'Live and Let Live,' Acheson Bids Reds: Acheson at Harvard Yard for Commencement," *New York Times*, June 23, 1950.
4. "Peace Group Pickets Acheson at Harvard," *Boston Traveler*, June 23, 1950.
5. "Acheson Hits Reds' Trojan Moves," *Boston Evening American*, June 22, 1950.
6. "The Secretary Speaks," *Harvard Alumni Bulletin*, 760ff., 767.
7. Gaddis, *Kennan*, 404.
8. Leff ler, *Soul of Mankind*, KL 540-41.
9. Ibid., KL 594-95.
10. Ibid., KL 603-4.
11. Ibid., KL 853.-55.
12. Ibid., KL 928-40.
13. George F. Kennan to Secretary of State, telegram, Feb. 22, 1946, http:// bit.ly/ 1 DHuLu6.

55. Mazlish, *Kissinger*, 56.
56. "The Union United," *Harvard Crimson*, Oct. 15, 1947. See also Harvard Archives, HUB XXX, Box 30, 023.B.5, The Harvard Union.
57. See, e.g., Blumenfeld, *Kissinger*, 82.
58. Anon., *Gold Coaster*.
59. "Adams Presents Good Food, Pool, Location Near to Yard," *Harvard Crimson*, Mar. 24, 1950.
60. "Adams Forum to Discuss Schlesinger's 'Vital Center,' " *Harvard Crimson*, Dec. 1, 1949.
61. Graubard, *Kissinger*, 5; Mazlish, *Kissinger*, 57.
62. LOC, HAK, A.1(a), HAK to CIC Reserve Affairs Section, Mar. 26, 1950.
63. Ibid., A.18(a), Kraemer to HAK, Oct. 3, 1949.
64. Ibid., G.14 Supp. (Kraemer), Kraemer to HAK, Nov. 17, 1949.
65. Ibid., MDC-101, HAK to Hans-Joachim Hirschmann, Sept. 9, 1948.
66. Ibid., Victor Guala to HAK, Sept. 8, 1948.
67. Blumenfeld, *Kissinger*, 84.
68. Ibid., 90.
69. Isaacson, *Kissinger*, KL 1253-56.
70. LOC, HAK, A.18(a), Ann Kissinger to HAK, Sept. 26, 1949.
71. Isaacson, *Kissinger*, KL 1257-80.
72. Ibid., KL 1109-13.
73. See Kistiakowsky, *Scientist at the White House*.
74. LOC, HAK Kent 9, Harvard Report Card, July 21, 1949. Cf. Blumenfeld, *Kissinger*, 83.
75. White, *In Search of History*, 44f.
76. LOC, HAK, A & P, Kraemer letter of recommendation, Mar. 7, 1949.
77. Friedrich, *New Image of Common Man*.
78. Ibid., 117.
79. Ibid., 315.
80. Mazlish, *Kissinger*, 61. See also Isaacson, *Kissinger*, KL 1165-68.
81. Blumenfeld, *Kissinger*, 87.
82. Michael W. Schwartz, "On Professor Elliott's Retirement," in Anon., *William Yandell Elliott*. See Purdy, *Fugitives' Reunion*.
83. Stone, "New World Order."
84. Elliott, *Pragmatic Revolt in Politics*.
85. Ibid., 423, 469.
86. Gunnell, "Real Revolution in Political Science," 48. I am grateful to David Elliott for sharing some of his own research on his father's career.
87. Gunnell, "Political Science on the Cusp." For a critique, see Dryzek, "Revolutions Without Enemies."
88. Louis Hartz, "Elliott as a Teacher," in Anon., *William Yandell Elliott*.
89. Mazlish, *Kissinger*, 64.
90. *Dictionary of American Biography*, 214.
91. Hoover Institution Archives, William Y. Elliott Papers, Box 161, Elliott to Samuel Beer, Aug. 25, 1961.
92. Stone, "New World Order," 57.
93. Lincoln Gordon, "A Desire to Convey Understanding," in Anon., *William Yandell Elliott*.
94. *Dictionary of American Biography*, 214.
95. Harris, "Footnote to History," 8.
96. Harvard Archives, William Y. Elliott Papers, Elliott to Cordell Hull, Control of Raw Materials Through Joint Holding Companies, Sept. 29, 1941.
97. Harris, "Footnote to History," 7.
98. Harvard Archives, William Y. Elliott Papers, Elliott, Control of Strategic Materials in War and Peace, Institute of Public Affairs, July 7, 1942.

9. UNRRA, Office of the Historian, Staffing Authorization, July 16, 1948.
10. LOC, HAK, A & P, Kraemer letter of recommendation, Mar. 7, 1949.
11. Kissinger family papers, HAK to his parents, Apr. 12, 1947.
12. Ibid., June 18, 1947.
13. Ibid., Aug. 12, 1948.
14. LOC, HAK, A.18(a), Kraemer to HAK, Oct. 3, 1949.
15. Blumenfeld, *Kissinger*, 82-86.
16. Ibid., 81.
17. Ibid., 80.
18. Kalb and Kalb, *Kissinger*, 42.
19. Isaiah Berlin to his parents, Mar. 15, 1941, in Berlin, *Letters*, 1:367.
20. Trevor-Roper, *Letters from Oxford*, 34.
21. Morison, *Three Centuries of Harvard*, 1. 19-23.
22. Ibid., 22f., 60, 69ff.
23. Menand, *Metaphysical Club*, 6, 77, 61, 219, 227, 229, 350. 57, 441.
24. Morison, *Three Centuries of Harvard*, 435.
25. Ibid., 419ff.
26. Rosovsky, *Jewish Experience*, 72.
27. Feder, "Jewish Threat," 45f.
28. Eaton, "Here's to the Harvard Accent," in Bentinck-Smith, *Harvard Book*, 13.
29. Feder, "Jewish Threat," 10.
30. Morison, *Three Centuries of Harvard*, 446, 449.
31. Feder, "Jewish Threat," 70.
32. Rosovsky, *Jewish Experience*, 7, 11.
33. Ibid., 9.
34. Feder, "Jewish Threat," 5.
35. Rosovsky, *Jewish Experience*, 55.
36. Feder, "Jewish Threat," 13.
37. Rosovsky, *Jewish Experience*, 15.
38. Ibid., 20.
39. Ibid., 23.
40. Stedman, "Born unto Trouble."
41. Ibid., 106.
42. Ibid., 104.
43. Ibid., 110. See also 36, 44, 61ff.
44. Kraus, "Assimilation, Authoritarianism, and Judaism," 19f., 35; tables 3, 4, 5, 6, 7, 8, 9, 13, 15.
45. White, In Search of History, 43f.
46. Ibid., 41.
47. Rosovsky, *Jewish Experience*, 31.
48. Schlesinger, *Life in the Twentieth Century*, 37, 54f.
49. Ibid., 510.
50. "Harvard College Class of 1950," Harvard Alumni, http:// bit.ly/ 1yWyOGX.
51. See, e.g., Blumenfeld, *Kissinger*, 82.
52. "Housing Tight Again in Fall," *Harvard Crimson*, Aug. 15, 1947; "College May Discard 5400 'Limit' on Fall Enrollment," *Harvard Crimson*, Aug. 28, 1947. See also "President's Report," *Official Register of Harvard University* 46 no. 30 (Dec. 1, 1949), 5f.
53. "Gym Houses Students Overf low of 180," *Harvard Crimson*, Sept. 22, 1947.
54. "Entry System Boosts Appeal, Erases Stigma of Claverly," *Harvard Crimson*, Apr. 1, 1954; "Large Percentage of Claverly Hall Students Will Not Move to Houses," *Harvard Crimson*, Mar. 30, 1955.

144. Shapiro, *Oberammergau*, 183.
145. Ibid., 6. Cf. Heaps, "Oberammergau Today," 1469.
146. CIC School, "History and Mission," 83.
147. Luders, *Furchte Dich nicht*, 151.
148. U.S. Bureau of the Census, *Statistical Abstract of the United States: 1962* (Washington, DC: U.S. Government Printing Office, 1962), 336, table 453.
149. LOC, HAK, A & P, Kraemer letter of recommendation, Mar. 7, 1949. Cf. LOC, HAK, MDC-101, Outline for Lectures: Role of Intelligence Investigator, Aug. 30, 1946.
150. LOC, HAK, MDC-101, European Theater School of Intelligence Lesson Plans, May 28, 1947.
151. Ibid., Col. Raymond letter, June 20, 1947.
152. Betty H. Carter Women Veterans Historical Project, University of North Carolina, Greensboro, Digital Collections, Interview with Jane Brister, 1999, http:// bit.ly/ 1EyZQ9U. 153. LOC, MDC-101, HAK to Lieutenant Colonel Veazey, Oct. 1, 1946.
154. Ibid.
155. Ibid., Jane G. Brister special orders, Aug. 8, 1946.
156. Ibid., HAK and Springer report, Aug. 22, 1946.
157. Ibid., Oct. 26, 1946.
158. Ibid., HAK to Director of Training, Academic Division, U.S. Army, Mar. 5, 1947.
159. Mazlish, Kissinger, 44. See also Saalfrank, "Kissinger in Oberammergau," 36f., and Saalfrank, "Kissinger und Oberammergau."
160. LOC, HAK, MDC-101, HAK statement, Oct. 5, 1946.
161. Ibid., Capt. Edward F. Esken to Lieut. Col. Veazey, Feb. 9, 1947.
162. Ibid., HAK to Chenil de la Bergenne, Paris, Feb. 20, 1947, and reply dated Apr. 4, 1947.
163. LOC, HAK, A.19(b), Pan.Am Airway Bill, July 7, 1947.
164. Suri, *Kissinger*, 81. See also Saalfrank, "Kissinger in Oberammergau," 39.
165. HAK, interview by author. See also Henry Rosovsky, interview by author.
166. Kissinger family papers, HAK to his parents, Feb. 10, 1946.
167. Ibid., Apr. 2, 1947.
168. HAK, interview by author.
169. HAK, Kent papers, HAK to his parents, July 28, 1948.
170. Kissinger family papers, HAK to his parents, Apr. 2, 1947.
171. Ibid.
172. Ibid., HAK to his parents, Apr. 12, 1947.
173. Ibid.
174. Ibid., HAK to his parents, June 22, 1947.

BOOK II

第7章 理想主義者 | *The Idealist*

1. James, "True Harvard," in Bentinck-Smith, *Harvard Book*, 12.
2. Quoted in Menand, *Metaphysical Club*, 60.
3. HAK, "Epics Are Prescriptions for Action," in Anon., *William Yandell Elliott*.
4. Kissinger family papers, HAK to his parents, May 12, 1947.
5. Ibid., May 28, 1947.
6. LOC, HAK, MDC-101, HAK to the Registrar, Harvard, Apr. 2, 1947. See also HAK to Wesley G. Spence, Office of the Counselor for Veterans, May 10, 1947. Cf. Blumenfeld, *Kissinger*, 81; Mazlish, *Kissinger*, 44; Kalb and Kalb, *Kissinger*, 42.
7. LOC, HAK, MDC-101, Spence to HAK, June 13, 1947. 8. Ibid., Spence to Louis Kissinger, May 23, 1947.

Maasß and Berg, *Bensheim*, 390ff.

99. LOC, HAK, A.19(b), HAK report, Feb. 22, 1946.

100. See Ferguson, *High Financier*, 417-21.

101. Stadtarchiv Bensheim, 14, 1, Testimony of Otto and Minna von Humbert, Jan. 25, 1946; Klapproth to Capt. Nagy, Jan. 31, 1946; Klapproth to HAK, Jan. 31, 1946.

102. Elsasser, "Kissinger in Krefeld und Bensheim," 23f.; Berg, "Bensheim nach dem Zweiten Weltkrieg," 392f.

103. Berg, "Bensheim nach dem Zweiten Weltkrieg," 387.

104. Stadtarchiv Bensheim, 14, 12, Treffert report to CIC, Apr. 5, 1946.

105. LOC, HAK, MDC-101, HAK Application for Federal Employment, Nov. 17, 1945.

106. Ibid., HAK to Adjutant General (Civilian Personnel Section), Mar. 6, 1946.

107. Kissinger family papers, HAK to his parents, Feb. 10, 1946.

108. LOC, HAK, A.19(b), D. Donald Klous to HAK, July 22, 1946.

109. Ibid., Rosemary Reed to HAK, Apr. 8, 1946.

110. Stadtarchiv Bensheim, 14, 12, Treffert report to CIC, May 20, 1946, and July 5, 1946. Cf. Elsasser, "Kissinger in Krefeld und Bensheim," 25; Berg, "Bensheim nach dem Zweiten Weltkrieg," 389.

111. Kissinger family papers, HAK to his parents, Feb. 10, 1946.

112. Gaddis, *Kennan*, 221.

113. LOC, HAK, A.19(b), C.I.C. Team 970/ 59, Bensheim, Weekly Report, Dec. 24, 1945.

114. Ibid., Oct. 26, 1945.

115. LOC, HAK, A.19(b), HAK report, Feb. 5, 1946. Cf. Berg, "Bensheim nach dem Zweiten Weltkrieg," 391.

116. LOC, HAK, MDC-101, HAK to Wesley G. Spence, Office of the Counselor for Veterans, May 10, 1947.

117. LOC, HAK, A.19(b), HAK report, Oct. 16, 1945; Raymond L. Patten report, Oct. 26, 1945.

118. Duffy, "Third Century of Passion Play."

119. Shapiro, *Oberammergau*, 17.

120. Duffy, "Third Century of Passion Play," 669f.

121. Waddy, *Oberammergau in the Nazi Era*, 3-12.

122. Shapiro, *Oberammergau*, 57.

123. Ibid., 70.

124. Ibid., 76f.

125. Ibid., 147.

126. Waddy, *Oberammergau* in the Nazi Era, 153f.

127. Shapiro, *Oberammergau*, 149.

128. Waddy, *Oberammergau in the Nazi Era*. 129. Ibid., 141-44, 176f. See also 207f.

130. Ibid., 211, 217, 221.

131. Ibid., 184.

132. Shapiro, *Oberammergau*, 142.

133. Waddy, *Oberammergau in the Nazi Era*, 213.

134. Ibid., 223.

135. Piszkiewicz, *Nazi Rocketeers*, 221.

136. Ibid., 234.

137. Heaps, "Oberammergau Today," 1469.

138. Shapiro, *Oberammergau*, 148.

139. Heaps, "Oberammergau Today," 1469.

140. Waddy, *Oberammergau in the Nazi Era*, 243f.

141. Ibid., 235.

142. Shapiro, *Oberammergau*, 180f.

143. Waddy, *Oberammergau in the Nazi Era*, 250.

53. Ibid., Order issued by Frank Logan, Aug. 20, 1945.
54. Ibid., Capt. Frank A. Logan order, Dec. 3, 1945.
55. Ibid., Capt. Frank A. Logan order, May 22, 1946.
56. Kilthau and Kramer, 3 *Tage fehlten*, 17.
57. Ibid., 19-21.
58. National Archives and Records Administration, 37, Darmstadt Gestapo XE 003411, HAK, Memorandum for the Officer in Charge, July 26, 1945.
59. Kilthau and Kramer, 3 *Tage fehlten*, 27.
60. LOC, HAK, A.19(b), HAK report, Mar. 9, 1946.
61. Kissinger family papers, HAK to his parents, May 6, 1945.
62. LOC, HAK, MDC-101, HAK to Wesley G. Spence, Office of the Counselor for Veterans, May 10, 1947.
63. Ibid., Lieut. Paul H. Wyman, Report of CIC Activities of Special Agent Henry Kissinger, Nov. 18, 1945.
64. LOC, HAK, A.19(b), C.I.C. Team 970/ 59, Bensheim, Weekly Report, Dec. 24, 1945.
65. Ibid., "Promotion of Enlisted Men," Aug. 28, 1945.
66. LOC, HAK, MDC-101,Lieut. James A. Forsyth letter of recommendation, Apr. 29, 1946.
67. Ibid., HAK to Adjutant General (Civilian Personnel Section), Mar. 6, 1946.
68. Ibid., Lieut. James A. Forsyth letter of recommendation, Apr. 29, 1946.
69. Ibid., Lieut. Paul H. Wyman, Report of CIC Activities of Special Agent Henry Kissinger, Nov. 18, 1945.
70. LOC, HAK, A & P, Kraemer letter of recommendation, Mar. 7, 1949.
71. Smith, *Papers of General Clay*, 172.
72. Sayer and Botting, *America's Secret Army*, 296.
73. Douglas Porch, "Occupational Hazards," 37.
74. LOC, HAK, A.19(b), HAK report, May 16, 1946.
75. Ibid., Lieut. Col. Dale M. Garvey to 2nd Lieut. Irwin R. Supow, Nov. 16, 1945.
76. Ibid., HAK report, Jan. 8, 1946.
77. Stadtarchiv Bensheim, 16, 1, Klapproth to Kiesewetter, Sept. 22, 1945.
78. LOC, HAK, A.19(b), C.I.C. Team 970/ 59, Bensheim, Weekly Report, Oct. 13, 1945.
79. Ibid., Oct. 26, 1945.
80. Ibid., Oct. 13, 1945.
81. Ibid., Oct. 26, 1945.
82. Ibid., Dec. 24, 1945.
83. LOC, HAK, A.19(b), HAK report, Feb. 5, 1946.
84. Ibid., C.I.C. Team 970/ 59, Bensheim, Weekly Report, Oct. 26, 1945.
85. Ibid., Dec. 24, 1945.
86. Elsasser, "Kissinger in Krefeld und Bensheim," 26.
87. Stadtarchiv Bensheim, 16, 1, Wien to Lehmann-Lauprecht, Aug. 11, 1945.
88. LOC, HAK, A.19(b), Klapproth to Kiesewetter, Aug. 31, 1945.
89. Ibid., Klapproth to Kiesewetter, Sept. 1, 1945.
90. Ibid.
91. Ibid., HAK report, Jan. 8, 1946.
92. Ibid., Klapproth to Captain Leggatt, Sept. 10, 1945.
93. Stadtarchiv Bensheim, 16, 1, Klapproth to Leggatt, Sept. 17, 1945.
94. Ibid., Klapproth memorandum, Sept. 14, 1945.
95. Ibid., Klapproth to "Herr Henry," Aug. 11, 1945.
96. Ibid., August, Luise and Martha Sprengart, Eidesstattliche Erklarung, Nov. 5, 1945.
97. LOC, HAK, A.19(b), Polizeiprasident Dessau to Klapproth, Feb. 8, 1946.
98. Stadtarchiv Bensheim, 16, 1, Letter to Kiesewetter, Jan. 19, 1946. Cf. Elsasser, "Kissinger in Krefeld und Bensheim," 21ff.; Manfred Berg, "Bensheim nach dem Zweiten Weltkrieg," in

6. Smith, *Papers of General Clay*, 143.
7. Backer, *Priming the German Economy,* 188, table 6.
8. Selby, *Axmann Conspiracy*, 141.
9. Wolfe, *Americans as Proconsuls*, 103.
10. See, e.g., Smith, *Papers of General Clay*, 174.
11. Wolfe, *Americans as Proconsuls*, 112f.
12. HAK, interview by author.
13. Blumenfeld, *Kissinger*, 59f.
14. Fussell, Boys' Crusade, 151-58.
15. Museum of Jewish Heritage, HAK interview by Louise Bobrow, Jan. 11, 2001.
16. HAK, interview by author.
17. LOC, A.19(b), HAK to Mrs. Frank, Apr. 21, 1946.
18. HAK, interview by author.
19. Kissinger family papers, HAK to his parents, May 6, 1945.
20. Museum of Jewish Heritage, HAK interview by Louise Bobrow, Jan. 11, 2001.
21. HAK, interview by author.
22. Museum of Jewish Heritage, HAK interview by Louise Bobrow, Jan. 11, 2001.
23. Yale Fortunoff Archive for Holocaust Testimony, HVT-4425, Harold Reissner interview, Apr. 24, 2009.
24. Kilmeade, *Games Do Count*, 63f.
25. Mümmler, *Fürth*, 194. See also Fritz, Endkampf.
26. Kissinger family papers, HAK to his parents, Feb. 10, 1946. The newer Jewish cemetery in Erlangerstrasse had not been destroyed by the Nazis.
27. Draper, *84th Infantry Division*, 247. See also Edwards, *Private's Diary*, 571.
28. "Fritz Kraemer," *Daily Telegraph*, Nov. 10, 2003.
29. Draper, *84th Infantry Division*, 248.
30. U.S. Army Military History Institute, Carlisle Barracks, CIC School, "History and Mission of the Counter Intelligence Corps," MS, n.d., 1. 9.
31. Jensen, *Army Surveillance*, 227.
32. Ibid., 228.
33. Ibid., 218.
34. CIC School, "History and Mission," 46.
35. For Fürther insights, see Koudelka, *Counter Intelligence*, esp. 121-49.
36. Selby, *Axmann Conspiracy*, 50.
37. Slawenski, *Salinger*, esp. 131-34, 143f.
38. Selby, *Axmann Conspiracy*, 83.
39. Ibid., 84. See Melchior, *Case by Case*.
40. Selby, Axmann Conspiracy, 208f.
41. Ibid., 94.
42. LOC, George S. Patton Papers, 51, 8, Eisenhower, "Removal of Nazis and Militarists," Aug. 15, 1945.
43. Oppen, *Documents on Germany*, 20.
44. Kalb and Kalb, *Kissinger*, 40f.
45. Suri, *Kissinger*, 75.
46. Elsasser, "Kissinger in Krefeld und Bensheim," 29f. 47. Ibid., 18f.
48. Kissinger family papers, HAK to his parents, June 24, 1945.
49. Els ¨ asser, "Kissinger in Krefeld und Bensheim," 28.
50. LOC, Rental agreement, Mar. 23, 1946. A photograph of a white Mercedes convertible does survive among Kissinger's papers at Yale, but he is not the proud owner pictured beside it.
51. Kissinger family papers, HAK to his parents, June 24, 1945.
52. LOC, HAK, MDC-101, Order issued by Charles Roundtree, July 10, 1945.

109. Ibid., RG 319.270.84.20, 37, Darmstadt Gestapo XE 003411, July 26, 1945.
110. Hangebruch, " Emigriert. Deportiert," in Rotthoff, *Krefelder Juden*, 137-215.
111. Johnson, *Nazi Terror*.
112. Schupetta, "Die Geheime Staatspolizei."
113. Suri, *Kissinger*, 72. See also Mazlish, *Kissinger*, 41f.
114. Colodny and Schachtman, *Forty Years War*, 25.
115. Kissinger, "Prophet and the Policymaker." Cf. Colodny and Schachtman, *Forty Years War*, 25.
116. Matson and Stein, *We Were the Line*, 170f.
117. Draper, *84th Infantry Division*, 202ff. See also Edwards, *Private's Diary*, 516f.
118. Kershaw, *The End*, 280.
119. Matson and Stein, *We Were the Line*, 177.
120. Ibid., 181.
121. Kissinger family papers, HAK to his parents, May 6, 1945.
122. LOC, A.19(b), 86-88, Memorandum to the Officer in Charge: Chronological Activities of Investigation of Underground Activities, Members of the Gestapo and Gestapo Plot in Hanover, Apr. 16, 1945. For more details about Binder, see Paul and Mallmann, *Die Gestapo*.
123. LOC, A.19(b), 70-72, Translation of Life History and Underground Activities, Adolf Rinne, Member of the Gestapo, Hanover, Apr. 16, 1945.
124. Ibid., 90-93, Major General A. R. Bolling, General Orders No. 81, Apr. 27, 1945. For Fürther details, see LOC, MDC-101, Paul H. Wyman, Report of CIC Activities of Special Agent Henry Kissinger, Nov. 18, 1945.
125. LOC, MDC-101, Letter of Recommendation Regarding Special Agent Henri [sic] Kissinger, Aug. 28, 1945.
126. Ibid., "Promotion of Enlisted Men," Aug. 28, 1945.
127. *Mitteilungen*, Dec. 1942, 1.
128. Breuer, "Der jüdische Hilferuf," *Mitteilungen*, Feb. 1944, 1.
129. Tott, "Ahlem Concentration Camp," unpublished ms., 140.
130. Gutmann, "KZ Ahlem," in Frobe et al., *Konzentrationslager in Hannover*, vol. 1, 331-406.
131. Tott, "Ahlem Concentration Camp." More details are given in Anschutz and Heike, "*Wir wollten Gefuhle sichtbar werden lassen*."
132. Tott, "Ahlem Concentration Camp," 11. See also Tott, *Letters and Reflections*.
133. Edwards, *Private's Diary*, 528f.
134. Ibid., 534.
135. Ibid.
136. Ibid., 528.
137. Tott, "Ahlem Concentration Camp," 4-7, 12-38. Tott's ms. assembles many survivors' accounts of their appalling mistreatment at Ahlem.
138. Tott, *Letters and Reflections*, n.p.
139. Edwards, *Private's Diary*, 532.
140. HAK, interview by author.
141. Anschutz and Heike, "*Wir wollten Gefuhle sichtbar werden lassen*," 33.
142. LOC, A.19(b), HAK, "The Eternal Jew," n.d.

第6章　第三帝国の廃墟にて | *In the Ruins of the Reich*

1. Harry S. Truman National Historic Site, Oral History #1992.3, Interview with HAK, May 7, 1992.
2. HAK, Kent papers [these are private papers in Dr. Kissinger's possession that he keeps at his house in Kent, CT], HAK to his parents, July 28, 1948.
3. Burleigh, *Moral Combat*, 539.
4. Ferguson, *War of the World*, 555ff., 581.
5. Ibid., 585.

64. Ibid., 15f. Cf. Matson and Stein, *We Were the Line*, 103.
65. Edwards, *Private's Diary*, 284.
66. Matson and Stein, *We Were the Line*, 117.
67. Grailet, *Avec Henry Kissinger*, 36.
68. Ibid., 22ff., 27.
69. Ibid., 40.
70. Ibid., 420f.; Matson and Stein, *We Were the Line*, 140-48.
71. Draper, *84th Infantry Division*, 132-60.
72. Edwards, *Private's Diary*, 431ff.
73. Ibid., 443.
74. Draper, *84th Infantry Division*, 174f. Cf. Matson and Stein, *We Were the Line*, 148-53.
75. Draper, *84th Infantry Division*, 187; Matson and Stein, *We Were the Line*, 156.
76. Bommers, "Kriegsende," unpublished ms., 1-3, 11. 15.
77. Draper, 84th Infantry Division, 161-67.
78. Ibid., 183.
79. Matson and Stein, *We Were the Line*, 161.
80. Isaacson, *Kissinger*, KL 862. The story is repeated by Suri, *Kissinger*.
81. See, for example, the case of Eric W. Lange: "97.Pointer Gets Job That May Delay Him," *New York Times*, June 6, 1945, 3.
82. LOC, HAK, A & P, Kraemer letter of recommendation, Mar. 7, 1949. Cf. Elsasser, "Kissinger in Krefeld und Bensheim," 15-19.
83. Kremers, Lucky Strikes, 18f.; Bommers, "Kriegsende," 44.
84. Bommers, "Kriegsende," 5.
85. Parade, Mar. 24, 1945.
86. Pocock, *Alan Moorehead*, 197.
87. Stadtarchiv Krefeld 70, 565, "Die Verhaltnisse im Bahnhofsbunker Krefeld wahrend der letzten Tage des Krieges 1945," Nov. 1, 1946.
88. Bommers, "Kriegsende," 16.
89. Matson and Stein, *We Were the Line*, 153.
90. Ibid., 196.
91. Edwards, *Private's Diary*, 499f.
92. Kremers, *Lucky Strikes*, 8-10, 15, 16.
93. Bommers, "Kriegsende," 28.
94. Stadtarchiv Krefeld, 70, 565, "Aus dem Kriegstagebuch eines Linners," Mar. 3, 4, 26, 1945.
95. Ibid., Apr. 9, 1945.
96. Stadtarchiv Krefeld, 70, 565, "Aus dem Kriegstagebuch eines Krefelders," Mar. 7, 1945.
97. Ibid., 70, 565, "Aus dem Kriegstagebuch eines Fischbelners [Franz Heckmann]," Mar. 1, 1945.
98. Ibid., Apr. 1, 1945.
99. Ibid. Cf. Kremers, *Lucky Strikes*, 11.
100. LOC, MDC-101, HAK to Wesley G. Spencer, May 10, 1947.
101. Kickum, "Strukturen der Militärregierungen," 110f.
102. See in general Kershaw, *The End*.
103. Padover, *Experiment in Germany*, 284ff.
104. Stadtarchiv Krefeld, 70, 565, Heuyng to Lorentzen, Mar. 1, 1945.
105. Kickum, "Strukturen der Militärregierungen," 108; Bommers, "Kriegsende," 18-20.
106. LOC, A.19(b), 94-116, HAK and Robert S. Taylor, Memorandum to the Officer in Charge: Investigation of City Officials in Krefeld re: Political Fitness for Office, Mar. 17, 1945.
107. Stadtarchiv Krefeld, 70, 565, "Aus dem Kriegstagebuch eines Linners," Mar. 28, 1945.
108. National Archives and Records Administration, RG 319.270.84.[84.]20, Krefeld Gestapo XE 019212, Apr. 18, 1945.

Speaks," 5.
19. Matson and Stein, *We Were the Line*, 74.
20. Ibid., 73.
21. Ibid., 75.
22. Ibid., 77.
23. Edwards, *Private's Diary*, 171.
24. Ibid., 241.
25. Ellis, *World War II Databook*, 228, 255f.
26. Edwards, *Private's Diary*, 577, appendix 1.
27. Matson and Stein, *We Were the Line*, 207ff.
28. HAK, "The Prophet and the Policymaker." Isaacson has Kissinger becoming a driver-cum-translator for General Bolling, which seems improbable: Isaacson, Kissinger, KL 845.
29. LOC, MDC-101, HAK Application for Federal Employment, Nov. 17, 1945.
30. Kissinger family papers, HAK to his parents, Nov. 29, 1944.
31. Edwards, *Private's Diary*, 153.
32. Draper, *84th Infantry Division*, 77f.
33. Grailet, *Avec Henry Kissinger*, 9. See also Matson and Stein, *We Were the Line*, 84.
34. Draper, *84th Infantry Division*, 86.
35. Ibid., 87.
36. Ibid., 89.
37. Ibid., 86.
38. Grailet, *Avec Henry Kissinger*, 10f.
39. U.S. Army Military History Institute, 335th Infantry, 2nd Battalion, HQ Company, "A Company Speaks," 7.
40. Matson and Stein, *We Were the Line*, 92f.
41. Railsplitter Society (84th Infantry Division), Capt. Roger K. Taylor, 335th Infantry After Action Report, Dec. 31, 1944, http:// www.84thinfantry.com.
42. Ibid., 335th Infantry After Action Report, Dec. 31, 1944.
43. Draper, *84th Infantry Division*, 95-103.
44. LOC, A.19(b), HAK to Walter, "On the Western Front," Feb. 5. 8, 1945 [Jan. 1947], 1.
45. Edwards, *Private's Diary*, 266f.
46. See, e.g., ibid., 276.
47. LOC, A.19(b), HAK to Walter, "On the Western Front," Feb. 5. 8, 1945, 2.
48. Draper, *84th Infantry Division*, 86.
49. Franklin, "Victim Soldiers," 69f.
50. LOC, A.19(b), HAK to Walter, "On the Western Front," Feb. 5. 8, 1945, 3.
51. Ibid., 4. According to Kissinger, this passage of the letter was written by Kraemer. The worldly-wise comment about "the art of seduction" certainly sounds more like him than like Kissinger.
52. Ibid., 5.
53. Ibid., 6-7.
54. Ibid.
55. Ibid., 8.
56. Ibid., 8f.
57. Isaacson, *Kissinger*, KL 852.
58. LOC, A.19(b), HAK to Walter, "On the Western Front," Feb. 5. 8, 1945, 10.
59. Draper, *84th Infantry Division*, 95-103.
60. LOC, A.19(b), HAK to Walter, "On the Western Front," Feb. 5. 8, 1945, 11.
61. Edwards, *Private's Diary*, 284.
62. Matson and Stein, *We Were the Line*, 106f., 132.
63. Grailet, *Avec Henry Kissinger*, 19.21.

74. Ibid., Kraemer to Mr. Cornelison, n.d., c. 1952.
75. FBI, Fritz Kraemer file: 100-3778[1942 investigation]; WFO 118-5366 [1951 investigation]; WPO 161-15133 [1981 investigation].
76. LOC, G.14 Supp. (Kraemer), "Story of Contacts with OSS, 1943/ 1944," n.d.
77. "Fritz Kraemer," *Guardian*, Nov. 12, 2003.
78. LOC, G.14 Supp. (Kraemer), Kraemer to Mr. Cornelison, n.d., c. 1952.
79. Ibid., Lt. Austin O'Malley to Prof. Fritz Marti, Feb. 28, 1944.
80. "Fritz Kraemer," *Guardian*, Nov. 12, 2003.
81. Isaacson, *Kissinger*, KL 772.
82. HAK, "The Prophet and the Policymaker" [eulogy for Fritz Kraemer, Oct. 8, 2003], in Hoffmann, *Kraemer on Excellence*, 10.
83. Mazlish, *Kissinger*, 47f., 50f.
84. Suri, *Kissinger*, 80.
85. Mazlish, *Kissinger*, 50.
86. Kalb and Kalb, *Kissinger*, 39.
87. HAK, interview by author.
88. Roberts, *Masters and Commanders*, 514-25.
89. Ibid., 511, 519.
90. Beevor, *Second World War*, 633-43; Hastings, *All Hell Let Loose*, 577-89.
91. Kershaw, *The End*.
92. Matson and Stein, *We Were the Line*, 24.
93. Edwards, *Private's Diary*, 19.
94. Ibid., 28.
95. Matson and Stein, *We Were the Line*, 25.
96. Ibid., 29, 35, 31.
97. Reid, *Never Tell an Infantryman*, 48-54; Matson and Stein, *We Were the Line*, 34-37.
98. Matson and Stein, *We Were the Line*, 43.
99. Edwards, *Private's Diary*, 61.
100. Kissinger family papers, HAK to his parents, Nov. 25, 1944.
101. Reid, *Never Tell an Infantryman*, 54f.
102. Edwards, *Private's Diary*, 64.

第5章　生ける者と死せる者 | *The Living and the Dead*

1. Kissinger family papers, HAK to his parents, Nov. 25, 1944.
2. LOC, A.19(b), HAK, "The Eternal Jew," n.d. [April or May 1945].
3. Matson and Stein, *We Were the Line*, 49.
4. Reid, *Never Tell an Infantryman*, 63.
5. Kissinger family papers, HAK to his parents, Nov. 25, 1944.
6. Draper, *84th Infantry Division*, 10.
7. Edwards, *Private's Diary*, 133.
8. Matson and Stein, *We Were the Line*, 56.
9. Draper, *84th Infantry Division*, 22, 34f.
10. Edwards, *Private's Diary*, 203.
11. Kissinger family papers, HAK to his parents, Oct. 16, 1944.
12. Draper, *84th Infantry Division*, 4f.
13. Ibid., 20.
14. Ibid., 74f.
15. Ibid., 40.
16. Matson and Stein, *We Were the Line*, 62f.
17. Draper, *84th Infantry Division*, 49-71.
18. U.S. Army Military History Institute, 335th Infantry, 2nd Battalion, HQ Company, "A Company

32. LOC, MCD-101, HAK Certificate of Attendance, Apr. 1, 1944; ASTP Student Record. Lafayette College.

33. Ibid., John H. Yundt letter of recommendation, Mar. 13, 1944.

34. Keefer, *Scholars in Foxholes*, 170.

35. Kalb and Kalb, *Kissinger*, 38.

36. Keefer, *Scholars in Foxholes*, 190, 157, 87n, 205, 215, 217, 218, 271.

37. Coyle, "Roommate Recalls," 24f.

38. Isaacson, *Kissinger*, 42.

39. Camp Claiborne News, http:// www .campclaiborne.com.

40. Mazlish, Kissinger, 41f. Cf. Reid, *Never Tell an Infantryman*, 36.

41. Edwards, *Private's Diary*, 2.

42. Draper, *84th Infantry Division*, x.

43. Matson and Stein, *We Were the Line*, 9.

44. Ibid., 22.

45. Reid, *Never Tell an Infantryman*, 37-42.

46. Edwards, *Private's Diary*, 8.

47. Isaacson, *Kissinger*, KL 695.

48. Grailet, *Avec Henry Kissinger*, 7.

49. Isaacson, *Kissinger*, KL 755-57.

50. Coyle, "Roommate Recalls," 24f.

51. Isaacson, *Kissinger*, KL 726-29.

52. "Fritz Kraemer," *Daily Telegraph*, Nov. 10, 2003.

53. Arndt Gymnasium Dahlem, Fritz Kraemer, "Der Pakt zwischen Mephistopheles und Faust (nach Goethes Faust)," Deutscher Aufsatz, Feb. 3, 1926.

54. Frankfurt University Archives, Fritz Kraemer, "Lebenslauf," 1931.

55. Drucker, *Adventures of Bystander*, 141f.

56. Sven Kraemer, "My Father's Pilgrimage," in Hoffmann, *Fritz Kraemer on Excellence*, 80f.

57. Drucker, *Adventures of Bystander*, 141f.

58. Ibid., 142-47.

59. Ibid., 147.

60. Harley, *International Understanding*, 188.

61. London School of Economics Archives and Rare Books Library, C. A. Waterfield to E. V. Evans, July 24, 1926; Kraemer admission application, 1926; Kraemer certificate, Apr. 11, 1927; W. C. Dickinson to P. N. Baker, Dec. 3, 1926.

62. Frankfurt University Archives, Fritz Kraemer, "Lebenslauf," 1931. Cf. Link, *Ein Realist mit Idealen*.

63. Kraemer, *Das Verhaltnis der französischen Bundnisvertrage*, 92-95. 注の106、123も参照。

64. Ibid., 128.

65. Ibid., 41.

66. Luig, *Weil er nicht arischer Abstammung*, 244-47. Bergemann and Ladwig-Winters, *Richter und Staatsanwalte jüdischer Herkunft*. も参照。

67. A facsimile of his death certificate can be seen at "Kramer Georg," Holocaust.cz, http://bit.ly/1DYouxi. See also "Krämer Georg," Memorial Book, Das Bundesarchiv, http:// bit.ly/ 1d9 lXrn.

68. Drucker, *Adventures of Bystander*, 147f.

69. Ibid., 148.

70. Ibid.

71. *American Philosophical Society Year Book* 1941 (1942). For what may have been part of this project see LOC, G.14 Supp. (Kraemer), "Territorial Changes in North Europe," n.d. 72. LOC, G.14 Supp. (Kraemer), Philip Jessup to Kraemer, June 6, 1943.

73. Ibid., Kraemer to Prof. Robinson, Nov. 8, 1940.

110. Isaacson, *Kissinger*, 37f.; Kalb and Kalb, *Kissinger*, 37.
111. Blumenfeld, *Kissinger*, 23, 42.
112. Isaacson, *Kissinger*, 35f.
113. HAK, interview by author.
114. Stock, "Washington Heights' 'Fourth Reich,' " 588.
115. Kissinger family papers, "Voice of the Union: *Eine Zeitung im Aufbau!*" May 1, 1939.
116. Ibid., HAK to Hilde, July 29, 1939.
117. Lowenstein, *Frankfurt on the Hudson*, 55, 56.
118. Blumenfeld, *Kissinger*, 249.
119. Kissinger family papers, HAK to Hilde, July 29, 1939.
120. Appelius, "*Die schönste Stadt der Welt*," 130ff.
121. Kissinger family papers, HAK to Hilde, July 29, 1939.
122. Ibid., HAK to Dept. of Parks, New York City, July 9, 1942.
123. Isaacson, *Kissinger*, 35ff.
124. Kissinger family papers, HAK to Edith, Mar. 14, Mar. 31, 1940.
125. Ibid., HAK to Hilde, July 29, 1939.

第4章　予想外の二等兵 | *An Unexpected Private*

1. Arndt Gymnasium Dahlem, Fritz Kraemer, "Der Pakt zwischen Mephistopheles und Faust (nach Goethes Faust)," Deutscher Aufsatz, Feb. 3, 1926.
2. LOC, G.14 Supp. (Kraemer), Kraemer to Prof. Robinson, Nov. 8, 1940.
3. Charles Lindbergh, "Des Moines Speech," PBS, http:// to.pbs.org/ 1bAMey9.
4. Museum of Jewish Heritage, HAK interview by Louise Bobrow, Jan. 11, 2001.
5. HAK family papers, HAK to Dept. of Parks, New York City, July 9, 1942.
6. Isaacson, *Kissinger*, 38.
7. Breuer, "Our Duty Towards America," *Mitteilungen*, Jan. 1942, 1.
8. Franklin, "Victim Soldiers," 46.
9. Walter Kissinger, interview by author.
10. Franklin, "Victim Soldiers," 48, 52.
11. Appelius, "*Die schönste Stadt der Welt*," 213.
12. Ibid., 211ff.
13. David De Sola Pool, "Immigrant and U.S. Army," *Aufbau*, Jan. 30, 1942, 1.
14. Samson R. Breuer, "A Pessach Message from Afar," *Mitteilungen*, Apr. 1944, 2.
15. Grailet, *Avec Henry Kissinger*, 8.
16. Isaacson, *Kissinger*, 39.
17. Ibid. For details on Camp Croft, see http:// bit .ly/ 1z17fNd.
18. Franklin, "Victim Soldiers," 48.
19. Suri, *Kissinger*, 58.
20. Isaacson, *Kissinger*, 40f.
21. "Soldier Column," *Mitteilungen*, Apr. 1945, 2.
22. See Mailer, *The Naked and the Dead*.
23. Suri, *Kissinger*, 62.
24. Keefer, *Scholars in Foxholes*, 81n.
25. Ibid., 221.
26. Ibid., 69. Elsewhere (ibid., 270) the total of men who entered the program is given as 216,000.
27. Ibid., 93.
28. Reid, Never *Tell an Infantryman*, 31.
29. Ibid., 36.
30. Charles J. Coyle, "Roommate Recalls Kissinger's Days at Lafayette," *Lafayette Alumnus* 44, no. 3 (Feb. 1973), 24f.
31. Ibid.

68. Ibid., 148, 149, tables 25 and 26.
69. Ibid., 19.
70. Stock, "Washington Heights' 'Fourth Reich,' " 584. For good images of Washington Heights in this period, see Stern, *So war es*.
71. Lowenstein, *Frankfurt on the Hudson*, 75, table 4, 78, table 6.
72. Ibid., 32-38.
73. Appelius, "*Die schönste Stadt der Welt*," 185.
74. Ibid., 187.
75. Bloch, Marx, and Stransky, *Festschrift in Honor of Congregation Beth Hillel*.
76. See for insights into Breuer's thinking, Breuer, *Introduction to Rabbi Hirsch's Commentary*; Breuer, Jewish Marriage.
77. See for example *Mitteilungen: Organ der K'hall Adass Jeshurun und der K'hall Agudath Jeshorim*, [henceforth *Mitteilungen*], Jan. 1940.
78. Joseph Breuer, "Zur Jahreswende," *Mitteilungen*, Sept. 1940, 1. See also "Der 'zionistische' Aufruf des Propheten," *Mitteilungen*, July. Aug. 1943, 1.
79. Lowenstein, *Frankfurt on the Hudson*, 114-18, 122, 130. See also Appelius, "*Die schönste Stadt der Welt*," 190f.
80. Lowenstein, *Frankfurt on the Hudson*, 141, 154.
81. HAK, interview by author.
82. Fass, *Outside In*, 73-79.
83. Moore, *At Home in America*, 96.
84. Fass, *Outside In*, 81, 92, 87 table 3, 94.
85. Greenspan, *Age of Turbulence*, 19-24.
86. Bayor, *Neighbors in Conflict*, 155f. Cf. Appelius, "*Die schönste Stadt der Welt*," 174f.
87. Lowenstein, *Frankfurt on the Hudson*, 39-46. See also Appelius, "*Die schönste Stadt der Welt*," 21, 52ff., 62ff., 104-9.
88. Appelius, "*Die schönste Stadt der Welt*," 171.
89. Bayor, *Neighbors in Conflict*, 155f.
90. Lowenstein, *Frankfurt on the Hudson*, 241.
91. Appelius, "*Die schönste Stadt der Welt*," 179-82, 204.
92. WHY, 229.
93. Mazlish, *Kissinger*, 7.
94. Suri, *Kissinger*, 44-47.
95. Appelius, "*Die schönste Stadt der Welt*," 169.
96. Museum of Jewish Heritage, HAK interview by Louise Bobrow, Jan. 11, 2001.
97. New York Public Library, Dorot Jewish Division: P (Oral Histories), Box 90, no. 5, Paula Kissinger interview, 14.
98. Isaacson, *Kissinger*, KL 582.
99. Appelius, "*Die schönste Stadt der Welt*," 167.
100. Greenspan, *Age of Turbulence*, 24.
101. Library of Congress [henceforth LOC], HAK schoolwork samples, June 6, 1939. Unless otherwise stated, all LOC references are the Kissinger Papers housed at the LOC.
102. Ibid., HAK school grades, Jan. 4, 1940, and June 27, 1940. Unless otherwise stated, all LOC references are to the Kissinger papers housed when I used them at the Library of Congress.
103. HAK, interview by author.
104. Museum of Jewish Heritage, HAK interview.
105. Kalb and Kalb, *Kissinger*, 36f.
106. Lowenstein, *Frankfurt on the Hudson*, 187.
107. Abraham Goldstein, "Our New Home," *Mitteilungen*, Apr. 1941, 5a.
108. Stock, "Washington Heights' 'Fourth Reich,' " 585.
109. Moore, *At Home in America*, 105. See also Mazlish, Kissinger, 39-41.

19. Moore, *At Home in America*, 36ff.
20. Ibid., 65, 85.
21. Strauss, "Immigration and Acculturation of the German Jew."
22. Lowenstein, *Frankfurt on the Hudson*, 47.
23. Appelius, "*Die schönste Stadt der Welt*," 30-34, 151.
24. Moore, *At Home in America*, 8, 13.
25. Bayor, *Neighbors in Conflict*, 20.
26. Moore, *At Home in America*, 5.
27. Bayor, *Neighbors in Conflict*, 10-13, 20.
28. Ibid., 25f. See also ibid., 127, 130, for the Jewish vote in 1933.
29. Moore, At Home in America, 215.
30. Bayor, Neighbors in Conflict, 51.
31. Ibid., 33ff., 137, 143, 147.
32. Ibid., 29, 31f.
33. Ibid., 39.
34. Ibid., 89, 92f.
35. Moore, *At Home in America*, 204.
36. Bayor, *Neighbors in Conflict*, 41.
37. Moore, *At Home in America*, 223.
38. Ferguson, *War of the World*, 527.
39. David Kennedy, *Freedom from Fear*, KL 7478-79, 7499500, 7505-6, 7503-4, 7507-9.
40. Ferguson, *War of the World*, 527.
41. "Asks Red Inquiry at N.Y.U., Hunter," *New York Times*, Oct. 6, 1938.
42. Appelius, "*Die schönste Stadt der Welt*," 23-29.
43. Bayor, *Neighbors in Conflict*, 97f.
44. Ibid., 61.
45. Ibid., 57.
46. Ibid., 71-78.
47. Ibid., 113, 116, 121.
48. Epstein, *Oblivious in Washington Heights*, 1f.
49. Lowenstein, *Frankfurt on the Hudson*, 107, map 5.
50. Ibid., 178; Appelius, "*Die schönste Stadt der Welt*," 177.
51. Appelius, "*Die schönste Stadt der Welt*," 23-29.
52. Lowenstein, *Frankfurt on the Hudson*, 66. Cf. Moore, *At Home in America*, 82. See also Yeshiva University Museum, *German Jews of Washington Heights*; Lendt, Social *History of Washington Heights*.
53. Lowenstein, *Frankfurt on the Hudson*, 86.
54. Moore, *At Home in America*, 66, table 4.
55. Appelius, "*Die schönste Stadt der Welt*," 171.
56. Bayor, *Neighbors in Conflict*, 150f.
57. Stock, "Washington Heights' 'Fourth Reich,' " 581.
58. Ibid., 584.
59. Appelius, "*Die schönste Stadt der Welt*," 165f.
60. Stock, "Washington Heights' 'Fourth Reich,' " 582.
61. Ibid., 583.
62. Lowenstein, *Frankfurt on the Hudson*, 49.
63. Ibid., 126.
64. Appelius, "*Die schönste Stadt der Welt*," 162f.
65. Moore, At Home in America, 124-47.
66. Ibid., 178-99.
67. Lowenstein, Frankfurt on the Hudson, 152f., 158, 163-67.

23. Anon., "Dragon of Fürth."
24. Strauss, *Fürth in der Weltwirtschaftskrise*, 261.
25. Schaefer, *Das Stadttheater in Fürth*.
26. Strauss, *Fürth in der Weltwirtschaftskrise*, 8. 16.
27. Schilling, "Politics in a New Key." See also Mauersberg, *Wirtschaft und Gesellschaft*.
28. Barbeck, *Geschichte der Juden*, 45-48.
29. Kasparek, *Jews in Fürth*, 6.
30. Israel, "Central European Jewry."
31. Ophir and Wiesemann, *Die jüdischen Gemeinden*, 179.
32. Ibid.
33. Kasparek, *Jews in Fürth*, 10f. See also Ferziger, Exclusion and Hierarchy, 84.
34. Mummler, Fürth, 125.
35. Ophir and Wiesemann, *Die jüdischen Gemeinden*, 13f.
36. Edgar Rosenberg, "Kristallnacht Memories," http:// bit.ly/ 1DrLCSu.
37. Wassermann, *Life as German and Jew*, 5.
38. Ibid., 6f.
39. Ibid., 12f., 14f.
40. Ibid., 17.
41. Ibid., 22.
42. Ibid., 24.
43. Ibid., 11.
44. Ibid., 64.
45. Ibid., 220f.
46. Hellige, "Generationskonf likt, Selbsthaß und die Entstehung antikapitalistischer Positionen."
47. Kissinger family papers, Martin Kissinger to Charles Stanton, Jan. 27, 1986.
48. Ibid., Martin Kissinger to Charles Stanton, July 3, 1980.
49. Stadtarchiv Fürth, Biographische Sammlung Henry Kissinger, Herkunft der Familie Dr. Henry A. Kissinger, Friedrich Kuhner to E. Ammon, June 24, 1974.
50. Kurz, *Kissinger Saga*, 45. 49.
51. Ley, "Die Heckmannschule," 68.
52. Stadtarchiv Fürth, Biographische Sammlung Henry Kissinger, E. Ammon to Dr. W. Mahr, Jan. 18, 1974.
53. See the 1932 photograph of him at the Handelsschule Fürth preserved in the Stadtarchiv Fürth.
54. Kurz, Kissinger Saga, 50f. Cf. Strauss, *Fürth in der Weltwirtschaftskrise*, 103f.
55. HAK, interview by author. See also Isaacson, *Kissinger*, KL 285, quoting interviews with Paula and Arno Kissinger.
56. Kurz, *Kissinger Saga*, 92.
57. On Zionism in Fürth, see Zinke, *"Nachstes Jahr im Kibbuz."*
58. New York Public Library, Dorot Jewish Division: P (Oral Histories), Box 90, no. 5, Paula Kissinger interview, 13. See also Kurz, *Kissinger Saga*, 92.
59. New York Public Library, Dorot Jewish Division: P (Oral Histories), Box 90, no. 5, Paula Kissinger interview, 5.
60. Ibid., 3, 11.
61. Strauss, *Fürth in der Weltwirtschaftskrise*.
62. Stadtarchiv Fürth, Biographische Sammlung Henry Kissinger, E. Ammon to Wilhelm Kleppmann, June 12, 1973.
63. New York Public Library, Dorot Jewish Division: P (Oral Histories), Box 90, no. 5, Paula Kissinger interview, 6.
64. Stadtarchiv Fürth, Biographische Sammlung Henry Kissinger.
65. "Kissinger's Boyhood Buddy," *Hadassah*, no. 35, Mar. 1974.

66. "Als US.Henry Noch Heinz Alfred war," *Wiener Kurier*, Aug. 12, 1974.
67. "Kissinger's Boyhood Buddy," *Hadassah*, no. 35, Mar. 1974.
68. Ibid.
69. Isaacson, *Kissinger*, KL 400.
70. Blumenfeld, Kissinger, 4.
71. "Henry A. Kissinger in Fürth," *Amtsblatt der Stadt Fürth*, Dec. 19, 1975, 342.
72. Kilmeade, *Games Do Count*, 63f.
73. "Kissinger's Boyhood Buddy," *Hadassah*, no. 35, Mar. 1974. Lion's parents went to Palestine in 1938. The former friends met again in 1963, when Kissinger came to lecture at Israel's Foreign Ministry.
74. Kissinger family papers, Paula Kissinger to HAK, Mar. 3, 1964.
75. Mazlish, *Kissinger*, 24.
76. Walter Kissinger, interview by author.
77. Ophir and Wiesemann, *Die jüdischen Gemeinden*, 19, 179.
78. Ibid., 20.
79. Zinke, "*An allem ist Alljuda schuld*," 89-94.
80. Strauss, *Fürth in der Weltwirtschaftskrise*, 381f.
81. Zinke, "*An allem ist Alljuda schuld*," 96ff.
82. Strauss, *Fürth in der Weltwirtschaftskrise*, 165-206.
83. Ibid., 207, 223.
84. Ibid., 457ff.
85. Ibid., 263, 275.
86. Ibid., 280.
87. Ibid., 289-94. See also 400, 408 for examples.
88. Mierzejewski, *Ludwig Erhard*, 2f.
89. Strauss, *Fürth in der Weltwirtschaftskrise*, 393-96.
90. Zinke, "*An allem ist Alljuda schuld*," 100.
91. Ibid., 94f.; Strauss, *Fürth in der Weltwirtschaftskrise*, 402f.
92. Mummler, *Fürth*, 11-15.
93. Strauss, *Fürth in der Weltwirtschaftskrise*, 419.

第2章 脱出 | *Escape*

1. HAK to his parents, 1945, quoted in Isaacson, *Kissinger*, KL 899.
2. Mummler, *Fürth*, 105.
3. Ibid., 49-52
4. Ibid., 95-104
5. Ibid., 21, 23, 80.
6. Strauss, *Fürth in der Weltwirtschaftskrise*, 439.
7. Ophir and Wiesemann, *Die jüdischen Gemeinden*, 22.
8. Grete von Ballin, "Chronik der Juden in Fürth," ed. Hugo Heinemann (n.d.), 5.
9. Strauss, *Fürth in der Weltwirtschaftskrise*, 442.
10. Ballin, "Chronik," 19.
11. Mummler, *Fürth*, 86, 138-43
12. Ballin, "Chronik," 5-9, 19.
13. Mummler, *Fürth*, 215.
14. Ballin, "Chronik," 11.
15. Ibid., 12f.
16. Suri, *Kissinger*, 41.
17. Ophir and Wiesemann, *Die jüdischen Gemeinden*, 182.
18. Ballin, "Chronik," 13.
19. Strauss, *Fürth in der Weltwirtschaftskrise*, 444.

20. Ophir and Wiesemann, *Die jüdischen Gemeinden*, 182.
21. Mummel, *Fürth*, 122; Kurz, Kissinger Saga, 89.
22. Walter Kissinger, interview by author.
23. New York Public Library, Dorot Jewish Division: P (Oral Histories), Box 90, no. 5, Paula Kissinger interview, 8. For a different view see "Sie kramten in der Erinnerung," *Fürther Nachrichten*, n.d., c. 1974, describing Louis's return to what was now the Helene-Lange-Gymnasium. Louis is quoted as saying, "Even those who had sympathy with the then [political] tendency were always friendly to me."
24. Stadtarchiv Fürth, Biographische Sammlung Henry Kissinger, E. Ammon, Betreff. Schulbesuch von Henry A. Kissinger, July 19, 1974.
25. HAK, interview by author.
26. Thiele, "Leben vor und nach der Flucht aus dem Regime des Nationalsozialismus," 10f.
27. New York Public Library, Dorot Jewish Division: P (Oral Histories), Box 90, no. 5, Paula Kissinger interview, 7.
28. Kalb and Kalb, *Kissinger*, 33.
29. Ballin, "Chronik," 21.
30. Kilmeade, *Games Do Count*, 63f.
31. Jules Wallerstein, "Limited Autobiography of Jules Wallerstein," MS, n.d.
32. Thiele, "Leben vor und nach der Flucht," 12.
33. National Archives and Records Administration, RG 59, Box 7, Folder "Soviet Union, May. Sept. 1976," 02036, Memcon HAK, Sonnenfeldt, Rabbi Morris Sherer, Aug. 23, 1976.
34. For details on the Jewish youth groups Esra and Zeirei Agudath Israel, see Breuer, *Modernity Within Tradition*.
35. Agudath Israel of America, Orthodox Jewish Archives, Herman Landau Papers, HAK handwritten note and transcriptions, July 3, 1937.
36. For a good recent account, see Sinanoglou, "Peel Commission," in Miller, *Britain, Palestine and Empire*, 119-40
37. New York Public Library, Dorot Jewish Division: P (Oral Histories), Box 90, no. 5, Paula Kissinger interview, 8.
38. Isaacson, *Kissinger*, KL 415.
39. Ibid., KL 459.
40. New York Public Library, Dorot Jewish Division: P (Oral Histories), Box 90, no. 5, Paula Kissinger interview, 9; Kurz, *Kissinger Saga*, 96.
41. Staatsarchiv Nuremberg, Bestand Polizeiamt Fürth, Nr. 441, "Personal-Akt über Louis Kissinger," Bescheinigungen, Apr. 21, 1938.
42. Ibid., Louis Kissinger to Polizeiamt Fürth, Apr. 24, 1938.
43. Ibid., Geheime Staatspolizei to Polizeipraesidium Nurnberg-Fürth, May 5, 1938.
44. Ibid., Finanzamt Fürth to Geheime Staatspolizei to Polizeipraesidium Nurnberg-Fürth, May 6, 1938.
45. Ibid., Zollfahndungsstelle to Geheime Staatspolizei to Polizeipraesidium Nurnberg-Fürth, May 9, 1938.
46. Ibid., Polizeiamt Fürth, May 10, 1938.
47. Isaacson, *Kissinger*, KL 466-67
48. HAK, interview by author.
49. Kurz, *Kissinger Saga*, 98.
50. HAK, interview by author.
51. Ophir and Wiesemann, *Die jüdischen Gemeinden*, 25.
52. Edgar Rosenberg, "Kristallnacht Memories," http:// bit.ly/ 1DrLCSu.
53. Mummel, *Fürth*, 150ff.
54. Edgar Rosenberg, "Kristallnacht Memories."
55. Ibid.

56. Thiele, "Leben vor und nach der Flucht," 14.
57. Ophir and Wiesemann, *Die jüdischen Gemeinden*, 183f.; Ballin, "Chronik," 27-41
58. Wiener, *Time of Terror*, 252.
59. Yale Fortunoff Archive for Holocaust Testimony, Alfred Weinbeber interview, HVT-2972, Mar. 29, 1995.
60. Rosenberg, *Stanford Short Stories* 1953, 163.
61. Mummler, *Fürth*, 184.
62. Gregor, "Schicksalsgemeinschaft?"
63. Mummler, *Fürth*, 89.
64. Baynes, *Speeches of Hitler*, 1:741.
65. Ballin, "Chronik." This chronicle was compiled in 1943 at the orders of the Gestapo. When it ended (with the author's own deportation) only 88 Jews remained, of whom 55 were originally members of the Fürth Jewish community. For somewhat different estimates, see Mummler, *Fürth*, 89, 156, 220. A complete list of all the deported can be found at Leo Baeck Institute, 7, List of 1841 and Lists of Jews who were deported or emigrated, Oct. 7, 1974.
66. Kasparek, *Jews in Fürth*, 34.
67. Thiele, "Leben vor und nach der Flucht," 20.
68. Ophir and Wiesemann, *Die jüdischen Gemeinden*, 186.
69. New York Public Library, Dorot Jewish Division: P (Oral Histories), Box 90, no. 5, Paula Kissinger interview, 9.
70. HAK, interview by author. Kissinger remembered that she was sent to Auschwitz, but Be.z.ec seems more likely.
71. Yad Vashem Central Database of Shoah Victims' Names. See also *Gedenkbuch: Opfer der Verfolgung der Juden under de nationalsozialistischen Gewaltherrschaft in Deutschland*, 1933-1945 2 vols. (Koblenz: Bundesarchiv, 1986). Cf. *Kurz, Kissinger Saga*, 103f.
72. Stadtarchiv Fürth, Biographische Sammlung Henry Kissinger, Uberreichung der Goldenen Burgermedaille seiner Vaterstadt an Herrn Aussenminister Professor Henry A. Kissinger, Dec. 15, 1975.
73. Isaacson, *Kissinger*, KL 487.
74. HAK, interview by author.
75. Ibid.

第3章 ハドソンのフュルト | Fürth on the Hudson

1. Kissinger family papers, HAK to Hilde, July 29, 1939.
2. Moore, *At Home in America*, 30, 86.
3. Appelius, "*Die schönste Stadt der Welt*," 30-34, 151, 127
4. David Kennedy, *Freedom from Fear*, KL 6342-441, 13940-41.
5. Ibid., KL 3543.
6. Ibid., KL 13515-16
7. Ferguson, War of the World, 273f.
8. David Kennedy, *Freedom from Fear*, KL 5964, 6207.
9. Ibid., KL 6332-33.
10. Ibid., KL 5655-57, 6326.
11. "Mayor Arranges Trucking Parley as Tie.Up Spreads," *New York Times*, Sept. 18, 1938.
12. "Bombs Shatter Windows of 7 Fur Shops," *New York Times*, Sept. 12, 1938.
13. Bayor, *Neighbors in Conflict*, 41-45
14. Milton Bracker, "Football Comes to the Gridiron of Asphalt," *New York Times*, Nov. 6, 1938.
15. Horowitz and Kaplan, "Estimated Jewish Population of the New York Area, 1900. 1975," 14f.
16. Ibid., 22.
17. Moore, *At Home in America*, 30.
18. Leventmann, "From Shtetl to Suburb," in *Rose, Ghetto and Beyond*, 43f.

105. Starr, "Kissinger Years."
106. HAK, *White House Years* [henceforth WHY], 27.
107. Quoted in Mazlish, *Kissinger*, 50.
108. Stoessinger, *Kissinger*, 3.
109. Fallaci, "Kissinger," 39f.
110. Dickson, *Kissinger and Meaning*, 52, 57.
111. Ibid., 129.
112. Ibid., 156f.
113. HAK, *World Order*, 39f., 258.
114. Osgood, Ideals and Self-Interest.
115. U.S. Department of State, Office of the Historian, *Foreign Relations of the United States* [henceforth FRUS], 1969. 1976, vol. 38, part 1, *Foundations of Foreign Policy*, 1973. 1976, Doc. 17, Address by HAK, "A Just Consensus, a Stable Order, a Durable Peace," Sept. 24, 1973. All FRUS documents cited below are available online at http:// 1.usa.gov/ 1GqRstv.
116. Max Roser, "War and Peace After 1945" (2014), published online at OurWorldInData .org, http:// bit.ly/ 1Jl60eO.
117. Dickson, *Kissinger and Meaning*, 149f., 154-157.
118. Ferguson, *Cash Nexus*.
119. Ferguson, Colossus.
120. See, e.g., Niall Ferguson, "A World Without Power," *Foreign Policy*, Oct. 27, 2009, http://atfp.co/1PvdH2D.

BOOK I

第1章 生まれ故郷 | *Heimat*

1. "Fürth ist mir ziemlich egal," *Stern*, June 7, 2004.
2. Mazlish, *Kissinger*, 29, 32.
3. Suri, *Kissinger*, 20, 30, 146, 198, 221, 252.
4. "Der Clausewitz Amerikas hatte in Fürth Schulverbot," *Fürther Nachrichten*, Nov. 22-23, 1958, 9.
5. Blumenfeld, *Kissinger*, 3.
6. HAK, *WHY*, 228f.
7. "Fürth ist mir ziemlich egal," *Stern*, June 7, 2004.
8. HAK, interview by author. Cf. Kasparek, *Jews in Fürth*, 46f.
9. "Kissinger besucht Fürth," *Fürther Nachrichten*, Dec. 30, 1958.
10. "Grosser Bahnhof fur Henry Kissinger," *Fürther Nachrichten*, Dec. 15, 1975.
11. "Henry A. Kissinger in Fürth," Amtsblatt der Stadt Fürth, Dec. 19, 1975, 338.
12. Kissinger family papers, Louis Kissinger, Rede anlasslich die Verleihung der "Goldenen Burgermedaille" an Dr. Henry Kissinger, Dec. 15, 1975.
13. "Beide Parteien distanzieren sich," *Fürther Nachrichten*, Dec. 15, 1975.
14. "Henry A. Kissinger in Fürth," *Amtsblatt der Stadt Fürth*, Dec. 19, 1975, 339.
15. HAK to Burgermeister of Fürth, Dec. 18, 1975, *Amtsblatt der Stadt Fürth*, Jan. 9, 1976.
16. Wassermann, *Life as German and Jew*, 5.
17. Ibid., 242.
18. Ibid., 26.
19. Ibid., 242.
20. Ibid., 27.
21. Baedeker, *Süd-Deutschland und Osterreich*, 171f.
22. Bell and Bell, *Nuremberg*, 153.

Crimson, June 11, 1970.
61. Suri, *Kissinger*, 125. See also Mazlish, *Kissinger*, 113.
62. Blumenfeld, *Kissinger*, 14.
63. Stanley Hoffmann, "The Kissinger Anti-Memoirs," *New York Times*, July 3, 1983.
64. Safire, *Before the Fall*.
65. Lasky, *It Didn't Start*.
66. Dallek, *Nixon and Kissinger*.
67. Haldeman and Ambrose, *Haldeman Diaries*, 8.
68. Anthony Lewis, "Kissinger in the House of Horrors," *Eugene Register-Guard*, Apr. 21, 1982.
69. Ball, *Memoirs*, 173.
70. Garthoff, *Detente and Confrontation*.
71. Morgenthau, "Henry Kissinger," 58.
72. "Morgenthau Accuses Kissinger of Two-Faced Diplomacy; Says U.S. Seeking to Woo Arab World," Jewish Telegraphic Agency, Mar. 14, 1974.
73. Stoessinger, *Henry Kissinger*, 224, 217.
74. Falk, "What's Wrong with Kissinger's Policy?"
75. Landau, *Kissinger*, 130.
76. Suri, *Kissinger*, 2f., 38, 44, 47, 50.
77. Ibid., 222.
78. Mazlish, *Kissinger*, 36f., 46.
79. Heller, *Good as Gold*, 348. 49.
80. Mazlish, *Kissinger*, 128; Suri, Kissinger, 97.
81. Anthony Lewis, "The Kissinger Doctrine," *Telegraph*, Mar. 6, 1975.
82. Kalb and Kalb, *Kissinger*, 6f.
83. Stanley Hoffmann, "The Case of Dr. Kissinger," *New York Review of Books*, Dec. 6, 1979.
84. Stanley Hoffmann, "The Kissinger Anti-Memoirs," *New York Times*, July 3, 1983.
85. Isaacson, *Kissinger*, KL 242.
86. Gaddis, *Strategies of Containment*, 297.
87. Suri, *Kissinger*, 43f.
88. Ibid., 128.
89. For an early example, see I. F. Stone, "The Education of Henry Kissinger," *New York Review of Books*, Oct. 19, 1972; "The Flowering of Henry Kissinger," *New York Review of Books*, Nov. 2, 1972.
90. Courtois et al., *Black Book of Communism*.
91. Dikotter, *Tragedy of Liberation*; Dikotter, *Mao's Great Famine*.
92. Rummel, *Lethal Politics*.
93. Applebaum, *Iron Curtain*.
94. See Williams, *Tragedy of American Diplomacy*; Williams, *Empire as a Way of Life. Also* inf luential in this vein, Kolko and Kolko, *Limits of Power*.
95. Andrew and Mitrokhin, *Sword and the Shield*; Andrew and Mitrokhin, *World Was Going Our Way*.
96. Westad, *Global Cold War*.
97. Lundestad, *United States and Western Europe*.
98. Magdoff, *Age of Imperialism*, 42.
99. Lundestad, *American "Empire,"* 54.
100. Ibid., 65.
101. Pei, "Lessons of the Past," 52.
102. "X" [George F. Kennan], "The Sources of Soviet Conduct," *Foreign Affairs* 25, no. 4 (July 1947): 566-82.
103. Kaplan, "Defense of Kissinger."
104. Mazlish, *Kissinger*, 92f.

21. Those interested can find many examples of the genre at http:// theshamecampaign.com and http:// www.globalresearch.ca, just two of many such websites.
22. Quigley, *Tragedy and Hope*; Quigley, Anglo-*American Establishment*.
23. Lyndon H. LaRouche, Jr., "Sir Henry Kissinger: British Agent of Inf luence," *Executive Intelligence Review* 24, no. 3 (Jan. 10, 1997): 27f.
24. Lyndon H. LaRouche, Jr., "Profiles: William Yandell Elliott," *Executive Intelligence Review* 24, no. 49 (Dec. 5, 1997): 29-33; Stanley Ezrol, "William Yandell Elliott: Confederate High Priest," ibid., 28f.
25. Allen, *Kissinger*.
26. Schlaf ly and Ward, *Kissinger on the Couch*.
27. Marrs, *Rule by Secrecy*.
28. Wesman Todd Shaw, "Henry Kissinger: Architect of the New World Order," Nov. 12, 2012, http:// bit.ly/ 1JQkC3k.
29. Len Horowitz, "Kissinger, Vaccinations and the 'Mark of the Beast,' " Dec. 12, 2002, http:// bit ly/ 1DrKi1Z.
30. Alan Watt, "Kissinger, Depopulation, and Fundamental Extremists," http:// bit.ly/ 1FkhFbq.
31. Brice Taylor, *Thanks for the Memories: The Memoirs of Bob Hope's and Henry Kissinger's Mind-Controlled Sex Slave*, http:// bit.ly/ 1KcZkgy.
32. David Icke, "List of Famous Satanists, Pedophiles, and Mind Controllers," http:// bit. ly/1HA9PuD. 9781594206535_Kissinger_TX_p1-986.indd 883 8/11/15 4:52 AM8 8 4 N o t e s
33. Zinn, *People's History of United States*, 548.
34. Zinn, *Declarations of Independence*, 14.
35. Stone and Kuznick, *Untold History*, KL 7983.
36. Hunter S. Thompson, "He Was a Crook," *Rolling Stone*, June 16, 1994.
37. Kevin Barrett, "Arrest Kissinger for Both 9/ 11s," Sept. 10, 2014, http:// bit.ly/ 1aYk4Mi.
38. Hitchens, *Trial of Kissinger*, KL 348-59.
39. Shawcross, *Sideshow*, 391, 396.
40. Bass, *Blood Telegram*.
41. Ramos-Horta, *Funu*.
42. Haslam, *Nixon Administration and Chile*; Kornbluh, *Pinochet File*.
43. Chomsky, *World Orders*, 209f.
44. Bell, "Kissinger in Retrospect," 206.
45. William Shawcross, "Chronic Terror: The New Cold War," Hoover Institution Retreat, Oct. 28, 2013.
46. Peter W. Rodman and William Shawcross, "Defeat's Killing Fields," *New York Times*, June 7, 2007.
47. Christopher Hitchens, "A War to Be Proud Of," *Weekly Standard*, Sept. 5-12, 2005.
48. Kalb and Kalb, *Kissinger*, 13.
49. Blumenfeld, *Kissinger*, 232.
50. National Security Archive, Memcon Elekdag, Esenbel, Tezel, Yavuzalp, Barutcu, Kissinger, Sisco, Hartman, Rodman, Mar. 10, 1975.
51. Kalb and Kalb, *Kissinger*, 10.
52. Fallaci, "Henry Kissinger," 43.
53. Kraft, "In Search of Kissinger," 61.
54. "Henry Kissinger, Not.So.Secret Swinger," *Life*, Jan. 28, 1972.
55. Evans, *Kid Stays in the Picture*, 228. See also Feeney, *Nixon at the Movies*, 168.
56. Feeney, *Nixon at the Movies*, 167.
57. Kraft, "In Search of Kissinger," 54.
58. Thomas Schelling, interview by author.
59. Shawcross, *Sideshow*, 150.
60. Isaacson, Kissinger, KL 5476; Mike Kinsley, "Twelve Professors Visit Washington," *Harvard*

原注

はじめに | Preface

1. Boswell, *Life of Johnson*, 1f.
2. Jorge Luis Borges, "A Lecture on Johnson and Boswell," *New York Review of Books*, July 28, 2013.
3. Cull, *Cold War and USIA*, 294.
4. Henry Kissinger [henceforth HAK] to the author, Mar. 10, 2004.
5. Collingwood, *Autobiography*, 111-15.
6. Isaacson, Kissinger, Kindle location [henceforth KL] 2200-203.
7. Ibid., KL 6932.
8. Lee Dembart, "80 Toast Kissinger for 50th Birthday," *New York Times*, May 28, 1973,8.
9. Judy Klemesrud, "Kissinger's Dinner Honors U.N. Colleagues," *New York Times*, Oct. 5, 1973.
10. "Doctor Weds, Nixon Delays Test," *New York Times*, Dec. 22, 1973.
11. "Prince Charles Goes to Sea," *Washington Post*, Jan. 4, 1974.
12. "Ducking Out to Dine," *Washington Post*, Jan. 5, 1974, D3.
13. "Kissinger Weds Nancy Maginnes," *New York Times*, Mar. 31, 1974, 1.
14. Marilyn Berger, "Kissinger, Miss Maginnes Wed," *Washington Post*, Mar. 31, 1974, A1.
15. Isaacson, *Kissinger*, KL 7214-24.

序章 | INTRODUCTION

1. Oriana Fallaci, "Henry Kissinger," in *Interview with History*, 42, 44. For the original, see "An Interview with Oriana Fallaci: Kissinger," *New Republic*, Dec. 16, 1972.
2. Fallaci, "Henry Kissinger," 17.
3. Mazlish, *Kissinger*, 3f.
4. Fallaci, "Henry Kissinger," 18.
5. Eldridge, "Crisis of Authority," 31.
6. "Episode 70: Carousel," *You Miserable Bitch*, http:// bit.ly/ 1HAlitm.
7. "Freakazoid Episode 21. Island of Dr. Mystico," *Watch Cartoon Online*, http:// bit.ly/ 1EntSvb.
8. "$pringfield (Or, How I Learned to Stop Worrying and Love Legalized Gambling)," tenth episode of the fifth season of *The Simpsons*, first broadcast on Dec. 16, 1993.
9. "April in Quahog," http:// bit.ly/ 1Gpo2Jc.
10. Fallaci, "Henry Kissinger," 40f.
11. Barbara Stewart, "Showering Shtick on the White House: The Untold Story; Woody Allen Spoofed Nixon in 1971, but the Film Was Never Shown," *New York Times*, Dec. 4, 1997.
12. Lax, Woody Allen, 112. 14. See also Day, *Vanishing Vision*, 224. 26.
13. "Men of Crisis: The Harvey Wallinger Story," http:// bit.ly/ 1z1ezrV.
14. Lax, *Woody Allen*, 114.
15. "Did Tom Lehrer Really Stop Writing Protest Songs Because Henry Kissinger Won the Nobel Peace Prize?," *Entertainment Urban Legends Revealed*, Dec. 5, 2013, http:// bit.ly / 1CWjcOS.
16. David Margolick, "Levine in Winter," *Vanity Fair*, Nov. 2008.
17. Heller, *Good as Gold*, 38.
18. From the album *Monty Python's Contractual Obligation* (1980), http:// bit.ly/ 1aYjqyv.
19. Idle, *Greedy Bastard Diary*, KL 1827. 32.
20. Fallaci, "Henry Kissinger," 25-27.

著者略歴

ニーアル・ファーガソン

歴史家。スタンフォード大学フーヴァー研究所シニアフェロー、オックスフォード大学ジーザスカレッジのシニアリサーチ・フェロー。元ハーバード大学教授。1964年、英国グラスゴー生まれ。2004年にタイム誌で「世界で最も影響力のある100人」に選出。著書に『大英帝国の歴史　上下』（中央公論新社）、『マネーの進化史』（ハヤカワ・ノンフィクション文庫）、『劣化国家』（東洋経済新報社）、『憎悪の世紀　上下』（早川書房）、『文明』（勁草書房）他。

訳者略歴

村井章子

翻訳家。上智大学文学部卒業。主な書著にマカフィー、ブリニョルフソン『プラットフォームの経済学』、ロゴフ『現金の呪い』、スミス『道徳感情論』（共訳）、レビンソン『コンテナ物語』（以上、日経BP社）、ティロール『良き社会のための経済学』（日本経済新聞出版社）、カーネマン『ファスト＆スロー』（ハヤカワ・ノンフィクション文庫）など。

キッシンジャー

1923―1968 ― 理想主義者 1

２０１９年２月25日　第1版第1刷発行

著者　ニーアル・ファーガソン
訳者　村井章子
発行者　村上広樹
発行　日経ＢＰ社
発売　日経ＢＰマーケティング
〒１０５―８３０８
東京都港区虎ノ門4―3―12
https://www.nikkeibp.co.jp/books

装丁　新井大輔
製作　アーティザンカンパニー
印刷・製本　中央精版印刷株式会社

ISBN978-4-8222-5594-7